ARCHITECTURE

TOURS — IMPRIMERIE DESLIS FRÈRES ET Cie

BIBLIOTHÈQUE DU CONDUCTEUR DE TRAVAUX PUBLICS

ARCHITECTURE

PAR

ALBERT HÉBRARD

ARCHITECTE DIPLÔMÉ PAR LE GOUVERNEMENT
SOUS-INSPECTEUR AU PALAIS DES BEAUX-ARTS

PARIS
P. VICQ-DUNOD et Cie, ÉDITEURS
LIBRAIRES DES PONTS ET CHAUSSÉES, DES MINES
ET DES CHEMINS DE FER
49, Quai des Grands-Augustins, 49

1897

BIBLIOTHÈQUE DU CONDUCTEUR DE TRAVAUX PUBLICS

PUBLIÉE SOUS LES AUSPICES

DE MM. LES MINISTRES DES TRAVAUX PUBLICS
DES POSTES ET TÉLÉGRAPHES
DE L'AGRICULTURE, DU COMMERCE ET DE L'INDUSTRIE
DE L'INSTRUCTION PUBLIQUE, DE LA JUSTICE
DE L'INTÉRIEUR, DE LA GUERRE, DES COLONIES

Comité de patronage

BARTHOU	Ancien Président du Conseil, Député.
BECHMANN	Directeur. Fondateur de l'Office spécial d'Ingénieurs consultants.
BOREUX	Ancien directeur de la voie publique et de l'éclairage de la ville de Paris.
BOUVARD	Ancien directeur administratif des services d'architecture, des promenades et plantations de la ville de Paris.
CLAVEILLE	Ministre des Travaux publics et des transports.
COLMET-DAAGE	Ingénieur en chef des eaux, assainissement et dérivations de Paris.
COLSON	Conseiller d'État, Professeur à l'École des Ponts et Chaussées.
COMTE (J.)	Ancien directeur des Bâtiments civils et des Palais nationaux.
DELECROIX	Docteur en droit, Directeur de la *Revue de la Législation des Mines*.
Le **Directeur** de l'École nationale des Ponts et Chaussées.	
Le **Directeur** de l'École nationale supérieure des Mines.	
Le **Directeur** du Conservatoire national des Arts et Métiers.	
Le **Directeur** du personnel et de l'enseignement technique au Ministère du Commerce et de l'Industrie.	
BOUSQUET (du)	Ingénieur en chef du matériel et de la traction à la C¹ᵉ des Chemins de fer du Nord.
EYROLLES	Directeur de l'École spéciale de Travaux publics, du Bâtiment et de l'Industrie.

COMITÉ DE PATRONAGE

FLAMANT	Inspecteur général des Ponts et Ch. en retraite.
D' GAUTHIER (de l'Aude)	Ancien Ministre des Travaux publics, Sénateur.
GRILLOT	Président honoraire de l'Association générale des Sous-Ingénieurs, Conducteurs et Contrôleurs des Ponts et Chaussées et des Mines.
GUILLAIN	Ancien Ministre des Colonies, Membre de la Chambre des députés.
HATON DE LA GOUPILLIÈRE	Membre de l'Institut; Inspecteur général des Mines en retraite.
M° LE BERQUIER	Avocat à la Cour d'Appel de Paris.
LOUIS MARTIN	Avocat; Professeur libre de droit, Sénateur.
PHILIPPE	Ancien directeur de l'Hydraulique agricole au Ministère de l'Agriculture.
PONTICH (de)	Ancien Directeur des Travaux de Paris.
Le Président de l'Association philotechnique.	
Le Président de l'Association polytechnique.	
Le Président de la Société des Anciens Élèves des Écoles d'Arts et Métiers.	
Le Président de l'Association générale des Sous-Ingénieurs, Conducteurs, Contrôleurs des Ponts et Chaussées et des Mines.	
Le Président de la Société des Ingénieurs civils de France.	
Le Président de la Société française des Ingénieurs coloniaux.	
Le Président de la Société de Topographie de France.	
Le Président de la Société de Topographie parcellaire de France.	
QUENNEC	Directeur de l'Octroi de Paris.
RÉSAL	Inspecteur général des Ponts et Chaussées, Professeur à l'École des Ponts et Chaussées.
TISSERAND	Conseiller-maître honoraire à la Cour des Comptes.

BIBLIOTHÈQUE DU CONDUCTEUR DE TRAVAUX PUBLICS

Pierre JOLIBOIS, Fondateur
Ancien Directeur et Président du Comité de Rédaction, ancien Conseiller municipal
de Paris, ancien Conseiller général de la Seine
ancien Président de l'Association des Personnels de travaux publics

Comité de rédaction

Bureau :

Président :

BONNAL — Directeur de la Compagnie des Tramways à vapeur du département de l'Aude, ancien Professeur à l'Association philotechnique.

Vice-Présidents :

DACREMONT — Ingénieur des Ponts et Chaussées.
FALCOU — Inspecteur en chef du service des Beaux-Arts de la ville de Paris et du département de la Seine.
LANAVE — Ancien ingénieur en chef des chemins de fer éthiopiens.
VIDAL — Inspecteur principal de l'exploitation commerciale des Chemins de fer.

Secrétaires :

BONDU — Commissaire du contrôle de l'État sur les Chemins de fer.
DIÉBOLD — Sous-Inspecteur de l'Assainissement de Paris.
DUFOUR (Ph.) — Adjoint technique principal des Ponts et Chaussées, Lauréat de l'Académie française.
LEMARCHAND — Conseiller municipal de Paris, conseiller général de la Seine.

COMITÉ DE RÉDACTION

Membres du Comité :

ARANA	Sous-ingénieur ppal des Ponts et Chaussées, Secrétaire de *La Revue Municipale*.
AUCAMUS	Ingénieur des Arts et Manufactures, sous-ingénieur aux chemins de fer du Nord.
CANAL	Sous-Ingénieur ppal des Ponts et Chaussées.
CHABAGNY	Ingénieur des Ponts et Chaussées.
COLAS	Directeur de la Comptabilité et des Services financiers des Chemins de fer de l'État.
GRIMAUD	Ingénieur des Ponts et Chaussées.
HALLOUIN	Contrôleur général de l'Exploitation commerciale des Chemins de fer.
LÉVY-SALVADOR	Ingénieur du Service technique de l'Hydraulique agricole au Ministère de l'Agriculture.
MALETTE (G.)	Sous-ingénieur ppal des Ponts et Chaussées.
MUNSCH	Rédacteur principal à la Préfecture de la Seine.
PRADÈS	Chef de bureau du cabinet du Ministère de l'Agriculture, Membre du Conseil d'administration de l'Association philotechnique.
PRÉVOT	Ingénieur des Ponts et Chaussées (Nivellement général de la France).
REBOUL	Sous-ingénieur ppal des Mines.
ROUSSEAU (Ph.)	Secrétaire général de la Société française des Ingénieurs coloniaux.
ROUX (O.)	Ingénieur des Ponts et Chaussées.
SAINT-PAUL	Sous-Ingénieur municipal, chef de section aux aqueducs et dérivations de la Ville de Paris.
SIMONET	Sous-ingénieur des Ponts et Chaussées.

AVANT-PROPOS

L'ouvrage que nous offrons au lecteur n'est pas un *Traité d'Architecture*, et il ne faudrait point y chercher une théorie originale et personnelle, pas même un enseignement de cet art qui exige, par de longues années d'étude, une lente et progressive assimilation. Nous n'avons guère ambitionné d'autre résultat que le faire aimer, et nous nous sentons encore inférieur à cette tâche, surtout en un temps où le mouvement général des esprits les porte à rechercher en toute chose l'utilité immédiate plus que la beauté dont elle est susceptible.

Un intérêt étroit a envahi bien des domaines qui semblaient devoir lui être interdits, et la préoccupation du gain a, sinon détruit, du moins gravement atteint, dans ses sources profondes, l'amour du beau. De plus en plus reléguée dans les sphères inaccessibles, cette grande idée, si bien faite cependant pour se mêler à la vie de tous les jours et lui donner son charme, est trop souvent incomprise ou méconnue. Antipathique à quelques-uns, superflue pour beaucoup d'autres, la beauté est devenue le synonyme de la richesse, et partant exclue de la majorité des œuvres architecturales.

Rien n'est plus faux cependant, et nous nous sommes efforcé de montrer à l'occasion dans cet ouvrage que le simple et le beau sont choses compatibles et le plus souvent étroitement liées l'une à l'autre. Les plus sublimes spectacles offerts par la nature sont empreints d'une simplicité qui ajoute à leur imposante grandeur et dont on retrouve également la trace dans ceux de ses effets que distinguent leur petitesse et leur grâce. L'art ne saurait avoir de meilleur guide que les principes qui se dégagent des œuvres de la nature.

La simplicité n'excluant pas la beauté, il devient facile de concilier celle-ci avec l'utilité qui est le point de départ, mais non le but unique, de toute œuvre d'architecture, et nous entendons par ce terme, en y insistant, aussi bien la modeste habitation que la demeure somptueuse ou que les grands édifices publics.

Nous n'avons d'ailleurs pas sacrifié l'utile, convaincu autant que personne, de la nécessité pour l'architecte d'y appliquer ses soins dans toute composition. La plus grande partie de ce volume est consacrée à l'analyse des éléments de construction et de décoration envisagés simultanément dans les applications qu'on en peut faire aux édifices de toute nature. Les quelques considérations relatives à la beauté ne s'y rencontrent guère que comme des digressions, amenées naturellement par le sujet et propres à faire éprouver au lecteur le désir de dépasser la préoccupation des besoins matériels et de poursuivre, tout en s'appliquant à les satisfaire, un idéal plus élevé.

Nous avons ajouté à ces études spéciales à l'architecte quelques indications d'un ordre plus utilitaire encore, ayant trait à l'exécution des travaux et au fonctionnement de la comptabilité d'un chantier.

Enfin, de nombreuses figures, représentant presque toujours des édifices ou parties d'édifices anciens et modernes dont la valeur est consacrée, viennent en aide au lecteur en fixant les idées par des formes concrètes.

Insuffisamment éclairé, pensons-nous, par notre seule expérience, pour aborder même aussi brièvement ces différentes questions, nous plaçons la plupart des notions exposées dans cet ouvrage sous la garantie d'autorités reconnues, en particulier celle de M. L. Reynaud, dont l'excellent *Traité d'Architecture* a été pour notre étude un guide précieux. Nous avons encore emprunté quelques idées à d'autres auteurs dont les noms sont cités à l'occasion.

Convaincu que nous devons, en grande partie, à d'autres qu'à nous-même, le meilleur de ce travail, notre désir, notre devoir, est de nous effacer. Notre but a été de résumer et de mettre à la portée de tous des connaissances fondamentales et surtout de faire naître chez nos lecteurs le goût d'une étude beaucoup plus complète de l'art dont le nom est écrit sur ce livre. Si nous y parvenons ce sera notre plus chère récompense.

Paris, février 1897.

A. Hébrard.

ARCHITECTURE

INTRODUCTION

Définition. — L'architecture est l'art de composer et de construire, conformément aux lois de la stabilité, des édifices dont les dispositions répondent à leur but, et dont les formes et les proportions sont de nature à produire sur notre esprit une impression agréable.

Cette définition précise à la fois le double rôle de l'architecte : concevoir et réaliser, et les grands principes directeurs de toute œuvre architecturale : utilité et beauté.

Fonction de l'architecte. — Au moyen âge on appelait l'architecte *le maître de l'œuvre*. Ce titre indique parfaitement sa fonction suprême dans toute construction. C'est lui qui recherche les meilleures dispositions à adopter pour répondre aux besoins particuliers que chaque édifice est destiné à satisfaire; c'est lui qui leur donne les formes et les proportions harmonieuses que réclame notre goût; c'est lui, enfin, qui préside à la réalisation de l'idée conçue, qui dirige l'exécution.

Si cette fonction lui est usurpée ou si elle est amoindrie l'unité de l'œuvre peut être gravement compromise.

Utilité, beauté, caractère. — Les conditions que doit remplir une œuvre architecturale sont de natures trop différentes pour que, réalisées par des esprits différents et non subordonnés à une seule direction, elles puissent se fondre en une heureuse harmonie.

Si l'architecture est née de besoins matériels, et si son

premier but est l'utile, elle doit néanmoins répondre à des aspirations plus nobles de notre nature et satisfaire pleinement notre sentiment esthétique. Elle a donc aussi pour but le beau, et elle n'est un art complet que lorsqu'elle donne une expression agréable à ce qui est nécessaire.

Le caractère d'un édifice dépend de ces deux conditions. Sa destination, en effet, délimite en une certaine mesure la manière de disposer, d'ordonner et d'éclairer ces différentes parties ; mais elle ne fixe point d'une façon absolue ses formes ni ses proportions, et l'on conçoit que, parmi toutes celles qui peuvent convenir, il n'y en ait qu'un très petit nombre et même qu'une seule qui exprime parfaitement le but de l'édifice et qui soit belle.

Éléments sur lesquels opère l'architecte. — Les éléments sur lesquels opère l'architecte sont aussi de natures très différentes. Ce sont, d'une part, les idées et les formes conçues par l'imagination, variant à l'infini ; et, d'autre part, les matériaux, si divers eux-mêmes, qui lui servent à les réaliser. Cependant, dans la recherche des premières comme dans l'emploi des seconds, il a toujours en vue le même but : la beauté dans l'utilité.

Dès lors, chaque construction devient un problème très complexe qui peut s'énoncer ainsi : trouver l'idée la plus rationnelle, l'exprimer par la forme la plus belle, au moyen des matériaux les plus résistants et, en général, les moins coûteux, en donnant à chacune de ces conditions sa valeur relative.

Ces considérations nous paraissent établir suffisamment la nécessité d'une direction unique dans toute construction.

Représentation figurée des formes architecturales. — Dans les cas exceptionnels où il faut disperser en plusieurs mains la direction des travaux, et même dans le cas normal d'une direction unique, les idées et les formes ne peuvent être suffisamment définies par l'imagination et la mémoire seules, et il est indispensable d'aider nos facultés par le dessin, c'est-à-dire la représentation figurée de ces idées et de ces formes.

Les différents aspects de l'édifice à construire sont dessinés par les procédés de la géométrie descriptive et de la perspective. Les premiers sont les plus exacts, les plus commodes et les plus employés ; les vues perspectives ne servent qu'à les compléter, à en rendre la compréhension plus facile.

Les projections horizontales prennent le nom de *plans* : ce sont des sections faites à des hauteurs convenables dans la construction par des plans horizontaux.

Les projections verticales, lorsqu'elles représentent des faces extérieures d'édifices ou de parties d'édifice, prennent le nom d'*élévations ;* on leur donne celui de *coupes* lorsqu'elles représentent des vues intérieures obtenues au moyen de sections faites suivant des plans verticaux.

Pour le plan d'un étage quelconque, on suppose, en général, la section faite à la hauteur de l'appui des fenêtres ; s'il n'en est pas ainsi, le plan de la section horizontale est indiqué par sa trace en pointillé sur les coupes, ou défini par sa cote de hauteur. Le plan de l'étage situé au niveau du sol s'appelle *rez-de-chaussée*, et celui des parties inférieures à ce niveau porte le nom de *sous-sol*.

On étend souvent le terme de rez-de-chaussée à un étage situé un peu en contre-haut du sol et celui de sous-sol à l'étage qui, dans ce cas, lui est inférieur, quoiqu'il soit partie au-dessous et partie au-dessus du sol extérieur.

Le plan du *comble* représente l'étage situé à la partie supérieure de l'édifice.

Pour une coupe quelconque on suppose généralement la section verticale faite suivant un axe de la construction ; s'il n'en est pas ainsi, le plan de la section est indiqué par sa trace en pointillé sur les plans des étages. La section faite suivant un grand axe de l'édifice s'appelle *coupe longitudinale*, et celle faite suivant un petit axe, *coupe transversale*, il peut être utile d'en faire plusieurs dans chaque sens.

Les parties coupées des plans et des coupes sont indiquées par des teintes ou des hachures.

Les élévations représentant les faces extérieures de l'édifice prennent le nom de *façades*, et on les distingue suivant leurs positions respectives en *façade principale* ou *antérieure*, *façade latérale, façade postérieure*.

INTRODUCTION

Rendu. — Afin de rendre plus parlants ces différents dessins, on lave très souvent à l'encre de Chine ou à la couleur les façades, les coupes et les plans, en supposant l'édifice éclairé par des rayons lumineux à 45°. Ils prennent alors le nom de *rendus*.

Projet. — Chaque construction est représentée à l'aide de plusieurs plans, au moins un par étage différent, plusieurs coupes en divers sens, et autant d'élévations que de faces extérieures visibles. L'ensemble de ces dessins constitue le *projet*.

Échelles. — Les plans, les façades et les coupes sont exécutés à des échelles déterminées, c'est-à-dire qu'ils représentent les grandeurs réelles réduites dans un rapport donné.

On étudie généralement les plans à petite échelle d'abord : 0,001 ; 0,002 ; 0,0025 ou 0,005 pour mètre, s'il s'agit d'un groupe de bâtiments ; 0,005 ou 0,010, s'il s'agit d'un seul bâtiment.

D'après ces études, on dessine les plans d'exécution, qui sont, en général, à l'échelle de 0,02 pour mètre.

Il est toujours nécessaire d'y ajouter des détails à 0,05 ; 0,10 ; 0,20 pour mètre, et même pour certaines parties, telles que profils, ornements, etc., des détails à grandeur réelle ou *d'exécution*.

Corps d'état du bâtiment. — L'édifice étant ainsi parfaitement défini dans son ensemble et ses détails, l'architecte a recours, pour le faire exécuter, aux différents corps d'état du bâtiment que nous allons énumérer. Ce sont :

1° La *terrasse*, qui comprend les fouilles des caves et des fondations, les déblais et les remblais, les tranchées et les dressements de sol ;

2° La *maçonnerie*, qui bâtit les murs, les voûtes, les cloisons, qui fait les hourdis de planchers, de combles, d'escaliers, et les recouvre d'enduits de plâtre, mortier ou ciment ;

3° La *charpente*, qui établit l'ossature en bois ou en fer des combles, des planchers, des escaliers, des pans de bois et des pans de fer ; les cintres, les étaiements, les barrières, etc. ;

4° La *couverture*, qui revêt les combles de matériaux imperméables, ardoises, tuiles, feuilles métalliques, etc.;

5° La *plomberie*, qui exécute les canalisations d'eaux et de gaz généralement en plomb, et aussi les canalisations en poteries émaillées ou en fonte de fer;

6° La *menuiserie*, qui confectionne les parquets, les fermetures de portes et de fenêtres, les revêtements de murs, les meubles et, d'une façon générale, tous les légers ouvrages en bois;

7° La *serrurerie*, qui fabrique et pose les serrures et toutes les ferrures des portes et fenêtres et, généralement, tous les légers ouvrages en fer;

8° La *fumisterie*, qui s'occupe de l'arrangement intérieur des cheminées, confectionne et pose les poêles, les fourneaux, les calorifères, etc.;

9° La *marbrerie*, qui extrait, scie, taille et polit les marbres pour en faire des revêtements de parties d'édifice, telles que chambranles de cheminées, plinthes, pilastres, marches d'escaliers, des supports, socles, colonnes, chapiteaux, etc.;

10° La *peinture*, qui recouvre les murs, les bois et les fers d'une matière colorante pulvérisée, mais tenue en suspension dans un mélange d'un liquide gras et d'un liquide volatil qui, peu à peu, la laissent se déposer et se solidifier en une couche mince protectrice ou décorative; la peinture comprend aussi la *vitrerie*, qui s'occupe de la pose de verres aux parties verticales ou horizontales laissées à jour pour l'éclairage; la *dorure* et la *tenture;*

11° La *miroiterie*, qui pose les glaces;

12° Le *pavage*, qui confectionne les sols extérieurs ou intérieurs en pavés, granit, asphalte, et auquel se rattachent l'*ardoiserie*, le *carrelage*, etc.;

13° L'ornementation appliquée sur mur, en *stuc*, *staf* et pâtes diverses.

Cette énumération, où nous avons négligé quelques spécialités, suffit pourtant à montrer l'extrême variété des travaux à exécuter dans la construction d'un édifice et établissent encore la nécessité d'une seule intelligence qui les dirige et les coordonne tous en vue de l'unité et de l'harmonie.

Divisions de l'ouvrage. — En résumé, l'architecte construit, selon les formes et avec les matériaux appropriés, des édifices qu'il a composés conformément à certaines règles, à l'aide de procédés particuliers d'exécution.

Nous diviserons, en conséquence, cet ouvrage en **trois** parties principales, qui traiteront :

La première, des éléments de construction et de décoration des édifices ;

La seconde, des principes de la composition ;

La troisième, de l'exécution des travaux.

PREMIÈRE PARTIE

ÉTUDE ANALYTIQUE DES DIVERS ÉLÉMENTS DE CONSTRUCTION ET DE DÉCORATION

S'il arrive souvent, par une déviation du sentiment des convenances, que les formes architecturales n'expriment pas le mode et l'ossature de la construction qu'elles recouvrent, elles furent, du moins à leur origine, destinées à les rappeler et à les rendre apparentes. Aussi ne peut-on rationnellement séparer l'étude des éléments de décoration de celle des éléments de construction, ces deux objets étant, comme on le voit, si étroitement liés.

Dans cette première partie, nous les montrerons donc simultanément dans les divers systèmes d'architecture employés, tantôt liés par un rapport intime et direct, tantôt indépendants l'un de l'autre.

Bien que des traités spéciaux aient pour objets : l'un, les moyens de fonder les constructions sur les différentes natures de sol ; l'autre, les procédés en usage pour la disposition des matériaux dans les ouvrages de maçonnerie, nous avons cru utile d'en rappeler les notions principales dans les deux premiers chapitres sur les *fondations* et les *murs*.

Nous étudions ensuite avec détails les deux grands systèmes d'architecture : les *supports isolés avec entablement* et les *arcades*; puis, les formes extérieures : *base, couronnement* et *saillies des murs*; les *percements des murs, portes, fenêtres*, etc. ; les deux grands moyens de clore une enceinte à la partie supérieure : les *plafonds* et *voûtes*; quelques dispositions spéciales : *escaliers, cheminées* et *revêtements des sols*; enfin, les différents genres de toits ou les *couvertures*.

CHAPITRE PREMIER

FONDATIONS

§ 1er. — Conditions générales

Définition et but. — On désigne sous le nom de *fondations* la partie basse d'un édifice reposant sur le sol. Elle doit être exécutée en matériaux résistants et s'appuyer sur un terrain capable de supporter les pressions probables et possibles qui lui seront ainsi transmises.

Responsabilité des architectes et des entrepreneurs. — Cette partie reçoit les plus fortes charges, et il est difficile et coûteux d'y faire des réparations ultérieures. Il est donc de la plus haute importance, pour la sécurité de l'édifice, d'apporter le plus grand soin, tant au point de vue de son assiette sur le sol qu'à celui du choix des matériaux et de leur mise en œuvre. Aussi la loi rend les architectes et les entrepreneurs solidairement responsables des vices du sol autant que de tous les autres inconvénients qui peuvent résulter de fondations mal établies.

Diverses natures de sols. — Les sols sur lesquels on a à établir des fondations sont de natures très diverses. Mais on peut ramener tous les cas à trois principaux. On a affaire :
A un sol *incompressible* à la surface ;
A un sol *compressible* à la surface ;
A un sol *aqueux*.
Les terrains incompressibles sont *rocheux*, *graveleux* ou *sablonneux*.
Les terrains compressibles sont *argileux*, *tourbeux*, *vaseux* ou formés de terre végétale ou de terre de remblai.

Ces derniers sont considérés comme insuffisants, en général, pour recevoir la construction, et on doit ou descendre jusqu'à la profondeur d'un sol résistant, ou y suppléer par des ouvrages spéciaux à chaque cas particulier et dont nous dirons quelques mots dans la suite de ce chapitre.

Précautions à prendre. — Avant de poser les fondations d'un édifice, il est donc nécessaire de se rendre un compte exact de la nature du sol auquel on a affaire : par des sondages, par l'examen des constructions voisines existantes, par des renseignements pris dans la localité. On doit s'assurer que la couche résistante qu'on a choisie pour y faire reposer les fondations se continue sur une épaisseur suffisante et n'est pas interrompue par une couche perméable sujette aux affouillements ou par des excavations naturelles ou artificielles. On doit également pourvoir, s'il y a lieu, à l'écoulement des eaux en dehors de la construction.

§ 2. — SOL INCOMPRESSIBLE A LA SURFACE

Rigoles. — Sur un sol incompressible on peut à la rigueur établir les fondations directement et sans fouilles. Mais on préfère s'enfoncer de 0^m,50 plus bas, afin d'éviter tout glissement, ainsi que toutes dégradations pouvant résulter des travaux faits sur le sol des caves.

On creuse alors dans le terrain de petites tranchées un peu plus larges que l'épaisseur des fondations et qui prennent le nom de *rigoles*, lorsqu'elles sont à peu près au même niveau sur toute l'étendue des fondations et qu'on a pu en niveler le fond d'une façon uniforme.

Gradins. — Mais, s'il y a des différences de niveau trop considérables, on découpe le sol en *gradins* horizontaux successifs (*fig.* 1), et jamais on ne fonde sur des rigoles inclinées, ce qui provoquerait des glissements.

Empattements. — Quel que soit le terrain sur lequel on construit, mais en particulier lorsqu'il est moins résistant que la maçonnerie qu'il supporte, on donne à cette dernière une épaisseur suffisante pour repartir les pressions sur une surface capable de les supporter, c'est-à-dire de façon à charger le sol au-dessous de la limite de sécurité. L'excédent

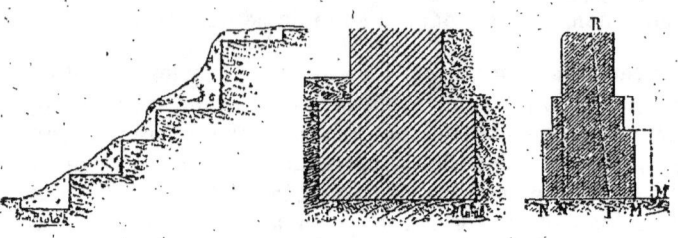

Fig. 1.   Fig. 2.   Fig. 3.

d'épaisseur ainsi donné aux fondations sur celle des massifs qu'elles supportent immédiatement prend le nom d'*empattement* (fig. 2).

Suivant les cas, on a même plusieurs empattements successifs (fig. 3), afin de répartir les pressions d'une façon plus progressive. L'empattement peut être le même sur les deux faces ou plus grand sur une face que sur l'autre ou n'exister que sur une face.

REMARQUE. — Les genres de fondations précédemment décrits s'appliquent également aux terrains rocheux et aux terrains graveleux ou sablonneux, lorsque ces derniers sont à l'abri de l'action des eaux. Dans le cas contraire, il est nécessaire de protéger les fondations par des ouvrages descendant jusqu'à une profondeur où les courants ne sont plus à craindre.

Matériaux à employer. — Les rigoles des fondations sont remplies en moellon ou en meulière, hourdé en mortier de ciment ou de chaux hydraulique et sable de rivière. On peut aussi employer le béton de cailloux et mortier hydraulique, pilonné par couches de 0^m,20 et qui est, en général, moins coûteux. Mais il faut avoir soin de l'araser au-dessous du sol des caves : le béton doit toujours être encaissé dans le sol.

§ 3. — Sol compressible a la surface

Deux cas principaux. — Quand le terrain est compressible à la surface, deux cas principaux peuvent se présenter : ou bien il est possible d'atteindre, à une profondeur plus ou moins considérable, un sol incompressible sur lequel on appuiera la construction ; ou bien il faut renoncer à cette solution et s'appuyer sur le sol compressible, consolidé artificiellement.

Sol résistant accessible. — Si le sol résistant est situé à une faible profondeur, on se contente de prolonger les rigoles jusqu'à ce niveau. Mais, lorsqu'il faut ainsi descendre à plus de 2 ou 3 mètres, elles deviennent dangereuses et difficiles à construire, à cause des éboulements qui peuvent se produire.

Puits bétonnés. — Il est préférable alors et plus économique de creuser de distance en distance des puits jusqu'à 0^m,30 ou 0^m,50 en contre-bas du niveau du bon sol. Ces puits sont ensuite remplis en béton de cailloux et mortier de chaux hydraulique ou ciment, coulé par couches successives de

Fig. 4.

0^m,20 d'épaisseur et pilonnées séparément sur place par un ouvrier qui descend à chaque fois dans le puits. On a ainsi, après la prise, une série de blocs monolithes reposant sur un sol résistant. On les relie à leur sommet par des arcs en meulière, en moellon ou en briques de bonne qualité, et au dessus on construit l'édifice (*fig. 4*).

Ces puits sont circulaires dans la construction ordinaire. Leur position est déterminée par celle des points les plus chargés, tels que les angles des murs extérieurs, les intersections des murs de refend, les axes des trumeaux. On peut les espacer de 3 mètres à 6 mètres d'axe en axe. Dès que l'intervalle entre deux puits consécutifs dépasse cette limite, il est nécessaire de les relier, à la naissance des arcs qu'ils supportent, par des tirants en fer plat de $0^m,06$ de largeur, ancrés au moyen de barres en fer carré de $0^m,04$ de côté. La dimension des puits se calcule d'après la charge directe du trumeau qu'ils supportent, et la charge transmise par les arcs qui s'appuient sur chacun d'eux. Habituellement ils ont de $1^m,20$ à $1^m,40$ aux angles et intersections de murs et de $1^m,10$ à $1^m,30$ sous les points d'appui intermédiaires. Mais, pour des édifices considérables, leur section horizontale peut atteindre jusqu'à 50 ou 80 mètres carrés ; ce sont alors de véritables excavations de forme carrée ou rectangulaire.

La fouille des puits exige certaines précautions indispensables pour éviter les accidents. Les couches successives qu'on traverse ainsi ont tendance à s'ébouler, et il est nécessaire de *chemiser* le puits par une couche de plâtre de $0^m,04$ à $0^m,06$ d'épaisseur, dans la partie sujette à l'éboulement, et de le *blinder* au moyen de planches juxtaposées verticalement et maintenues par des cercles en fer contre la paroi.

Il est prudent également de foncer tous les puits d'un édifice et de les remplir de béton jusqu'au niveau où ils doivent être arasés, avant de déblayer les caves, afin d'éviter des chances d'accidents toujours à craindre, et très dangereux pour les ouvriers puisatiers.

Les arcs qui relient ces puits sont construits, en général, sans cintres : on se contente de tailler les terres entre deux puits consécutifs, suivant le profil de l'arc qu'elles doivent supporter et qu'on appuie ainsi sur un échafaudage naturel pendant sa construction. On leur donne la largeur du massif de maçonnerie qui les surmonte et, comme épaisseur, de $0^m,50$ à $0^m,70$ dans les constructions ordinaires.

Pilotis. — Les fondations par puits bétonnés peuvent n'être pas toujours praticables. Des cas se présentent où il est pré-

SOL COMPRESSIBLE A LA SURFACE

férable de s'appuyer sur le bon sol au moyen de *pilotis*, surtout si l'on peut compter sur leur immersion complète dans un terrain aquifère.

Ce procédé consiste à enfoncer des pieux en bois de chêne ou de pin, disposés en quinconces et qui pénètrent jusqu'au sol incompressible au travers des terrains impropres à recevoir la construction.

Ces pieux sont ensuite arasés au même niveau à leur partie supérieure et réunis par files longitudinales au moyen de *longrines* ou de *moises*, sur lesquelles s'assemblent des pièces transversales ou *traversines* (fig. 5).

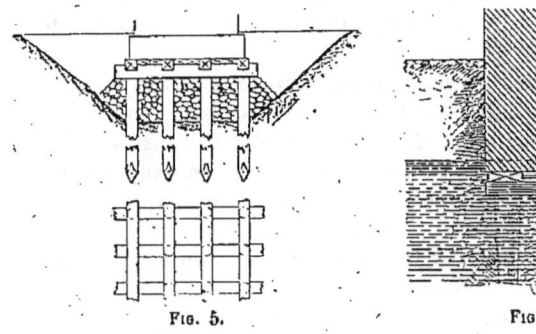
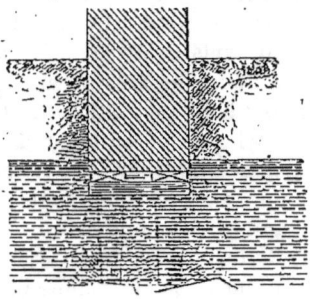

Fig. 5.   Fig. 6.

Pour un mur ordinaire, il suffit, en général, de deux rangées de pieux réunis par paires au moyen de pièces transversales, ou *racineaux*, sur lesquelles se pose une *plateforme* en madriers (fig. 6).

Autant que possible, l'intervalle entre les pieux est comblé, à la partie supérieure, en maçonnerie de pierre sèche ou de béton et, sur la plateforme en bois qui les surmonte, on établit la construction. Souvent, on préfère supprimer cette plateforme, à laquelle n'adhèrent pas les matériaux, et continuer jusqu'à ce niveau le remplissage en pierre ou en béton. Dans ce cas, les longrines et autres pièces de bois horizontales peuvent être remplacées par des fers plats brochés sur les pieux.

Les pieux sont munis à leur extrémité inférieure d'un *sabot* en fonte ou en tôle qui en facilite la pénétration dans le sol.

On les enfonce au moyen d'un appareil spécial ou *sonnette*, qui consiste en une masse de fonte d'un poids considérable appelée *mouton*, soulevée et retombant alternativement sur la tête du pieu, à cet effet cerclée à l'aide d'une *frette* en fer pour éviter le fendillement longitudinal des fibres sous le choc.

Si le sol résistant est de nature à empêcher l'enfoncement du pieu, on arrête le battage dès qu'il y est parvenu; sinon, le battage peut continuer jusqu'à *refus*, c'est-à-dire jusqu'au moment où un pieu de $0^m,30$ de diamètre n'enfonce plus que de $0^m,01$ environ par volée de dix coups d'un mouton de 600 kilogrammes tombant de $3^m,60$ de hauteur ou par volée de trente coups du même mouton tombant de $1^m,20$ de hauteur. On admet alors que ce pieu peut être chargé avec sécurité d'un poids de 25.000 kilogrammes.

On emploie également pour les terrains mous le système suivant. Le pieu est muni à son extrémité inférieure d'une vis cylindrique en tôle à filet très saillant, faisant, suivant les cas, un tour ou un tour et demi, et à son extrémité supérieure, d'un chapeau à mortaises où s'engagent des barres qu'on manœuvre comme celles d'un cabestan.

Enfin, on s'est servi aussi pour les sables compacts de pieux pourvus à leur extrémité inférieure d'un tube débitant constamment l'eau forcée d'une pompe foulante, qui déplace le sable devant la pointe du pieu, et lui permet de s'enfoncer sous l'action seule du poids dont on le charge.

Sol résistant inaccessible. — Quand le terrain capable de porter la construction est situé à une trop grande profondeur et qu'il faut établir les fondations sur le sol compressible, on a recours à divers procédés : les pilotis, les empattements, les plateformes et le radier général.

Nous avons précédemment décrit le système des pilotis, qui s'emploie ici de la même façon, sous la réserve d'enfoncer les pieux par le gros bout, afin qu'ils ne puissent être soulevés par la réaction du sol. Ils agissent en comprimant les terres, et leur enfoncement s'arrête par la résistance qu'oppose le frottement.

Nous avons également décrit les empattements. La seule modification à y apporter dans le cas des fondations sur terrains compressibles est une largeur plus considérable. La première assise peut être un massif de béton dont les dimensions sont calculées pour diminuer le plus possible la charge sur le sol par unité de surface. Au dessus, on continue à établir des assises de maçonnerie à empattements successifs (fig. 7). On peut ainsi arriver par des calculs convenables à ne charger le terrain que de 1 à 2 kilogrammes par centimètre carré.

Plateformes. — La surface de base de la construction peut encore être augmentée par des plateformes. On les construit en bois dans les terrains aquifères, où on est sûr qu'elles seront toujours au-dessous du niveau de l'eau, et

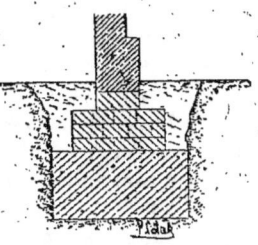

Fig. 7.

où leur conservation devient indéfinie ; et en fer bien enveloppé de mortier de chaux ou de ciment dans les terrains non aquifères où le bois ne se conserverait pas. Au-dessus de ces plateformes, établies directement sur le sol compressible, on peut dès lors élever la construction.

Radier général. — Un dernier mode de répartition des pressions sur une grande surface consiste à bâtir l'édifice sur un large *plateau* ou *radier*, en béton ou en maçonnerie, construit au préalable sur le terrain compressible. On a soin de le faire déborder au moins de son épaisseur, variant de $1^m,50$ à $2^m,50$, en raison directe de la distance qui sépare les murs et qui rend la répartition plus difficile. L'épaisseur, même dans le cas de murs très espacés, peut cependant être diminuée, si l'on a pris la précaution de noyer dans la masse du béton des fers à plancher formant liaison.

Si l'on ne craint pas les affouillements aux environs du bâtiment, on peut remplacer le radier en béton par un remblai en sable noyé, dont tout le pourtour est fermé par un massif en béton ou en maçonnerie.

Amélioration du sol. — Ces divers procédés de fondation sur les errains compressibles n'excluent pas une amélioration préalable du sol, dont le principe est presque toujours le même et consiste à comprimer les terres, soit à l'aide de pieux enfoncés régulièrement dans leur masse, soit à l'aide de trous de sonde remplis de sable mouillé et battu à refus.

§ 4. — Sol aqueux

Divers cas. — On a quelquefois à établir des constructions sur des terrains immergés ou submergés. Dans ces cas, on épuise le sol à l'endroit des travaux, ou bien on exécute ces travaux directement sous l'eau.

Épuisement. — Lorsque cela est possible, on dessèche le sol au moyen de pompes ; on y pratique les fouilles comme dans les cas ordinaires et on ménage aux eaux des canaux d'écoulement qui les conduisent en dehors des constructions.

Fondations sous l'eau. — Si l'on est en présence d'un terrain complètement submergé par les eaux, on entoure, après avoir dragué, l'espace à construire de batardeaux en maçonnerie, en béton ou en terre grasse resserrés entre deux batteries de pieux et palplanches ; on épuise au moyen de pompes et on pose à sec les fondations.

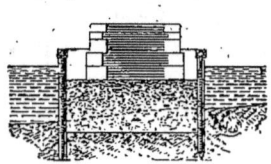

Fig. 8.

On peut également établir un simple encaissement en pieux et palplanches de la dimension du massif à fonder, draguer, et dans l'intérieur couler du béton sur lequel on appuiera la construction (fig. 8).

Mais il n'est pas toujours facile ou même possible d'épuiser le sol pénétré ou couvert par les eaux, et l'on est souvent obligé de fonder directement sous l'eau. On se sert alors d'une *trousse coupante* avec chambre d'entrée, tube central et pompe à air comprimé qui refoule les eaux à la partie inférieure, met à sec le sol submergé et permet d'y bâtir les fondations. Le *caisson à air comprimé* est d'un usage très fréquent et très commode, surtout pour de faibles profondeurs. Quand on l'emploie pour des profondeurs qui dépassent 15 mètres, la forte pression à laquelle les ouvriers sont soumis les oblige à ne travailler que quelques heures et à prendre pour l'entrée et la sortie de l'appareil les plus grandes précautions. Les changements brusques de pressions entraînent quelquefois, en effet, des accidents graves. Mais avec une extrême prudence on peut ainsi descendre jusqu'à 26 et 30 mètres.

Affouillements. — Quel que soit le système adopté pour les fondations dans les terrains aqueux ou submergés, il est essentiel de protéger les travaux contre les *affouillements*. On désigne ainsi l'action des courants qui minent le sol autour des massifs et finissent par les emporter complètement. On les garantit contre ces actions au moyen d'enrochements placés au pied des fondations, de massifs en béton limités par des batteries de palplanches et pieux jointifs ou d'une sorte de radier général en maçonnerie ou en béton établi sur toute la surface menacée.

§ 5. — ÉPAISSEUR DES FONDATIONS

Quelques auteurs ont voulu à tort établir des règles générales et absolues pour les épaisseurs à donner aux fondations. La vérité est qu'elles doivent varier avec la nature du sol et avec la direction et l'intensité des pressions qu'elles supportent. Si nous nous reportons à la figure 3, il est facile de voir qu'en établissant dans ce cas des empattements égaux sur les deux faces la résultante des efforts, RP, agira inégalement sur la surface d'appui MN, et que la pression dans la partie PM sera plus grande que dans la partie PN. Mais, si nous augmentons proportionnellement, du côté soumis au plus grand effort, et suivant le pointillé, les empattements successifs, nous voyons que la même résultante RP, tombant au milieu de la surface d'appui MN, y répartira uniformément la pression.

En résumé, l'épaisseur des fondations est subordonnée aux

deux principes suivants : 1° elle est inversement proportionnelle à la résistance du sol ; 2° dans chaque tranche verticale du mur, l'effort qui comprime doit rencontrer la base d'appui, l'assiette des fondations, de préférence au milieu, toujours entre le milieu et le tiers de sa largeur.

CHAPITRE I

MURS

§ 1ᵉʳ. — Généralités

Définition et but. — Un mur est un massif de maçonnerie à parois planes, verticales ou inclinées, de longueur, d'épaisseur et de hauteur très variables, et destiné à deux buts principaux : 1° clore une enceinte latéralement ; et 2° selon les circonstances, supporter des charges verticales ou résister à des pressions horizontales ou obliques.

Il peut être percé de *baies*, c'est-à-dire d'ouvertures de formes diverses, permettant de pénétrer dans l'enceinte et de la fermer à volonté au moyen d'ouvrages mobiles, et séparées par des parties pleines appelées *trumeaux*, qui sont les points résistants où s'appuieront les charges verticales, ou qui opposeront une butée aux actions horizontales ou obliques.

Structure. — Les parties massives d'un mur sont formées de matériaux solides, de natures, de dimensions, de résistances très diverses (moellons, pierres, briques, etc.), réunis par une substance pâteuse susceptible de se solidifier et de former corps avec eux et qui prend le nom général de *mortier*.

Les dispositions de formes et de positions relatives des blocs solides dans un mur constituent ce qu'on nomme l'*appareil* de ce mur.

Quel que soit l'appareil employé, il est très rare que les faces des blocs superposés qui sont en contact soient parfaitement dressées et capables de répartir uniformément les pressions qu'elles transmettent. Le mortier, d'abord pâteux et déformable, se solidifiant par la suite plus ou moins lentement, a pour effet de faciliter cette répartition des efforts, en comblant les interstices provenant d'une taille défectueuse.

Causes de destruction des murs. — Les murs sont soumis à diverses causes de destruction qui proviennent les unes de la nature des matériaux, les autres de l'exécution, d'autres, enfin, des circonstances extérieures.

Pour éviter les causes de destruction de la première catégorie, il importe de choisir des matériaux dont la résistance à l'écrasement soit supérieure aux plus fortes pressions auxquelles on veut les soumettre. Certaines pierres dites *gélives*, en absorbant l'humidité, se fendent sous l'action du froid qui congèle l'eau contenue dans leur masse; elles doivent être écartées. Les roches stratifiées qui présentent des couches superposées dans le même sens, si elles sont chargées en *délit*, c'est-à-dire suivant une direction non perpendiculaire à celle des couches, risquent également de se désagréger. Les mortiers de chaux *aériennes*[1] trop gras sont sujets à des tassements, à cause de leur prise très lente; les mortiers trop maigres risquent de s'égrener et de ne point former prise. Le plâtre, employé dans des lieux humides, s'y transforme en azotate de chaux, surtout si le sol est riche en matières organiques, et cette substance, sorte de salpêtre déliquescent, désagrège peu à peu les parois.

Les causes qui proviennent de l'exécution ne sont pas moins nombreuses ni moins graves. Il est nécessaire que le mur soit très homogène; que la construction se poursuive assez lentement pour permettre peu à peu les tassements qui, s'ils se font d'une façon trop brusque, peuvent entraîner la ruine; que, lorsque l'épaisseur du mur est supérieure à la plus grande dimension des matériaux qui le composent, on ménage néanmoins dans la masse des blocs formant liaison entre les deux parements. Il est imprudent de construire

[1] *Chaux aériennes* (par opposition à *chaux hydrauliques*) destinées à être employées à l'air.

par une basse température, car alors les mortiers se figent par suite de la congélation de l'eau, et, au premier dégel, diminuent de volume en provoquant des tassements qui peuvent faire écrouler la construction. Les murs montés en *surplomb*, c'est-à-dire non verticaux, ont tendance à se renverser sous le moindre effort latéral. La poussée des voûtes ou la flexion des planchers qui s'appuient sur un mur peuvent également en provoquer la chute. Des fondations mal établies, lorsqu'il s'y produit des tassements inégaux, entraînent des *lézardes* ou déchirures, dans le sens de la hauteur.

Enfin, certaines causes sont indépendantes du constructeur. Telles sont l'exposition des murs aux intempéries, au vent, à la pluie, à la gelée; l'humidité du sol, la présence de certains végétaux qui croissent le long des murs, et dont les racines pénètrent dans les joints des pierres et désagrègent peu à peu la masse, etc.

Mais nous n'avons indiqué dans ce qui précède que quelques exemples. Les causes de destruction peuvent varier avec les circonstances spéciales à chaque construction, et l'architecte doit se rendre compte de ces circonstances pour faire un choix judicieux des matériaux, pour régler la marche des travaux, pour établir les fondations.

§ 2. — DISPOSITION

Différents cas. — Les dispositions adoptées dans la construction des murs varient avec la nature des matériaux. Nous distinguerons cinq cas principaux :

Maçonnerie en pierre de taille ;
Maçonnerie en moellons
Maçonnerie en briques ;
Maçonnerie mixte ;
Pans de bois ou de fer.

Maçonnerie en pierre de taille. — On a des exemples de constructions très anciennes où la pierre est employée avec des formes polygonales irrégulières. Mais, de très bonne heure, les constructeurs se servirent de pierres taillées suivant des faces planes parfaitement dressées, et l'on trouve dans les édifices grecs et romains divers genres d'appareil dont nous nous servons encore aujourd'hui.

Les anciens employaient le plus souvent les pierres de taille sans mortier, dans leurs travaux les plus soignés. Ce genre d'appareil est très dispendieux, parce qu'il exige une taille irréprochable des faces en contact. Mais il a l'avantage de former des surfaces non interrompues par les lignes de joints, fortement accusées lorsqu'on emploie le mortier. D'autre part, les joints au mortier sont sujets à se dégarnir et à donner ainsi passage aux infiltrations et aux racines des végétaux parasites mentionnés plus haut. Quoi qu'il en soit, l'appareil sans mortier ne s'emploie de nos jours que dans des cas particuliers n'exigeant pas une taille parfaite ; par exemple, pour certains murs de soutènement ou de revêtement. Nous supposerons donc, dans l'étude qui va suivre, que la pierre est toujours employée avec le mortier.

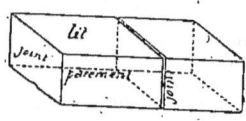

Fig. 9.

Définitions. — Il faut distinguer dans une pierre de taille les *lits*, les *parements* et les *joints* (fig. 9).

Les *lits* sont les faces horizontales par lesquelles chaque pierre est mise en contact avec la supérieure et l'inférieure.

Les *parements* sont les faces verticales apparentes à l'extérieur et à l'intérieur du mur.

Les *joints* sont les faces verticales latérales. On appelle aussi joint l'intervalle qui sépare deux pierres contiguës.

Lorsque les parements des pierres sont bruts ou grossièrement taillés, comme cela a lieu dans les fondations, on donne à ces pierres le nom de *libages*.

Les pierres de taille sont disposées par rangées horizontales, dites *assises*, dont la hauteur peut être uniforme ou variable d'une assise à la suivante.

Lorsque les hauteurs d'assises successives sont égales, on dit que le mur est appareillé par *assises réglées de hauteur*.

Les pierres de taille d'une même assise peuvent avoir la même largeur de parement ou des largeurs variant d'une pierre à la suivante. Dans le premier cas, on dit que le mur est appareillé par *assises réglées de largeur.*

On appelle *queue* la dimension d'une pierre dans le sens perpendiculaire à son parement.

Si la queue est moindre que le parement, la pierre est posée en *carreau.* Dans le cas contraire, elle est en *boutisse.*

Si la pierre a un parement sur chaque face du mur, elle s'appelle *parpaing.*

Appareil des pierres de taille. — Il est nécessaire d'éviter, dans l'appareil des pierres de taille, que les joints de deux assises consécutives soient sur la même ligne verticale. Ils doivent, au contraire, se croiser d'au moins 0^m,20, et cela pour éviter toujours que la déchirure du mur dans le sens longitudinal, si elle se produisait, se fît en ligne droite. Ceci posé, on peut appareiller de plusieurs façons les pierres de taille.

Dans la figure 10 les quatre assises supérieures sont réglées de hauteur et de largeur. C'est l'*opus isodomum* des Romains.

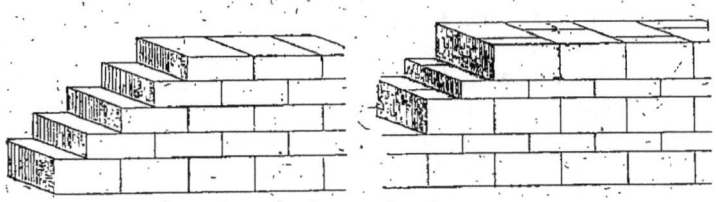

Fig. 10.   Fig. 11.

La figure 11 présente un spécimen d'appareil par assises alternatives hautes et basses que les anciens appelaient l'*opus pseudisodomum*, et qui est d'une application très commode lorsque les carrières ne fournissent pas des pierres de hauteurs égales.

Un appareil excellent, parce qu'il donne un mur dont la liaison est parfaite, est celui que nous indiquons dans la figure 12, et où les pierres sont posées alternativement par carreaux et boutisses formant parpaings.

Enfin, lorsque l'épaisseur du mur est trop considérable, on peut construire les parements seuls et, de distance en distance, des parties formant liaison, en pierre de taille, et le milieu en matériaux de blocage (*fig.* 13). La liaison est moins bonne dans chaque assise qu'avec les appareils précédents;

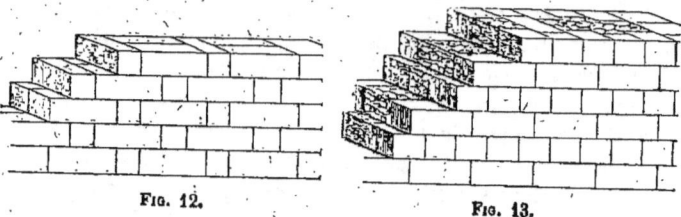

Fig. 12.   Fig. 13.

mais elle devient suffisante pour l'ensemble. Ce dernier mode rentre dans la catégorie des constructions mixtes étudiées plus loin.

Les divers exemples que nous venons de citer ne s'appliquent qu'à une partie de mur en ligne droite. L'appareil exige plus de soin et des dispositions particulières à la rencontre de deux murs, soit pour former une encoignure, ce qui a lieu dans les rencontres de murs extérieurs, soit pour former deux ou quatre angles, comme cela a lieu pour les murs de refend rencontrant les murs de façade ou se rencontrant réciproquement.

Dans ces divers cas, on emploie deux genres d'appareil: l'appareil en *besace*, et l'appareil à *harpes* et *évidement*.

Le premier de ces deux appareils consiste à former l'angle au moyen de pierres égales appartenant alternativement à l'un et à l'autre mur (*fig.* 14).

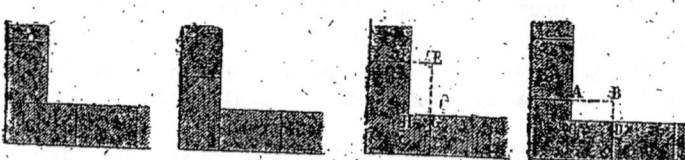

Fig. 14.   Fig. 15.

Dans le second mode d'appareil, chaque pierre d'angle appartient à la fois aux deux murs et y pénètre par des sail-

lies appelées *harpes* alternativement longues et courtes (*fig.* 15).
Il est préférable au précédent au point de vue de la liaison,
mais il est plus coûteux, à cause du déchet de pierre, provenant des *évidements* ABCD, EFGH.

Les mêmes dispositions sont applicables aux intersections
et aux rencontres de murs de refend. Les figures 16 et 17
en sont des exemples. Dans la figure 16, l'angle est appa-

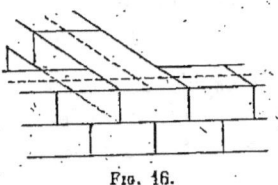 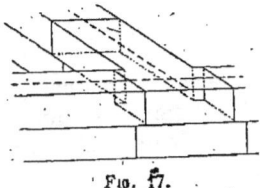

Fig. 16.   Fig. 17.

reillé en besace : une assise sur deux de l'un des murs présente une pierre posée en boutisse qui pénètre dans l'autre.
Dans la figure 17, l'angle est appareillé au moyen de pierres
à trois harpes, deux dans l'un des murs et la troisième dans
l'autre, ces harpes étant d'ailleurs, dans chaque mur, alternativement longues et courtes.

Des dispositions spéciales sont encore usitées pour les
murs soumis à des efforts horizontaux ou obliques, à des
chocs violents, tels que les murs de jetées, de ports, de

 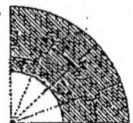 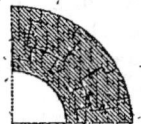

Fig. 18.   Fig. 19.

phares. Le principe de ces appareils consiste essentiellement
à relier les unes aux autres les différentes pierres et les différentes assises au moyen d'encastrements réciproques plus
ou moins compliqués. La figure 18 montre l'un des plus
simples. La figure 19 est un exemple d'appareil applicable à

la construction des phares. On peut voir, dans l'exemple de la figure 20, une autre variété excellente, dite appareil à *joints recoupés*.

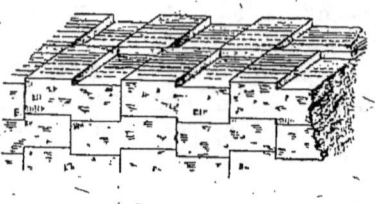

Fig. 20.

On ajoute souvent à la rigidité du système au moyen de crampons de fer, comme on le voit dans la figure 19.

Maçonnerie en moellons. — Les moellons sont des pierres de petites dimensions qu'on emploie bruts ou après leur avoir fait subir une taille grossière; on les dit alors *piqués* ou *smillés*.

On ne les taille, en général, que sur le parement extérieur en dressant simplement les arêtes tout au pourtour de cette face. Même lorsqu'on taille les faces de lits et de joints, ce travail se fait avec beaucoup moins de soin que pour les pierres. Il en résulte une moins bonne liaison entre les différentes parties, et l'on est obligé de suppléer à cet inconvénient par des parpaings et des chaînes aux angles et aux points les plus chargés. Ces dernières se font en pierre de taille, et on a alors affaire à un cas particulier: celui des maçonneries mixtes, que nous étudierons plus loin.

Maçonnerie en briques. — Les briques sont des matériaux de très petites dimensions; mais leur régularité, sans être comparable à celle de la pierre de taille, permet cependant d'en construire de très bonne maçonnerie homogène et liaisonnée.

Elles forment adhérence parfaite avec le mortier de chaux, le ciment et le plâtre, surtout si l'on a soin de les tremper dans l'eau un peu avant de les employer.

Au point de vue décoratif, elles se prêtent à une foule de combinaisons de formes et de couleurs, et l'on peut en tirer un excellent parti.

Posées *de champ*, elles servent à faire des cloisons de $0^m,055$ d'épaisseur. Posées *à plat*, elles constituent de petits murs de

$0^m,105$ à $0^m,11$ d'épaisseur. On a soin, dans les deux cas, de croiser les joints d'une assise à l'autre, comme pour la pierre.

On obtient de plus fortes épaisseurs à l'aide de combinaisons appropriées. Pour les murs de $0^m,22$ d'épaisseur on peut employer la disposition de la figure 21 (une assise à double rangée de carreaux, et une assise à une seule rangée de boutisses), ou bien celle de la figure 22 (chaque assise étant formée de deux carreaux séparés par une boutisse).

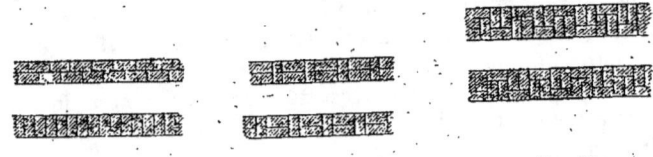

Fig. 24.   Fig. 25.   Fig. 26.

Enfin, on construit encore des murs en briques de $0^m,46$ à $0^m,48$ d'épaisseur en adoptant, par exemple, la disposition de la figure 25.

Nous rappellerons, simplement, pour les murs en briques, ce que nous avons déjà exprimé pour les murs en pierre, à savoir que les angles et les rencontres doivent être construits avec un grand soin et suivant des dispositions particulières, de façon à former une bonne liaison, comme par exemple le montre la figure 26.

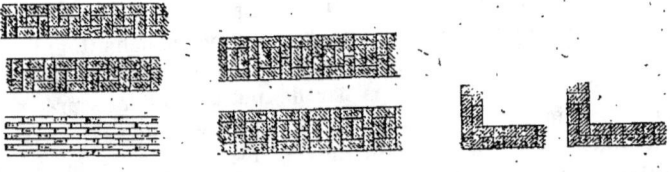

Fig. 21.   Fig. 22.   Fig. 23.

Pour les murs de $0^m,35$ d'épaisseur, on peut adopter l'une ou l'autre des solutions indiquées dans les figures 23 et 24, selon que l'arrangement extérieur est chose indifférente, ou qu'au contraire on veut avoir sur la face une disposition symétrique.

28 MURS

Les murs en briques présentent certains avantages qui les font souvent préférer aux autres matériaux, pour les maisons d'habitation en particulier. La régularité de leurs lits et de leurs joints rendent ces murs très résistants, et ils sont d'ailleurs plus isolants pour la chaleur que les murs en pierre, deux qualités qui permettent d'en réduire l'épaisseur.

Maçonnerie mixte. — Lorsque les matériaux de choix sont rares ou coûteux, ou pour économiser la taille, on construit très souvent en combinant plusieurs espèces de matériaux. Les parties qui doivent offrir une grande résistance sont exécutées en pierre de taille, le reste en petits matériaux. Ce mode de construction est désigné sous le nom de *maçonnerie mixte*. C'est le plus économique et le plus usité dans les travaux ordinaires.

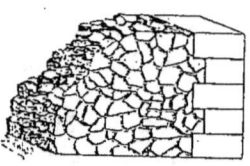   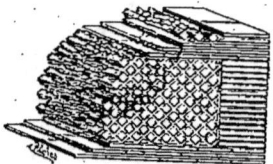

Fig. 27.   Fig. 28.

Les édifices des Grecs et des Romains nous donnent quelques exemples de constructions mixtes : l'*opus incertum* (fig. 27), qui consistait à envelopper aux deux parements, par des matériaux de formes irrégulières, mais offrant une face dressée et des joints, une maçonnerie en blocage constituant l'intérieur du mur ; et l'*opus reticulatum* (fig. 28), dans lequel les parements étaient formés par de petits moellons présentant des faces régulières, carrées et posées sur l'angle, et où la liaison était assurée au moyen d'assises en grandes briques ou en moellons plats traversant toute l'épaisseur du mur.

De ces deux systèmes nous n'avons conservé, en le modifiant, que l'*opus incertum*.

Du reste, les cas où l'épaisseur des murs est assez grande pour donner lieu à ces genres de constructions sont assez

DISPOSITION

rares. Il faut en excepter seulement les murs de soutènement, les piles de pont, les murs de quais ou de réservoirs, où l'on peut avec avantage employer, pour les parements, soit l'*opus incertum*, soit les assises réglées ; et pour l'intérieur, les petits matériaux, moellons, meulière ou caillasse.

Mais il ne faut se servir dans ces cas que de mortiers absolument incompressibles. Tout tassement possible serait inégal et entraînerait les plus graves désordres.

Pour nos constructions ordinaires, dont les murs sont de beaucoup moindre épaisseur, nous employons, en revanche, un autre système de maçonnerie mixte très avantageux. Il consiste à construire les rencontres de murs, les points d'appui des fermes, les angles, les encadrements des baies et, d'une façon générale, tous les supports résistants, en pierre de taille, et les parties de mur comprises entre ces points d'appui, en moellons smillés ou piqués, en meulière ou en briques.

Les points d'appui sont alors formés par des assises de pierre alternativement longues et courtes qui jettent des

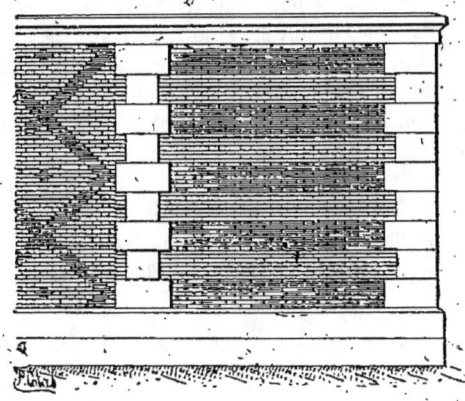

Fig. 29.

harpes latéralement, et relient ainsi les parties construites en petits matériaux. Ce rôle spécial leur a fait donner le nom de *chaînes* verticales.

La figure 29 montre un exemple de *chaîne d'angle* et de

chaîne ordinaire, aussi appelées *jambes* de pierre, reliées par une maçonnerie de briques.

Il est facile de se rendre compte que, dans une construction de ce genre, les parties exécutées en petits matériaux sont sujettes à des tassements plus considérables que les chaînes, par le fait seul de leur structure. Mais, d'autre part, les chaînes verticales étant plus chargées, il s'établit une compensation. Il est prudent néanmoins de n'y pas trop compter et d'employer dans tous les cas, des mortiers de très bonne qualité pour supprimer toute chance de tassement inégal.

Pans de bois et de fer. — Des constructions plus économiques encore que les maçonneries mixtes peuvent être exécutées au moyen des pans de bois ou de fer. Mais ils ne sont guère employés que pour des bâtiments provisoires, pour des ateliers, des hangars, etc.

Le principe de ces constructions consiste à établir une ossature en bois ou en fer, au moyen de montants verticaux ou *poteaux*, de barres horizontales, *sablières* ou *linteaux*, et de pièces inclinées, *contre-fiches* ou *écharpes;* et à clore les parties laissées vides à l'aide de petits matériaux très légers, briques de champ, carreaux de plâtre, plâtras, etc. On obtient ainsi des parois de faible épaisseur, pouvant offrir cependant des points d'appui résistants, et qui s'élèvent à peu de frais et rapidement. Mais elles sont loin d'offrir les mêmes garanties de stabilité et de durée que les constructions en pierre. Nous renvoyons nos lecteurs aux traités spéciaux de *Maçonnerie, Charpente en bois et en fer*, pour tous les détails de ces diverses constructions.

§ 3. — Proportions

Épaisseur des murs ; efforts à considérer dans les différents cas. — On conçoit facilement qu'il existe un rapport entre l'épaisseur d'un mur et sa hauteur, et que ce rapport soit d'ailleurs modifié par diverses circonstances variables suivant les cas.

L'épaisseur dépend, en effet, d'une part, de la nature de la construction et, d'autre part, des efforts auxquels elle doit résister. Dans un mur en pierres de taille, l'adhérence des matériaux et une répartition plus parfaite des charges sur les surfaces pressées, permettent d'avoir des épaisseurs beaucoup moindres que pour un mur en moellons, en meulière ou autres petits matériaux, placé dans les mêmes conditions. Il tombe également sous le sens qu'un mur isolé se prolongeant en ligne droite aura besoin pour résister aux efforts latéraux du vent d'une plus grande épaisseur que s'il forme des angles ou s'il est relié à d'autres murs perpendiculaires ou obliques à sa direction, et que, dans ce dernier cas, son épaisseur pourra être d'autant plus diminuée que les murs qui le rencontrent seront plus rapprochés. Les murs de nos édifices d'habitation, tous solidaires les uns des autres, et réunis à des hauteurs plus ou moins grandes par des planchers, sont également dans des conditions plus favorables pour résister aux efforts latéraux, et peuvent être construits avec une épaisseur relativement faible eu égard à leur hauteur.

Ces diverses considérations montrent qu'il est impossible de formuler une règle absolue applicable dans tous les cas. Nous ne pourrons donner dans cette étude que quelques formules empiriques synthétisant un très grand nombre d'observations et n'offrant guère qu'une indication et un point de départ pour les calculs et les recherches à faire dans chaque cas particulier.

Rondelet a exprimé le résultat de ses observations en un certain nombre de formules pour les différents cas : des murs isolés, solidaires d'autres murs, réunis par des combles, par des planchers, etc. Mais ces diverses distinctions ne nous paraissent pas absolues. Par exemple, s'il est exact que les planchers et les combles des habitations forment une liaison entre les murs sur lesquels ils s'appuient, il est vrai aussi que cet avantage est fort diminué par les ébranlements qu'ils leur communiquent, en raison de leur élasticité, et qui augmentent avec leur portée.

Nous nous contenterons de donner les formules relatives aux deux cas généraux d'un mur parfaitement isolé et d'un mur solidaire d'autres murs. Dans le premier cas, le poids des matériaux exerce évidemment une plus grande influence que leur adhérence réciproque.

Aussi, tout en donnant un résultat satisfaisant, même à ce dernier point de vue, la formule suivante tient-elle compte surtout du poids de la maçonnerie. Désignons par p le poids du mètre cube en kilogrammes, et par h la hauteur du mur isolé. Nous aurons pour l'épaisseur :

$$e = 12\sqrt{\frac{h}{p}}.$$

Dans le cas des murs solidaires, l'élément qui importe le plus est la distance l de ces murs, et l'épaisseur se déduit de la formule :

$$e = \frac{lh}{12\sqrt{l^2 + h^2}}.$$

Répétons encore que ces formules ne sont qu'approximatives et ne doivent servir qu'à donner une première indication. Il faut les compléter, pour chaque cas, par diverses recherches et particulièrement par l'examen des constructions analogues exécutées dans les mêmes conditions.

Du reste, des dispositions spéciales sont adoptées dans chaque genre de mur, et nous allons examiner successivement plusieurs cas des plus fréquents.

Murs de clôture. — Chaperons. — Les murs de clôture rentrent dans la catégorie des murs isolés. Leur hauteur réglementaire est $2^m,60$ ou $3^m,20$, selon qu'ils sont construits dans une ville dont la population ne dépasse pas 50.000 habitants, ou bien dans une ville dont la population est supérieure à ce chiffre.

Ils peuvent être de natures très différentes, selon leur situation et leur but ; tantôt très simplement construits, là où ils servent uniquement à clore un terrain, tantôt plus ou moins richement décorés, lorsqu'ils forment façade sur rue.

Un des moyens les plus simples consiste à établir des fondations solides, en moellons hourdés en mortier de chaux hydraulique qu'on monte jusqu'à $0^m,50$ au-dessus du sol, sur une épaisseur de 0^m,45 à 0^m,50 ; à élever de distance en distance, tous les 3 ou 4 mètres, des piles en petits matériaux hourdés en plâtre et à remplir les intervalles à l'aide d'une maçonnerie en mortier de terre, qu'on protège contre l'influence de la pluie et du vent par un crépis imperméable.

La partie supérieure du mur est surmontée d'un chapeau, ou *chaperon*, qui a pour but de le protéger contre l'humidité en favorisant l'écoulement des eaux pluviales. Il présente à cet effet une ou deux pentes, selon que le mur appartient entièrement à l'une des propriétés contiguës ou qu'il est mitoyen. Ce chaperon se fait quelquefois en plâtre, mais il est préférable de le construire en tuile. Les deux figures 30 et 31 en donnent un exemple dans les cas d'un mur non mitoyen et d'un mur mitoyen.

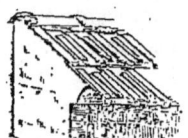
Fig. 30.

Fig. 31.

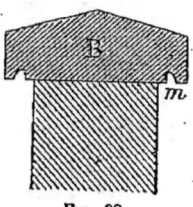
Fig. 32.

Souvent le mur de clôture est construit avec plus de soin et de meilleurs matériaux, et peut être recouvert d'un chaperon en pierre (*fig.* 32) formé de dalles B à une ou à deux pentes, avec mouchettes *m* pour l'écoulement des eaux. Le chaperon est quelquefois sans saillie, et ses deux parements se confondent avec ceux du mur.

Si l'on veut avoir un mur de clôture de longue durée, il est préférable de le construire entièrement en moellons, meulière ou briques et mortier hydraulique.

Lorsqu'un mur de clôture forme façade sur rue, il est souvent exécuté en maçonnerie mixte qui peut se prêter à des combinaisons décoratives d'un effet très heureux.

La figure 29 donne un exemple de ce genre. L'intervalle des chaînes pourrait aussi être exécuté en meulière ou en moellons.

Les murs de clôture formant façade sur rue sont percés,

en général, de portes pour les piétons ou de portes charretières. Nous examinerons ces diverses ouvertures et leur mode de décoration dans le chapitre des *portes et fenêtres*. Souvent aussi on ne construit que la partie inférieure, jusqu'à hauteur d'appui, en maçonnerie. Au-dessus de ce soubassement, on élève à intervalles réguliers des pilastres également en maçonnerie, et ces intervalles sont fermés par des grilles dormantes à jour en fer.

Murs de soutènement. — Contreforts, barbacanes. — Un mur ne sert pas uniquement à clore, il peut, dans certains

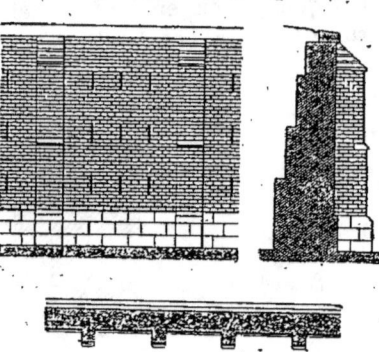

Fig. 33.

cas, avoir pour seul but de résister à des efforts latéraux; c'est le cas des murs de soutènement destinés à opposer une résistance suffisante à la poussée des terres. L'épaisseur de ces murs ne peut évidemment se déduire des formules que nous avons données précédemment. Il entre ici un nouvel élément : le poids des terres à soutenir, et il est facile de voir que le poids du mur jouera un grand rôle dans l'action efficace de celui-ci. C'est ce dont tient compte la formule de Navier qui donne l'épaisseur uniforme d'un mur de soutènement à parois verticales. Soient : P, le poids du mètre cube de terre; p, le poids du mètre cube de maçonnerie; h, la hauteur de terre à soutenir; et a, l'angle formé par le talus naturel des terres avec l'horizon; l'épaisseur :

$$e = 0,59 h \, \lg \left(\frac{4}{2} 5° - a \right) \sqrt{\frac{P}{p}}.$$

Mais le plus souvent les murs de soutènement présentent à l'extérieur un talus, ou *fruit*, et du côté des terres des retraites successives ou redans diminuant de la base au sommet (*fig.* 33). On obtient de très bons résultats en prenant pour épaisseur moyenne de ces ouvrages celle qui se déduit de la formule de Navier.

On augmente la résistance du mur, ou on en diminue l'épaisseur moyenne, surtout lorsqu'il offre un certain développement, au moyen de *contreforts* également en talus ou à retraites successives, placés à l'extérieur, à intervalles réguliers, isolés (*fig.* 33) ou réunis soit en plusieurs points de leur hauteur, soit seulement à leur sommet (*fig.* 34), par des arcs saillants.

Ces contreforts se prêtent fort bien à des motifs de décoration divers qui donnent un caractère très particulier et très distinctif à ces ouvrages, en accusant leur fonction.

Fig. 34.

Enfin, on peut encore rendre la résistance du mur plus efficace en lui donnant, suivant sa section horizontale, une courbure plus ou moins prononcée entre les contreforts, comme cela est indiqué dans la figure 34. Cette disposition a, en outre, l'avantage de donner lieu à un autre genre de décoration, en formant des niches circulaires dont on peut tirer un très grand effet, ou qui, selon leurs dimensions, sont susceptibles d'être utilisées pour des dépôts, des resserres, etc.

Il est bon de remarquer que, dans ces différents cas, il y a lieu de tenir compte des surcharges auxquelles peuvent être soumises les terres à soutenir.

Une des principales causes de destruction des murs de soutènement, construits d'ailleurs dans des conditions normales, est la présence de l'eau dans le sol, soit à l'état permanent, soit à l'état accidentel. Il est donc nécessaire de pourvoir à son écoulement régulier et constant. On y parvient en pratiquant dans les parois du mur de petites ouvertures très étroites et très allongées, de façon à empêcher l'entraînement des terres, tout en permettant à l'eau de s'écouler au dehors. Celle-ci, après avoir suivi le talus du mur le long duquel on a pratiqué au-dessous de l'ouverture une rigole entaillée dans la pierre dure, se réunit à son pied dans un caniveau incliné qui la conduit à l'égout ou dans un cours d'eau voisin.

Ces ouvertures, plus ou moins espacées, suivant le degré d'humidité du sol, et placées à des hauteurs convenables, prennent le nom de *barbacanes* (fig. 33 et fig. 34).

Murs des réservoirs. — Les murs des réservoirs ne sont que des variétés des murs de soutènement : ils résistent à la poussée des eaux. On leur donne des formes analogues aux précédents et ils peuvent être, comme eux, d'épaisseur uniforme ou d'épaisseur variable, diminuant de la base au sommet, mais en suivant ici le profil d'une courbe plus ou moins prononcée, et non celui de redans successifs. On peut également les consolider à l'aide de contreforts. Dans son *Traité de Maçonnerie*, M. Denfer donne, pour déterminer l'épaisseur de ces murs, la formule suivante :

$$e = h \sqrt{\frac{100R}{3Rd - 4d^2h}},$$

dans laquelle R est la résistance de sécurité des matériaux qui constituent le mur ; d, leur densité ; h, la hauteur de l'eau dans le réservoir.

Murs des édifices. — Il est impossible de faire figurer dans une formule générale tous les éléments qui déterminent l'épaisseur des murs de nos édifices, où les réactions sont multiples et extrêmement variables. Mais les exemples abondent et tiennent lieu d'une règle unique. Il suffit, pour chaque cas, de se guider d'après les ouvrages analogues exécutés précédemment.

Il est d'usage, à Paris, où l'on a à sa disposition des matériaux de très bonne qualité, de donner aux murs des constructions à plusieurs étages, espacés de 4 à 5 mètres, des épaisseurs de 0^m,50 à 0^m,60 pour les façades et de 0^m,40 à 0^m,45 pour les refends. Dans certains édifices, les hôtels, par exemple, où les portées et les hauteurs d'étage sont plus grandes, on va jusqu'à 0^m,80 pour les murs de face et 0^m,50 pour les refends.

On peut se rendre compte que ces épaisseurs sont beaucoup plus fortes qu'il ne faut pour supporter les seules charges verticales. La résistance de sécurité à l'écrasement des matériaux employés est bien supérieure à la pression qu'ils supportent de ce chef. Mais il faut considérer que les flexions éprouvées par les planchers et les combles tendent à reporter à l'extérieur la résultante des efforts qui agissent sur le mur et que, si son épaisseur était calculée pour les conditions normales, dès que ces flexions produiraient la moindre perturbation, la même résultante pourrait être appliquée sur une arête qui ne résisterait pas. Il importe donc de donner au mur une section supérieure à celle qui serait nécessaire pour supporter sans s'écraser les poids dont on le charge; et on voit tout de suite que, s'il y a un excédent d'épaisseur, il est préférable de le reporter sur la face extérieure, où il sera plus efficace.

Mais, même dans le cas où l'on n'aurait pas à craindre les actions horizontales et où le mur n'aurait à supporter que des charges verticales, il faudrait lui donner une épaisseur plus grande que celle fournie par la résistance à l'écrasement. La cohésion des diverses parties du mur étant insuffisante, si l'on chargeait progressivement sa section horizontale, on le verrait, en effet, se désagréger et s'écrouler bien avant d'avoir atteint la limite où se produit l'écrasement d'un seul bloc de même nature que ceux qui le constituent par leur juxtaposition, lorsqu'on le charge isolément.

Les murs sur lesquels viennent s'appuyer des voûtes sont soumis à des actions d'un autre genre qui tendent encore et avec plus d'intensité à reporter à l'extérieur la résultante des efforts. Aussi exigent-ils des épaisseurs plus grandes et des dispositions particulières, mais nous les étudierons en même temps que les voûtes qu'ils peuvent être appelés à supporter.

On donne également un surcroît d'épaisseur aux murs de caves qui supportent toute la charge des murs en élévation et qui sont, en outre, de véritables murs de soutènement, ayant à contrebuter la poussée des terres environnantes.

Les murs des fosses d'aisance dans les édifices sont encore soumis à des conditions spéciales. Mais elles sont la conséquence de règlements sanitaires plutôt que le résultat de calculs ou d'expériences. Nous renvoyons nos lecteurs pour tous renseignements à cet égard à l'ouvrage traitant de la *législation du bâtiment*.

Enfin, il y aurait lieu d'étudier les modes de constructions adoptés pour les égouts; mais les ouvrages *Maçonnerie* et *Assainissement* donnant sur ce sujet tous les détails intéressants, nous nous bornerons à les mentionner comme un des cas particuliers auxquels peut avoir affaire l'architecte. Qu'il nous suffise de dire que, par leur forme courbe et leur complet encaissement dans le sol, ils exigent moins d'épaisseur pour leurs parois que les constructions ordinaires. On les exécute en maçonnerie de petits matériaux très résistants hourdés en mortier de ciment à prise rapide. Leurs formes et leurs dimensions sont d'ailleurs déterminées par des règlements de police que nous n'avons pas à énumérer ici.

§ 4. — Décoration

Principe de la décoration des murs. — Nous avons dit, au commencement de cet ouvrage, que le but de l'architecture est de donner une expression agréable à ce qui est nécessaire. Ce principe guidera efficacement toute recherche de décoration et, en particulier, de décoration des murs. L'architecture devant satisfaire la raison autant que le goût, un des modes de décoration les plus simples et les plus recommandables est celui qui consiste à accuser, par des ouvrages extérieurs en saillie ou en couleur, l'ossature de la construction.

Joints apparents, refends, bossages, piles, encadrements. — Pour la face extérieure d'un mur en pierre de taille, par exemple, il est tout indiqué de marquer d'une façon plus ou moins visible les lignes de lits et de joints. On peut les accuser simplement par une substance colorée mélangée à un enduit avec lequel on rebouche soigneusement tous les

DÉCORATION

joints, en se servant d'un instrument en fer spécial, appelé *tire-joints*, qui leur donne une forme légèrement concave.

Si l'on veut rendre cette indication plus visible, on élargit le joint en pratiquant tout au pourtour de chaque pierre une entaille dont la profondeur varie de 0^m,01 à 0^m,08, ayant environ 0^m,03 de largeur, et qu'on nomme *refend*. Les anciens se sont servis de ce mode de décoration, mais avec beaucoup de réserve, quant aux dimensions qu'ils donnaient à leurs entailles. La figure 35 montre un spécimen de refends emprunté au temple de Vesta à Rome. De nos jours, et surtout dans nos climats, où, le ciel étant moins pur, l'air moins transparent, il est nécessaire d'accuser très fortement les saillies qu'on veut faire remarquer, on donne des profondeurs plus considérables aux refends des murs extérieurs. La figure 36 en est un exemple. Ce spécimen est emprunté au soubassement de l'un des grands palais qui font le principal ornement de la place de la Concorde à Paris et qui datent du siècle dernier. La profondeur des refends atteint 0^m,085.

Les refends peuvent être à arêtes vives, comme dans la figure 35, ou légèrement arrondis, comme dans la figure 36.

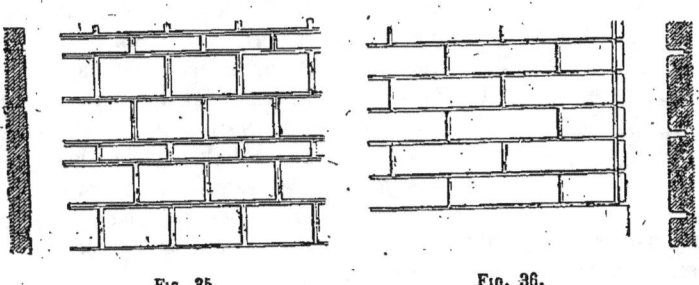

Fig. 35.　　　　　Fig. 36.

Souvent les faces des pierres accusées par des refends sont ornées elles-mêmes de saillies de formes diverses appelées *bossages*. Ces derniers sont à arêtes vives, arrondis, ou à pans inclinés, comme dans l'exemple de la figure 37. Les bossages peuvent même exister sans les refends. La figure 38 donne un exemple de ce genre où on les a simplement accusés en abattant leurs arêtes suivant un angle uniforme. La face des bossages est quelquefois ornée de saillies appelées *pointes de diamant*, ou de canaux très petits et très sinueux auxquels on donne pour cette raison le nom de *vermiculures*.

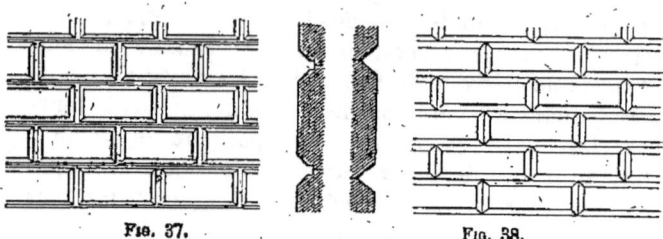

Fig. 37.   Fig. 38.

Les refends et les bossages s'emploient surtout dans les parties d'un édifice où l'on veut donner l'impression d'une grande solidité, dans les soubassements, dans les piles et chaînes d'angles, aux encadrements des baies, etc.

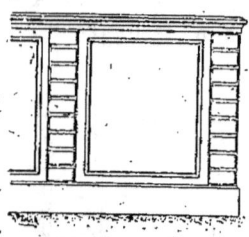

Fig. 39.

On les emploiera donc avec avantage pour les murs exécutés en maçonneries mixtes, où ils permettent d'accuser fortement l'ossature de la construction. Dans ce cas, les parties exécutées en petits matériaux seront simplement ornées de joints ordinaires, s'il s'agit du moellon; formeront des dessins plus ou moins variés de formes et de couleurs, s'il s'agit de la brique (*fig.* 29); présenteront une surface plane ornée d'*encadrements* à moulures, s'il s'agit d'un remplissage en matériaux irréguliers, recouverts d'un enduit (*fig.* 39).

Les refends indiquant les assises de pierre, on doit les faire coïncider avec les joints. Cette règle, en elle-même très logique, serait trop absolue si on l'appliquait à tous les cas. De nos jours on construit souvent les murs en pierre de taille à l'aide de blocs qui peuvent avoir $0^m,50$ ou $0^m,80$ de hauteur. Des refends placés seulement aux lits et aux joints de ces assises produiraient un effet désagréable. Il est bon d'adopter pour les refends des hauteurs variant entre 0ᵐ,30 et 0ᵐ,40 et, si les blocs sont de plus grande hauteur, de les diviser de façon à faire coïncider chaque ligne de lit et de joint avec un refend.

Les piles et les chaînes d'angles sont quelquefois employées comme moyen de décoration, quoique le mur soit exécuté dans son entier avec des matériaux de même nature. Dans ce cas, elles n'ont pas la même signification au point de vue de la construction: elles indiquent des parties renforcées, ce sont pour ainsi dire de légers contreforts. Ces piles et chaînes peuvent alors être dépourvues de harpes latérales; leurs arêtes verticales sont droites et continues : elles affectent plutôt la forme de pilastres, et cette ressemblance est souvent accentuée par la présence d'un corps de moulures à la partie supérieure (fig. 40).

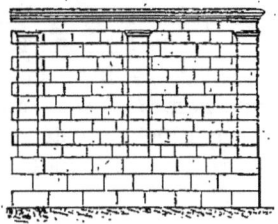

Fig. 40.

Bandeaux et corniches. — Les divers moyens de décoration qui précèdent ont pour but d'accuser les parties verticales de l'ossature de la construction. Il en est d'autres qui indiquent les divisions horizontales, les planchers : ce sont les *bandeaux*, simples plates-bandes en saillie, courant sur toute la largeur de l'édifice, et les *corniches*, corps de moulures plus ornés et de plus forte saillie, qui, en général, couronnent les murs au-dessous du comble et protègent leur parement extérieur contre l'action des eaux pluviales.

Sculpture, peinture, faïences, mosaïques, terres cuites. — Le principe de décoration qui dérive de la construction même, très rationnel et souvent très fécond en formes et en dispositions heureuses, ne peut cependant suffire à tous les cas. Il est des constructions très simples qui n'offriraient que peu de motifs de décoration et pour lesquelles on est obligé d'en chercher d'autres qui en sont indépendants. On a alors recours avec avantage aux ornements sculptés sur place ou rapportés, aux peintures murales, à l'incrustation de panneaux de faïence, de mosaïque, de terres cuites, dont les dessins varient à l'infini et peuvent fournir l'occasion d'effets très originaux et très agréables.

Toutefois, il ne faut point abuser de ce genre de décoration, ne l'employer qu'avec beaucoup de réserve et de jugement, dans les cas où seulement il convient, où il ajoute au caractère de l'édifice et s'harmonise avec l'esprit général de son architecture. Il ne faut pas oublier que la décoration, de quelque nature qu'elle soit, est un accessoire susceptible d'être supprimé, sans détruire le caractère de l'architecture qu'elle sert, mais à laquelle elle doit être constamment subordonnée.

§ 5. — PAREMENTS

Parements en pierre de taille. — Les parements extérieurs des maçonneries se terminent de différentes manières, selon la nature des matériaux. Pour la pierre de taille on procède au *ravalement* des faces intérieures et extérieures, puis au *ragréement* de toutes les parties apparentes, enfin au *rejointoiement*. Cette dernière opération se fait en rebouchant les joints au ciment ou au plâtre coloré, selon qu'on a affaire à la pierre dure ou à la pierre tendre ; dans le premier cas, le joint apparent est accusé en creux au moyen du tire-joints, et, pour la pierre tendre, il est plat et au nu du mur afin d'éviter les épaufrures des arêtes.

Durcissement des parements en pierre de taille. — Les parements des pierres de taille sont sujets à s'altérer sous l'action des agents atmosphériques. Mais pour beaucoup de pierres cette décomposition est empêchée par le durcissement de la paroi. Il est probable que l'eau de carrière qu'elles contiennent, en s'écoulant peu à peu à l'extérieur, avec le calcaire et la silice qu'elles tiennent en dissolution, et en s'évaporant au contact de l'air, laissent se déposer dans les parties externes ce calcaire et cette silice. Certaines pierres qui, en raison de leur humidité, étaient très friables au moment de leur emploi, se sont ainsi notablement durcies, comme on peut s'en rendre compte par l'examen de constructions anciennes. Il serait préférable, pour cette raison même, de ne jamais gratter à vif les façades, sous le prétexte d'en nettoyer la surface, car on enlève ainsi la couche protectrice, dont l'absence expose à nouveau à l'action de l'air les parties internes plus tendres.

Divers procédés artificiels permettent de suppléer à la formation naturelle de cette couche durcie, lorsqu'elle ne se produit pas. Ce sont :

1° La *silicatisation*, qui consiste à couvrir le parement de pierre d'une dissolution de silicate de potasse : au contact de l'acide carbonique de l'air, il se forme du carbonate de potasse soluble, et la silice se dépose dans les pores de la pierre ; mais ce procédé entretient sur les façades une humidité continuelle par suite de la présence du carbonate de potasse très avide d'eau ;

2° La *fluatation*, qui supprime ce dernier inconvénient et qui consiste à imprégner la pierre de fluosilicate d'alumine soluble dans l'eau ; il agit sur le calcaire ou carbonate de chaux pour former du spath-fluor et dégager de l'acide carbonique gazeux en mettant en liberté de la silice qui se dépose dans les pores et durcit les parements ;

3° Enfin, l'enduit de *paraffine*, en dissolution dans le pétrole ou étendue sur la surface préalablement chauffée du mur qui est ainsi rendu complètement imperméable.

Parements de petits matériaux. — Les parements de petits matériaux sont tantôt apparents, tantôt recouverts de crépis ou d'enduits, dont nous allons dire un mot à la fin de ce paragraphe.

Lorsque les matériaux doivent rester apparents, on ensoigne davantage la pose, et on rectifie autant que possible les joints qui sont rejointoyés par des procédés analogues à ceux employés pour la pierre de taille. Si le mur est en meulière, on a soin d'en régulariser l'épaisseur, et le rejointoiement se fait soit simplement avec du ciment lissé, soit en garnissant les joints, quelquefois tout le parement, avec de petits morceaux de meulière concassée, ce qui constitue le *rocaillage des joints* et le *rocaillage en plein*.

Enfin, pour la brique, on emploie soit le rejointoiement au fer, soit le rejointoiement en saillie ou *joint anglais*, soit le joint plat.

Enduits divers, renformis. — Les enduits dont on recouvre les murs servent à deux fins : protéger les maçonneries contre les agents extérieurs et former des surfaces planes et lisses propres à recevoir des peintures ou des tentures. Ils se font à l'aide du plâtre, du ciment ou du mortier de chaux.

L'enduit au plâtre comprend deux phases principales. L'ouvrier jette sur le mur une première couche de gros plâtre, dit *plâtre au panier*, qui constitue ce qu'on appelle le *crépi*. Le crépi comprend lui-même la dégradation préalable des joints, le *gobetage* et le dressement de la surface au moyen de la *truelle brettée*, qui laisse des aspérités facilitant l'adhérence de la deuxième couche. Celle-ci est faite avec du plâtre fin, tamisé, dit *plâtre au sas*, gâché avec beaucoup de soin et jeté clair sur le mur, puis étendu ensuite et dressé à la *taloche* en se repérant sur les *cueillies* ou *nus* préalablement établis à la saillie voulue.

L'enduit est quelquefois arrêté après la première opération pour former un *crépi apparent*. Dans ce cas, la couche de plâtre est appliquée avec plus de soin et, pour obtenir des aspérités plus régulières, on la jette à l'aide d'un balai de bouleau ; on a ainsi le *crépi moucheté*. Ce crépi peut être fait également avec du mortier de chaux.

Si l'on n'a pas de plâtre à sa disposition, on peut faire les enduits en chaux éteinte mélangée de bourre et on la laisse ainsi exposée à l'action de l'air, qui en transforme la surface en calcaire.

On fait souvent des enduits en mortier hydraulique dans les soubassements et les parties exposées à l'humidité, après dégradation et nettoyage soigné de toute la surface.

Il faut éviter les enduits de plâtre sur les maçonneries hourdées en ciment et, réciproquement, les enduits en ciment sur les maçonneries hourdées en plâtre. Ces deux substances ne forment pas adhérence l'une avec l'autre.

Lorsque le sol est humide et les matériaux des fondations poreux, il est nécessaire d'arrêter l'ascension de l'eau par capillarité, au moyen d'une *couche d'asphalte* ou de *ciment* sur le joint inférieur du mur en élévation.

Les enduits en ciment sont imperméables et, par conséquent, peuvent être employés pour les parois étanches destinées à contenir des liquides.

Lorsque la partie d'un mur destinée à recevoir un enduit n'est pas parfaitement réglée, mais qu'elle présente des différences de saillie assez importantes, on les ramène à un nu uniforme au moyen d'ouvrages en maçonnerie de plâtras ou de petits matériaux, ou simplement en plâtre, qui prennent le nom de *renformis*.

§ 6. — DISPOSITION DES MURS DANS LES ÉDIFICES

Plantation d'un bâtiment, alignement, nivellement. — Les murs des édifices, étant destinés à clore des espaces bien définis dans leur ensemble et dans leurs différentes parties ou divisions, doivent être élevés exactement à leurs emplacements respectifs et, à cet effet, *tracés* sur le terrain de la construction avec beaucoup de soin ; cette opération s'appelle la *plantation* du bâtiment. Elle se fait en ayant égard à deux genres de considérations : celles relatives aux propriétés, constructions ou voies publiques adjacentes, et celles relatives à son accommodation intérieure propre.

La voie publique, étant la propriété de tous, c'est d'abord à elle qu'il faut avoir égard et, lorsqu'elle est ou peut être parfaitement définie, il est naturel que les constructions riveraines soient élevées dans des conditions telles qu'elles puissent en user pour elles-mêmes de la meilleure façon possible, sans en restreindre l'usage pour les autres. Pour cela il est nécessaire de ne pas empiéter sur la voie publique et de tenir tous les ouvrages en arrière de la limite séparative, qui prend le nom d'*alignement*.

De même, il est indispensable d'établir le sol de l'étage inférieur en ayant égard au profil longitudinal de la voie audevant de la façade, de se conformer, en un mot, au *nivellement* de celle-ci, soit en adoptant pour l'étage inférieur le niveau même de la voie, soit en rachetant la différence de niveau au moyen de pentes ou de marches intérieures ou extérieures.

A l'égard des propriétés voisines, autres que la voie publique, il suffit d'observer la ligne mitoyenne, établie par convention ou par contrat, et de construire soit en arrière de cette ligne, si le mur séparatif appartient entièrement au propriétaire qui fait construire, soit de part et d'autre de la ligne, si chacun des propriétaires voisins participe pour la moitié des frais à la construction de ce mur.

Les conditions relatives à l'accommodation intérieure sont indiquées par les plans cotés. Pour en faciliter le tracé sur le terrain, on adopte comme lignes fixes les axes des murs à rez-de-chaussée et on y rapporte toutes les cotes. On a ainsi pour tous les étages des repères invariables.

Les murs des édifices doivent répondre à une foule de besoins qui appellent des dispositions spéciales, non seulement pour chaque mur, mais aussi pour chaque partie d'un même mur. Nous allons examiner quelques-uns de ces cas.

Murs de caves et de fosses d'aisance. — Les murs de caves sont soumis à la pression des parties supérieures, souvent à des poussées de voûtes et à des poussées de terres, à l'action de l'humidité. Pour ces diverses raisons, on les construit en matériaux résistants et imperméables. D'autre part, ils ne sont point apparents à l'extérieur ; la beauté des matériaux importe peu, et, parmi ceux qui présentent les garanties de solidité suffisante, on choisit généralement les moins coûteux. Aussi n'emploie-t-on presque jamais pour ces murs la pierre de taille. Ils sont ordinairement en moellons bruts ou en meulière. On les construit aussi en briques, surtout si, limité par l'espace, on a besoin d'en diminuer le plus possible l'épaisseur. Toutefois, ce ne sont point là des règles absolues, et la pierre de taille aussi bien que la brique peuvent entrer pour une part plus ou moins grande dans la construction des murs de caves, en particulier pour les *jambes* ou *piédroits* des baies, pour les plates-bandes ou les arcs qui les surmontent.

Les caves sont, en général, voûtées soit en plein cintre, soit en arcs surbaissés. Dans les deux cas, on évite d'appuyer ces voûtes sur les murs de face ; on les établit autant que possible parallèlement aux murs de refend ; leurs poussées s'annulent ainsi deux à deux, et ces murs ne se trouvent plus soumis qu'à des efforts verticaux.

Les murs des fosses d'aisance destinés à contenir des matières liquides infectieuses doivent être construits en matériaux absolument imperméables. Ces fosses présentent, en outre, un fond à pentes légèrement inclinées vers le milieu établi sur un radier également imperméable. Leur partie supérieure est voûtée et percée, en général, de trois ouvertures : l'une, qui est l'orifice du *tuyau de chute* des matières qu'elle est destinée à contenir ; une seconde, donnant accès au *conduit de ventilation*, un peu plus large et montant parallèlement à ce dernier jusqu'au-dessus du toit ; la troisième enfin, servant à vider la fosse, rectangulaire et de plus grandes dimensions que les précédentes, appelée *trou d'extraction*. Cette dernière doit être située à l'air libre. La fosse est d'ailleurs établie de préférence dans une cour ou, lorsque cela n'est pas possible, adossée du moins à un mur extérieur.

Murs en élévation, de face, de refend, mitoyens. — Les *murs en élévation*, c'est-à-dire au-dessus des caves, se divisent en murs extérieurs ou *murs de face*, et en murs intérieurs ou *murs de refend*.

Les murs de face, au moins dans leurs parties apparentes, sont construits en matériaux de choix, surtout lorsqu'ils ne sont point destinés à recevoir des enduits. Ils comportent une ornementation spéciale, qui peut être plus ou moins simple, selon le caractère qu'on veut leur donner, ou les ressources dont on dispose. Ils sont souvent pourvus aux étages supérieurs de saillies dites *balcons*, formées par des dalles de pierre travaillant comme poutres encastrées à une extrémité et libres à l'autre, ou par des ouvrages en bois ou en fer scellés dans la maçonnerie. Mais nous étudierons ces divers ouvrages dans un chapitre spécial.

Dans les murs de refend, les matériaux ne sont, en général, pas apparents, mais recouverts d'enduits et de peintures ou tentures. Aussi, n'y emploie-t-on jamais la pierre de taille, sauf pour certaines parties telles que vestibules, passages, grands escaliers, etc., où les parements restent très souvent apparents. La brique est d'un usage très fréquent pour ces murs, en raison de ses qualités particulières, qui permettent d'en réduire l'épaisseur et d'agrandir d'autant les salles qu'ils limitent. Ils sont percés d'ouvertures établissant la communication entre les diverses salles, fermées par des portes en menuiserie qui se fixent à des bâtis en bois scellés dans la maçonnerie et dont on doit prévoir l'épaisseur en dedans de la baie.

Les murs de refend qui limitent latéralement la construction et sont adjacents aux constructions voisines s'appellent *murs mitoyens*. En raison de leur situation et de leur rôle, ils sont soumis à des conditions particulières. Ils ne peuvent être percés d'ouvertures, sauf dans le cas des *jours de souffrance* réglementés par le Code. Ils ne devraient pas non plus être traversés par des tuyaux de fumée ou autres ; mais il y a à cet égard des tolérances particulières dans certaines localités. On évite également d'y appuyer de fortes charges, comme celle transmise par un filet ou tout autre ouvrage, à moins de les renforcer par des *dosserets* en pierre ou par des contre-murs.

Cheminées, tuyaux de fumée. — Les murs des édifices sont appelés à recevoir dans certaines de leurs parties des ouvrages spéciaux destinés au chauffage des appartements : ce sont les *cheminées* et les *tuyaux de fumée*.

La cheminée est constituée par une ouverture de dimensions variables, pratiquée dans le mur au niveau du plancher et formée par des *jambes* verticales que surmonte et réunit un arc surbaissé, le tout ordinairement en briques. Le fond de cette ouverture est fermé sur le parement opposé par un petit mur également en briques de $0^m,11$ ou $0^m,22$ d'épaisseur (*fig.* 41).

Au dessus on construit dans la maçonnerie le conduit de fumée *f*.

On s'arrange pour grouper autant que possible les tuyaux de fumée des différents étages en un seul faisceau, afin de se réserver, pour servir d'appui aux planchers, des parties de mur suffisamment massives. Il est alors nécessaire, dans la plupart des cas, d'incliner, de *dévier* ou *dévoyer* chaque tuyau à la rencontre d'un tuyau supérieur.

D'autres fois, le conduit, au lieu d'être *incorporé* dans le mur, lui est *adossé*, deux cas qui entraînent des procédés et des dispositions différentes.

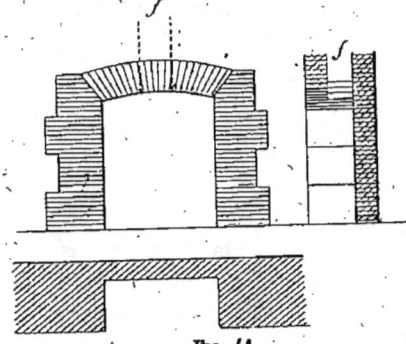

Fig. 41.

Les tuyaux incorporés sont ménagés dans la maçonnerie ou construits en briques ordinaires, en briques *cintrées* (fig. 42) ou en poteries spéciales, dites *wagons* (fig. 43).

Les tuyaux adossés peuvent être établis soit en briques ordinaires, soit en poteries dites *boisseaux Gourlier*, du nom du fabricant.

Pour les tuyaux d'un fort débit, tels que ceux des calorifères, il est préférable d'employer la brique ordinaire, qu'ils soient d'ailleurs incorporés ou adossés. Les parois sont formées par des briques posées à plat et ont 0^m,11 d'épaisseur, ainsi que les séparations entre deux tuyaux voisins ou *languettes*. On les dévoie au moyen de redans successifs formés par les assises de briques en saillie l'une sur l'autre à mesure qu'on s'élève.

Les tuyaux d'un débit ordinaire peuvent parfaitement être ménagés dans un mur en meulière ou en moellons, au moyen d'un *mandrin*, tube légèrement conique qu'on déplace au fur et à mesure de la construction.

On peut employer également les briques cintrées, qui affectent cinq formes différentes, 1, 2, 3, 4, 5 (fig. 42), à l'aide desquelles on obtient des conduits cylindriques, dont la section horizontale se divise en quatre segments égaux, comme le montre la figure. Les cinq modèles différents permettent d'atténuer régulièrement les joints verticaux et d'avoir des harpes saillantes aux extrémités de chaque faisceau. La

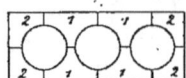 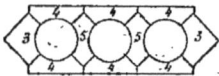

Fig. 42.

figure 42 représente deux assises consécutives. Mais on se sert, surtout à Paris et aux environs, pour construire les conduits de fumée, des wagons en terre cuite (*fig.* 43), d'un

 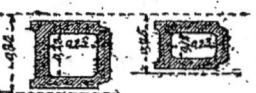

Fig. 43.

emploi très commode et qui donnent un bon résultat, surtout avec l'amélioration apportée par M. Lacôte et qui permet, en alternant les joints horizontaux, de diminuer les chances de communication entre deux conduits voisins.

 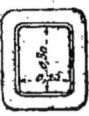   

Fig. 44.

Les boisseaux Gourlier ne servent que pour les tuyaux adossés, leurs formes arrondies ne présentant aucune garantie, au point de vue de la liaison (*fig.* 44). Leurs dimensions ne sont d'ailleurs suffisantes que pour le cas ordinaire des cheminées d'appartements.

Ces divers systèmes, sauf la brique ordinaire, ne donnent

pas pour les parois une épaisseur isolant suffisamment les boiseries qui s'appuient sur le mur. On est donc obligé de l'augmenter par un renformis convenable.

Souches. — Les tuyaux de fumée, et lorsqu'il y en a, les tuyaux de ventilation, incorporés ou adossés, forment, surtout dans les étages supérieurs, des faisceaux plus ou moins considérables qui sortent à l'extérieur du toit dans des massifs de maçonnerie destinés à les protéger et qui prennent le nom de *souches*.

Les souches provenant des murs de refend sont isolées au-dessus du toit; celles qui montent le long du mur mitoyen continuent à s'appuyer contre lui jusqu'à son sommet. Mais, isolées ou adossées, elles se composent essentiellement d'un corps à parements lisses ou ornés de moulures ou d'encadrements, et d'un chapeau à double pente, comme celui des murs de clôture, à saillie plus ou moins prononcée, présentant, selon son importance, un larmier ou une mouchette, et sur lequel viennent se sceller des tubes coniques en poterie, appelés *mitrons*, chacun d'eux prolongeant, en l'isolant des autres, l'un des conduits intérieurs. Ceux-ci doivent normalement s'élever de 0^m,50 au moins au-dessus des parties les plus hautes des toits avoisinants, afin de faciliter l'expulsion et la dispersion de la fumée par les courants de l'atmosphère.

Les souches de cheminées peuvent donner lieu à d'heureux effets décoratifs, surtout dans nos climats, où la silhouette des édifices ne se détache sur le fond rarement clair du ciel qu'à la condition d'être très découpée. Dans les constructions ordinaires, elles sont simplement ornées d'encadrements, ou de chaînes et de bossages, si elles sont exécutées en matériaux de natures différentes, et le chapeau qui les surmonte est un simple bandeau mouluré, avec ou sans astragale. Mais dans les édifices publics, ou dans de riches hôtels, elles sont souvent ornées de sculptures, et le bandeau supérieur devient une véritable corniche de couronnement. Les souches de cheminées des palais du Louvre offrent des exemples de la richesse avec laquelle cette partie des édifices peut être décorée. (Voir page 300.)

CHAPITRE III

SUPPORTS ISOLÉS AVEC ENTABLEMENT

§ 1er. — Origine

Le plus ancien système de construction connu. — On trouve, en certains pays, les vestiges d'un système de construction très simple, composé de montants ou piliers isolés, sur lesquels repose une poutre horizontale. C'est le plus ancien système de construction que l'on connaisse. Il a dû s'appliquer d'abord au bois et, au début de l'emploi de matériaux plus pesants, tels que la pierre ; on a été tout naturellement conduit, sinon à le copier exactement, du moins à l'imiter dans ses principaux éléments et même dans les formes de ces éléments, comme en font foi ces colonnes à pans, découvertes en Égypte et rappelant les poteaux de bois dont on a abattu les arêtes de façon à lui donner une section polygonale.

On sait tout ce que la Grèce a emprunté à l'Égypte pour le transformer, en y imprimant la marque de son génie propre et de son goût parfait. Aussi, c'est à cette source qu'il faut faire remonter, probablement, l'origine des supports isolés soutenant des entablements, système de construction que les Grecs ont porté à son plus haut degré de perfection ; et non, comme certains auteurs l'ont tenté, la chercher dans une imitation, beaucoup trop lointaine pour être admissible, des formes et des proportions de la nature et du corps humain.

Éléments constitutifs. — Ce système de construction, pour être complet, se compose de supports verticaux, sur lesquels repose une plate-bande, les reliant deux à deux ; elle reçoit elle-même un des abouts des pièces horizontales perpendiculaires à sa direction et s'appuyant par l'extrémité opposée, au droit de chaque support, sur le mur en avant duquel il est établi, ou sur le support correspondant d'une autre rangée parallèle ; enfin, au-dessus de ces dernières poutres, vient s'en poser une dans le sens de la façade et qui reçoit les pièces inclinées formant le toit de l'édifice. Pour protéger la base des supports, on les établit souvent au-dessus d'un socle ou d'un soubassement plus ou moins élevé. On obtient ainsi la disposition de la figure 45.

Trois genres de supports. — La forme primitive donnée aux supports verticaux dans les plus anciennes constructions est celle d'un polygone régulier. Mais on en vint peu à peu à multiplier les faces, puis à abattre les arêtes et, enfin, à adopter la forme circulaire (cylindrique, conique ou à génératrice courbe), qui est la meilleure au point de vue de la résistance et du minimum d'espace occupé. Ce genre de support a reçu le nom de *colonne*.

Dans certains cas pourtant, soit pour donner un caractère particulier de solidité aux supports verticaux, soit pour toute autre raison, on a adopté la forme carrée ou rectangulaire, tant pour des supports isolés que pour des supports solidaires d'un mur, sur lequel ils forment saillie. Ce second genre a pris le nom de *pilastres*.

Enfin, les Grecs ont mis en usage un troisième genre de support, symbolique à l'origine, plus tard simplement décoratif, celui des *cariatides*.

Ce sont ces divers genres de supports que nous allons étudier dans ce chapitre.

§ 2. — Colonnes

DISPOSITION

Divisions principales : colonne, entablement, piédestal. — La colonne ayant à supporter des pièces horizontales soumises à la flexion, qui agit d'autant plus puissamment que l'espacement des supports est plus considérable, les constructeurs furent vite amenés à augmenter vers le sommet la largeur de la colonne au moyen d'une plateforme en saillie qui offrît aux plates-bandes une assiette meilleure et en diminuât la portée. Cette plateforme est le *chapiteau*. La partie de la colonne située au dessous a pris le nom de *fût*.

Dans les premières constructions, le fût reposait directement sur le sol. Plus tard, afin de diminuer les chances de dégradation de la partie inférieure et pour répartir sur une plus grande surface la pression de la colonne, on agrandit le pied du fût par une sorte d'empattement plus ou moins décoré, qui a pris le nom de *base*.

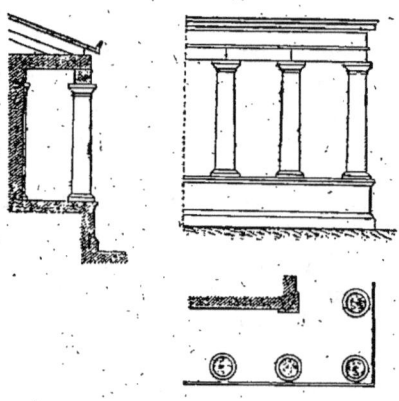

Fig. 45.

Au-dessus de la colonne s'élève une succession de trois assises horizontales, précédemment décrites, dont l'ensemble constitue l'*entablement*. La plate-bande reposant directement sur les chapiteaux s'appelle l'*architrave*; la partie située au dessus prend le nom de *frise*, et la saillie qui la surmonte est la *corniche*.

La colonne s'élève parfois au-dessus d'un socle ou d'un soubassement. On donne à cette partie le nom de *piédestal*. Elle se compose, en général, de trois divisions : la *base*, reposant sur le sol; le *dé*, partie carrée qui forme le corps du piédestal; enfin, la *corniche*, qui le couronne (*fig*. 45).

Le tableau suivant résume les différentes divisions qui constituent l'ensemble précédemment décrit :

$$\text{Système complet} \begin{cases} \textit{Entablement} \begin{cases} \text{Corniche.} \\ \text{Frise.} \\ \text{Architrave.} \end{cases} \\ \textit{Colonne} \begin{cases} \text{Chapiteau.} \\ \text{Fût.} \\ \text{Base.} \end{cases} \\ \textit{Piédestal} \begin{cases} \text{Corniche.} \\ \text{Dé.} \\ \text{Base.} \end{cases} \end{cases}$$

Mode de construction. — Ce système d'architecture, inspiré très vaguement, à son origine, par la vue des constructions en bois, ne s'est complètement constitué qu'en s'appropriant aux matériaux qu'il devait utiliser. Les Grecs pouvaient obtenir en blocs de grandes dimensions les pierres les plus résistantes, le marbre en particulier. Leurs colonnes étaient formées d'un très petit nombre de tronçons réunis par des goujons en bronze et posés avec une telle perfection que les joints étaient à peu près invisibles, ce qui contribuait au caractère élancé du support isolé. De même, les architraves se composaient de blocs assez grands pour reposer par leurs extrémités sur deux colonnes successives. Cela était rationnel : le mode de construction était en harmonie parfaite avec le système d'architecture.

Les Romains de l'Empire, dont les richesses leur permettaient un luxe sans mesure, poussèrent même l'application de ce principe jusqu'à construire chaque colonne d'un bloc monolithe.

De nos jours, l'habitude, introduite par les architectes du moyen âge et continuée par ceux des siècles qui ont suivi, de se servir exclusivement de matériaux de petites dimensions, a donné naissance à un système de construction qui ne répond plus à l'idée d'un support élancé. Nos colonnes sont formées d'un très grand nombre d'assises, comme les murs. Les irrégularités de la pierre et les imperfections du travail accusent fortement les joints, qui forment ainsi dans la hauteur des coupures du plus désastreux effet.

Du moins, ce procédé de construction, nuisible à l'effet décoratif, ne porte qu'une légère atteinte à la solidité des colonnes. Il n'en est pas de même en ce qui concerne les architraves et les frises qui sont formées par des voûtes plates. Ce genre de voûtes est justement celui qui offre le moins de stabilité, et on ne parvient à leur donner la solidité désirable qu'au moyen d'un système de barres de fer et de crampons engagés dans la pierre (*fig. 46*).

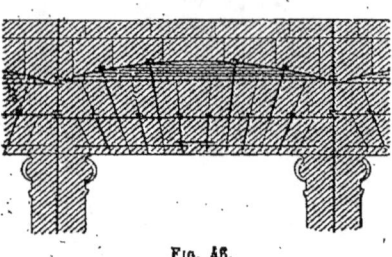
Fig. 46.

Il est facile de comprendre que ces constructions sont destinées à périr dans un temps relativement court, leur durée étant subordonnée à celle du fer, qui se modifie et s'altère assez rapidement, même dans les conditions spéciales où il est ici employé.

PROPORTIONS

Proportions des colonnes. — Si l'on admet que des colonnes sont construites en mêmes matériaux et supportent des charges égales et réparties de la même façon, on conçoit qu'elles devront être d'autant plus rapprochées qu'elles seront plus élancées. En d'autres termes, il existe une relation entre le diamètre de leur base, leur hauteur et leur espacement, et pour tous les édifices appartenant à un système de colonnes une fois adopté, cette relation sera la même ou ne variera que dans des limites assez étroites. De là, nécessité d'établir facilement les différents rapports au moyen d'une mesure unique. On a choisi pour terme de comparaison le *module*, qui est le rayon de la colonne à sa base. Le module une fois déterminé, toutes les autres dimensions s'en déduisent.

Ici, comme en beaucoup d'autres domaines, trois degrés viennent naturellement à l'esprit : le plus, le moins, le moyen terme. Chacun de ces degrés sera exprimé par un système de proportions différent, et nous aurons : des colonnes massives, des colonnes élancées et des colonnes formant la transition entre ces deux extrêmes. Les proportions de ces différents systèmes ne seront point absolues, et, dans chacun d'eux, elles pourront donner lieu à des modifications de détail qui, sans détruire le caractère général du système choisi, exprimeront mieux celui de l'édifice à construire. Aussi nous ne donnons les chiffres suivants que comme des moyennes généralement adoptées et marquant assez nettement la caractéristique de chaque système.

Pour les colonnes massives, on peut adopter la hauteur de 16 modules et l'espacement de 7 modules 1/2, d'un axe de colonne à l'autre; pour les plus élancées, 20 modules de hauteur et 6 d'espacement; pour les intermédiaires, 18 modules de hauteur et 6 modules 3/4 d'espacement.

Rapport du diamètre supérieur au diamètre inférieur. — Si l'on calculait pour les colonnes d'un même système les sections à la partie supérieure et à la partie inférieure nécessaires pour résister aux pressions correspondantes, on trouverait pour la section inférieure une valeur plus grande.

Cela tombe sous le sens, directement et sans calcul, et pour que la colonne ait l'apparence plus encore que le fait de la solidité, car il faut que les formes parlent aux sens plus qu'à la raison, on est amené à donner, en effet, un diamètre plus grand à la base de la colonne qu'à son sommet. En un mot, la colonne doit être *diminuée*. On trouve dans les édifices anciens, comme rapport moyen entre le diamètre supérieur et l'inférieur, $\frac{1}{1,30}$ pour les colonnes du premier système; $\frac{1}{1,12}$ pour celles du second; et $\frac{1}{1,20}$ pour les intermédiaires. Cela fait exactement $\frac{5}{6}$ pour ces dernières. En pratique, c'est ce rapport qui servira de base, à cause de sa simplicité; on l'appliquera exactement au système intermédiaire, on diminuera le premier terme du rapport pour le système le plus massif; on l'augmentera légèrement pour le plus élancé.

On pourrait trancher la question scientifiquement en soumettant au calcul la recherche de ce rapport. Mais il faut se souvenir qu'en art l'expression a beaucoup plus d'importance que le fait réel exprimé, et qu'en cela l'architecte est plus sûrement guidé par un sentiment juste des rapports que par une formule mathématique.

Inclinaison de l'axe. — C'est dans le même ordre d'idées que les architectes grecs et romains ont réparti inégalement, par rapport à l'axe vertical passant par le centre de la base, la diminution des colonnes. Elle est plus considérable à l'extérieur qu'à l'intérieur, et cela pour répondre au sentiment de la nécessité réelle d'opposer une plus grande résistance aux efforts latéraux possibles, dans le cas des colonnes en péristyle autour d'un bâtiment limité par des murs. De cette façon, l'axe véritable se trouve incliné d'un angle très faible vers l'intérieur. D'après ce principe, la diminution serait, pour les colonnes placées à l'angle d'un péristyle, répartie proportionnellement suivant le diamètre bissecteur de cet angle.

Toutefois, cette nuance n'est pas toujours observée de nos jours. Elle devient même superflue dans le cas des colonnes adossées au mur, ce qui constitue un des cas les plus fréquents de la pratique ordinaire moderne.

Galbe, renflement. — La colonne simplement diminuée, c'est-à-dire de forme conique, présente un profil un peu sec. Aussi lui substitue-t-on très souvent celui d'une courbe très peu accentuée qui se distingue à peine, mais dont l'effet est très heureux, surtout pour les colonnes élancées, auxquelles elle donne de la souplesse et de la grâce. Cette courbe est le *galbe* de la colonne.

On a préconisé plusieurs procédés pour galber les colonnes. L'arc de cercle à grand rayon est un des plus simples et produit un assez bon effet. Perrault, l'architecte de la colonnade du Louvre, indique le suivant. Soient ra, $r'a'$, les rayons des deux sections horizontales maximum et minimum du fût, situées à une distance rr' mesurée sur l'axe (*fig.* 48); on mène $a'o$, tel que $a'b = ar$, jusqu'à la rencontre o avec ar prolongé; on mène de o des droites quelconques et on porte sur chacune d'elles, à partir de l'axe, la longueur $a'b = ar$:

les points a' donnent par la courbe qui les réunit le galbe de la colonne. — Vignole décrit sur ar comme rayon un quart de cercle, mène $a'm$ parallèle à rr', divise l'arc am et la verti-

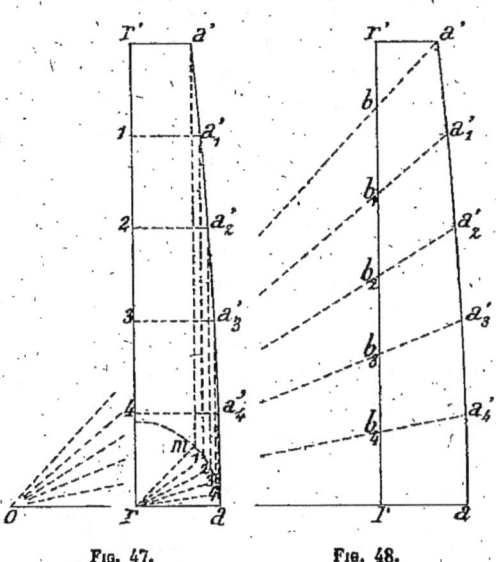

Fig. 47.   Fig. 48.

cale rr' en un même nombre de parties égales et mène par les divisions de am des verticales, et par celles de rr' des horizontales dont les points de rencontre avec les premières définissent la courbe du galbe (fig. 47). Mais ces procédés ne sont point obligatoires, et la courbure peut être laissée au goût et au sentiment de l'artiste, qui en juge selon le caractère qu'il veut lui imprimer.

Les Romains ont presque toujours employé dans leurs édifices les colonnes galbées. La courbe ne commençait qu'au tiers de la hauteur à partir de la base, la partie inférieure étant cylindrique.

Enfin, on a employé, dans certains édifices, des colonnes dont le galbe est formé à la partie inférieure comme il vient d'être dit, mais où le tiers cylindrique est remplacé par un solide, dont le profil est le prolongement rentrant de la courbe supérieure. De cette façon le diamètre maximum de la colonne est placé au tiers de sa hauteur, ce qui lui a valu le nom de *colonne renflée*.

Cette forme répond assez bien à la nécessité de résister à l'effort de flexion auquel peut être soumise une colonne élancée, mais ce n'est pas cette considération qui en a donné l'idée. Elle est probablement née de la fausse interprétation d'un texte trop concis de Vitruve. Elle n'est d'ailleurs point réclamée par le sentiment des efforts auxquels doit résister une colonne et dont le principal est la charge verticale, non la flexion. Aussi n'en trouve-t-on aucun exemple dans les œuvres connues des anciens, pas même dans celles de Vitruve. Elle peut cependant produire un effet satisfaisant dans certains cas, employée sans exagération.

Proportions des entablements. — Les proportions des entablements seront soumises à des variations analogues à celles des colonnes qui les supportent. Les colonnes les plus massives étant les plus écartées, leurs architraves et leurs frises auront les plus fortes proportions; cela est naturel et logique; et ces proportions diminueront progressivement dans les colonnes intermédiaires et dans les colonnes les plus élancées. La corniche suit la progression inverse, car sa saillie est en raison de sa hauteur, qui croît avec celle de l'ensemble.

Le rapport de la hauteur de l'entablement à celle de la colonne est très variable dans les monuments de la Grèce et de Rome, ce qui montre que leurs divers systèmes laissaient beaucoup de liberté au sentiment de l'artiste. Nous adopterons, pour simplifier les données, le rapport de 1/3 pour le premier système, et de 1/4 ou 1/5 pour les deux autres, et encore, dans bien des cas, le premier de ces rapports pourra devenir 1/4 ou s'en rapprocher, selon le degré de légèreté qu'on voudra lui attribuer.

Pour les divisions de l'entablement le plus massif, on peut donner à la corniche environ le 1/4 de sa hauteur et diviser le reste en deux parties égales pour la frise et l'architrave, ou faire dominer, selon le cas, l'une ou l'autre de ces deux parties. Pour les deux autres, un procédé très simple et suffisamment approché pour des études d'ensemble dessinées à petite échelle (0,005 ou 0,01) consiste à donner à la corniche les 2/5 de l'entablement et à diviser le reste de sa hauteur en deux parties presque égales en faisant dominer, suivant les cas, l'architrave ou la frise.

Ces proportions ne sont ici que des bases ou des types moyens ; mais elles n'ont rien d'absolu. Elles sont déduites d'une comparaison entre un certain nombre d'édifices de chaque système, et nous les donnons à titre d'indication. C'est au sentiment et au goût de l'architecte qu'il appartient de les préciser dans chaque cas particulier, en exprimant l'idée de force par des proportions plus massives, l'idée d'élégance et de hardiesse par des proportions plus élancées. Il doit se préoccuper également des conditions de position et d'éloignement dans lesquelles l'édifice sera vu du spectateur, et corriger par des modifications convenables les déformations dues à la perspective, ou à des effets de contraste. Il peut être ainsi conduit à augmenter la proportion d'un entablement qui sera placé à une grande hauteur ou qui aura un très grand développement.

Proportions des piédestaux. — Les proportions à adopter pour les piédestaux ne se déduisent pas, comme celles des colonnes et de leurs entablements, des conditions de stabilité, qu'ils ne modifient en aucune manière. C'est au sentiment seul à parler en cette occasion, et c'est uniquement dans un but d'harmonie des rapports qu'on a été conduit à leur donner des proportions d'autant plus élancées que les colonnes qu'ils supportent le sont elles-mêmes. Vignole leur assigne le 1/3 de la hauteur de ces dernières ; mais ce rapport est purement gratuit et peut être modifié dans des limites bien autrement étendues que celles où l'on doit se restreindre quand il s'agit des autres parties du système.

On supprime, du reste, dans bien des cas, ce membre purement accessoire, et dont le but ne serait pas toujours indiqué. Souvent aussi on le réduit à sa partie principale, le dé prismatique ; et, dans ce cas, sa forme simple et massive peut ajouter au caractère de solidité et de force exprimé par la colonne et l'entablement qui le surmontent.

DÉCORATION

Moulures. — Un des principaux éléments de décoration en architecture est constitué par les moulures, corps en saillie affectant différentes formes et dont les lignes servent à marquer les divisions principales d'un édifice, à orner les parties planes, à entourer les baies des portes et des fenêtres, etc. Elles peuvent ajouter, comme les autres éléments d'architecture, au caractère de l'édifice par la façon dont elles sont distribuées et par les formes qui leur sont données. Elles sont d'ailleurs susceptibles de recevoir des ornements variant selon le degré de richesse ou d'élégance qu'on veut leur faire exprimer.

Formes des moulures. — La section droite d'une moulure donne une courbe qui dérive de formes géométriques simples ou combinées. Elle est, en général, en dernière analyse, composée par des arcs de cercle convenablement raccordés; mais il est préférable de la tracer à la main, en se laissant uniquement guider par le sentiment.

Les deux plus simples sont : 1° le *quart de rond*, qui peut affecter les formes des figures 49 et 50, selon le but qu'il remplit. Dans le premier cas, il est *droit;* dans le

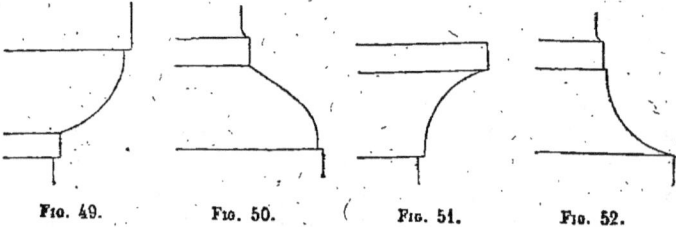

FIG. 49.   FIG. 50.   FIG. 51.   FIG. 52.

second cas, *renversé;* 2° le *cavet*, dont les formes sont analogues aux précédentes et qui peut être aussi *droit* (fig. 51) ou *renversé* (fig. 52); mais qui est concave, tandis que le quart de rond est convexe.

Viennent ensuite deux moulures dont les courbes sont à inflexion : le *talon droit* (fig. 53) ou *renversé* (fig. 54), et la *doucine*, également *droite* (fig. 55) ou *renversée* (fig. 56).

Enfin, on se sert très souvent de quelques autres moulures. 1° la *baguette* (fig. 57) ou *tore* (fig. 58), dont le nom varie avec la dimension, mais dont le mode de génération est le même : une demi-circonférence, ou une courbe analogue convexe se déplaçant sur une directrice droite ou courbe. Dans le cas de

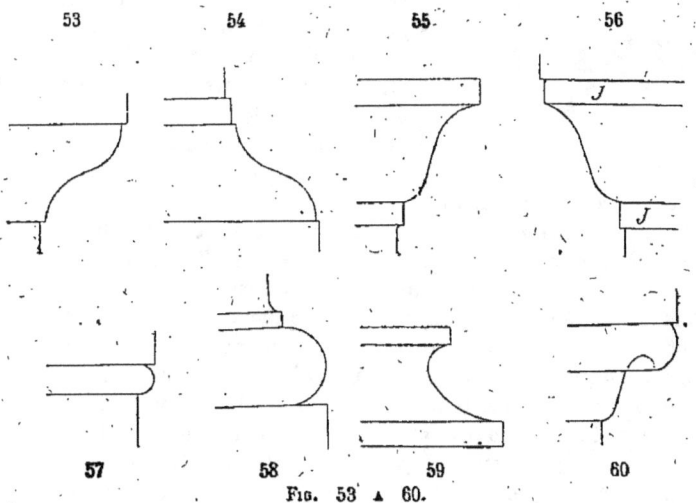

Fig. 53 à 60.

la directrice courbe, on obtient le tore géométrique, surtout employé pour les bases de colonnes ; 2° la *scotie*, formée par une courbe concave également à directrice droite ou courbe (fig. 59) ; 3° le *bec de chouette*, ou *bec de corbin*, qui affecte des formes assez différentes. La figure 60 donne l'une de ces formes.

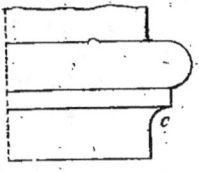

Fig. 61.

Ces moulures, dont les profils sont courbes, sont en général séparées par des parties planes de plus ou moins grandes dimensions, destinées à les faire valoir. Ces parties planes ou plates-bandes prennent le nom de *filets* ou de *listels*; la figure 56, par exemple, montre, de part et d'autre de la doucine, des filets *f*.

L'ensemble formé par une baguette et un filet disposés comme dans la figure 61 s'appelle *astragale*.

On appelle *congé* la partie concave qui raccorde un filet à une surface plane (*fig.* 61, en *c*) ou deux faces planes de grandes dimensions, comme cela peut avoir lieu dans les soubassements simples. Enfin, la partie saillante de toute corniche est constituée par une plate-bande dont la face inférieure est refouillée de façon à empêcher les eaux pluviales de descendre le long des moulures ornées qu'elle protège. Cette partie s'appelle le *larmier* (*fig.* 62).

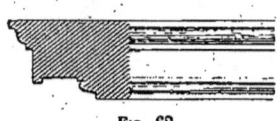

Fig. 62.

Le corps de moulures qui la surmonte est la *cymaise*.

Ornements des moulures. — Les ornements des moulures permettent d'en augmenter l'effet sans en multiplier les divisions et de leur donner divers caractères de richesse ou d'élégance depuis les plus sobres jusqu'aux plus accentués. A chaque moulure sont affectés des ornements particuliers dont certains sont caractéristiques d'une seule moulure. A l'origine ils représentaient des objets rappelant pour chaque édifice sa destination propre, et ces ornements devraient, en effet, être toujours symboliques. Mais le souvenir des idées qu'ils représentaient s'est peu à peu effacé : on a conservé les formes, on ignore leur signification. Il serait préférable, et des tentatives ont été faites dans ce sens, d'emprunter à la végétation qui nous entoure ou aux objets dont nous nous servons des motifs emblématiques de décoration.

Néanmoins les ornements qui nous viennent des anciens sont susceptibles d'interprétations très diverses pouvant leur donner des caractères et des expressions qui, pour être plus générales et moins faciles à saisir, n'en ont pas moins leur valeur. Aussi pouvons-nous nous en servir encore avec fruit, et nous allons en donner quelques exemples.

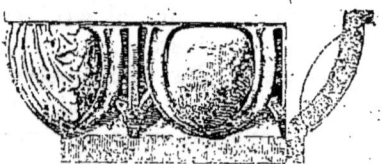

Fig. 63.

Les *oves* sont l'ornement caractéristique du quart de rond. On y distingue l'*ove* proprement dite, son *enveloppe*, et entre deux enveloppes consécutives une tige verticale, aiguë à sa partie inférieure, qui s'appelle *dard* (fig. 63).

Les *rais de cœur* ne s'emploient guère que pour orner les talons ; c'est une imitation large de feuilles naturelles à nervures prononcées (fig. 64). Les Romains ont donné à cet ornement des formes très compliquées et très bizarres, n'ayant plus aucune ressemblance avec la nature et qui ne sont pas à recommander.

Fig. 64.

Les baguettes ont aussi un ornement particulier, les *perles* ou *pirouettes*, qu'on aperçoit au-dessous des rais de cœur dans la figure 64.

Fig. 65.

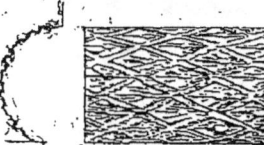

Fig. 66.

Les *entrelacs* (fig. 65) et les *feuilles de laurier* (fig. 66) ornent souvent les tores. Les entrelacs peuvent encore affecter la forme plus simple de la figure 67 et, dans ce cas, orner des plates-bandes ou des champs de petites dimensions

Fig. 67.

Fig. 68.

séparant deux corps de moulures. C'est dans des cas analogues qu'on emploie aussi les *postes* (fig. 68).

On s'est servi très fréquemment dans l'antiquité d'un ornement constitué par une sorte d'entrelacement de formes rectilignes qui a conservé le nom de *grecque*. Il sert aussi à décorer des surfaces planes de plus ou moins grandes dimensions, bandeaux, gorgerins, frises, faces inférieures de soffites, comme on peut en voir un exemple dans la figure 191.

Les ornements des autres moulures sont moins caractéristiques. Pour la doucine, par exemple, on peut se servir d'une succession d'ornements formés de *palmettes* et de *fleurs de lotus* (*fig.* 69) ou de *feuilles d'acanthe* séparées par des *feuilles*

Fig. 69.
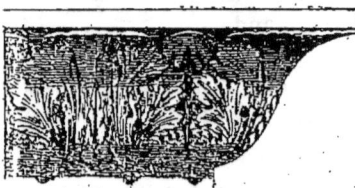
Fig. 70.

d'eau (*fig.* 70). Les larmiers ou les champs de faible hauteur sont quelquefois ornés soit de *palmettes* plates (*fig.* 71), soit

Fig. 71.

Fig. 72.

de petites cannelures, ou *canaux* (*fig.* 72), décorés eux-mêmes, si l'on veut obtenir plus de richesse, de petites tiges à feuilles aiguës qui en forment le fond.

Ces quelques exemples n'offrent qu'un très petit nombre des ornements qui peuvent être employés dans la décoration des moulures, mais ils suffiront à donner une idée de l'esprit dans lequel cette décoration doit être conçue. Il est à remarquer que les saillies des ornements doivent toujours être inscrites dans le profil de la moulure et, autant que possible, peu prononcées, afin de ne point lui enlever son caractère. Pour la même raison, la meilleure décoration sera celle qui laissera dans les angles le profil presque intact. C'est ce qu'avaient senti et exprimé d'une façon très délicate les architectes grecs; mais les Romains et les modernes se sont souvent départis de ce principe. Et pourtant c'est son application qui peut seule garantir des excès inévitables où l'on tombe en s'en écartant et qui ont pour résultat de sacrifier le profil à l'ornement, la ligne à la décoration, la vérité d'expression à la richesse. Comme on le voit, ces considérations de détail se rattachent à un principe plus général et très important auquel est subordonnée la véritable harmonie, qui consiste à donner à chaque partie d'une œuvre architecturale l'importance relative qu'elle doit avoir.

Composition et tracé des profils. — Il n'est donc pas inutile d'insister sur ce point avant d'aborder l'étude de la composition des *profils* ou corps de moulures. L'art de *profiler* n'est soumis à aucune règle absolue, mais on peut donner à cet égard quelques conseils auxquels il sera bon de se conformer, bien qu'ils laissent pleine liberté à l'artiste.

Les profils tracés au compas ont peut-être plus de netteté, mais ils manquent, en général, de physionomie bien caractérisée. Aussi est-il préférable d'en chercher les courbes sans le secours de cet instrument. Il leur communique une sécheresse que ne compense pas suffisamment l'avantage de sa précision. L'architecte ne pourra donner à ses profils l'expression vraie et originale que s'il est absolument libre de toute entrave et guidé seulement par le sentiment des effets qu'il veut produire et des idées qu'il veut représenter.

D'une façon générale, il faut donner aux profils des saillies d'autant plus prononcées qu'on veut davantage en accuser les lignes ou qu'ils devront être placés à une plus grande hauteur.

On sera ainsi amené à donner à l'ensemble d'un profil un mouvement très prononcé, afin de mettre en valeur les parties principales. Par exemple, la partie essentielle d'une corniche est le larmier; les autres moulures ne sont qu'accessoires : le corps de moulures situé au-dessous de lui est destiné à le soulager en diminuant sa portée dans le vide; tandis que la cymaise qui en forme le couronnement lui donne plus de légèreté et de grâce. Aussi le schéma du mouvement d'un profil de corniche se traduira-t-il comme dans la figure 73.

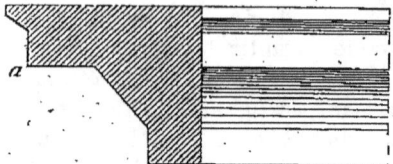

Fig. 73.

Le larmier a une forte saillie, tandis que les parties accessoires en ont une beaucoup plus faible.

De cette façon l'arête a projettera une ombre très prononcée sur toute la partie inférieure, dans laquelle se fondront les moulures qui la décorent, et le spectateur qui verra le monument éclairé sera immédiatement et surtout frappé par le contraste du larmier lumineux avec la grande ombre inférieure. Cet exemple montre le rôle très important que joue la science des ombres dans l'étude des profils, et celle-ci ne sera vraiment complète que si l'artiste s'est rendu compte des ombres probables par un tracé graphique, à moins qu'il n'y supplée suffisamment par son imagination.

Le jeu des ombres étant très différent dans les parties planes et dans les parties courbes, il sera, en outre, conduit à observer entre elles une succession convenable pour qu'elles se fassent valoir réciproquement.

A un autre point de vue, il est important, pour éviter l'incohérence, de donner à toutes les moulures d'un profil le même caractère de finesse, d'élégance ou de force, selon que l'une de ces qualités est adoptée préférablement aux autres et en raison des conditions particulières de l'édifice.

Théorie des ordres. — Lorsque, dans un ensemble quelconque, on a donné à chaque partie la place, la forme et les proportions qui lui conviennent par rapport aux autres, eu égard à son rôle et à son importance relative, on dit que l'ordre existe dans cet ensemble. S'il n'est pas toujours possible de s'en rendre compte à première vue, il y a des cas cependant où cela est palpable, en raison de la simplicité même de l'ensemble et de la possibilité de le découvrir sous tous ses aspects à la fois. C'est, en particulier, ce qui a lieu pour le système d'architecture que nous venons d'étudier: il exprime l'ordre dans son ensemble et dans ses détails; il est en architecture l'*ordre* par excellence. Aussi a-t-on donné ce nom à ce système.

Mais on conçoit que l'ordre puisse exister dans des conditions très différentes; il peut y avoir un ordre parfait dans une construction massive, aussi bien que dans une construction élancée, et dans une construction d'un caractère transitoire au même titre que dans les deux précédentes. Nous pourrons donc avoir trois *ordres* d'architecture, qui correspondront aux trois degrés exprimés plus haut et étudiés en détail dans le paragraphe précédent.

Des traditions anciennes, qui nous sont parvenues par certains auteurs, Vitruve en particulier, assignent à chacun des trois ordres d'architecture une origine pour ainsi dire spontanée et presque entièrement due au caprice. De ces traditions légendaires dérivent les noms qu'on leur a donnés: le plus massif est appelé *ordre dorique*, du nom d'un roi d'Achaïe, Dorus, qui l'aurait employé le premier; l'intermédiaire a reçu le nom d'*ordre ionique*, en souvenir d'Ion, chef d'une colonie grecque d'Asie Mineure, où l'on aurait inventé ce système, pour un temple de Diane; enfin, le plus élancé, auquel Vitruve a donné le nom d'*ordre corinthien*, aurait été inventé et employé pour la première fois par le sculpteur Callimaque de Corinthe, inspiré par la vue d'un vase entouré de feuilles d'acanthe, qu'il avait remarqué sur un tombeau.

Nous avons conservé à ces trois ordres les noms qui leur ont été donnés, mais l'opinion accréditée par les poétiques légendes de Vitruve sur leur origine tombe d'elle-même, si on analyse un peu profondément les causes qui peuvent amener des modifications dans les formes artistiques, et si l'on s'inspire dans cette étude d'une comparaison judicieuse avec les transformations plus récentes, partant plus connues, de l'architecture.

Les formes et les proportions architecturales répondent à des idées générales et sont, en outre, l'expression des idées particulières et de l'état d'esprit de l'époque qui leur a donné naissance ou qui en a favorisé l'éclosion. Ainsi, on se rend compte facilement qu'à l'origine de la civilisation grecque, des mœurs simples et fortes aient produit une architecture austère et puissante, qui s'est fortement imprégnée de ce caractère particulier en même temps que du caractère permanent du peuple grec, de son goût sobre, fin et délicat. L'ordre dorique est l'expression de la force calme, majestueuse, maîtresse d'elle-même.

Plus tard, l'accroissement du bien-être et le besoin de satisfaire à des goûts plus variés, conduisirent les artistes à chercher pour l'architecture d'autres formes et d'autres proportions. L'expression de la force ne suffit plus et ne séduit plus : on voulut y joindre l'élégance ; cette idée, même prévalut, et peu à peu se constitua sur cette nouvelle base une architecture plus élancée et plus gracieuse : l'ordre ionique était né. La sobriété des ornements y laisse pourtant subsister encore la simplicité primitive, qui est peut-être une des qualités essentielles des grandes œuvres.

Mais cette dernière idée disparaît elle-même avec le raffinement croissant de la civilisation, et l'amollissement des caractères. Elle est peu à peu remplacée par une profusion formant un singulier contraste avec la robuste simplicité des premiers âges : l'idée de richesse a trouvé, enfin, son expression dans un troisième système d'architecture de proportions plus hardies, de formes plus décorées, d'où l'idée de force est absente, c'est l'ordre corinthien.

Ce trop rapide coup d'œil sur l'histoire des trois ordres d'architecture n'est pas superflu, pensons-nous, même dans ce modeste traité, pour bien marquer que chacun d'eux, étant né de besoins particuliers, exprime une idée qui lui est propre et qu'il ne serait pas rationnel d'employer indifféremment l'un ou l'autre pour un édifice au caractère duquel l'idée qu'il représente serait absolument étrangère. D'ailleurs, chacun de ces ordres est susceptible de recevoir des ornements particuliers, dont quelques-uns ne se rencontrent pas dans les autres et lui servent de caractéristique. Nous allons examiner ces divers ornements, en étudiant avec quelques détails chaque ordre, les divers types qu'on en peut citer et

COLONNES 71

les modifications qu'on lui a fait ou qu'on peut lui faire subir.

Ordre dorique grec. — Une des parties essentielles et caractéristiques dans tout ordre est le chapiteau. Celui de l'ordre dorique, comme le fait pressentir l'idée générale que nous nous faisons de cet ordre, est simple. Il se compose

Fig. 74.

d'une partie prismatique carrée, saillante, appelée *tailloir* sur laquelle s'appuient les extrémités des plates-bandes formant l'architrave. Le tailloir est relié au fût par une moulure appelée *échine*, dont le profil, presque rectiligne et fortement saillant, exprime d'une façon remarquable la fonction du support. A sa base, une rangée de filets minces le séparent nettement du fût, qui porte lui-même, selon les cas, un ou plusieurs filets (*fig.* 74) un peu au-dessous des précédents.

Le fût est orné de *cannelures* dont l'origine est probablement due à un mode de taille particulier des premières colonnes. Les blocs qui les constituaient affectaient la forme de troncs de pyramides polygonales régulières d'un grand nombre de faces. Pour achever la taille, on venait arrondir les arêtes, mais cela donnait un profil vague et mou; on les creusa légèrement suivant une surface courbe et on obtint ainsi des cannelures séparées par des arêtes vives dont les jeux d'ombres donnaient du relief aux colonnes. En plan, ces cannelures ont la forme d'un arc de cercle décrit du centre du carré formé sur leur ouverture ou encore du sommet du triangle équilatéral construit sur la même ouverture (*fig.* 75).

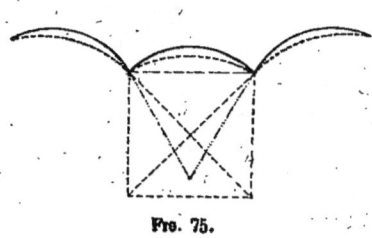

Fig. 75.

Le fût de chaque colonne reposait directement sur le sol ou sur le massif de maçonnerie qui servait de soubassement, et les cannelures se prolongeaient depuis la naissance du chapiteau jusqu'au sol. Le nombre des cannelures d'une colonne est, suivant ses dimensions, 20, 24 et même 28. Ce nombre doit toujours être divisible par 4, afin que la colonne présente une cannelure dans l'axe de chacune de ses faces.

L'entablement dorique, bien que motivé dans toutes ses parties par les nécessités de la construction en pierre, a dû emprunter ses formes décoratives à la construction en charpente. Cela paraît d'autant plus plausible que les entablements des premiers temples grecs étaient construits en bois. La figure 76 en rend compte, et on y trouve, en effet, tous les éléments de l'entablement en pierre.

La poutre reposant sur les colonnes est devenue l'architrave. La pièce de bois qui la recouvre et qui est légèrement saillante pour la protéger de la pluie a formé le *bandeau* qui surmonte l'architrave et la sépare de la frise. Les extrémités des poutres transversales s'appuyant sur cette plate-bande ont fourni le motif des *triglyphes*. La pièce de bois horizontale

Fig. 76.

qui les surmonte est devenue un bandeau au-dessus duquel s'avance le *larmier* incliné comme le toit en charpente. Enfin, des sortes de couvre-joints cloués en dessous du plancher ont formé les *mutules*, et la *cymaise* n'est autre chose que le chéneau primitif.

D'après cela, on voit qu'il y aura un *triglyphe* au-dessus de chaque colonne et pour avoir, entre deux triglyphes, une partie à peu près carrée dans la frise, les architectes primitifs en placèrent un intermédiaire. Cette surface comprise entre deux triglyphes a pris le nom de *métope*. Elle est souvent ornée de bas-reliefs symboliques, comme on le voit dans la figure 77, qui représente la façade du Parthénon d'Athènes. Il résulte également de ce qui précède qu'il faudra placer un triglyphe à l'angle de l'édifice et, dans ce cas, réduire un peu l'espacement des deux colonnes de l'angle, afin de ne pas déformer les métopes. C'est ce qu'observèrent toujours les Grecs.

Les triglyphes sont ornés de deux cannelures à section triangulaire et de deux demi-cannelures semblables sur les angles, ce qui a valu son nom à ce motif de décoration. Les mutules se placent une au-dessus de chaque triglyphe et une intermédiaire.

Enfin, au-dessous des triglyphes, on remarque un ornement appelé *gouttes* rappelant sans doute un petit tasseau, cloué sous la plateforme qui couvrait les poutres, et destiné à la fixer à celles-ci.

Cette hypothèse sur l'origine de l'entablement dorique est développée par L. Reynaud dans son *Traité d'Architecture*, auquel nous avons emprunté beaucoup de documents et dont l'étude sera très profitable à ceux de nos lecteurs qui voudraient compléter les quelques notions de notre modeste ouvrage.

Le plus bel exemple qu'on puisse citer de l'ordre dorique grec est celui du Parthénon. Nous ne pouvons nous étendre sur l'étude de ce monument, mais la reproduction que nous donnons de sa façade (*fig.* 77) permet de s'en faire une idée.

Il faut cependant ajouter que certaines parties de l'entablement étaient peintes : les triglyphes en bleu, le fond des métopes en brun rouge, et probablement de divers tons les bandeaux de l'architrave et certaines moulures de la corniche.

Ordre dorique romain. — Les Romains modifièrent dans ses proportions et ses détails l'ordre dorique primitif. Les principaux changements consistent dans l'adjonction d'une astragale au-dessous du chapiteau et dans quelques différences essentielles dans la composition de l'entablement. L'architrave et la frise étaient égales dans l'ordre grec ; les Romains donnèrent plus d'importance à la frise décorée qu'à

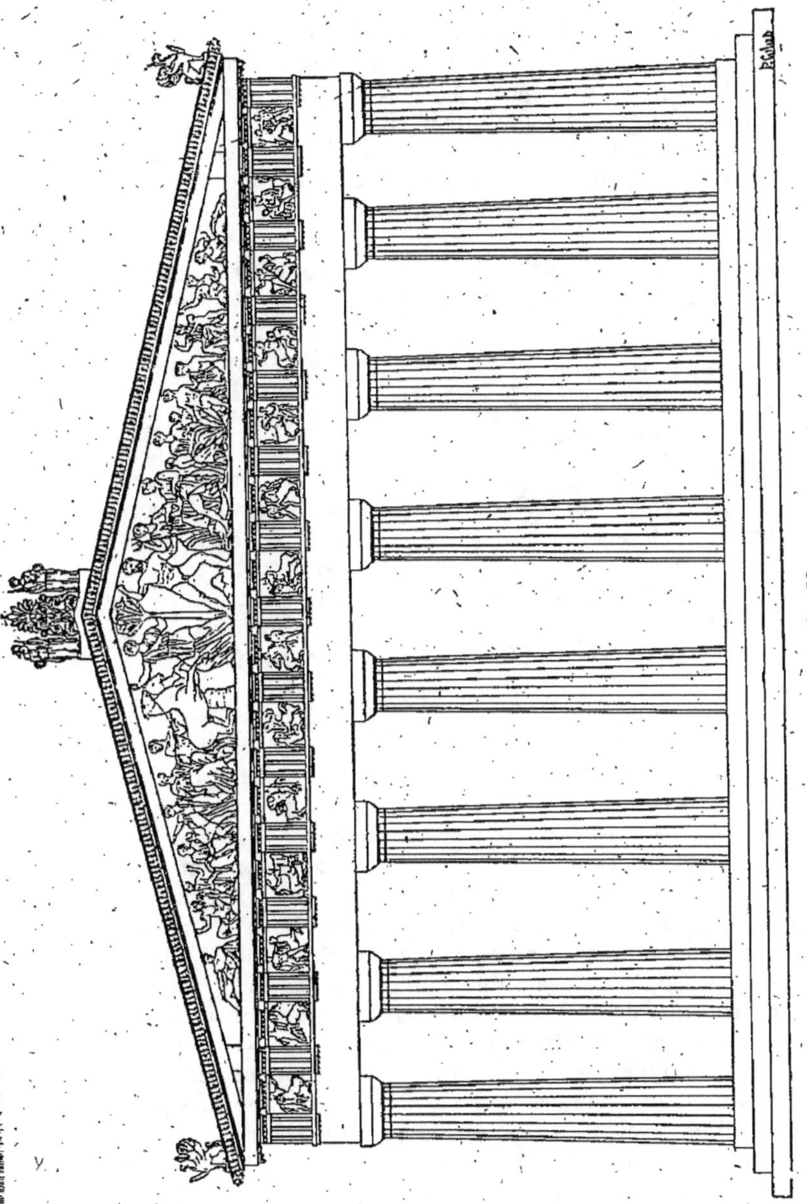

COLONNES

Fig. 77.

l'architrave, qui ne l'est pas. Ils adoptèrent le même espacement pour toutes les colonnes, supprimèrent le triglyphe d'angle et posèrent le principe d'un triglyphe dans l'axe de chaque colonne, et d'un intermédiaire. La hauteur de la frise devint égale à 1 module 1/2, ainsi que l'espacement des triglyphes, la largeur de ceux-ci étant de 1 module. De cette façon les métopes sont parfaitement carrées.

Ordres doriques modernes. — Nous n'avons dit ces quelques mots des modifications introduites par les Romains et fixées par Vitruve, qu'à cause de leur influence sur l'architecture moderne. C'est, en effet, le chapiteau romain qui servit de modèle aux architectes de la Renaissance. Mais ils ajoutèrent des bases aux colonnes dans presque tous leurs édifices.

Fig. 78.

La figure 78 donne le détail de l'ordre dorique adopté par l'architecte italien Palladio. L'échine du chapiteau, qui est devenue un quart de rond, est ornée d'oves, et son tailloir surmonté d'un petit corps de moulures formé d'un talon et d'un listel. La partie qui sépare l'astragale du chapiteau, le *gorgerin*, est décoré de fleurs de lis. Les mutules ont pris plus d'importance, et leur nombre a diminué : il y en a une au-dessus de chaque triglyphe seulement. Cette disposition et ces proportions donnent à la corniche plus de fermeté, et elles présentent des avantages appréciables pour un ordre de grandes dimensions dont on veut accuser fortement le caractère. La cymaise est aussi beaucoup plus importante. L'intervalle entre les mutules ou plafond forme un caisson légèrement accusé et décoré d'une rosace. Les métopes sont également ornées de bas-reliefs symboliques. L'architrave est formée de deux plates-bandes, dont la supérieure est légèrement saillante sur l'autre. Enfin, la base des colonnes est constituée par deux tores de dimensions très inégales posés sur un petit socle carré.

Cet ordre présente en certaines parties, principalement dans la corniche, une confusion de lignes qui nuit à l'impression de l'ensemble. Le profil de sa base manque de légèreté et de grâce.

Nous lui préférons l'ordre dorique employé par l'architecte français Jean Bullant (fig. 79). Plus sobre et plus harmonieux, visant à bien marquer les parties importantes et à coordonner l'ensemble en vue de cet effet, l'impression qui s'en dégage est aussi beaucoup plus nette. Le larmier de la corniche est franchement accusé au-dessus de quelques moulures couronnant la frise. L'architrave est lisse comme celle des Grecs. La base est celle que les Romains ont employée dans la plupart de leurs monuments d'ordre ionique et d'ordre corinthien : c'est la *base attique*, que nous aurons l'occasion de revoir plus loin; elle est plus fine et plus gracieuse que celle de Palladio.

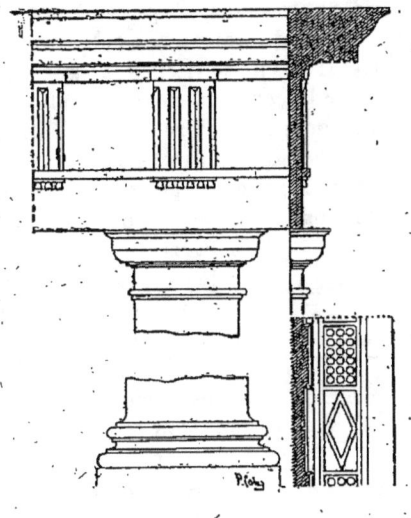

Fig. 79.

Tambours. — Les colonnes doriques grecques étaient ornées de cannelures. Cet ornement, on le conçoit, n'est rationnel que pour des colonnes monolithes ou formées d'un très petit nombre de tronçons, car il indique la continuité et l'uniformité de construction du fût dans toute sa hauteur. Mais, lorsque les colonnes sont formées d'assises de faible hauteur, un mode de décoration très rationnel est celui qui consiste à accuser par des refends chacune de ces assises (*fig.* 80). Le diamètre se mesure ici dans le fond des refends, et on voit dès lors que ce procédé donne des colonnes plus massives. Elles ne conviendront guère que dans les édifices dont on voudra affirmer, d'une façon particulière, le caractère de solidité. Jacques de Brosse s'est fort heureusement servi de ce genre de colonnes dans les façades du palais du Luxembourg à Paris.

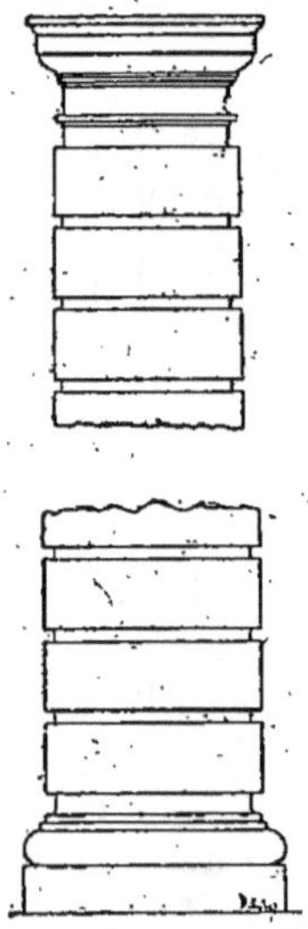

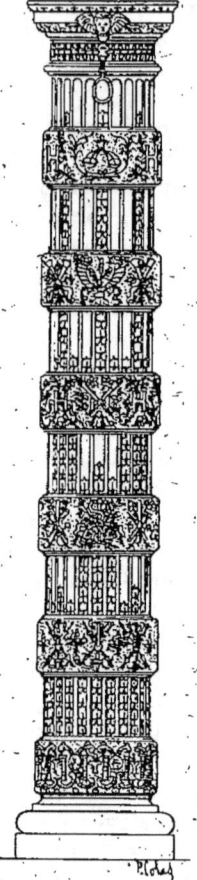

Il est possible de donner plus de légèreté à la colonne en alternant les assises à surface lisse et les assises à bossage, ou bien en ornant les premières de cannelures, quoique ce mode ne soit pas très rationnel. Philibert Delorme, qui a eu le premier cette idée, en a tiré un parti très ingénieux et très heureux dans les colonnes du Louvre (*fig.* 81). Les assises saillantes ont pris le nom de *tambours*. La décoration des fûts par refends et bossages ou par tambours trouvera surtout son application dans le cas des colonnes solidaires d'un mur, que nous aurons l'occasion d'étudier plus loin.

Fig. 80.

Fig. 81.

Piédestal dorique. — Il nous reste à dire un mot du piédestal dorique. Il ne s'emploie naturellement que dans le cas où

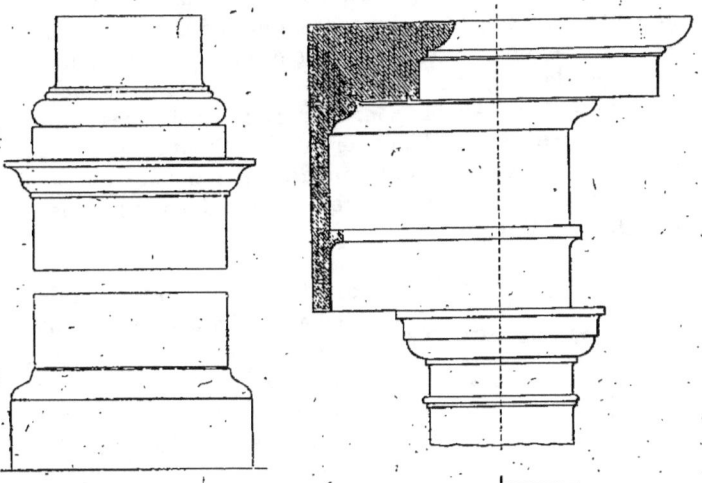

Fig. 82.

Fig. 83.

les colonnes sont pourvues de bases. On peut prendre alors comme type, celui de la figure 82. Mais cette partie de l'ordre étant la moins caractéristique, la plus grande liberté est laissée à l'architecte dans le choix de ses profils et de ses proportions.

Ordre dorique simplifié. — Certains auteurs ont voulu voir un type d'ordre différent dans celui qui a été employé pour la construction de certains édifices romains et qui n'est, en somme, qu'une simplification de l'ordre dorique. La principale différence, en effet, consiste dans la suppression des triglyphes et des ornements qui en dépendent: mutules et gouttes. La figure 83 donne un détail de l'entablement, de la colonne et du piédestal. Comme on en trouve de fréquents exemples dans les constructions des Étrusques, qui habitaient la province de l'Italie appelée la Toscane, on lui a donné le nom d'*ordre toscan*. Mais, nous le répétons, ce n'est qu'une nuance insuffisante pour constituer un ordre, qui le distingue de celui que nous venons d'étudier. Il a été employé assez souvent par les modernes, et son extrême simplicité lui donne un avantage très appréciable pour les parties des édifices où l'on veut accuser fortement l'idée de solidité. Jacques de Brosse, architecte du palais du Luxembourg, que nous avons cité plus haut, en a tiré un effet très puissant dans le soubassement de cet édifice.

Ordre ionique grec. — L'ordre ionique diffère essentiellement de l'ordre dorique, d'abord par ses proportions plus élancées, puis par l'absence des triglyphes, par plus de richesse dans les lignes de l'entablement, enfin, et surtout, par le chapiteau, qui présente une disposition très originale. Il est formé d'un tailloir carré de très faible hauteur, reposant sur une sorte de coussinet qui s'enroule latéralement en formant sur les faces principales deux ornements désignés sous le nom de *volutes* et présentant sur les côtés ses faces enroulées, ornées de rangs de perles et constituant ce qu'on a appelé les *balustres* du chapiteau. Le fût de la colonne se termine sous le chapiteau par un petit filet et un gorgerin décoré de feuilles et de palmettes en bas-relief, et surmonté d'un corps de moulures, principalement d'un

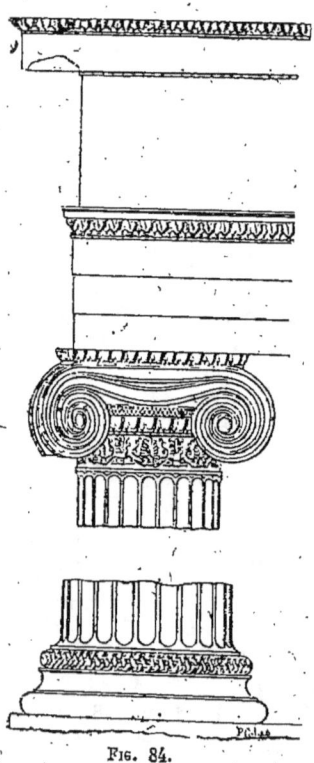

Fig. 84.

quart de rond orné d'oves (*fig.* 84). La base de la colonne est formée de deux tores réunis par une scotie. Des cannelures décorent le fût dans toute sa hauteur; elles présentent comme section droite une demi-circonférence. Cette forme rendait impossibles les arêtes vives, comme dans la colonne dorique; aussi les cannelures sont-elles ici séparées par de petits filets dont la largeur est un peu inférieure au tiers de l'ouverture d'une cannelure.

L'entablement a un peu moins du quart de la colonne. La corniche est égale environ aux 2/7 de la hauteur de l'entablement, et la frise est à peu près égale à l'architrave. Cette dernière est divisée en trois plates-bandes superposées et en saillie l'une sur l'autre, la dernière étant couronnée d'un corps de moulures richement décoré. La frise peut recevoir des sculptures en bas-relief.

Diverses opinions ont été émises sur l'origine du chapiteau ionique. On a voulu y voir une imitation de la coiffure de la femme dont, selon la tradition de Vitruve, cet ordre aurait été destiné à rappeler l'élégance par ses proportions élancées et ses formes gracieuses. On a prétendu aussi, du fait que l'ordre ionique était affecté aux sépultures à son origine, que les volutes représentaient la nappe de l'autel se recourbant sur les côtés. Mais l'opinion la plus rationnelle paraît être celle que développe L. Reynaud dans son *Traité d'Architecture*, et qui fait dériver cet ornement d'une imitation des enroulements de feuillage dont on a trouvé, en d'autres cas, des spécimens très frappants.

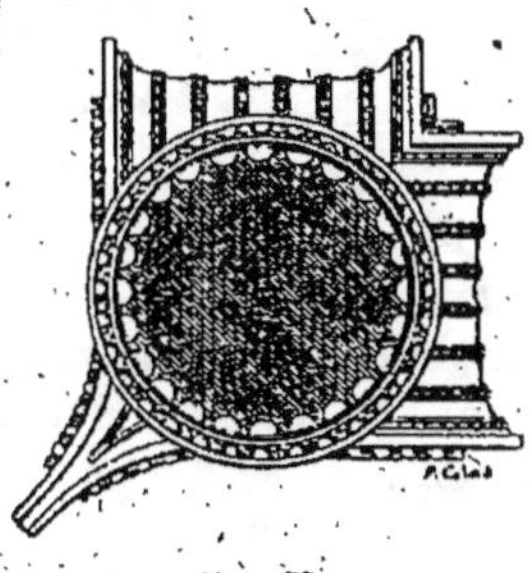

Quoi qu'il en soit de son origine, il présente cette particularité que les faces sont semblables deux à deux seulement et que le motif des deux latérales se prête moins à la décoration que celui des autres. Il en résulte un réel inconvénient pour les colonnes d'angle. Les Grecs ont très habilement tourné la difficulté en réunissant en une seule les deux volutes extrêmes des faces extérieures du chapiteau à l'angle.

Fig. 85.

Cette disposition, que représente en plan la figure 85, a pris le nom de *volute d'angle*. La différence entre les faces latérales et les deux autres offre aussi une irrégularité qui n'est pas agréable à l'œil, surtout lorsque les colonnes sont disposées sur plusieurs rangées, et, en général, toutes les fois que leurs quatre faces sont très apparentes. Aussi certains architectes ont-ils préconisé le chapiteau à *quatre volutes d'angle*, dans lequel la disposition précédente est généralisée aux quatre angles du chapiteau. Il perd l'expression de calme et de sérénité du chapiteau primitif; mais son allure dégagée peut le faire employer avec avantage dans une décoration qui doit plutôt porter l'empreinte de la souplesse et de la gaîté, ce qui n'était pas le cas des monuments auxquels était principalement affecté l'ordre ionique à son origine. On trouve cependant un curieux exemple de cette disposition dans un temple élevé par Ictinus à Bassæ et consacré à Apollon, ainsi que dans certains édifices dont on a découvert des vestiges dans les ruines de Pompéi. La figure 86 donne un spécimen de ce genre.

Fig. 86.

Malgré ces exemples, le chapiteau à quatre volutes d'angle ne doit être employé qu'avec réserve et dans les cas dont nous venons de parler, où il ajoute au caractère de la décoration.

Ordre ionique romain. — L'ordre ionique a subi chez les Romains des modifications de détail assez importantes. La cymaise est devenue plus saillante et un peu trop importante pour le larmier, qu'elle écrase parfois, comme dans le temple de la Fortune Virile à Rome (*fig.* 87), qui est néanmoins un des monuments remarquables d'ordre ionique, sinon dans tous ses détails, du moins dans son ensemble, dont les proportions sont agréables, et dont l'expression de force le recommande encore à l'admiration. Comme on peut le voir aussi dans cet exemple, les Romains ont ajouté au-dessous du larmier une série de moulures qui n'existent point dans l'ordre grec. La partie essentielle de ce corps de moulures est une plate-bande saillante découpée par des refouillements verticaux régulièrement espacés, et formant des sortes de dents, ou *denticules*, dont l'origine est peut-être dans l'imitation des extrémités des chevrons des constructions en bois. On peut voir le détail de ce genre d'ornement dans la figure 88 au-dessus des oves.

Fig. 87.

Vitruve fait des denticules l'une des caractéristiques de l'ordre ionique. C'est là une idée beaucoup trop absolue. Les autres formes de l'ordre, et en particulier le chapiteau, n'ont point été dictées, comme pour l'ordre dorique, par les nécessités de la construction; tandis que l'origine probable des denticules tendrait à montrer que ceux qui les y ont introduites avaient été guidés par des considérations d'utilité. Dès lors, il n'y aurait pas unité dans la pensée qui a présidé à la composition du système, ce qui est inadmissible. Il est préférable de considérer les denticules comme un simple motif de décoration, qui, par conséquent, peut être introduit ou supprimé sans enlever à l'ordonnance son caractère; d'autant que les proportions qui leur ont été données rappellent trop vaguement leur origine pour qu'il en résulte pour l'œil une signification réelle au point de vue de la construction. D'ailleurs, elles ont été employées par les Romains même pour l'ordre dorique, comme le théâtre de Marcellus, à Rome, en offre un exemple.

L'ordre ionique de ce même monument est encore un des spécimens les plus remarquables. Nous en donnons le détail dans la figure 88.

Fig. 88.

L'entablement a des proportions plus heureuses que celui du temple de la Fortune Virile. Le mouvement de son profil est plus nettement accusé et donne au larmier l'importance qui lui revient. Les moulures qui le soutiennent sont moins saillantes, moins confuses et plus caractérisées ; et celles de l'architrave ont plus de finesse. Le chapiteau est à peu près semblable à celui du temple de la Fortune, c'est-à-dire plus simple que celui du temple d'Athènes dit l'Érecthéion, qui nous a servi de type pour l'ordre grec. La base est celle que nous avons déjà vue employée par Jean Bullant et que nous avons désignée sous le nom de base attique.

Ordres ioniques modernes. — Les modernes se sont surtout inspirés des ordres ioniques romains, particulièrement de celui du théâtre de Marcellus. Toutefois ils y ont souvent introduit des modifications assez importantes. La figure 89 donne le détail d'un ordre ionique employé par l'architecte italien Scamozzi. Les volutes du chapiteau, très ornées, affectent, en outre, une forme et une disposition qui ne paraissent pas motivées et qui les relient mal aux autres ornements du

86 SUPPORTS ISOLÉS AVEC ENTABLEMENT

tie inférieure et non un étranglement insuffisamment renforcé par les filets qui le relient au socle carré. Quant à la corniche, elle est à peu de chose près celle du théâtre de Marcellus.

Tracé de la volute. — On peut remarquer que, dans les ordres romains et dans les ordres modernes qu'ils ont inspirés, la moulure dont l'enroulement constitue la volute est beaucoup plus simple que dans les ordres grecs. Sa forme est aussi plus précisée. Cela tient à ce qu'elle est formée par des arcs de cercle raccordés deux à deux et pour le tracé desquels nous allons donner un procédé graphique assez simple. Remarquons toutefois que la forme ainsi obtenue est loin d'avoir la souplesse et l'élégance de celle qu'affecte la volute grecque. C'est un des exemples qui doivent faire préférer pour les courbes architecturales le tracé à main levée au tracé au compas. Néanmoins, nous ne pouvons passer sous silence ce dernier procédé. Le tracé que nous donnons ici est emprunté au *Traité d'Architecture* de L. Reynaud.

Si l'on suppose le module divisé en trente parties égales, on portera sur la verticale abaissée de l'extrémité inférieure de la moulure du chapiteau une longueur de dix-sept parties.

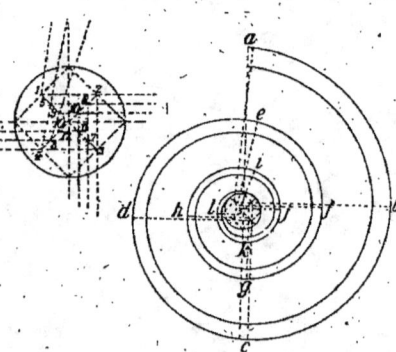

Fig. 91.

Une circonférence tracée du point obtenu comme centre avec un diamètre égal à trois parties trois quarts constituera l'*œil* de la volute. Dans cette circonférence (*fig.* 91) on inscrit un carré ayant une diagonale verticale et on mène par le centre des parallèles 1.3; 2.4 à ses côtés. Les points 1, 2, 3, 4 sont les centres des quatre arcs *ab*, *bc*, *cd*, *de*, dont les trois premiers sont respectivement limités entre les lignes 1.2; 2.3; 3.4. On divise ensuite chacune des portions 01, 02, 03, 04 en trois parties égales. La ligne 4.5 limite le quatrième arc *de*. On décrit les arcs suivants en prenant successivement pour centres les points 5, 6, 7, 8, puis 9, 10, 11, 12, et en limitant ces arcs aux lignes 5.6; 6.7; 7.8; 8.9; 9.10; 10.11; 11.12. Le dernier arc décrit du point 12 est tangent à l'œil sur la ligne 4.2. Ce tracé donne la spirale extérieure du filet. Pour obtenir l'arc intérieur, on suit une marche analogue, mais en prenant des centres différents de ceux qui ont donné la première courbe, de manière à obtenir une diminution progressive du filet à mesure qu'on approche de l'œil. A cet effet on divise en quatre parties égales chacune des portions 1.5; 2.6; 3.7; 4.8; 5.9, etc., et on choisit pour centres des arcs successifs le point de division le plus rapproché du centre de l'arc extérieur correspondant.

Piédestal. — Les Grecs n'ont jamais employé les piédestaux dans leurs édifices d'ordre ionique. Mais les Romains et les modernes en ont souvent fait usage. Cette partie est d'ailleurs plus motivée ici que dans le cas de l'ordre dorique, car elle contribue au caractère élancé de la colonne. Les profils dont on peut la décorer et les proportions qu'on lui donne ne sont point définies. Nous citerons cependant comme propre à servir de type le piédestal de la figure 92.

Fig. 92.

Ordre corinthien. — Les deux ordres que nous venons d'étudier ont atteint leur complet développement au point de vue des formes et des proportions dans le pays même où en était née la première idée : les Grecs avaient, en effet, construit des édifices d'ordre ionique d'un goût aussi pur et de proportions aussi définies et aussi harmonieuses que ceux d'ordre dorique, quoique conçus dans un tout autre esprit. On n'en peut dire autant de l'ordre corinthien. Si l'on en trouve les premiers germes et parmi eux de très intéressants exemplaires, dans certains monuments élevés en Grèce, ce n'est qu'à l'époque de la domination romaine et dans les édifices construits par les Romains que cet ordre paraît constitué définitivement. Nous ne parlerons donc point dans cet ouvrage des essais tentés en Grèce avant cette époque. Ils n'ont qu'un intérêt archéologique et ne se distinguent de l'ordre ionique que par l'apparition de la feuille d'acanthe dans le chapiteau et les modifications apportées à la forme des volutes.

L'ordre corinthien s'éloigne plus encore que l'ordre ionique des principes qui avaient, au début, fait naître les formes architecturales des nécessités de la construction. Tout dans ce nouveau système est conçu au point de vue décoratif, et la caractéristique s'en trouve exprimée par le choix et la forme des ornements, autant que par les proportions. Nous reproduisons dans la figure 93 le détail de cet ordre, avec un plan du quart du chapiteau (à droite), des caissons entre les modillons, et le profil du piédestal (à gauche).

Le chapiteau diffère essentiellement des précédents. Il est formé par un plateau à faces courbes, de très faible hauteur, appelé *abaque* ou *tailloir*, dont les quatre angles saillants sont soutenus par quatre paires de volutes, plus légères, plus décorées et d'un enroulement plus capricieux que les volutes ioniques. Elles s'élancent d'une double rangée de feuilles d'acanthe dont le sommet se recourbe gracieusement en dehors, et elles envoient chacune vers le milieu de la face du chapiteau une autre volute plus petite. Ces deux dernières s'entrelacent et soutiennent une rosace en saillie sur le tailloir, qui est la *rose* du chapiteau.

Immédiatement au-dessous s'élève une tige grêle à feuilles recourbées qui sort aussi du milieu des feuilles inférieures disposées sur deux rangs. Les feuilles et les volutes s'appuient sur une forme particulière qu'elles ne laissent apercevoir

COLONNES 89

que dans la partie supérieure et dont le profil paraît donner

Fig. 93.

à la silhouette du chapiteau son mouvement général ; c'est la *corbeille* du chapiteau. Au-dessous de la première rangée de feuilles vient se terminer par une astragale le fût, qui peut être décoré de cannelures comme celles de l'ordre ionique. La base est la base attique, composée de deux tores de dimensions un peu différentes, entre lesquels se creuse une scotie séparée de chacun d'eux par un petit filet. Le tore supérieur est surmonté d'un filet un peu plus important relié au fût par un congé; quelquefois, comme dans l'exemple de la figure 93, on a ajouté un tore plus petit au-dessous du filet supérieur.

Les cannelures du fût peuvent être remplies, soit dans toute leur hauteur, soit dans la partie inférieure et jusqu'au tiers, seulement par une baguette dont la face antérieure est plane ou arrondie et qu'on nomme *rudenture* (fig. 94). Le filet qui les sépare est quelquefois orné d'une baguette plus petite contournant la partie supérieure sous l'astragale et se terminant dans le congé inférieur par une pointe effilée appelée *onglet*.

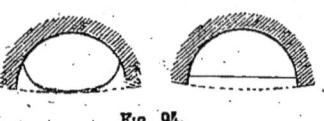

Fig. 94.

Le chapiteau corinthien a une hauteur égale à 2 modules entre le tailloir et l'astragale. Le tailloir a 1/3 de module, et la hauteur de l'astragale est contenue encore deux fois et demie dans celle du tailloir, ce qui donne pour la hauteur totale du chapiteau environ 2 modules 1/2.

La hauteur de la base est égale à 1 module, compris le socle carré sous le grand tore. Cette proportion est la même d'ailleurs pour tous les ordres où l'on se sert de la base attique.

Quant à l'entablement, ses proportions ont été données dans l'étude générale des proportions des ordres. L'architrave est, comme celle de l'ordre ionique, divisée en deux ou trois plates-bandes saillantes, dont la supérieure est couronnée par un corps de moulures orné. La frise lisse peut également recevoir des bas-reliefs. La corniche est décorée, comme celle de l'ordre ionique, d'oves et de denticules et, de plus, de petits ornements en saillie déjà désignés sous le nom de *mo-*

dillons, qui divisent le plafond du larmier en caissons carrés ornés de moulures et de rosaces.

Les modillons sont ordinairement constitués par un enroulement formant un balustre sur la face antérieure et des volutes sur les faces latérales et soutenus sur la face inférieure par une feuille d'acanthe. Mais cet ornement ne se distinguerait plus à une certaine hauteur. Aussi, pour les ordres corinthiens de dimensions colossales, les modillons ont une forme rectangulaire qui donne à la corniche plus de netteté et un caractère plus monumental; on en voit un spécimen dans l'ordre du Colisée (*fig.* 97). Les corniches de la Madeleine et de l'Arc de Triomphe de l'Étoile à Paris en offrent aussi des exemples.

En général, toutes les moulures de la corniche corinthienne sont ornées: la plate-bande saillante, de denticules; les quarts de ronds, d'oves; les talons, de rais de cœur; les baguettes, de chapelets de perles; les doucines, de palmettes ou de feuilles d'acanthes peu saillantes; quelquefois le larmier, de canaux. Mais ces ornements peuvent être simplifiés ou prodigués selon le degré de richesse que doit exprimer l'édifice.

Ordres corinthiens romains. — Quoique l'ordre corinthien se montre définitivement constitué dans les monuments que nous trouvons en Italie, il ne s'y présente pas toujours sous la forme complète que nous venons de décrire.

L'un des plus intéressants monuments de l'époque primitive est un temple de Vesta élevé à Tivoli (*fig.* 95). Comme on le voit, le chapiteau de l'ordre, reproduit en détail au bas de la figure, présente bien les divers éléments de celui que nous venons d'étudier, mais avec des formes et des proportions différentes. La hauteur totale est moindre, les volutes y ont moins d'importance; en revanche, la rose y a pris un développement considérable; enfin, les feuilles, au lieu d'être dérivées des formes de l'acanthe, présentent sur les bords des découpures arrondies et recourbées auxquelles on a donné le nom de *frisures* et dont se sont quelquefois inspirés nos architectes modernes. L'entablement diffère très peu de celui que les Romains employaient pour l'ordre ionique;

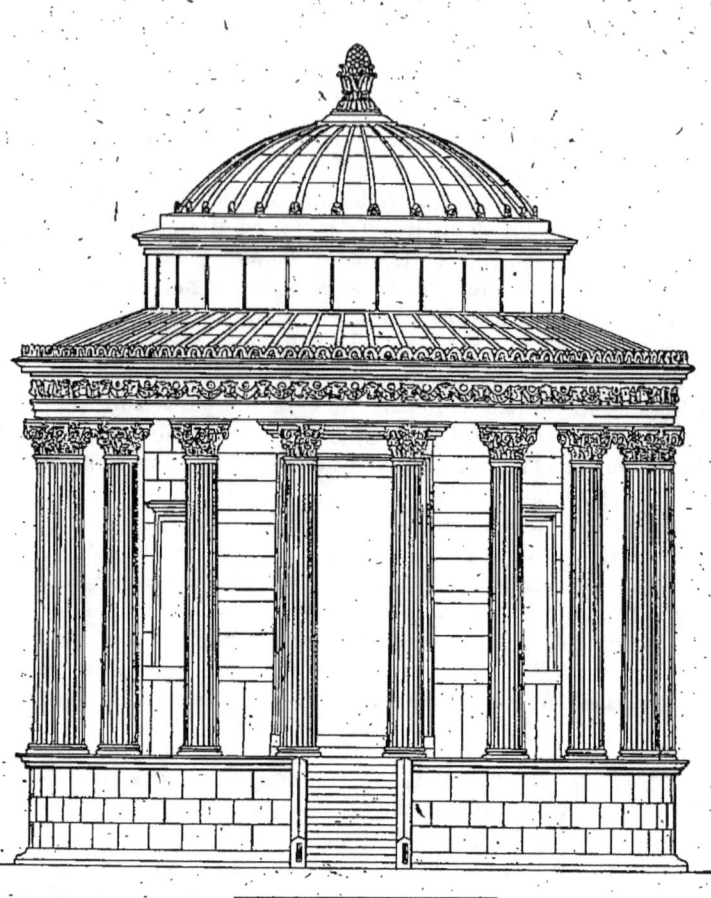

Fig. 95.

beaux exemples de l'ordre corinthien, mais nous ne pouvons nous étendre davantage ici sur ce sujet. Qu'il nous suffise de citer encore l'ordre du troisième étage du Colisée,

Fig. 97.

dont le chapiteau est traité très simplement et très vigoureusement en raison de la hauteur à laquelle il est placé, et dont les modillons sont pour la première fois et pour la même raison de forme rectangulaire (*fig.* 97).

Ordre corinthien moderne. — L'ordre que nous avons donné comme type (*fig.* 93) est emprunté à l'architecture moderne; mais il subit dans l'application des modifications très variables et très nombreuses, et c'est encore ici au goût de l'artiste de les apprécier dans chaque cas particulier. Il est peut-être, des trois ordres, celui dont nos architectes modernes se sont le plus fréquemment servis, et, pour ne citer que les exemples qui nous en sont fournis par les monuments de Paris, les colonnades du Louvre et de la place de la Concorde, le Panthéon et la Madeleine en sont d'admirables inspirations.

On a, en général, employé pour l'ordre corinthien moderne la base attique de la figure 93. Cependant on s'est servi également pour les colonnes les plus décorées d'une base représentée dans la figure 98 et dont on trouve un exemple dans l'arc de Titus, à Rome.

Chapiteau composite. — On voit également dans cette figure un chapiteau qui présente une diposition particu-

Fig. 98.

lière et dont on a voulu faire à tort le type d'un ordre nouveau. Il affecte à sa partie supérieure la forme du chapiteau ionique, auquel il emprunte les volutes d'angles et le quart de rond orné d'oves, tandis qu'il conserve dans la partie inférieure les deux rangées de feuilles d'acanthe du chapiteau ordinaire; cette double origine lui a fait donner le nom de *chapiteau composite*. Mais une légère modification de l'une des parties du système ne le différencie pas suffisamment pour en faire un type particulier, constituant un ordre nouveau, et on ne peut le considérer que comme une variété du précédent.

Enfin, ce chapiteau a été modifié quelquefois d'une autre manière pour former couronnement de pilastre, comme on en voit un exemple dans la figure 99. Mais ce nouveau genre de support fait précisément l'objet du paragraphe suivant.

§ 3. — Pilastres

Disposition. — Les supports isolés affectent, en général, la forme circulaire, qui convient mieux à leurs fonctions. Cependant il est des cas où on peut lui préférer la forme carrée ou rectangulaire, soit pour en accuser plus nettement le caractère de solidité, soit, au contraire, pour permettre une architecture plus fine. Ces deux raisons distinguent assez bien les deux cas principaux où l'on peut employer les pilastres avec avantage. Dans le premier cas, ce sont de véritables supports généralement placés à la partie inférieure d'un édifice, et soumis, par conséquent, à une forte pression. Dans le second cas, ils n'apparaissent que comme contreforts en saillie sur la face d'un mur ou même comme motifs de décorations.

On donne indifféremment à ces supports, dans l'un et l'autre cas, le nom de *pilastres*. Les anciens les ont employés très souvent dans leurs édifices, soit pour supporter l'extrémité des pièces transversales de l'entablement du côté du mur, en avant duquel étaient établies des colonnes, soit pour terminer et renforcer les têtes de deux murs parallèles entre lesquels se trouvait une rangée de colonnes.

Nous avons conservé cette disposition dans beaucoup de cas ; mais, tandis que, chez les Grecs, ce membre de l'architecture avait une utilité réelle au point de vue de la stabilité, il n'apparaît très souvent dans nos édifices que comme conséquence des colonnes placées en avant et n'a aucun rapport avec notre mode de construction, différent de celui des anciens. De plus, nous avons employé dans bien des circons-

PILASTRES 97

tances les pilastres à l'exclusion des colonnes, comme motif de décoration. Ils permettent, en effet, avec beaucoup moins de saillie, et partant moins de matière qu'en exigeraient ces dernières, d'accuser plus fortement, grâce à leurs arêtes vives et à leurs faces planes, certaines parties de la construction. Ils se prêtent à une architecture, sans doute moins

Fig. 99.

monumentale, mais, en revanche, plus fine, et des mtifs d'économie peuvent les faire préférer en raison de leur légèreté, pour les édifices auxquels on veut donner ce caractère.

La figure 99 montre un exemple de pilastre employé dans cet esprit : sa saillie est très faible, ainsi que celle de l'enta-

ARCHITECTURE. 7

blement qui le surmonte, et dont le nu est le même que celui de sa face antérieure.

Proportions et décoration. — Les proportions des pilastres sont un peu différentes de celles des colonnes. Pour ces dernières, leur position isolée a conduit tout naturellement les architectes à donner plus d'importance au diamètre inférieur qu'au diamètre supérieur, et à exprimer la fonction du support par une échine très accusée dans le chapiteau dorique, par une saillie assez prononcée du tailloir et des volutes dans les chapiteaux des deux autres ordres. Les mêmes raisons n'existent pas pour les pilastres qui sont solidaires d'un mur et ne servent qu'à le renforcer aux points où il doit porter une plus forte charge ou résister à de plus grands efforts latéraux. Aussi on donne aux pilastres à peu près la même largeur au sommet et à la base. Si, en pratique, on les diminue légèrement, c'est afin d'éviter que, par un effet d'optique dû à la saillie latérale du chapiteau, ils ne paraissent plus larges à la partie supérieure qu'à la partie inférieure. De plus, les Grecs avaient senti le besoin d'accuser par des ornements spéciaux le rôle particulier des pilastres, et leurs chapiteaux sont traités dans un esprit différent de celui qui les avait guidés pour les colonnes. Ils sont plus simples que ceux des colonnes ; le principe de leur décoration consiste à marquer par des lignes de moulures horizontales leur attache avec le mur, plutôt qu'à exprimer la fonction du support par des ornements dirigés dans le sens de la hauteur.

Fig. 100.

Le chapiteau des pilastres de l'Érechthéion, représenté par la figure 100, donne une idée de cette décoration spéciale. Traités de cette façon, les pilastres prennent le nom d'*antes*.

Ces restrictions faites, les proportions de hauteur des pilastres et des entablements qu'ils supportent sont les mêmes que celles des ordres de colonnes qui leur correspondent.

Leur saillie sur les murs auxquels ils s'appuient varie depuis le dixième de leur largeur pour les plus fins jusqu'aux deux tiers de cette dimension pour les plus accusés. Lorsqu'elle dépasse la moitié de leur largeur, l'entablement, qui jusqu'à cette limite peut avoir la même saillie sur le pilastre et sur le mur, ne conserve plus au droit de celui-ci qu'une saillie moyenne et forme un *ressaut* au-dessus de chaque pilastre, dont il adopte le nu antérieur et latéral pour sa platebande inférieure. Cette disposition est même employée pour de plus faibles saillies, lorsqu'on veut éviter la lourdeur qu'elles donnent nécessairement à l'entablement, ou qu'on veut accuser plus fortement le rôle de contreforts des pilastres.

Les pilastres peuvent être, à l'instar des colonnes, décorés de cannelures. C'est presque toujours la face antérieure seule qui reçoit cet ornement, les faces latérales étant, dans la plupart des cas, d'une trop faible largeur. Les proportions qu'on adopte alors sont les mêmes que celles usitées pour les colonnes qui auraient, comme diamètre, la largeur des pilastres à décorer. On se sert quelquefois des doubles pilastres, comme des doubles colonnes.

Pilastres modernes. — Les architectes de la Renaissance, guidés dans leurs compositions par la fantaisie plutôt que par le souci de la vérité d'expression, ne se sont point préoccupés des différences à observer dans l'ornementation des colonnes et des pilastres. Ils ont traité ceux-ci dans le même esprit que celles-là. Cette habitude s'est continuée jusqu'à nous; sauf de rares exceptions, les édifices modernes donnent la preuve que nos architectes se sont affranchis du principe, très rationnel cependant, qui avait guidé les anciens. Il conviendra néanmoins, lorsqu'on adoptera pour les pilastres les mêmes motifs de décoration que pour les colonnes, de les modifier convenablement dans leurs proportions et dans leurs détails pour marquer la différence entre ces deux membres de l'architecture. En général, il sera bon de donner au chapiteau d'un pilastre moins de saillie qu'à celui de la colonne correspondante et d'en simplifier les ornements.

§ 4. — Cariatides

Origine. — Vitruve fait remonter l'origine de ce curieux genre de support à l'un des épisodes les plus émouvants de l'histoire grecque. Les Grecs, vainqueurs des Perses, auxquels s'étaient lâchement réunis les habitants de Carie, ville du Péloponèse, avaient réduit en esclavage les femmes de la ville des traîtres, et, pour perpétuer le souvenir de ce châtiment, ils eurent l'idée de représenter les Cariatides dans les édifices publics sous la figure de femmes chargées de lourds fardeaux. Cette idée aurait été suivie plus tard par les Spartiates voulant célébrer leur victoire de Platée sur les Perses. De là serait venu « l'usage de substituer aux colonnes des statues persiques » qui conservèrent le nom primitif de *Cariatides*.

Nous n'avons pas à discuter ici l'étymologie de ce nom, ni l'origine de ce genre de supports, que probablement des peuples antérieurs aux Grecs avaient déjà employés. Quoi qu'il en soit, leur usage s'est perpétué et a fourni le motif de quelques œuvres remarquables en Grèce et dans notre architecture moderne.

Cariatides antiques. — L'un des plus beaux exemples que nous ait laissés l'antiquité est un fragment de façade de l'Érechthéion d'Athènes, dont nous avons déjà parlé. L'entablement, d'ordre ionique, sans frise, est supporté par quatre statues semblables. La tête de chacune d'elles est surmontée d'un chapiteau rappelant celui de l'ordre dorique, mais plus léger et plus décoré. Le mouvement des figures est à peine marqué, et la simplicité presque rigide des draperies indique visiblement l'intention d'accuser un support. Mais le calme et la sérénité dont est empreinte chacune de ces attitudes écarte l'idée de souffrance qui se rattache à l'origine de ce genre d'appui. Enfin, les figures reposent chacune sur un simple plateau de faible épaisseur placé au-dessus de la cor-

Fig. 101.

niche d'un très beau soubassement (*fig.* 101).

Cariatides modernes. — La figure 102 représente des cariatides dues à Jean Goujon. Elles décorent l'une des salles du palais du Louvre. Le mouvement en est plus accusé, et la draperie plus tourmentée ; il leur manque ce caractère de majesté dont la façade de l'Érecthéion porte l'empreinte ; mais, en revanche, elles nous séduisent par l'élégance et la grâce, et cette œuvre est, malgré tout, l'une des plus belles dont s'honore l'art moderne. Il est à remarquer qu'ici l'artiste paraît avoir été préoccupé d'indiquer très nettement la substitution de la statue à la colonne, en conservant de celle-ci la base et la naissance du fût, à la partie inférieure ; le chapiteau complet et le sommet du fût, à la partie supérieure. Les cariatides de Jean Goujon sont plus hautes que les cariatides grecques et supportent un entablement complet qui devait même, dans la pensée primitive de l'artiste, être surmonté d'une balustrade restituée sur la figure.

Les cariatides du sculpteur français ornent une porte intérieure ; celles de l'Érecthéion forment un petit monument à l'extérieur d'un édifice principal.

Fig. 102.

Enfin, une remarque commune aux deux monuments, c'est l'inclinaison du corps des cariatides vers l'axe de l'édifice, mouvement qui répond à un sentiment très juste des conditions de stabilité.

Emploi des cariatides. — Ces deux exemples, si différents dans leur expression et cependant si conformes aux principes généraux et immuables de l'art, suffiront à donner une idée du parti qu'on peut tirer de l'emploi des statues comme supports, et de l'heureux effet qui peut ainsi être produit soit dans le sens de la majesté sereine, comme dans le monument de l'Acropole, soit dans celui de la grâce, comme dans le chef-d'œuvre de Jean Goujon.

Ce genre de support ne pourra d'ailleurs être employé que dans certains cas particuliers et pour des édifices qui comportent une grande richesse et un peu de fantaisie dans la décoration. On les écartera toujours s'il s'agit de monuments d'un caractère majestueux ou austère, où les colonnes seront employées avec plus d'avantage.

Quelquefois on supprime la partie inférieure du corps et on la remplace par une forme pyramidale renversée d'où paraît sortir la figure. On donne alors à la cariatide le nom de *gaine*. Cette disposition a été souvent employée, en particulier par les artistes de la Renaissance, qui donnèrent aux cariatides, comme d'ailleurs les Grecs et les Romains, la forme du corps de l'homme, aussi bien que du corps de la femme.

§ 5. — Emploi des ordres dans l'architecture moderne

Dans quel esprit il faut se servir des ordres. — Du fait que les systèmes d'architecture précédemment étudiés sous le nom d'ordres ont pris naissance dans un pays et à une époque dont l'esprit différait du nôtre et répondait à un mode de construction que nous n'employons plus, il ne faudrait pas conclure qu'ils doivent être bannis de notre architecture. Il serait également puéril d'y renoncer sous le prétexte de renouveler l'art à d'autres sources. Nous ne pouvons nier que les anciens nous aient laissé en eux des expressions parfaites de beauté et d'harmonie, des formes admirables et de nobles proportions. C'est pour nous un patrimoine. Que nous devions interpréter autrement ces formes et ces proportions, nul ne songera à le contredire, pourvu que nous nous inspirions dans cette étude des principes fondamentaux et immuables auxquels toute œuvre d'art doit se conformer pour être vraiment belle. Mais, cela dit, nous sommes en droit de puiser à cette mine de l'antiquité et de lui emprunter, pour nous en servir selon nos goûts et notre caractère particuliers, les éléments de son architecture.

C'est aussi ce qu'ont fait les architectes modernes, et depuis la Renaissance tous les mouvements artistiques ont trouvé leur impulsion dans une étude plus complète et une interprétation nouvelle des œuvres de l'antiquité.

Péristyles, loggia. — On conçoit facilement que les cas où l'on aura à se servir des ordres à la manière des anciens seront excessivement rares.

Les péristyles de colonnes, par exemple, ne trouveront leur application immédiate que dans certains édifices publics de grandes dimensions et d'un caractère spécial.

On s'en est servi avec succès pour les édifices comportant une loggia, et l'on peut citer, parmi eux, les palais de la place de la Concorde, et la colonnade du Louvre, où Perrault a employé une disposition particulière, dite de *doubles colonnes* ou *colonnes accouplées*, et qui produit là, par ses proportions irréprochables, un très bel effet. Les doubles colonnes peuvent être employées soit comme supports se répétant régulièrement dans toute l'ordonnance, soit comme motif renforçant les angles d'un bâtiment dont la façade est formée d'un ordre à colonnes simples.

S'il est assez rare que nous ayons à nous servir des colonnes dans les mêmes conditions que les anciens, en revanche, elle nous fournissent des motifs de décoration pour accuser certaines parties d'un édifice ou pour donner plus de résistance à certains points plus chargés. Elles joueront très souvent le rôle de contreforts décorés et, à cet effet, pourront se présenter soit détachées en avant du mur qu'elles viennent renforcer, soit solidaires de ce mur. Nous aurons, dans le premier cas, des *colonnes dégagées;* dans le second cas, des *colonnes engagées*. Ces deux

Fig. 103.

dispositions sont représentées en plan par la figure 103. Les pilastres en saillie sur un mur ne seront que des cas particuliers de colonnes engagées, des sortes de colonnes en « bas-relief », selon le mot très heureux de Reynaud.

Pour les colonnes dégagées, il n'y a pas de règle à suivre ; on les place à la distance du mur qu'on juge convenable pour répondre le mieux aux conditions de chaque cas particulier. Pour les colonnes engagées, on place l'axe à une distance du mur égale au tiers du rayon de la base ou module ; on les dit alors *engagées au tiers*. Cette disposition a pour but de donner plus de fermeté à la silhouette de la colonne en accusant fortement l'arête rentrante formée par sa rencontre avec le mur.

La décoration par tambours ou par refends est tout indiquée pour les colonnes engagées ou dégagées, surtout si le mur contre lequel elles s'appuient est lui-même ainsi décoré, car alors elle marque la solidarité de ces deux parties de la construction en y faisant régner les mêmes lignes horizontales. C'est ce qui a lieu dans le soubassement du palais du Luxembourg, à Paris.

Dès lors, les colonnes peuvent servir à décorer des édifices ou des parties d'édifices, soit en formant une ordonnance complète sur tout le développement de la façade ou du mur intérieur auquel elles s'appuient, soit en en marquant les parties principales, ou en encadrant les baies des portes ou des fenêtres.

Superposition des ordres. — Dans la décoration des façades, on peut employer, pour les édifices de quelque importance, une disposition dont les monuments romains nous offrent un certain nombre d'exemples, le théâtre de Marcellus, à Rome (*fig.* 121) en particulier, et qui consiste à placer plusieurs ordres l'un au-dessus de l'autre, à *superposer* les ordres, comme dans la figure 104.

Il n'y a point de règle particulière à donner pour la superposition des ordres. Chacun d'eux y est traité comme s'il était isolé, avec tous ses éléments constitutifs, et placé ou non sur un piédestal, au gré de l'architecte, seul juge des circonstances spéciales de chaque édifice. Toutefois, on peut dire qu'il est rationnel, dans cette superposition, de placer à la base les colonnes les plus massives et d'employer, à mesure qu'on s'élève, des colonnes plus élancées, et cela d'ailleurs, qu'on adopte le même ordre ou des ordres différents pour les divers étages. Dans le premier cas, on modifiera convenablement à chaque étage les proportions de l'ordre choisi pour lui donner le caractère d'élégance ou de force qu'il doit avoir. Dans le second cas, on se contentera de disposer les ordres en ayant égard à leurs proportions respectives. Ainsi, l'ordre dorique sera placé à la base, l'ordre ionique viendra au-dessus de lui, et l'ordre corinthien couronnera le tout. Il

Fig. 104.

va sans dire qu'on peut superposer à volonté soit deux ordres seulement, soit les trois ordres.

Dans les édifices à plusieurs étages, on se sert quelquefois des ordres pour réunir en un seul ensemble les étages ayant même importance ou même destination. On peut en voir un exemple dans la façade des palais de la place de la Concorde (*fig.* 120).

REMARQUE. — L'étude avec quelques détails des systèmes d'architecture que nous ont laissés les Anciens, si elle n'avait qu'un intérêt archéologique, serait déplacée dans cet ouvrage, dont les limites sont trop restreintes pour permettre aucun développement superflu. Mais elle a une plus haute importance au point de vue de l'art, qui doit être l'un des buts de l'architecte dans toutes ses œuvres, même les plus modestes. Il n'est pas d'édifice si simple qu'il ne puisse porter la marque d'un goût éclairé et d'un juste sentiment des convenances, car là où l'ornementation fait complètement défaut, l'architecte peut encore agir d'une façon heureuse sur les proportions et leur faire exprimer l'harmonie. Or, aucune étude n'est de nature à donner à un plus haut degré le sentiment de l'harmonie jusque dans la simplicité, que celle des monuments anciens, qui en sont parfois l'expression parfaite. Mais cette considération montre, en même temps, qu'un esprit éclairé verra dans ces œuvres l'application heureuse et intelligente des grands principes de l'art, plus que des modèles à copier servilement, sans souci des convenances nouvelles et des idées modernes. Entendue dans cet esprit large et indépendant, l'étude de l'architecture antique sera des plus profitables.

CHAPITRE IV

ARCADES

§ 1ᵉʳ. — Origine et disposition

Le système d'architecture qui nous a laissé, perfectionné par les Grecs, des œuvres si admirables, et dont l'étude a fait l'objet du précédent chapitre, s'était toujours appliqué dans l'antiquité à des matériaux de grandes dimensions. Même avec ces avantages, il ne permettait cependant que des espacements très réduits entre les points d'appui. Aussi, pour franchir de grands espaces, et surtout dans les pays où l'on n'avait à sa disposition que de petits matériaux, on fut amené à trouver pour la solution du problème un autre système de construction. La voûte remplaça la plate-bande monolithe, et comme la forme droite de celle-ci était pratiquement défectueuse pour ce nouveau système, on lui donna une forme courbe. La plus simple des courbes étant l'arc de cercle, on adopta pour ces voûtes le profil d'une demi-circonférence. L'*arcade* était désormais constituée. Il est probable que son emploi remonte aux Étrusques, qui la transmirent aux Romains, par lesquels elle nous est parvenue.

La nécessité de réduire le plus possible l'espace couvert par chaque support avait fait donner à celui-ci la forme circulaire dès les premiers temps de l'emploi de la plate-bande. L'arcade permettant d'espacer à volonté les points d'appui, d'en réduire le nombre et d'augmenter ainsi la surface utile des édifices, on n'eut pas à tenir compte de cette considération pour choisir la forme du support, et on lui donna celle qui paraît, par sa masse, la plus apte à résister au nouvel effort de poussée des arcs, la forme rectangulaire.

La même raison qui avait fait employer les bases pour les colonnes conduisit à faire reposer les supports des arcades sur un socle en saillie.

Ainsi que le chapiteau terminant la colonne et recevant l'entablement marquait la différence entre le support vertical et la plate-bande horizontale, une saillie appelée *imposte*, placée à la naissance de l'arcade, indique la séparation entre celle-ci et le point d'appui, ou *piédroit* (fig. 105).

En raison des efforts qu'il subit, l'arc proprement dit peut être construit, de même que le piédroit, en matériaux plus résistants ; il reste alors au-dessus de l'imposte, entre deux arcs consécutifs

Fig. 105.

et le bandeau ou la corniche qui les surmonte, une sorte de triangle mixtiligne auquel on a donné le nom de *tympan*.

La première pierre de l'arc immédiatement au-dessus de l'imposte est le *sommier*; celle qui se trouve dans l'axe et à la partie supérieure s'appelle *clef*. Les autres sont les *claveaux*.

On accuse quelquefois l'ensemble de l'arc en donnant à tous les claveaux une saillie générale uniforme sur les tympans : la plate-bande circulaire ainsi formée prend le nom d'*archivolte*.

Ces diverses parties se prêtent, comme nous le verrons tout à l'heure, à une décoration spéciale.

§ 2. — Proportions

Dans le système des arcades, les limites entre lesquelles on peut faire varier les espaces à franchir sont beaucoup plus étendues que dans le précédent. Mais il n'en reste pas moins vrai, dans les deux cas, que plus les points d'appui sont espacés, plus aussi ils doivent être résistants, par conséquent plus leur section sera forte, et plus la largeur de leur face antérieure sera grande, puisque c'est elle qui est la plus apparente. De même, l'épaisseur de l'arc, accusée par l'archivolte, sera plus forte à mesure que la portée sera plus grande. En d'autres termes, nous avons ici encore une relation entre la largeur de l'ouverture, celle des piédroits et l'épaisseur de l'arc. Il paraît donc possible d'avoir des systèmes de proportions simples et harmonieuses pour les arcades comme pour les colonnes, d'avoir, en un mot, des *ordres d'arcades* comme nous avons des ordres de colonnes.

En fait, il y a eu plusieurs tentatives dans ce sens, dont nous parlerons plus tard, et qui n'ont pas abouti, quelque louable qu'ait été l'intention. L'arcade est une des formes les plus employées dans notre architecture moderne, mais le système qu'elle constitue n'a pas reçu encore la même consécration que les ordres grecs, et on ne peut, comme pour ceux-ci, indiquer pour elles des proportions bien définies.

Ce n'est pas à dire qu'on ne puisse leur en assigner dans une certaine mesure. Ainsi, leur hauteur sous clef varie, en général, entre une fois et demie et deux fois l'ouverture, et la largeur du piédroit est comprise entre le tiers et le quart de la même dimension.

La proportion de l'archivolte, quand elle existe, est beaucoup moins définie, car son épaisseur ne croît pas suivant la même progression que la largeur de son ouverture. Cette proportion est en quelque sorte la résultante de deux considérations opposées. D'une part, on conçoit qu'il y a un rapport entre l'épaisseur de l'archivolte et la charge que pour l'œil elle paraît supporter; d'autre part, cette charge, proportionnelle aux variations d'une ligne droite, la largeur d'ouverture, est supportée en réalité par une courbe, la demi-circonférence construite sur cette droite comme diamètre. S'il est vrai que la charge croît avec l'ouverture, elle se répartit sur une ligne dont la dimension croît plus rapidement que celle de cette ouverture et, par conséquent, elle tend à diminuer en chaque point.

Ainsi, on peut dire d'une façon générale qu'il y a un rapport entre l'épaisseur de l'archivolte d'une arcade et sa largeur d'ouverture et que la valeur de ce rapport tend à diminuer à mesure que l'ouverture augmente. L. Reynaud est arrivé au même résultat en comparant les archivoltes de diverses arcades exécutées à des époques différentes et sur des ouvertures très variables. Il donne comme conclusion pratique à ses recherches les rapports suivants.

Pour une ouverture de :

3 mètres, le rapport de l'archivolte à l'ouverture est de $\frac{1}{7}$

4 — — $\frac{1}{8,5}$

5 — — $\frac{1}{10}$

6 — — $\frac{1}{11}$

7 — — $\frac{1}{12}$

Mais, comme lui, nous mettons nos lecteurs en garde contre une interprétation étroite de ces chiffres. Ce ne sont que des indications qui pourront donner lieu aux modifications les plus variées et pour lesquelles on sera guidé, dans chaque cas, par une foule de considérations relatives soit à l'expression de légèreté ou de force qu'il s'agira de donner à l'édifice, soit à la déformation que pourront subir les dimensions, par suite de la distance ou de la hauteur à laquelle on les verra d'ordinaire.

Il existe, de même, une relation entre la hauteur des impostes et des socles et les dimensions de l'arcade, mais elle est plus variable encore. Des tentatives ont été faites pour donner à ces différentes parties des proportions définies et simples, comme il en existe pour les chapiteaux et les bases des colonnes; mais elles n'ont jamais fait autorité, et les dimensions de ces éléments sont laissées au goût et au sentiment de l'architecte, qui apprécie, dans les divers cas, les valeurs à leur donner. Toutefois, on conçoit facilement qu'en général une grande arcade aura des impostes et des socles plus hauts qu'une arcade de moindres dimensions; et que, d'autre part, pour une arcade très élancée, ces éléments devront être traités avec beaucoup plus de finesse que pour une arcade plus ramassée.

La saillie des impostes est, en général, assez faible, car elle a l'inconvénient de cacher au spectateur une partie de l'arc à sa naissance. C'est aussi à cause de cette considération qu'il faut avoir soin de placer le centre de la demi-circonférence un peu au-dessus de l'horizontale passant par l'arête supérieure des impostes. Cette surélévation du centre est appréciée selon les circonstances; elle paraît *a priori* d'autant plus grande que l'imposte est plus saillant et que l'arcade est plus élevée.

Les socles des piédroits sont généralement très simples et d'une faible saillie, afin de diminuer le moins possible l'ouverture de l'arcade à sa base.

§ 3. — Décoration

Refends et bossages. — Le système des arcades ayant pour objet d'utiliser les petits matériaux pour couvrir de grands

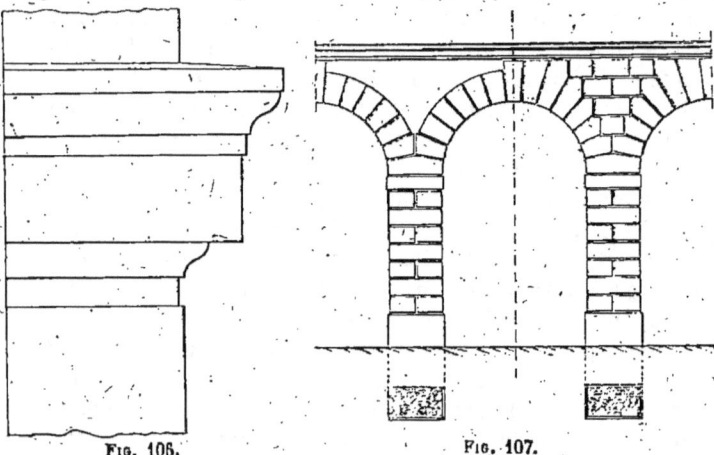

Fig. 106.   Fig. 107.

espaces, un des modes de décoration les plus rationnels, d'après les principes dont nous avons eu l'occasion de parler

DÉCORATION 113

plus haut, consistera à accuser la construction par des joints ou par des refends et des bossages.

Pour le piédroit, on les dispose symétriquement par rapport à son axe vertical, et les saillies des moulures se comptent en prenant comme nu le fond de refends. La figure 106, qui représente un profil d'imposte, permet de s'en rendre compte.

Pour l'arc, deux procédés peuvent être employés, selon qu'on veut accuser la construction de celui-ci différente de celle des tympans, ou qu'on veut, au contraire, indiquer l'uniformité de construction.

Dans le premier cas, on aura par exemple la disposition de gauche de la figure 107; dans le second cas, on pourra adopter celle de droite. Cette dernière disposition peut elle-même être légèrement modifiée dans l'esprit de la figure 111, qui représente une travée du soubassement des palais de la place de la Concorde, dont nous avons déjà eu l'occasion de parler.

Enfin, on peut aussi n'indiquer que les refends des assises horizontales et des claveaux, comme dans le soubassement du palais du Luxembourg, à Paris.

Archivoltes et impostes à moulures. — Lorsqu'on indique l'arc par une plate-bande saillante ou archivolte, celle-ci peut être lisse ou ornée de moulures, dont le profil se prête aux divers degrés de richesse ou de simplicité que l'on veut exprimer. Ce profil est presque toujours formé par une moulure ou un corps de moulures saillant, qui accuse la demi-circonférence extérieure de l'arc, et par quelques filets ou plates-bandes très peu accusés qui décorent la partie plane. Le principe de décoration des ar-

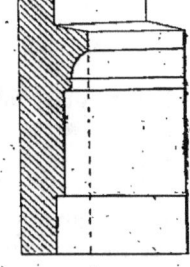

Fig. 108.   Fig. 109.

ARCHITECTURE. 8

chivoltes est le même que celui des architraves dont elles tiennent lieu.

Les figures 108 et 109 donnent deux exemples de profils d'archivoltes, dont la ressemblance avec celui des architraves est frappante.

Une archivolte moulurée est, d'ordinaire, supportée par des impostes décorés de la même façon. Le profil des impostes affecte la forme générale d'une corniche ou d'un bandeau, c'est-à-dire qu'il présente un larmier dont la fonction s'explique suffisamment ici. La figure 106 en donne un exemple.

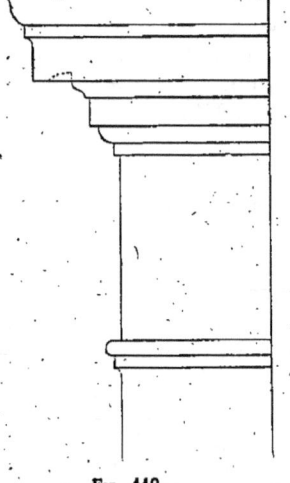

Fig. 110.

Quelquefois l'imposte, prenant plus d'importance, rappelle les divisions d'un entablement complet, avec quelques simplifications, ou d'un chapiteau à astragale et gorgerin, comme on le voit dans l'exemple de la figure 110.

Ces divers procédés de décoration des arcades serviront à donner une idée de la variété qu'on y peut introduire.

Ainsi, on combine quelquefois pour la décoration de l'arc le système des refends et celui de l'archivolte. Celle-ci est interrompue alternativement par des claveaux à bossage (fig. 111), ou bien elle n'est interrompue qu'à son sommet par une clef décorée (fig. 116 et 117).

Lorsqu'un piédroit de faible largeur reçoit deux archivoltes, il arrive très souvent que l'épaisseur de chacune d'elles est supérieure à sa demi-largeur. Dans ce cas, les moulures extérieures se rencontrent, comme on peut le voir dans la figure 112, et, autant que possible, on s'arrange à avoir comme moulure extérieure un filet dont le champ se retourne complètement d'une arcade à l'autre.

Socles. — Les socles sont, en général, formés par un dé de

DÉCORATION

hauteur variable, légèrement saillant, et raccordé avec le corps du piédroit soit par un champ incliné, soit par un congé (*fig.* 112), ou par quelques moulures simples. Si l'on

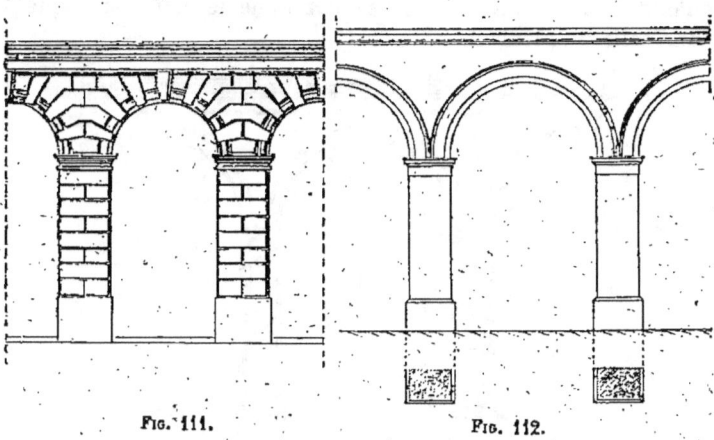

Fig. 111.   Fig. 112.

veut obtenir plus de richesse, on donne à ce dé plus de hauteur, on le fait reposer sur le sol par une plinthe de faible saillie et on le couronne par une légère cymaise (*fig.* 113).

Arcades de Bramante. — Parmi les tentatives qui ont été faites pour donner aux arcades des proportions définies et simples, et une expression de noblesse comparable à celle des ordres grecs, il faut citer celle qu'un architecte italien du commencement de la Renaissance, Bramante, essaya dans l'église Saint-Laurent, à Rome (*fig.* 113).

La hauteur de ces arcades est exactement le double de leur ouverture; la largeur des piédroits est le quart de cette ouverture, et, par conséquent, le sixième de leur hauteur. L'imposte a en hauteur le douzième de celle du piédroit ou la moitié de sa largeur. Le socle est remplacé par un piédestal qui a comme hauteur le quart de celle du piédroit. Celui-ci, légèrement diminué vers le sommet, repose sur son piédestal par quelques moulures formant une sorte de base; il est décoré d'encadrements indiquant la construction par grands blocs, et il se termine sous l'archivolte par un imposte finement traité avec astragale et gorgerin orné de fleurons. L'archivolte est de très faible épaisseur, et ajoute par sa finesse au caractère d'élégance et de hardiesse de l'arcade qu'elle couronne. Sa largeur est contenue deux fois et demie dans celle du piédroit.

Fig. 113.

On le voit, le grand architecte a donné une solution remarquable, quoiqu'elle ne fasse pas autorité. Ces arcades ont un réel caractère d'élégance, et l'œil est agréablement impressionné par leurs proportions élancées et harmonieuses qui se réduisent pour toutes les parties à quelques rapports très simples. Toutefois, il faut convenir qu'elles n'ont pas, à un aussi haut degré, le caractère monumental qu'on remarque dans les édifices de la Grèce qui ont consacré les ordres de colonnes. Sans vouloir affirmer qu'on n'atteindra jamais ces qualités avec le système des arcades, il est permis de croire que les formes qu'elles accusent s'y prêtent beaucoup moins et qu'il faut voir là une des principales causes qui ont fait échouer, jusqu'à présent, les tentatives comme celle de Bramante.

D'autres tentatives moins originales, mais qu'un usage

très répandu a consacrées, ont été faites dans un tout autre esprit. Le principe de ces modifications réside dans l'application aux arcades du système des colonnes et la combinaison de ces deux genres d'architecture.

Arcades sur colonnes. — La disposition la plus ancienne paraît remonter à l'époque de la décadence de l'Empire romain; mais les architectes chrétiens en firent un très grand usage et après eux les sectateurs de Mahomet s'en sont emparé et en ont fait le principe de leur architecture. Elle consiste à remplacer le piédroit rectangulaire par la colonne. L'arc est en quelque sorte une architrave courbe à laquelle on a dû donner cette forme pour utiliser des matériaux différents. Cette dernière idée n'a point toujours prévalu. On trouve des exemples de colonnes supportant des arcades, auxquelles on a ajouté un entablement complet entre le chapiteau et la retombée des arcs, disposition qui n'est nullement motivée et ne peut être admise que comme rappel de lignes, dans une série d'arcades rattachées à un mur sur lequel se profileraient les mêmes moulures.

Les architectes de la Renaissance acceptèrent les arcades reposant sur des colonnes; mais, préoccupés de mettre toutes leurs œuvres en accord avec l'art grec, qui leur fournissait des modèles, ils donnèrent à ces colonnes les proportions qu'elles avaient comme supports d'entablements. La figure 114 représente un exemple de ce genre. Ces arcades sont très hardies, mais en revanche n'offrent pas à l'œil l'apparence de la solidité. A ce point de vue, elles sont

Fig. 114.

même très défectueuses. La naissance commune de deux arcades consécutives présente une section carrée qui, pour être circonscrite au sommet circulaire de la colonne, se réduit à des dimensions très faibles.

On sent que la moindre perturbation d'équilibre en occasionnerait la rupture. On peut y remédier dans une certaine mesure en faisant reposer les archivoltes en surplomb sur le nu du fût à son sommet, comme cela s'observe dans notre figure, où elles sont à l'aplomb de la base.

Mais cette légère modification n'apporte guère plus de solidité au système, et si ces arcades présentent, en raison de leur finesse, de réels avantages pour de simples portiques très

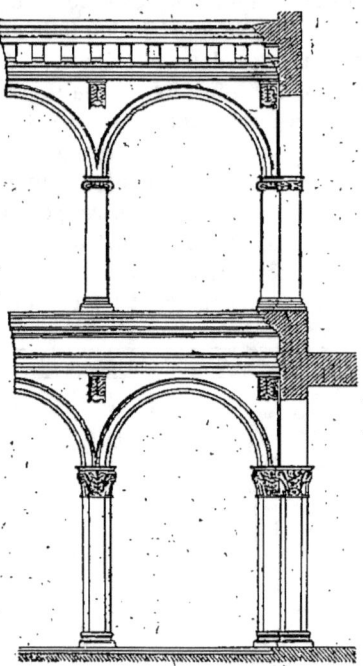

Fig. 115.

ouverts, on ne pourrait, en général, les employer avec sécurité pour l'étage inférieur d'un édifice où elles auraient à supporter une forte charge de maçonnerie. Dans ce cas, on pourra augmenter la stabilité de l'ensemble en donnant aux colonnes moins de hauteur, tout en conservant le même diamètre. C'est dans cette voie, en particulier, que s'étaient engagés les architectes romains et, quoique informes encore en bien des cas, leurs essais paraissent plus près de la solution véritable du problème que ceux qui ont été tentés dans les autres sens.

Ils furent repris par les architectes des premiers temps de la Renaissance. Ceux-ci ne s'en tinrent pas seulement à la forme circulaire pour les supports, ils eurent l'idée d'adopter la section octogonale qui, tout en donnant plus de légèreté au support carré, offre une plus grande résistance que la colonne. De plus, dans les cas où ils employaient cette dernière comme support d'archivolte, ils lui donnaient une hauteur considérablement réduite. Ainsi notre figure 115 reproduit une travée du palais de Venise, à Rome, où ces deux dispositions ont été appliquées avec beaucoup d'art et produisent un effet très heureux. L'étage inférieur est un portique à piédroits octogonaux, tandis que, dans l'étage supérieur, les arcs sont supportés par des colonnes à chapiteau ionique ayant à peine six diamètres en hauteur.

L'œil est ici agréablement impressionné par des formes et des proportions qui lui donnent des garanties suffisantes de solidité et qui conservent cependant un air de légèreté et de distinction.

Arcades avec colonnes. — Malheureusement, les architectes de la Renaissance abandonnèrent vite cette disposition pour en adopter une autre dont l'idée est due également aux Romains, mais qui est beaucoup moins rationnelle en principe, quoique, dans certains cas, on puisse pourtant lui donner une signification et un caractère très légitimes. Elle consiste à décorer les piédroits des arcades au moyen de colonnes engagées ou dégagées que surmontent des entablements. L'ossature de la construction est formée par des arcades; la décoration accuse, au contraire, des plates-bandes. L'antagonisme est flagrant.

Cependant cette disposition a été tellement employée que nous ne sommes plus choqués par ce qu'elle a d'essentiellement contradictoire. Notre œil s'y est peu à peu habitué. Il faut convenir, d'ailleurs, que le sentiment des convenances est intervenu en maintes occasions pour la modifier et en tirer une expression vraie des nécessités de la construction. C'est en particulier lorsque, réduisant la saillie de l'entablement, on en fait coïncider la frise avec le nu du mur, où sont percées les arcades et qu'on le fait ressauter au-dessus des colonnes. Celles-ci apparaissent alors comme des contreforts qui communiquent plus de solidité aux piédroits, en même temps qu'un aspect plus monumental. La figure 116 en donne un exemple : elle représente la moitié du portique dû à Bramante, qui orne la façade de l'église de Spolète.

Cet arrangement offre surtout un avantage lorsqu'on se sert de statues pour la décoration et qu'on les place au-dessus des colonnes, qui jouent alors le rôle de piédestaux et de contreforts tout à la fois. On peut voir un fort bel exemple de ce genre dans le portique qui décore le rez-de-chaussée de la

Fig. 116.

cour du Carrousel. Il est couvert intérieurement par une série de coupoles que séparent des arcs doubleaux dans l'axe des colonnes. L'ordre est élevé sur un piédestal, et l'entablement surmonté d'une sorte de chéneau formant au-dessus de chaque colonne un socle qui porte une statue.

Lorsque la colonne est complètement dégagée du piédroit, comme cela a lieu pour les pavillons du Louvre qui terminent et encadrent les portiques déjà cités, ou encore pour l'arc de triomphe qui se trouve sur la même place, il devient nécessaire de la motiver par une statue, par un vase, par une console ou un autre ornement analogue capable de former *amortissement*.

Pour que la combinaison des deux systèmes, arcades et ordres, forme un ensemble harmonieux, on conçoit qu'il faut accommoder les proportions de l'un à celles de l'autre; que les arcades employées avec l'ordre dorique seront moins élancées que celles que décorera l'ordre ionique; et ces dernières moins encore que les arcades combinées avec l'ordre corinthien. On peut adopter, dans le cas des arcades avec colonnes montées sur piédestaux, la proportion de 4 modules pour la largeur des piédroits, ce qui donne 1 module pour l'épaisseur des archivoltes. Si les colonnes reposent sur un socle peu élevé ou sur le sol, on donnera aux piédroits un peu moins de 4 modules en largeur. Les ornements y seront aussi traités avec les différences que comportent les trois ordres. Généralement l'archivolte est interrompue à son sommet par une clef décorée ou lisse qui forme liaison entre les deux systèmes d'architecture en venant s'appuyer sous l'architrave. Les deux moitiés de tympans, ou *écoinçons*, sont souvent décorées de palmes, de médaillons ou de boucliers, ou simplement d'encadrements à moulures.

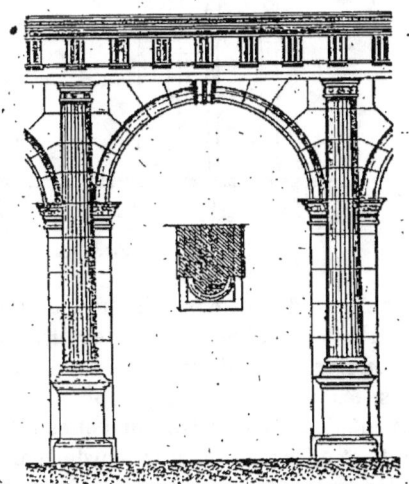

Fig. 117.

La figure 116 offre un exemple d'arcades employées avec l'ordre corinthien, et la figure 119, un exemple d'arcades employées avec l'ordre ionique; la figure 117 représente une arcade entre colonnes doriques. Ces exemples, empruntés à divers édifices, montrent que, si nous avons pu donner quelques proportions générales, elles n'excluent pas une grande variété d'expressions, que l'architecte seul apprécie dans les divers cas. Les doubles colonnes dont nous avons déjà parlé peuvent également servir à la décoration des arcades, surtout lorsqu'on veut avoir des piédroits plus larges.

Arcades de Palladio. — Un heureux rapprochement des deux systèmes d'arcades avec colonnes et sur colonnes a donné lieu à la disposition que Palladio, célèbre architecte italien de l'époque de la Renaissance, a employée dans un portique de la basilique de Vicence, à Rome, et à laquelle on a donné son nom (*fig.* 118). La retombée des arcs est supportée par des colonnes de petites dimensions, qu'une corniche simplifiée ou une imposte rattache au piédroit. Celui-ci est renforcé par une colonne engagée plus haute et qui supporte l'entablement couronnant le motif. Cet entablement

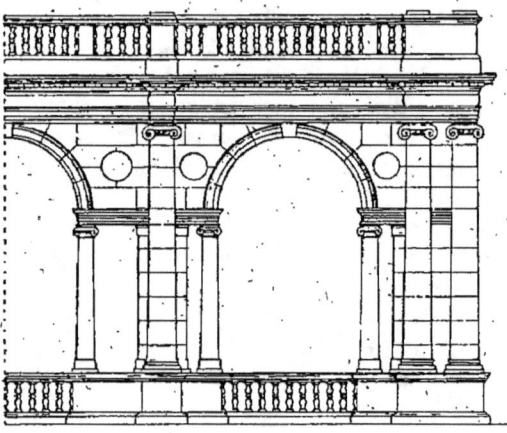

Fig. 118.

ressaute au-dessus des colonnes, de façon à ne pas charger la construction légère des arcades. Il est nécessaire, en général, de doubler en profondeur, à cause de leurs faibles dimensions, les petites colonnes supportant les arcades. Elles sont souvent de même ordre que celles qui soutiennent l'entablement, et on s'arrange à raccorder par des réductions convenables leurs bases avec celles des grandes colonnes.

Arcades avec pilastres. — Une autre disposition, employée par Philibert Delorme dans la façade du palais des Tuileries, consiste à remplacer les colonnes par des pilastres plus ou moins saillants comme on peut le voir sur la gauche de la figure 119. On les traite de la même façon que lorsqu'ils décorent un mur. Ceux de Philibert Delorme sont ornés de tambours plats rappelant les tambours circulaires des colonnes. Ils ont une si faible saillie qu'elle se trouve inférieure à celle de l'imposte; aussi a-t-il dû continuer sur leur face antérieure la moulure supérieure de celle-ci. Cette solution s'accommode heureusement avec les coupures horizontales du pilastre au moyen des tambours, mais on conçoit qu'elle ne pourrait convenir dans tous les cas. Il vaut mieux, en général, donner au pilastre une saillie suffisante pour recevoir les moulures de l'imposte, ou diminuer la saillie de celle-ci, qui peut être réduite autant qu'on voudra.

Fig. 119.

Toutefois, l'imposte pourrait recevoir une plus forte saillie que le pilastre dans le cas où les champs laissés de part et d'autre de celui-ci sur le piédroit seraient chacun plus large que l'épaisseur de l'archivolte, ce qui permettrait de répéter du côté du pilastre le profil qu'affecte l'imposte, du côté de l'arcade. Le cas se présente, il est vrai, assez rarement, et presque toujours l'archivolte est tangente au pilastre. Il est donc préférable d'adopter la solution précédente.

La saillie des pilastres substitués aux colonnes dans la décoration des arcades peut varier entre les mêmes limites que celles qui ont été indiquées pour le cas où ils décorent un mur, et les mêmes observations que nous avons faites à ce sujet peuvent s'appliquer ici. On a quelquefois employé avec les arcades les doubles pilastres, dont nous avons déjà eu l'occasion de parler.

Entablement. — L'entablement des ordres employés à la décoration des arcades a l'inconvénient, dans bien des cas, d'offrir au-dessus des archivoltes une trop grande hauteur de maçonnerie pleine. On a donc cherché à la diminuer et on peut y parvenir, lorsque cela est nécessaire, de deux manières différentes et très rationnelles.

Si le rôle de contreforts explique, dans bien des cas, la présence des colonnes en saillie sur les piédroits des arcades, il n'est pas de raison analogue pour légitimer celle de toutes les parties de l'entablement et en particulier de l'architrave et de la frise. Cette dernière, parfaitement inutile, puisqu'elle ne répond plus à aucune nécessité du nouveau système de construction, peut donc être supprimée sans inconvénient. C'est ce qu'on fait très souvent en remontant l'architrave jusque sous la corniche. On dit alors que la corniche est *architravée*. Cette solution est surtout usitée lorsque, tout en en diminuant la hauteur, on veut conserver, dans toute la longueur du motif d'arcades qu'il couronne, le même profil de moulures.

Mais, dans d'autres cas, soit qu'on n'ait pas les mêmes raisons de la conserver, soit qu'il faille à tout prix réduire la hauteur du couronnement, on supprime même l'architrave dans les intervalles des colonnes et on remonte l'archivolte des arcs jusque sous la corniche. Comme, d'ailleurs, rien n'empêche de conserver ces éléments au-dessus des colonnes au moyen de ressauts, on a, en ces points, soit une corniche architravée, soit un entablement complet qui se profile jusque sous le larmier, dans le cas où celui-ci ne ressaute pas, ou qui se profile dans toute sa hauteur, s'il y a un ressaut. Les colonnes et leurs entablements se présentent comme des contreforts, et la corniche est un bandeau de couronnement plus riche et plus développé. Il arrive fréquemment, lorsqu'on adopte cette solution, qu'on supprime également les impostes; les moulures de l'architrave se continuent alors, selon les cas, jusqu'au piédestal de la colonne ou jusqu'au socle du piédroit.

On voit des exemples des dispositions qui viennent d'être décrites dans les façades des palais de l'École des Beaux-Arts, à Paris.

§ 4. — Emploi des arcades

Arcades en soubassement. — Les arcades ont été d'un usage extrêmement fréquent dans l'architecture moderne, et en particulier dans notre architecture contemporaine ; les conditions où l'on s'en sert sont très variées et donnent lieu à une foule de dispositions.

Elles s'emploient très souvent dans le soubassement ou le rez-de-chaussée d'un édifice dont l'étage supérieur comporte une ordonnance de colonnes et de plates-bandes. Dans ce cas, elles peuvent être elles-mêmes décorées de colonnes et d'entablements, ou mieux encore d'un encadrement de moulures sans archivolte comme dans le rez-de-chaussée de la façade de l'Opéra de Paris, ou de refends, comme dans les palais de la place de la Concorde (*fig.* 120).

126　ARCADES

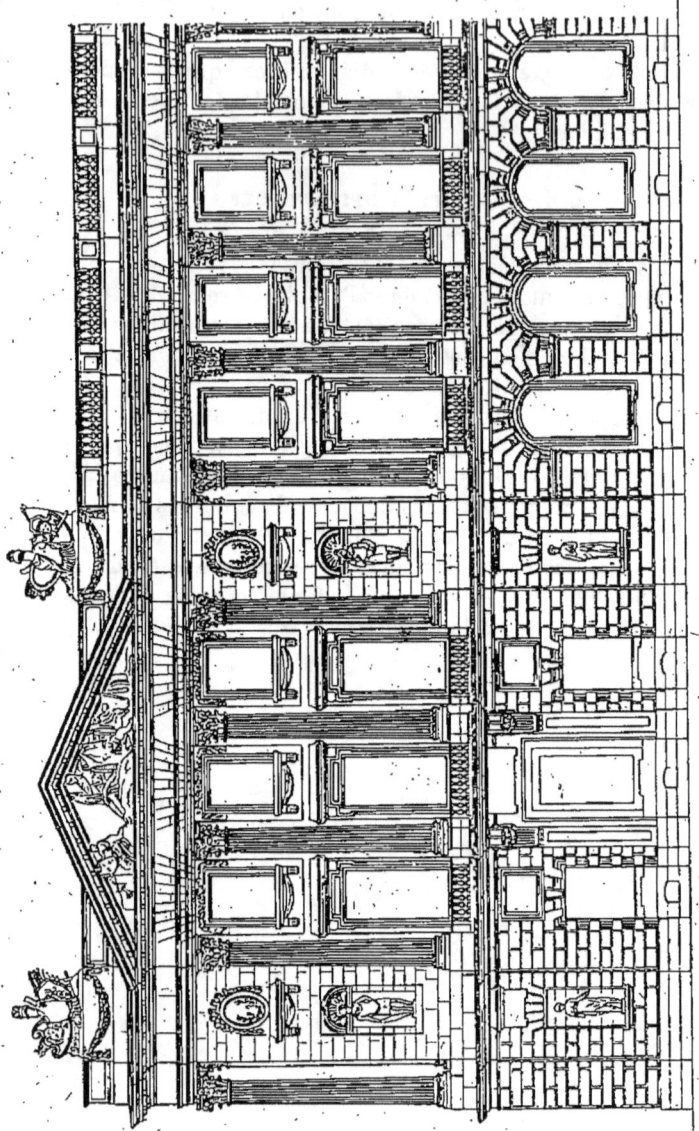

Fig. 120.

EMPLOI DES ARCADES

Superposition des arcades. — Les cirques romains nous offrent souvent des exemples d'une disposition particulière, qui consiste à superposer les arcades en plusieurs rangées à la façon des ordres. Dans ces monuments, les deux systèmes

Fig. 121.

sont même, en général, employés simultanément, comme au théâtre de Marcellus, à Rome (fig. 121). Le rez-de-chaussée est formé par une série d'arcades combinées avec un ordre dorique, et l'étage supérieur présente une série d'arcades correspondant aux premières et combinées avec un ordre ionique.

C'est le plus souvent sous cette forme que se présentent dans notre architecture les arcades superposées. Cependant on les emploie aussi indépendamment des ordres. C'est en

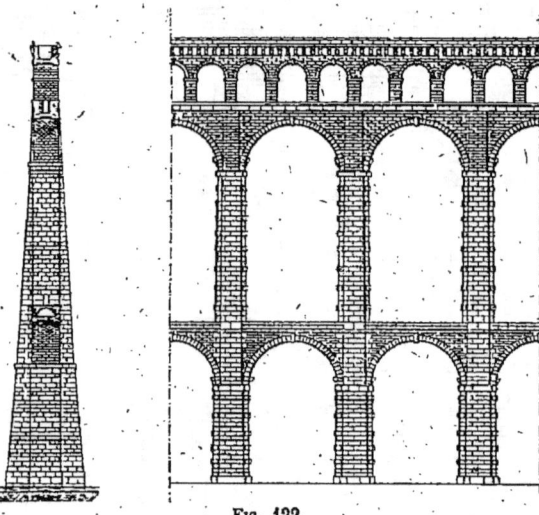

Fig. 122.

particulier le cas des ponts, aqueducs et viaducs qui sont, selon la hauteur du canal ou de la voie, formés d'une ou de plusieurs rangées d'arcades. La figure 122 représente une disposition de ce genre, qui est empruntée à l'aqueduc romain appelé pont du Gard.

CHAPITRE V

BASE, COURONNEMENT ET SAILLIES DES MURS

§ 1er. — Soubassement

But, caractère, dispositions générales. — Lorsqu'un édifice comprend plusieurs étages, dont l'un est plus important ou dont plusieurs forment un ensemble, qui doit dominer, l'étage ou les étages inférieurs remplissent vis-à-vis de lui la fonction d'un piédestal ou d'un socle, et l'étage supérieur, celle d'un couronnement. Les parties inférieures, qui servent de piédestal, constituent le *soubassement* de l'édifice. De même que le piédestal des colonnes, avec lequel il a, comme on le voit, la plus grande analogie, le soubassement se compose d'une base, d'une partie plane, et d'une corniche. La base est un empattement qui répartit la charge sur une plus grande surface du sol, et donne ainsi plus d'assiette à la construction ; la partie plane correspondant au dé, est verticale, quelquefois inclinée pour en augmenter la solidité ; enfin, la corniche est plus ou moins riche, ou, selon les cas, se réduit à un simple bandeau, et sert à protéger contre la pluie les parties inférieures, en même temps qu'à marquer la séparation entre ces parties et l'étage qui s'élève au dessus.

Lorsque l'édifice ne comporte qu'un rez-de-chaussée, le soubassement se réduit très souvent à un socle peu élevé formé d'un empattement à face plane verticale ou inclinée, dont la saillie sur le mur est raccordée à celui-ci par un plan incliné ou par quelques moulures simples, ou dont la partie supérieure, s'il a plus d'importance, est couronnée par un bandeau.

Quelle que soit la hauteur du soubassement, on conçoit,

d'après le rôle qui lui est assigné dans la construction, qu'il doit porter l'empreinte de la solidité, et que ses formes, ses proportions et sa décoration doivent contribuer à en marquer fortement l'expression. Les profils y seront donc fermes, accentués ; les parties planes, autant que possible, massives ; si elles sont percées de jours, on en réduira le nombre et les dimensions à ce qui sera strictement indispensable. Dans les parties où l'on admettra les ornements, ceux-ci seront traités avec sobriété et fermeté, et leurs formes et leurs mouvements seront simples et vigoureusement accusés.

Si les étages supérieurs et l'édifice entier comportent une décoration ayant le même caractère, il faudra l'accuser davantage dans le soubassement. Au contraire, si l'architecture de la façade est traitée avec finesse, on devra insister d'autant moins sur l'expression de l'idée de force dans les parties inférieures, se borner à en marquer la fonction par quelques faibles saillies et des profils traités dans le même esprit que les étages supérieurs.

D'une façon générale, si, d'une part, on est tenu d'exagérer en art l'expression des idées qu'on veut représenter, afin que les sens en soient fortement et du premier abord impressionnés, d'autre part, on devra tempérer ses efforts dans ce sens, par la nécessité d'accorder deux idées différentes et de donner à l'ensemble de l'édifice le caractère d'unité et d'harmonie sans lequel toute œuvre est incomplète.

Dans les divers exemples qui vont suivre on pourra se rendre compte que l'artiste, pour chacun des cas choisis, s'est préoccupé d'appliquer ces principes.

Divers genres de soubassement. — Lorsqu'un soubassement de quelque importance n'a cependant pas une assez grande hauteur pour embrasser un étage entier, il affecte la forme d'un simple piédestal, que nous avons analysée plus haut. C'est le cas, par exemple, du soubassement d'une des ailes du Louvre faisant face à la Seine, et qui est représenté dans la figure 123. Sa partie plane est en talus, ce qui lui donne et ce qui accuse une très grande solidité. Cette forme, applicable seulement aux parties situées au-dessous du niveau du rez-de-chaussée, permet de réduire la saillie du socle, ce qui est un avantage au point de vue de sa conservation, les arêtes saillantes étant plus sensibles aux chocs, tou-

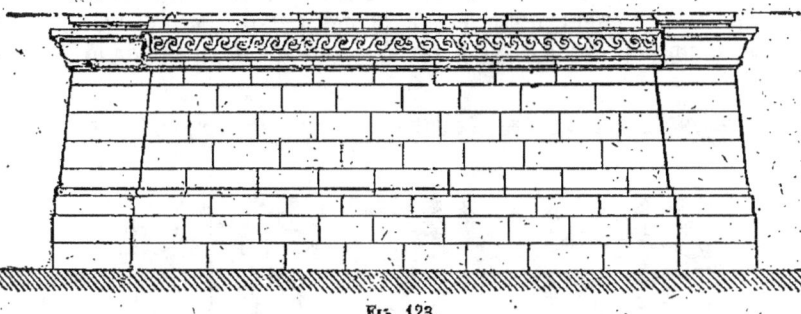

Fig. 123.

jours fréquents dans cette partie de la construction. Si la hauteur de l'édifice et le genre d'architecture dont on le

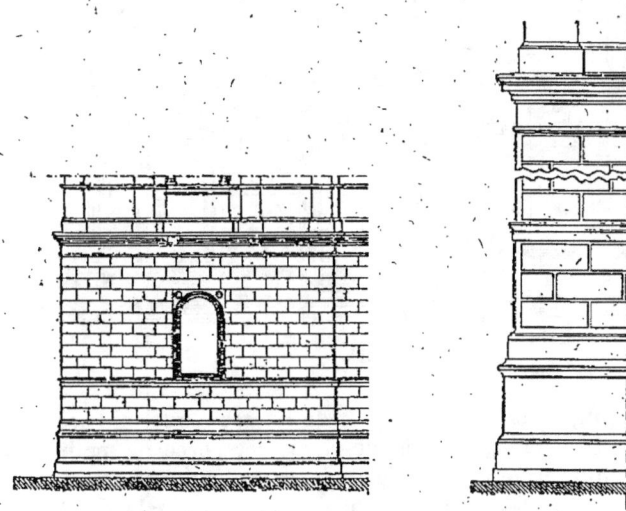

Fig. 124.

décore exigent de fortes saillies pour le soubassement, on répartit celles-ci en plusieurs divisions et on a pour ainsi dire une série de socles superposés, respectivement en saillie les uns sur les autres. C'est une disposition de ce genre qu'a adoptée Bramante pour le palais de la Chancellerie, à Rome (*fig.* 124). Sur un premier socle, composé d'un empattement, d'une partie plane et d'une corniche au profil un peu ferme, s'élève un second socle composé de la

Fig. 125.

même façon, mais traité avec plus de finesse. Ce second socle sert de base à l'étage du rez-de-chaussée, percé de petites fenêtres, qui forme la partie principale du soubassement. Il est couronné à cet effet d'une corniche à astragale sur laquelle repose l'ordre de l'étage supérieur. On peut voir que, tout en conservant à ce soubassement les saillies convenables et une certaine expression de solidité, les détails sont cependant tenus assez fins pour s'harmoniser avec l'architecture des étages supérieurs, qui a le même caractère.

Enfin, dans certains cas, le rez-de-chaussée tout entier, mais non élevé sur un premier socle, peut faire office de soubassement, comme cela a lieu pour la nouvelle bibliothèque de l'École des Beaux-Arts, à Paris, dont un fragment de façade est reproduit par la figure 125. Le niveau du rez-de-chaussée correspond à peu près à la partie supérieure de l'empattement ou de la plinthe du socle. Comme le précédent, ce soubassement s'harmonise parfaitement par sa décoration, ferme dans son ensemble, mais fine dans ses détails, avec l'ordre corinthien supérieur, dont les colonnes sont cannelées. La corniche n'est presque qu'un bandeau mouluré avec frise et astragale, et cette simplicité lui laisse son importance secondaire par rapport à celle qui couronne le premier étage.

Décoration des soubassements. — D'après ce qui a été dit sur le caractère qu'affecte le soubassement à cause de sa fonction, on voit immédiatement que l'un des genres de décoration qui lui conviennent le mieux est celui des refends et des bossages. Ils peuvent, en effet, être plus ou moins accusés et prendre, avec toutes sortes de nuances, les caractères de légèreté ou de force qui s'harmoniseront le mieux avec l'ensemble de l'édifice. Les soubassements de l'École des Beaux-Arts et du palais de la Chancellerie, que nous avons déjà cités (*fig.* 124 et *fig.* 125), sont décorés au moyen de refends peu prononcés. Ceux de l'Hôtel des Monnaies de Paris et des palais de la place de la Concorde (*fig.* 120) sont décorés de refends plus accusés. La décoration des soubassements par refends et bossages convient très bien dans les cas où l'on ne peut donner, aux profils des moulures, assez de fermeté pour qu'ils caractérisent seuls cette partie de l'édifice. Mais, si l'on n'est pas tenu à une grande finesse pour ces profils, on peut avoir des soubassements très puissants sans le secours des refends, et en conservant les faces lisses, ou simplement en y accusant les joints. C'est le cas du soubassement du Louvre, représenté par la figure 123 et cité précédemment. La hauteur des moulures, leur petit nombre, leur simplicité, joints au talus de la partie plane, lui donnent un caractère très marqué de solidité et de force.

Ce caractère doit être très fortement accusé dans les parties pleines des soubassements, où l'on a été obligé de percer de grandes et nombreuses ouvertures. A cet égard, comme à beaucoup d'autres, il faut citer comme un modèle le soubassement des palais de la place de la Concorde, qui forme en même temps un portique très ouvert. Les piédroits des arcades qui le composent offrent au regard, grâce à leurs fortes proportions et à leur mâle décoration, toutes les garanties de solidité que réclament le goût et le sentiment des convenances.

Quelquefois on adopte les arcades pour indiquer l'ossature de la construction et on en remplit l'ouverture par un mur de plus faible épaisseur qu'on conserve plein ou dans lequel on perce des ouvertures plus petites.

Le caractère puissant du soubassement n'est pas incompatible avec une décoration plus riche. Les façades du Louvre sur la Seine suffisent à le prouver. Nous y retrouvons les fortes saillies de bossages capables de satisfaire l'œil sous le rapport de la solidité ; mais toutes ces saillies sont ornées de moulures et d'ornements d'une finesse, d'une variété et d'une grâce remarquables. Les pilastres à tambours plats, d'ordre dorique, disposés de la même façon que les colonnes correspondantes, dont la figure 81 donne un spécimen, forment l'élément principal de cette décoration, fort originale et absolument française.

Les colonnes, comme les pilastres, peuvent parfaitement être employées à la décoration des soubassements, puisque tous ces éléments sont également susceptibles d'exprimer, selon la volonté de l'artiste, la force aussi bien que l'élégance.

La corniche qui couronne un soubassement doit être moins importante que celle de l'étage principal. Cependant il faut qu'elle présente une certaine fermeté, comme faisant partie de l'étage inférieur, traité dans son ensemble avec ce caractère. On parvient à réaliser ces deux conditions en donnant moins de saillie et plus de hauteur. Elle se réduit ainsi à un bandeau quelquefois lisse, souvent accompagné de moulures.

Nous citerons parmi les soubassements les plus remarquables, avec le regret de ne pouvoir les reproduire dans cet ouvrage, ceux de la nouvelle façade de la Faculté de Médecine, sur le boulevard Saint-Germain, et du musée Galliera, sur l'avenue du Trocadéro, dus à M. Ginain, ceux de l'Hôtel des Monnaies, de la Bibliothèque Nationale, de la Bibliothèque Sainte-Geneviève.

§ 2. — Attiques

Disposition, proportions, décoration. — L'étage qui sert de couronnement à un édifice comportant un étage principal, ou un grand ensemble de plusieurs étages plus importants que les autres, est souvent décoré d'un ordre simplifié, surtout si la partie qu'il couronne est elle-même accusée par un ou plusieurs ordres complets. Cet ordre, traité plus simplement que d'habitude, a pris le nom d'*ordre attique*, et l'étage qu'il décore s'appelle par abréviation *attique*. On a donné également, par extension, le nom d'attique, aux couronnements pleins placés au-dessus d'un ordre, comme celui de l'arc de triomphe de la place du Carrousel, à Paris.

On voit, d'après ce qui précède, que cet étage est lié, comme le soubassement, à la partie principale de l'édifice ; mais ici la relation est inverse. Si, comme le soubassement, il doit participer du caractère de l'étage principal, à l'inverse de lui, il indique une partie plus légère et plus fine qui doit couronner l'édifice sans le charger.

Il y aura donc un certain rapport entre la hauteur d'un attique et celle de l'étage au-dessus duquel il s'élève. Ce rapport, très variable, peut être compris entre le quart et les deux tiers. On reste en général plus près de la première proportion que de la seconde. Pour simplifier, on peut s'en tenir à un rapport moyen, environ un tiers.

La décoration de l'attique doit être conçue de façon à le relier bien nettement à l'étage principal. Toutes les fois que celui-ci comportera un ordre de colonnes ou de pilastres, on devra également avoir des pilastres dans l'attique. Ceux-ci seront plus trapus que dans les circonstances ordinaires.

Leurs proportions sont très variables ; toutefois, on peut adopter pour leur hauteur quatre à six fois leur largeur. Les ornements seront traités aussi légèrement que possible, mais ils devront participer du caractère général de richesse, de force ou d'élégance de l'édifice.

L'attique est couronné par une corniche, comme l'étage inférieur. Le problème se pose donc tout naturellement de savoir à laquelle de ces deux corniches on devra donner le plus d'importance. Il ne saurait y avoir de règle absolue pour trancher la question ; car si, d'une part, l'étage de l'attique, moins élevé que les autres, doit avoir une corniche moins importante, c'est, d'autre part, à la naissance du toit, tout au sommet de l'édifice, que doit être, rationnellement, la corniche principale, dont la saillie est destinée à protéger les étages inférieurs contre les eaux pluviales. De là, semble-t-il, deux solutions opposées, selon qu'on accordera une plus grande valeur à l'une ou à l'autre de ces deux considérations. En réalité, elles ont chacune son importance, et la vraie solution doit en tenir compte.

Attiques italiens. — Les architectes italiens ont adopté la première. Nous donnons, dans la figure 126, un fragment de la façade d'un palais construit par Palladio, où le grand architecte a traité l'attique comme un simple couronnement. L'étage principal est décoré par un ordre de colonnes ioniques dont l'entablement ressaute au-dessus de chacune d'elles, qui sert ainsi de piédestal à une statue placée en avant du pilastre correspondant de l'attique. Ce pilastre, très peu accentué, est constitué, comme dans les attiques des arcs de triomphe romains, par une simple table saillante pourvue à sa partie inférieure d'un petit socle et se terminant sans chapiteau ni astragale sous la corniche. La corniche inférieure ressautant au-dessus des colonnes, il fallait que celle de l'attique ressautât aussi au-dessus des pilastres, quoique ceux-ci eussent une très faible saillie ; et, pour qu'elle prenne encore moins d'importance, Palladio la fait même ressauter au-dessus du chambranle des petites fenêtres placées dans les intervalles des pilastres.

Le principe de la solution de Palladio une fois admis, on ne peut qu'admirer le parti qu'il en a tiré dans ce monument,

dont les proportions sont si harmonieuses, et l'unité si parfaite. Les statues placées au-dessus des colonnes donnent de l'importance à l'ordre, accusent nettement la corniche qui le couronne et relient admirablement cet étage à l'attique. Mais il est permis de chercher ailleurs une disposition meilleure, sinon au point de vue de l'harmonie des proportions, du moins à celui des convenances.

Attiques français. — Pierre Lescot, s'inspirant des deux considérations que nous avons signalées plus haut, relativement à

Fig. 126.

l'importance à donner à l'attique, s'est efforcé de les satisfaire toutes les deux et y est parvenu de la façon la plus heureuse dans la façade ouest de la cour du Louvre, qu'il exécuta sous le règne de François Iᵉʳ.

L'étage principal, comme on peut le voir sur la figure 127, est décoré d'un ordre corinthien dont la corniche est continue. La décoration de l'attique qui s'élève au-dessus est constituée par des pilastres ornés d'encadrements, avec une base reposant sur un petit socle, et un chapiteau à feuilles d'acanthe se profilant sous le larmier d'une corniche très légère et très décorée, comme celle de l'étage inférieur. Con-

Fig. 127.

sidérée isolément, cette corniche a la hauteur qui convient pour couronner, sans les écraser, les pilastres très fins de l'attique, mais elle est moins importante que celle de l'étage inférieur, ce qui n'est pas logique. Pierre Lescot lui a donné, d'une façon très ingénieuse, une importance suffisante pour couronner l'édifice. Il a prolongé sur toute la façade l'astragale et les feuilles du chapiteau, ce qui augmente sa hauteur, sans charger les pilastres; puis, il a placé au dessus un chéneau dont la présence est parfaitement justifiée, qui lui a fourni le motif d'une décoration très originale et très heureuse à la fois, et qui, par son adjonction à la corniche, forme un ensemble dont la masse, frappant seule le spectateur qui regarde la façade entière, constitue un couronnement des plus nobles et des plus rationnels. Pour ajouter encore à cet effet, les intervalles des fenêtres et des pilastres sont décorés de sculptures en bas-relief qui relient ces éléments les uns aux autres et s'harmonisent très bien avec la richesse des parties inférieures du monument.

Si l'on n'en peut trouver absolument irréprochables tous les détails, cet attique est, du moins dans son ensemble, admirablement conçu. Il faut le citer comme un modèle dont on s'inspirera avec le plus grand profit, comme la plus heureuse application qui ait été faite des principes dont l'architecte doit s'inspirer, dans la composition de cette partie de l'édifice, où il est si facile de commettre des erreurs de goût et de convenances.

Le chef-d'œuvre de Pierre Lescot n'a pas été infécond. A son exemple et après lui, d'autres architectes français ont appliqué les principes qui l'avaient guidé, peut-être à son insu, ou dont lui tenait lieu un sentiment délicat. On peut citer, en effet, bien que conçu beaucoup plus simplement dans ses détails, l'attique qui couronne le bâtiment de la Bibliothèque de l'École des Beaux-Arts, représenté en partie dans la figure 125, et dont nous donnons le détail des pilastres et de la corniche de couronnement avec coupes au droit des pilastres et au droit des fenêtres dans la figure 128. Ces pilastres sont ornés de cannelures, comme les colonnes corinthiennes de l'étage principal. Leur chapiteau rappelle celui de l'ordre corinthien par certains détails, mais il est de moindre hauteur et plus simple. Ils supportent une corniche architravée de faible hauteur, dont l'importance est augmentée : au dessous, au moyen d'un léger bandeau interrompu par les fenêtres et les pilastres, laissant entre lui et la corniche des fragments de frise décorés de médaillons en marbre ; au dessus, par un chéneau moins riche que celui du Louvre, mais d'un dessin très agréable. Enfin, les bases des pilastres sont réunies par des moulures se prolongeant sur toute la façade. On voit que l'architecte s'est efforcé de mettre en harmonie la décoration de l'attique et celle du

Fig. 128.

reste de l'édifice, que la même harmonie règne dans les proportions des divers éléments de l'attique et que cependant sa corniche couronne suffisamment l'édifice.

§ 3. — CORNICHES DE COURONNEMENT

Corniches extérieures. — Dans les édifices construits par les Grecs, la corniche était destinée à couronner l'œuvre et à la protéger tout à la fois, et de ce double rôle utilitaire et esthétique étaient nées les formes et les proportions qu'ils lui avaient données. Notre architecture moderne s'applique, en général, à des édifices de plusieurs étages, qui présentent par conséquent dans leur hauteur une série de coupures horizontales, de bandeaux ou de corniches. Il importe donc de différencier et de caractériser, par un profil plus saillant et une ornementation plus ferme, la corniche qui termine l'édifice à sa partie supérieure, et qu'on a appelée pour cette raison *corniche de couronnement*.

Son rôle étant le même que celui de la corniche unique des anciens monuments de la Grèce, on lui donne, en général, un profil et des dispositions analogues. Cependant il est des cas où on a besoin de la caractériser plus nettement, où elle affecte un profil plus développé, et où on la décore d'ornements qui soient de nature à en bien marquer la fonction et à en accuser davantage l'importance.

La principale modification qui s'introduit alors dans les dispositions de la corniche ordinaire consiste dans l'emploi de *consoles* décorées et profilées avec plus ou moins de richesse, de fermeté ou de finesse, et qui se placent dans la frise, qu'elles divisent en compartiments, à la façon des triglyphes de l'ordre dorique. Ces corniches peuvent affecter les formes les plus variées et présenter les dispositions les plus diverses, selon le caractère de l'édifice. D'ailleurs, leur proportion relativement à la hauteur de la façade qu'elles couronnent est très variable. Celle de la figure 129 est le 1/21 de la hauteur totale ; Vignole a donné à la sienne (*fig.* 130) le 1/11 de cette même dimension.

C'est au goût de l'architecte à apprécier cette proportion dans les divers cas.

Quelques exemples suffiront à le montrer, et on y verra dans quel esprit il faut traiter cette partie de l'édifice.

Corniches avec frise. — Les figures 129 et 130 représentent deux corniches empruntées à l'architecture italienne. La première, due à Bramante, appartient au palais de la Chancellerie, à Rome. Les moulures de l'architrave y sont assez prononcées et forment une sorte de bandeau dont la saillie sur le mur inférieur est fortement marquée. Au dessus, la frise, en surplomb sur la dernière plate-bande, est divisée régulièrement par des consoles de faible hauteur et d'un profil très ferme, qui supportent, au moyen d'un chapeau formé par le ressaut des moulures de la frise, le larmier principal de la corniche. Celle-ci, en effet, est puissamment accusée par l'étagement de deux larmiers, dont le supérieur est une sorte de développement de la cymaise, destiné à protéger et à couronner l'autre, plus important et plus saillant.

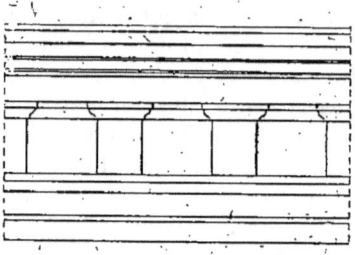 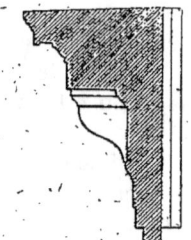

Fig. 129.

La seconde corniche est due à Vignole et tirée du palais de Caprarola. Elle est plus élégante et plus fine, mais aussi moins monumentale. Le support du larmier est plus haut et se dédouble en quelque sorte en deux consoles, une hori-

 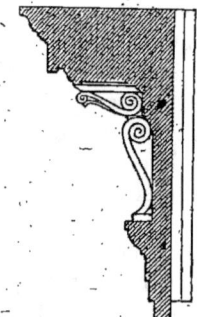

Fig. 130.

zontale et une verticale, qui soutient la première à l'aide d'un couronnement formé par quelques moulures. Elle a été très souvent employée, et on peut la voir heureusement reproduite dans le couronnement de la façade de l'Hôtel des Monnaies, à Paris.

Quelquefois la frise reste intacte, et l'importance de la corniche est accusée par des modillons vigoureusement traités et une cymaise un peu développée. Cette disposition est représentée par la corniche de la figure 131, empruntée à la façade

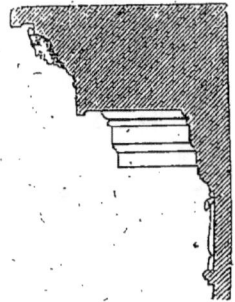

Fig. 131.

du Louvre qui fait face à l'arc de triomphe du Carrousel. On remarquera l'arrangement ingénieux de la moulure supérieure de la corniche, qui fait office de larmier et protège les sculptures de la doucine. Au-dessous de cette corniche très développée court une frise richement décorée d'enroulements de feuilles et limitée à sa partie inférieure par une simple astragale.

Corniches sans frise — On peut même, dans les édifices de faible hauteur, supprimer complètement l'architrave et la frise. C'est ce qu'a fait, par exemple, Palladio, dans la belle et simple corniche que représente la figure 132, où le larmier est soutenu par des modillons à arêtes vives qui lui donnent une grande fermeté

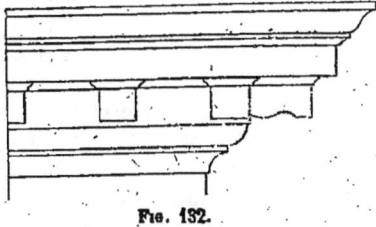

Fig. 132.

144 BASE, COURONNEMENT ET SAILLIES DES MURS

Corniches de ponts. — Enfin, dans les deux exemples des figures 133 et 134, la corniche elle-même s'est simplifiée. Ils sont tirés, il est vrai, de monuments où la complication et la finesse des profils seraient absolument déplacées. Le premier nous est fourni par le pont romain de Rimini : les moulures inférieures du larmier sont supprimées, et la cymaise

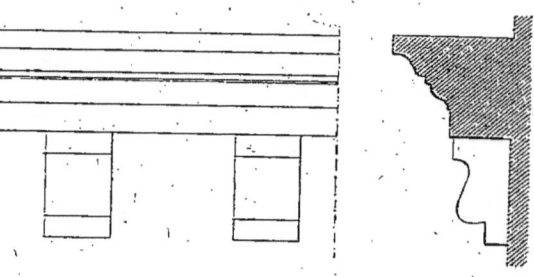

Fig. 133.

très saillante est formée de deux moulures courbes séparées par un filet. Le profil des consoles se réduit à une doucine de forme très curieuse, qui ne paraît pas réclamée par les exigences de la construction, mais dont les architectes du

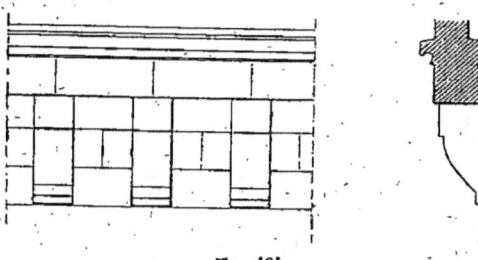

Fig. 134.

moyen âge se sont inspirés si souvent qu'elle est désormais consacrée. D'ailleurs, il est possible, par une inclinaison convenable, de la mettre en harmonie avec sa fonction de support, et les jeux de lumière que produit son profil mouvementé sont d'un effet agréable.

La corniche de la figure 134, empruntée au viaduc de

Dinan, de construction moderne, est conçue dans un esprit analogue à la précédente, mais elle est beaucoup plus simple et mieux caractérisée. La plate-bande du larmier, très développée, est protégée par une fine moulure à gorge, et ce bandeau saillant s'appuie sur des consoles allongées, d'un profil indiquant nettement et simplement la nature de l'effort vertical qu'elles subissent.

Les corniches sans frise ni architrave, supportées par des consoles, ont été très employées dans les constructions du moyen âge pour former les plateformes en encorbellement désignées sous le nom de *mâchicoulis*.

Corniches avec frise et architrave interrompues. — Dans nos édifices privés, où il faut ménager la hauteur des parties en maçonnerie pleine, afin de ne pas réduire les *jours*, on interrompt quelquefois l'architrave et la frise de l'entablement supérieur au-dessus de chaque fenêtre, de façon à remonter près de la corniche le chambranle ou le linteau de celle-ci.

On peut alors adopter une disposition analogue à celle de la figure 135. L'entablement

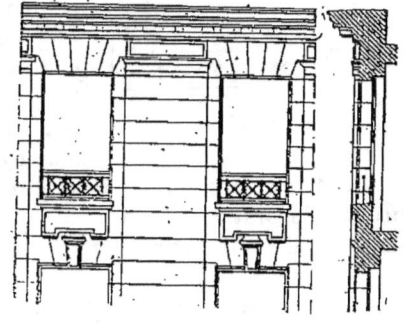

Fig. 135.

complet n'est conservé que pour les parties pleines, ou trumeaux, qui font office de pilastres, et la corniche seule couronne le tout. Cette solution peut se justifier ici de la même façon que lorsqu'elle est adoptée pour des arcades encadrées dans un ordre de colonnes.

Corniches diverses. — Les corniches que nous venons de passer en revue sont toutes exécutées en pierre. Dans nos édifices privés, il arrive souvent que, par raison d'économie, on les exécute en briques ou simplement en plâtre. Dans ce dernier cas, il faut avoir soin de les protéger parfaitement au moyen d'un recouvrement en zinc contre l'action dissolvante des eaux pluviales, qui détruisent en peu de temps de pareils ouvrages, même quand on a pris cette précaution.

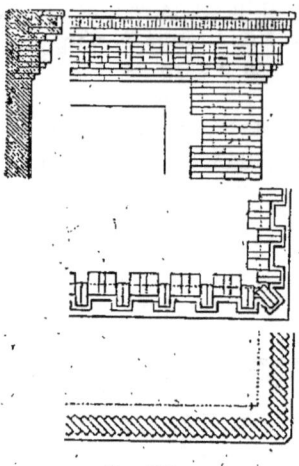

Fig. 146.

Quand la brique est substituée à la pierre pour l'exécution des corniches, on peut adopter des dispositions dont la figure 136 donne un spécimen. Elle n'a rien de monumental et ne peut s'appliquer qu'à des constructions très simples, élevées à la campagne, dans des conditions qui n'excluent pas un certain air pittoresque et rustique. On peut aussi agrémenter l'effet un peu sec et monotone de cette disposition en décorant les parties pleines de petits panneaux de faïence et en employant des briques de couleur. Toutefois, même quand les circonstances appellent ce genre de décoration, il est bon de n'en user qu'avec une réserve intelligente et un goût sobre.

Corniches intérieures. — Les corniches sont également employées pour décorer les parties intérieures des édifices; mais, comme elles répondent ici à d'autres besoins, on leur assigne des dispositions et des proportions différentes. On conçoit qu'elles diminuent pour l'œil la hauteur apparente des salles; aussi leur donne-t-on un développement plus grand en saillie qu'en hauteur. Cette disposition a pour effet, il est vrai, de restreindre les dimensions du plafond, d'après lesquelles l'œil apprécie celles de la salle elle-même. Mais cet inconvénient est de moindre importance, et on le corrige dans une certaine mesure en donnant peu de saillie sur le nu du plafond aux moulures extrêmes, et en les reliant aux autres, qui forment bandeau le long des murs par une gorge profonde, tangente très souvent au nu de ces derniers.

§ 4. — Frontons

Disposition : frontons grecs. — Les Grecs construisaient leurs temples sur plan rectangulaire, et le toit en était formé par deux pentes inclinées perpendiculairement aux grands côtés. Ce toit formait ainsi, sur les faces les moins étendues, deux triangles isocèles de faible hauteur auxquels ils appliquèrent la disposition si naturelle appelée par les nécessités de la construction, et à laquelle on a donné le nom de *fronton*.

Le fronton est limité, à sa partie inférieure, par la corniche, qui couronne l'édifice, et sur les côtés inclinés ou *rampants*, par un retour de moulures qui reproduit, du moins dans ses principaux éléments, la corniche horizontale. On se rappelle l'origine et la fonction primitive de ces divers éléments. Le larmier, dont la saillie protège les parties inférieures, ordinairement décorées, aura dans les rampants du fronton sa place toute marquée pour la même raison. La cymaise, qui n'est autre chose que le profil du chéneau, le couronnera également dans cette partie ; mais, en revanche, elle sera interrompue sur le larmier de la corniche horizontale, où elle n'aurait aucune raison d'être.

On peut se rendre compte de cette disposition générale dans la façade du Parthénon (*fig.* 75). Le tympan formé par les lignes intérieures du triangle du fronton est décoré de sculptures dont la présence est tout indiquée. Les sommets de ce triangle sont marqués, en général, comme dans la façade que nous venons de citer, par des ornements particuliers appelés *acrotères*. Ceux des sommets inférieurs sont formés par la face d'une tuile plus richement décorée qui se répétait très souvent dans la façade latérale au-dessus de chaque colonne, ou par un petit socle portant une chimère. L'acrotère du sommet était plus importante. On y voit tantôt une stèle, tantôt une statue ou un groupe, comme sur la figure 75.

Frontons modernes. — On peut remarquer que les ornements de la frise et ceux de la corniche qui en dépendent sont supprimés dans le fronton, ce qui est absolument rationnel. Il ne saurait, en effet, y avoir abouts de poutres ou de planches du toit sur la face du fronton. Vignole, en vertu du même principe, proscrit également les modillons et les denticules dans cette partie de l'édifice. Mais, ni les Romains, ni les architectes de la Renaissance n'ont observé ces convenances, et, depuis leur époque, presque tous les frontons qui ont été construits sont pourvus, suivant le cas, de mutules, de denticules ou de modillons.

Nos architectes modernes ont conservé cette habitude. Ces trois ornements de la corniche sont reproduits dans les frontons avec la différence que, leurs faces latérales restant verticales, leur face antérieure est un parallélogramme, au lieu d'être un rectangle. Cette forme a bien, au premier abord, quelque chose de désagréable; mais notre œil, l'ayant observée sur tant de monuments, s'y est complètement habitué, et nous ne concevons pas facilement un fronton où ces éléments de la corniche ne seraient pas reproduits.

Frontons courbes. — L'origine du fronton assigne à ses deux rampants la forme rectiligne, qui est la seule rationnelle. Mais la Renaissance a introduit dans cet élément d'architecture des formes plus variées qui, si elles ne répondent pas à des nécessités immédiates de la construction, et par

Fig. 137.

conséquent paraissent superflues, se prêtent cependant à une décoration plus mouvementée, à laquelle on ne peut refuser une certaine grâce et qui produit un heureux effet en bien des circonstances.

La première de ces modifications consiste à substituer l'arc de cercle à la ligne droite pour les deux parties inclinées du fronton, comme le montre l'exemple de la figure 137, emprunté à la façade de l'Opéra de Paris. La courbe est convexe extérieurement. Mais dans l'architecture de la Renaissance on rencontre souvent pour de petites dimensions l'arc de cercle concave, par exemple dans les couronnements des lucarnes du toit dont les deux pentes du fronton sont remplacées par deux arcs de cercles concaves. Enfin, elle a encore employé des formes plus tourmentées, et s'est servie pour les frontons de courbes à inflexion, surtout pour les boiseries, où elle s'explique et se justifie mieux.

Frontons coupés. — Ces diverses formes, y compris la forme triangulaire primitive, ont été, par les architectes de la même époque, très souvent interrompues au sommet, soit pour permettre un plus grand développement des bas-reliefs du tympan, soit pour dégager un socle portant un motif de décoration, vase ou autre ornement analogue, et s'élevant dans l'axe du fronton. Ces diverses dispositions ont reçu le nom de *frontons coupés*. Les façades de l'Opéra offrent des exemples de frontons circulaires coupés, comme couronnements de fenêtres. Dans ces exemples, la corniche courbe a ses deux extrémités au sommet, couvertes par les volutes d'un ornement du tympan ; il est des cas où elle se profile simplement de part et d'autre du motif de décoration central qu'elle dégage.

Les façades du Louvre sur la Seine et sur la place du Carrousel présentent des cas très variés de frontons coupés d'un effet agréable.

On verra plus loin l'application de ces diverses formes à la décoration des portes et des fenêtres, où elles jouent un grand rôle.

Proportions. — On ne peut donner de règle absolue pour le rapport à observer entre la hauteur et la largeur d'un fronton : en d'autres termes, l'inclinaison des rampants est variable. Il est évident que le rapport donnant une hauteur convenable pour un fronton de peu d'étendue, embrassant quatre colonnes par exemple, appliqué à un fronton porté par douze colonnes, lui en donnerait une trop considérable. De même, si on prenait comme règle la proportion adoptée dans certains temples antiques, offrant un grand développement, et si on l'appliquait à des édifices de dimensions restreintes, on trouverait une trop faible hauteur. D'ailleurs, la hauteur qu'il convient de donner à un fronton dépend du caractère qu'on veut imprimer à l'édifice qu'il couronne. Il faut donc se préoccuper à la fois de ces deux considérations pour la déterminer. Il n'est guère possible que de donner quelques indications, fournies par certains édifices, d'en déduire une relation moyenne, et de laisser pleine liberté à l'artiste pour apprécier, dans les différents cas, les circonstances qui concourent à la modifier et la valeur qu'il convient de lui assigner.

La hauteur du fronton se compte de l'arête supérieure de la corniche horizontale jusqu'au point de rencontre des deux arêtes qui lui correspondent dans les rampants, c'est-à-dire déduction faite de la cymaise. Dans le grand temple de Pœstum, cette hauteur est environ le 1/4 de la hauteur totale de l'édifice et un peu plus du 1/10 de la largeur. Dans le Parthénon, l'inclinaison des rampants est à peu près la même, mais la hauteur est un peu plus grande par rapport à celle du monument. Parmi les frontons dont l'inclinaison est la plus forte, on peut citer celui de la porte de Saint-Michel, à Bologne. Sa hauteur est un peu plus du 1/6 de sa largeur et un peu plus du 1/10 de la hauteur totale.

D'une façon générale, on peut dire que l'inclinaison est d'autant moindre que le rapport de la hauteur à la largeur de l'édifice est plus petit.

Nous employons très souvent, bien qu'ils ne soient pas motivés au point de vue de l'utilité, des frontons au-dessus de colonnes engagées ou dégagées. C'est la disposition des pavillons extrêmes des palais de la place de la Concorde (*fig.* 120). Dans ce cas, ils n'ont pas un grand développement, et, pour ces dimensions restreintes, on peut appliquer le procédé graphique suivant, qui donne des proportions satisfaisantes. Soient AB la demi-longueur de l'arête supérieure de la corniche horizontale (*fig.* 138) et BC l'axe du fronton. Du point B comme centre avec BA pour rayon, on décrit un arc de cercle qui coupe en D le prolongement de l'axe. Du point D comme centre, avec DA comme rayon, on décrit un autre arc de cercle qui coupe l'axe en C. La corde AC donne l'inclinaison de l'arête retournée pour former le fronton. Il suffit de tracer les moulures parallèlement à cette direction.

Ce procédé, très simple, est d'autant plus utile à retenir qu'il permet de construire en même temps le fronton circulaire s'adaptant aux mêmes données ; c'est l'arc ACA', qui donne, dans ce cas, la courbe du fronton, et il suffit de décrire pour toutes les moulures qui le composent une série d'arcs concentriques.

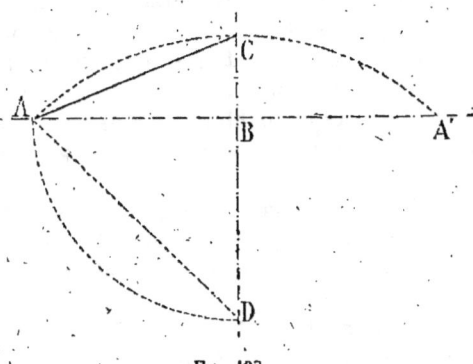

Fig. 138.

Les architectes de la Renaissance ont employé pour les petites dimensions des frontons beaucoup plus inclinés ; il y en a dont le rapport de la hauteur à la largeur est 1/2, c'est-à-dire que leurs rampants forment avec l'horizontale un angle de 45°.

Décoration. — Les Grecs décoraient les tympans de leurs frontons de statues en ronde-bosse. Ce procédé nous paraîtrait aujourd'hui un peu sec, mais il est le plus rationnel et celui qui respecte le plus les convenances architecturales. Grâce à lui, la sculpture apparaît nettement comme un ornement qui accompagne l'architecture, qui concourt à en augmenter l'aspect monumental, et qui repose agréablement l'œil de la monotonie des lignes, sans cependant rien ôter à celles-ci de leur caractère et sans empiéter sur elles pour en interrompre les formes.

De nos jours, on s'est départi de cette sobriété si pure et si pleine de délicatesse. Les sculptures de nos frontons sont en bas-relief et ne laissent point voir la face plane qu'elles couvrent, mais ne décorent plus. Une surface tourmentée, aux formes confuses, voilà ce qui orne, en général, les frontons modernes. Sans doute, ce mouvement, cette agitation, dirions-nous volontiers, nous plaît davantage et convient mieux peut-être à notre caractère et à nos habitudes modernes, que les attitudes calmes, les contours précis et nettement accusés des statues qui décoraient les frontons grecs. Néanmoins, il est permis de croire que ce sont là des procédés moins irréprochables et moins vrais, et qu'il eût mieux valu marcher à cet égard dans la voie que nous avaient ouverte les Anciens.

Les frontons de la Madeleine et du Panthéon, à Paris, que nous citerons comme exemples de cette décoration, n'en sont pas moins, ces restrictions faites, de très beaux spécimens du genre.

Les frontons de la place de la Concorde et ceux de l'Opéra sont également décorés de figures allégoriques.

Lorsque les dimensions des tympans sont trop faibles pour permettre d'y sculpter des figures, ils sont souvent lisses ou ornés de cartouches et d'enroulements.

Emploi des frontons. — La forme du fronton, servant autrefois uniquement à couronner les façades des temples

Fig. 139.

rectangulaires, où elle était justifiée par les nécessités de la construction, a été employée, dans la suite, indépendamment de ces conditions et avec les modifications qu'exigeaient les différents cas. Les Romains s'en sont servis en les répétant plusieurs fois consécutivement dans la même façade au-dessus d'ouvertures circulaires ou à arcs surbaissés, dont ils formaient en quelque sorte le couronnement. Ils supprimaient alors la partie horizontale de la corniche et ne la conservaient qu'à la rencontre de deux frontons très souvent accusée par un pilastre d'attique ou par une colonne surmontée d'une statue. C'est cette disposition, dont la façade des thermes de Caracalla nous offre un exemple, que nous reproduisons dans la figure 139. Il mérite d'être cité à cause du parti qu'on en a très souvent tiré depuis. Il n'est pas, d'ailleurs, le seul motif de cette façade que nous ayons reproduit dans nos édifices modernes : nous lui avons également emprunté celui des arcades divisées dans le sens de la hauteur en deux parties par un entablement que supportent deux ou plusieurs colonnes.

Les frontons servent très souvent à couronner les murs, pignons, soit qu'on y conserve la corniche horizontale, soit

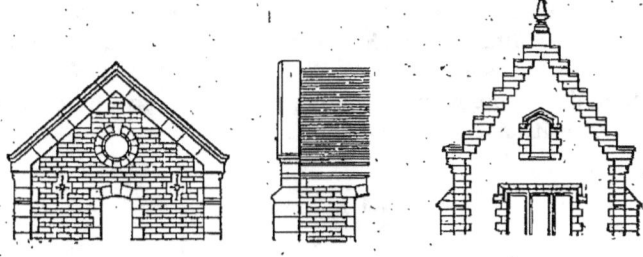

Fig. 140.   Fig. 141.

que les rampants seuls soient décorés de moulures (*fig.* 140). On emploie aussi pour les pignons des maisons d'habitation la disposition de la figure 141, très répandue dans le Nord et dont la silhouette découpée a quelque chose de pittoresque qui ne messied pas dans bien des circonstances.

Enfin et surtout, les frontons servent à couronner les portes et les fenêtres tant à l'intérieur qu'à l'extérieur ; et nous en reparlerons en détail dans le chapitre suivant. Il est bon cependant de faire remarquer que l'on a très souvent combattu, et sans doute avec quelques raisons, l'emploi des frontons à l'intérieur des édifices. Il est évident que, si on ne peut les justifier suffisamment au point de vue des convenances parfaites, lorsqu'ils sont adossés à un mur extérieur, on peut cependant accorder qu'ils servent, dans ce cas, à protéger contre la pluie et à encadrer les sculptures des tympans ; mais à l'intérieur d'un bâtiment on ne peut alléguer pareille raison. Toutefois, comme c'est une forme qui a sa place acquise dans notre architecture moderne, il y aurait mauvaise grâce à vouloir la proscrire complètement. L'architecte ne peut se proposer comme tâche de réformer d'un seul coup le goût de ses contemporains. Il peut réagir progressivement contre les tendances et les innovations regrettables au point de vue purement artistique ; mais il a aussi comme devoir immédiat celui d'utiliser, en les adaptant aux circonstances particulières, et en leur donnant une expression aussi vraie que possible, les formes qui lui sont transmises par ses prédécesseurs et qu'un long usage a consacrées. Il lui appartient toujours d'ailleurs de leur imprimer le caractère de son goût propre et de sa personnalité par la manière de les interpréter. Ainsi acceptées, ces formes, loin d'être une entrave à son inspiration, lui offrent un champ d'études plus vaste et des éléments plus nombreux à mettre en œuvre dans ses compositions.

§ 5. — Balustrades

But et disposition. — Nous verrons tout à l'heure d'où est venu le nom de balustrade. Quoi qu'il en soit, les ouvrages qu'il désigne sont destinés à entourer des plateformes élevées au-dessus du sol et à protéger contre les chutes les personnes qui s'y trouvent. Ce sont, en principe, des murs de faible épaisseur, montés jusqu'à hauteur d'*appui*, c'est-à-dire à 1 mètre environ du niveau du sol sur lequel ils sont établis et dont la partie supérieure présente une surface lisse plane ou courbe, mais sans arête aiguë, permettant de s'accouder commodément, offrant en un mot un appui convenable.

BALUSTRADES

C'est la disposition qui a été adoptée probablement à l'origine, comme on en trouve des traces dans certains ouvrages romains. Ces murs pouvaient être décorés d'encadrements à moulures et, par conséquent, susceptibles d'une certaine richesse et d'une certaine élégance, même sous cette forme massive. Mais les efforts latéraux auxquels ils résistent étant très faibles, il suffisait en somme de les réduire à des parties très légères soutenues de distance en distance par des piles de forme carrée ou rectangulaire solidement établies, et on a été ainsi amené à la disposition de la figure 142. Des dalles de pierre très minces s'encastrent, d'une part, au moyen de rainures peu profondes, dans les points d'appui plus forts régulièrement espacés, et, d'autre part, re-

Fig. 142.

posent sur un socle un peu plus épais, courant d'une pile à l'autre. Certains ouvrages en bois remplissant le même rôle fournirent le motif d'une décoration d'un agréable effet, soit

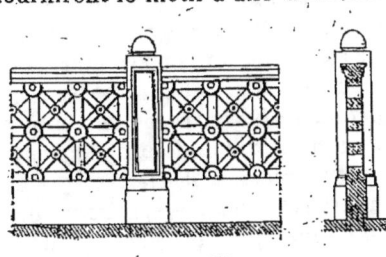

Fig. 143.

que cette décoration fût simplement indiquée à la surface par de légers refouillements, comme dans la figure 142, soit qu'elle fût ajourée comme dans la figure 143. Pour rendre l'appui plus facile, le sommet de la dalle fut élargi par une moulure légèrement saillante et plane à sa face supérieure.

Ces exemples nous donnent les éléments constitutifs d'une balustrade : un *socle* à la base, une petite corniche ou *main courante* au sommet, entre les deux une dalle pleine ou à jour formant le corps de la balustrade, et de distance en distance des *pilastres* massifs de forme carrée ou rectangulaire.

Décoration. — Les architectes de la Renaissance tirèrent le meilleur parti de ces ouvrages dans leurs édifices, où ils jouent un grand rôle. Ils donnèrent aux percements à jour les formes les plus variées et les plus capricieuses et les enrichirent très souvent de ces gracieuses et fines sculptures que nous admirons dans les édifices construits à cette époque. Dans la figure 102, on voit une balustrade de ce genre, qui était, dans la pensée de Jean Goujon, destinée à couronner l'ensemble déjà si admirable formé par les cariatides dont il a été question plus haut. On peut citer encore celle qui orne l'escalier extérieur et celle qui surmonte la corniche de couronnement du château de Blois; et parmi les modernes inspirées de cette époque, les gracieuses balustrades dont M. Rouyer a décoré les balcons des façades de la nouvelle mairie du Xe arrondissement, à Paris.

Comme les anciens, les artistes de la Renaissance s'inspirèrent des ouvrages analogues en bois; mais ils leur empruntèrent des formes toutes différentes, dues à l'art du tourneur, qui était alors universellement connu et qui s'appliquait à merveille à ces légères colonnettes décorées de moulures aux profils si variés et si élégants qu'on appelait des *balustres*: l'usage s'en répandit tellement que le nom de cette partie de l'ouvrage se généralisa à tous les ouvrages du même genre. La figure 144 représente un fragment d'un de ces gracieux travaux emprunté au palais Farnèse. Mais cette forme légère, qui rappelle encore si complètement les ouvrages en menuiserie, fit bientôt place à une variété infinie de profils, dont plusieurs, plus massifs, s'adaptent mieux à la pierre.

Nous avons réuni dans la figure 145 quelques spécimens de ces balustres qui pourront en donner une idée. Cette grande diversité de formes a conduit certains auteurs à essayer de fixer des proportions pour les balustres et à les classer suivant des ordres définis à la manière des colonnes. Qu'il nous soit permis de dire que cette classification est absolument superflue, et que les balustrades sont un élément d'importance trop secondaire pour justifier une institution analogue à celle qui a consacré les formes essentielles de notre architecture.

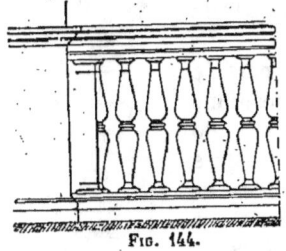 

Fig. 144.   Fig. 145.

Enfin, on se servit, en Italie, à l'époque de la Renaissance, de petites colonnettes inspirées des ordres antiques, en guise de balustres. Tantôt elles soutenaient directement la main courante, tantôt elles recevaient les retombées de petits arcs sur lesquels s'appuyait celle-ci. Les architectes romans et gothiques avaient aussi employé ce genre de balustrade et en avaient obtenu de beaux effets.

Les dalles de pierre, décorées de motifs à jour ou simplement taillés à la surface, ne furent point abandonnées, et, comme on en voit d'heureux exemples dans la figure 146, les architectes italiens surent y introduire beaucoup de variété et leur donner un certain caractère.

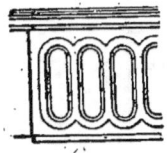  

Fig. 146.

Dans les pays où il serait trop coûteux de construire ces ouvrages en pierre, le corps de la balustrade est souvent formé par des tuiles creuses spéciales ou par des briques convenablement agencées et formant des jours dont il est d'ailleurs facile de varier les dimensions et la figure.

On peut voir un exemple de ces deux dispositions dans les deux fragments de balustrade représentés par la figure 147.

La plupart de ces dispositions s'appliquent de nos jours très souvent à des ouvrages en terre cuite qui remplace la pierre.

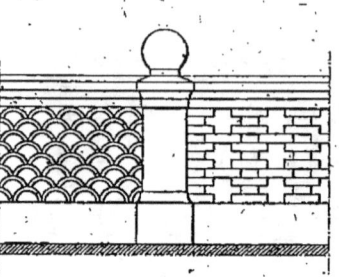
Fig. 147.

Fig. 148.

Construction. — La construction des balustrades exige des précautions particulières sur lesquelles il sera utile de donner quelques détails. Chacun des balustres est fixé à ses deux extrémités au moyen de goujons en fonte ou mieux en bronze (*fig.* 148) scellés l'un dans la face inférieure de la main courante, l'autre dans la face supérieure du socle. Ce dernier présente au-dessous de chaque balustre une partie plane sur

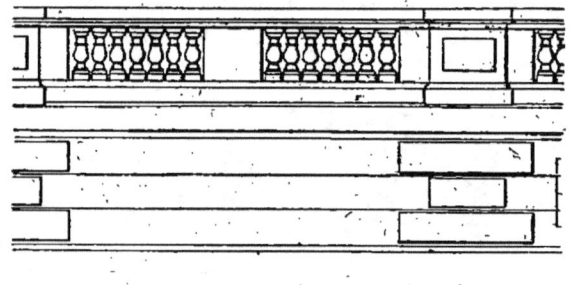
Fig. 149.

laquelle repose la base et, entre deux balustres consécutifs, deux pentes en dos d'âne destinées à assurer l'écoulement des eaux. Afin de ne point trop charger les balustres, qui sont souvent très légers comparativement à la main courante, on fait reposer celle-ci par ses deux extrémités sur les pilastres et, s'ils sont trop espacés, sur de petits dés intermédiaires appelés *alettes* (fig. 149). En général, il ne faut pas avoir des travées de plus de dix à douze balustres, ni plus de deux alettes entre deux pilastres consécutifs.

Emploi des balustrades. — Les plateformes que les balustrades sont appelées à entourer peuvent être placées au-dessus du dernier étage des édifices, ou au-dessus de l'étage principal et en avant de l'attique, rejeté sur un second plan. Dans bien des cas, on a conservé les balustrades où il n'y avait plus de plate formes; si elles ne sont pas alors absolument justifiées au point de vue de leur utilité, elles s'expliquent cependant comme couronnement de la façade qu'elles terminent. De très beaux monuments où elles sont employées dans cet esprit en ont consacré l'usage, et la légèreté que donne à ces ouvrages leur décoration à jour produit en beaucoup de circonstances le meilleur effet au-dessus d'une architecture élancée et élégante. La façade des palais de la place de la Concorde est couronnée de cette façon.

Les balustrades servant de couronnement jouent même un grand rôle dans certains édifices de moindre importance, et nous citerons comme un des plus beaux exemples la façade principale du musée Galliera. Au-dessus d'un haut soubassement, s'élève, allié à trois arcades de nobles proportions, un ordre corinthien traité avec beaucoup de finesse et d'élégance, dont l'entablement supporte une riche balustrade. Afin de donner à la ligne supérieure de la façade une silhouette plus agréable et de marquer en même temps le motif simple et plein d'harmonie qui forme l'étage principal, les pilastres de cette balustrade portent au-dessus de chaque colonne des vases aux profils fermes et d'une grande pureté, qui la découpent de la façon la plus heureuse. Du reste, cet ensemble, où M. Ginain a su allier aux formes les plus riches de notre architecture moderne le goût pur et la grandeur calme des monuments antiques, est une des œuvres les plus remarquables qui aient été élevées en ces dernières années.

Les balustrades servent aussi de clôture dans les constructions où l'on veut avoir une certaine richesse et sont alors établies directement sur le sol, ou bien sur un mur peu élevé qu'elles couronnent. Dans d'autres cas, elles surmontent un soubassement sur lequel est établie une terrasse, comme on en voit un exemple dans la partie du jardin des Tuileries que longe la Seine et dans celle qui est limitée par la place de la Concorde.

On emploie encore les balustrades pour décorer les rampes des escaliers en pierre. Dans ce cas, les balustres affectent des profils qui s'inclinent parallèlement à la direction de la rampe, ou bien ils conservent leurs moulures horizontales et se posent sur des gradins ménagés dans le socle. Si la balustrade est composée de dalles à jour, il suffit d'incliner les parties horizontales du motif qui les décore et de conserver intactes les verticales.

Enfin, les balustrades sont souvent employées, comme parapets de ponts; pour entourer les plateformes en saillie sur les murs de face, appelées *balcons*, dont l'étude fera l'objet du paragraphe suivant; et pour fermer la partie inférieure des fenêtres dont la baie s'ouvre jusqu'à un niveau inférieur à la hauteur normale de l'appui.

Dans ces différents cas, on se sert aussi très souvent aujourd'hui d'ouvrages en fer forgé ou en fonte qui se prêtent à des combinaisons d'une variété infinie, mais dont les formes capricieuses manquent totalement du caractère monumental des ouvrages exécutés en pierre.

§ 6. — Balcons

Disposition. — Les balcons sont, comme il vient d'être dit, des plateformes en saillie sur les murs de face. Ils sont formés par une dalle de pierre engagée dans le mur, soulagée de distance en distance au moyen de consoles et protégée par une balustrade. Leur place est tout indiquée audevant des fenêtres, ouvertes pour y donner accès jusqu'au niveau du plancher inférieur. Disposés un peu en contre-haut de ce niveau, ils présentent une surface légèrement inclinée vers l'extérieur, de manière à faciliter l'écoulement des eaux (*fig.* 150).

Pour cette dernière raison on donne, en général, à la dalle de pierre le profil d'un larmier dont la saillie aurait été augmentée pour répondre à de nouveaux besoins. La face inférieure, ou plafond, peut être, comme celle du larmier, lisse

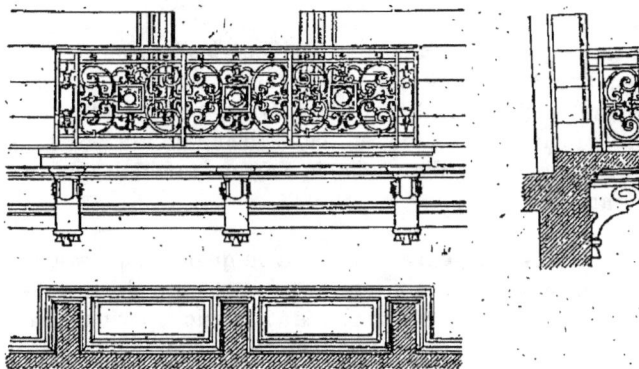

Fig. 150.

ou décorée de caissons entre les consoles, et sa face antérieure est formée par une plate-bande que surmonte une moulure très simple rappelant la cymaise. Cette disposition présente l'avantage de relier le balcon à la façade, non seulement à l'aide des consoles qui s'adaptent parfois aux parties verticales, pilastres ou chaînes, mais encore par le moyen du bandeau horizontal qui le prolonge latéralement au niveau de l'étage, et dont il apparaît comme un ressaut très prononcé.

Créées pour l'agrément, ces saillies ont été si universellement employées dans nos édifices depuis la Renaissance, qu'elles sont devenues en même temps des motifs de décoration dont on se sert constamment, même lorsque leur utilité n'est pas immédiate. Quoique leur fonction les rende surtout dépendantes de l'ouverture supérieure par laquelle on y a accès de l'intérieur, les consoles dont on les soutient les rattachent étroitement à celle qui est placée immédiatement au-dessous. Aussi, lorsque cette dernière a une certaine importance, elles lui forment une sorte de couronnement qui peut être très diversement caractérisé. Ils pourront donc servir, selon les circonstances, à terminer à sa partie supérieure tout un ensemble de la façade, ou à indiquer, en se développant sur une certaine étendue, que toutes les ouvertures qui y donnent accès appartiennent à des pièces de même importance.

On trouve, en effet, dans nos édifices les balcons traités, soit en plusieurs tronçons, dont chacun est spécial à une ouverture, soit en saillie uniforme régnant sur toute une façade ou partie de façade, et, dans chacun de ces cas, pouvant d'ailleurs être utilisés comme couronnement des parties inférieures.

Décoration. — Le genre de décoration qu'on adoptera pour les balcons dépendra, dans une certaine mesure, de ces différentes dispositions. S'ils sont placés à la partie supérieure d'un édifice ou au-dessus de l'étage ou de l'ensemble principal d'étages, on les traitera à la façon des corniches de couronnement, avec ou sans frise décorée, avec consoles ou modillons.

S'ils sont répartis à des fenêtres isolées ou à de petits groupes de fenêtres, deux ou quatre consoles, selon les cas, suffiront à les supporter.

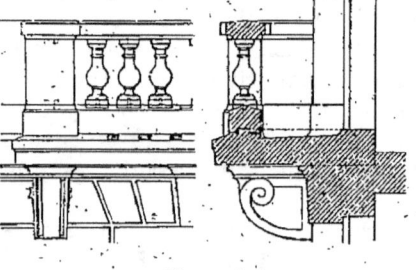

Fig. 151.

S'ils surmontent une porte principale, on les rattachera au motif qui la décore soit par une clef saillante, un écusson ou tout autre bas-relief se développant sous sa face inférieure, soit seulement par des consoles-fermes descendant de part et d'autre de l'ouverture, comme les pavillons de la place de la Concorde (*fig.* 120) en offrent un bel exemple dans la porte du rez-de-chaussée et le balcon qui la couronne.

Ils peuvent être, d'ailleurs, entourés de balustrades affectant toutes les formes et les dispositions qui ont été étudiées dans le paragraphe précédent. On les construit d'une façon analogue en ménageant sur le bord extérieur de la dalle des saillies carrées horizontales destinées à supporter le socle de la balustrade et séparées par des intervalles réguliers où se prolonge la pente qui sert à l'écoulement des eaux (*fig.* 151).

La balustrade se pose ensuite au dessus, de la façon qui a déjà été décrite, avec goujons en bronze, rainure pour le pied du balustre et dos d'âne pour l'écoulement des eaux.

Encorbellement. — Dans nos édifices modernes, les balcons ont, en général, en plan une forme rectangulaire ; mais quelquefois aussi on leur donne celle d'un arc de cercle, d'une ellipse ou d'une courbe plus mouvementée. Ces dernières se prêtent à une disposition assez analogue à celle d'une corbeille et désignée, à cause de cette ressemblance, sous le nom d'*encorbellement*. Les architectes de la Renaissance l'ont très souvent employée en lui donnant les caractères les plus divers de finesse et de grâce ou de force et de solidité, par le nombre et la richesse des profils de moulures dont ils la décoraient.

Les saillies en encorbellement furent également employées à cette époque pour supporter certaines parties des édifices en avant-corps à partir du premier étage ou d'un étage plus élevé et qui se présentaient sous la forme de tourelles cylindriques ou rectangulaires.

Les balcons à dalle et à consoles ont servi depuis quelques années à supporter des ouvrages analogues, mais beaucoup plus ouverts et plus légers, construits en pierre ou en fer et dont les faces extérieures sont pourvues de châssis vitrés. On les désigne sous le nom de *bow-windows*, d'un mot anglais qui signifie fenêtres courbées, probablement parce qu'ils sont établis très souvent sur plan circulaire ou légèrement arrondi aux angles.

CHAPITRE VI

PERCEMENTS DES MURS : PORTES ET FENÊTRES

§ 1er. — Disposition

Portes et fenêtres des édifices. — Les murs de nos édifices sont percés d'ouvertures ou baies de différentes formes et de différentes dimensions et destinées, les unes à donner accès dans l'intérieur, les autres à y laisser pénétrer l'air et la lumière. Les premières sont les *portes ;* et les secondes, les *fenêtres.*

Au point de vue de la construction, une baie doit être limitée latéralement par des supports résistants ou piédroits, et à la partie supérieure par une plate-bande horizontale ou un arc s'appuyant sur leurs sommets et portant la maçonnerie qui s'élève au dessus.

Diverses formes de baies. — La plate-bande peut être formée pour une faible portée par une seule pierre qui prend le nom de *linteau*, ou par une voûte plate appareillée. Dans le premier cas, on soulage le linteau en construisant au-dessus *des arcs de décharge* analogues, par exemple, à ceux de la figure 152; on peut augmenter aussi sa résistance en lui donnant plus d'épaisseur vers le milieu, ou bien réduire sa portée en prolongeant les deux assises supérieures des piédroits en forme de *corbeaux* à l'intérieur de la baie. Dans le second cas, on diminue la poussée de la voûte, qui est considérable, en plaçant sous la face inférieure des voussoirs, et légèrement encastrée une barre en fer carré de 0^m,05 de côté ancrée dans les deux sommiers (*fig.* 153). Cette barre maintient l'écartement des piédroits et, au besoin, suffirait à supporter un voussoir tendant à glisser.

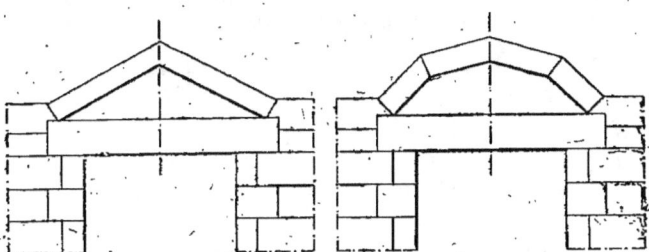

Fig. 152.

Pour un arc, ces précautions sont inutiles. Cependant, si la portée est très grande, et la flèche peu importante, on encastre également sous les voussoirs une barre en fer carré, cin-

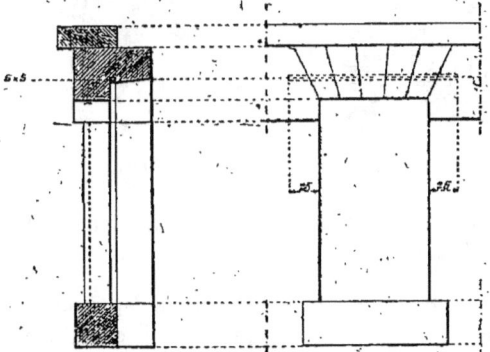

Fig. 153.

trée de façon à épouser la courbure de la face inférieure ou *intrados*. La face supérieure, ou *extrados*, est lisse et parallèle à la précédente, ou bien forme une série de redans ou gradins : dans ce dernier cas, on dit que l'arc est appareillé *en tas de charge*.

Les arcs qui limitent les baies à leur partie supérieure affectent des formes très diverses : la demi-circonférence complète, l'arc *surbaissé* (fig. 154), l'arc en *anse de pa-*

nier (*fig.* 155), l'arc en *ogive* (*fig.* 156), l'arc *outre-passé* (*fig.* 157). Ces deux derniers types sont caractéristiques : l'un, du style gothique, que nous aurons l'occasion d'étudier à propos des divers genres de voûtes ; l'autre, du style arabe, auquel notre

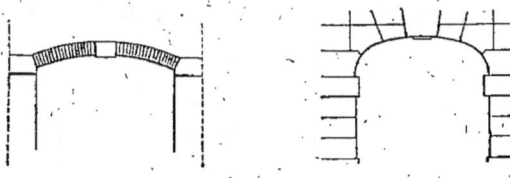

Fig. 154.   Fig. 155.

   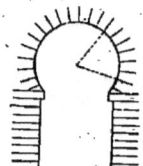

Fig. 156.   Fig. 157.

architecture a peu emprunté et sur lequel nous ne donnerons pas d'autres détails.

Dispositions communes. — Quelles que soient leurs formes extérieures, les baies des édifices présentent certaines dispositions générales communes. Le mur est habituellement divisé en trois parties dans le sens de son épaisseur : une partie adjacente à la face extérieure, et taillée suivant un plan qui lui est perpendiculaire, forme le *tableau* ; une autre partie s'ouvrant vers l'intérieur par des faces obliques à la direction du mur s'appelle l'*ébrasement* ; enfin, la partie moyenne, refouillée en entaille de $0^m,04$ à $0^m,06$, forme la *feuillure*.

Le tableau sert à reculer en arrière du nu extérieur les ouvrages en menuiserie qui ferment l'ouverture et à les mettre ainsi à l'abri de la pluie ; la feuillure est destinée à recevoir le bâti dormant en bois sur lequel sont ferrées les croisées ou les portes; enfin, l'ébrasement reçoit le battant de l'un ou de l'autre de ces ouvrages et en diminue la saillie à l'intérieur, tandis que sa forme évasée augmente l'ouverture et facilite l'accès de la lumière. La figure 158 donne : à gauche, la moitié du plan et la coupe d'une fenêtre ; à droite, la moitié du plan et la coupe d'une porte qui permettent de se rendre compte de ces diverses parties.

L'espace compris entre les deux ébrasements constitue l'*embrasure*. Elle se continue jusqu'au sol, même pour les fenêtres dont la partie inférieure, située au-dessous de l'*appui*, se trouve réduite ainsi à l'épaisseur du tableau et de la feuillure réunis. Cette portion de mur, plus mince que les trumeaux, s'appelle l'*allège* de la fenêtre.

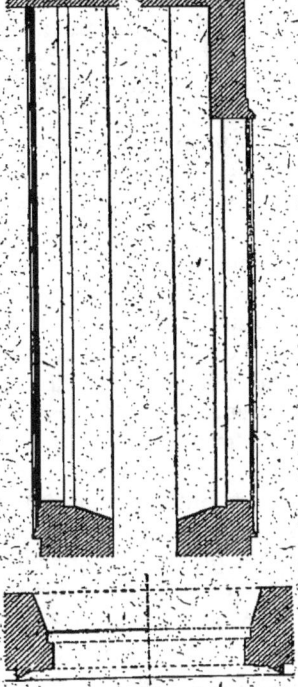

Fig. 158.

L'allège s'élève quelquefois jusqu'à l'appui. Mais, en général, sa hauteur est plus faible, ce qui permet d'ouvrir la baie sur une plus grande surface et de donner plus d'accès à l'air et à la lumière. Cette dernière disposition est à peu près indispensable dans nos maisons d'habitation, où, par raison d'économie, on réduit au minimum la hauteur du plafond. L'appui véritable est alors formé non plus par la face supérieure de l'allège, mais par une barre horizontale en bois ou en fer, scellée dans les tableaux et décorée, en général, d'ouvrages en fonte ou en fer formant balustrade. La même fonction est quelquefois remplie par une balustrade à jour en pierre ou en terre cuite.

L'assise qui forme, dans l'un et l'autre cas, la partie supérieure de l'allège et qu'on appelle *pierre d'appui*, est légèrement inclinée vers l'extérieur, afin de faciliter l'écoulement des eaux qui dégraderaient promptement la menuiserie, si elles y séjournaient. Cette assise, qui doit résister elle-même à leur action dissolvante, est exécutée en pierre dure, autant que possible d'un seul bloc, encastrée à ses extrémités sous la base du piédroit. Si la largeur de l'ouverture exige plusieurs pierres, les joints doivent être soigneusement faits au ciment, pour empêcher toute infiltration. Enfin, la pierre d'appui forme saillie extérieurement et, suivant le cas, se limite un peu au-delà de l'ouverture de part et d'autre de la fenêtre, ou fait partie d'un bandeau qui règne sur toute la façade. Sa face inférieure est pourvue d'une mouchette pour rejeter les eaux hors du parement extérieur du mur.

L'assise horizontale qui limite la baie d'une porte à sa partie inférieure s'appelle *seuil*. Elle est, comme l'appui des fenêtres, formée autant que possible par une seule pierre très dure, étant comme lui soumise à l'action des eaux de pluie et surtout aux chocs et aux frottements des corps au passage desquels est destinée la porte. Pour la même raison, la base du piédroit, et quelquefois le piédroit dans toute sa hauteur, est construit en pierre dure.

Dans nos habitations, le seuil des portes est, en général, de plain-pied avec le sol intérieur et légèrement en contre-haut du sol extérieur, de façon à garantir le premier de l'envahissement des eaux ou des immondices de la voie publique, s'il s'agit du rez-de-chaussée. Mais il peut arriver que la différence soit plus considérable, tant à l'intérieur qu'à l'extérieur; on raccorde alors les deux niveaux au moyen de marches, dont la disposition sera étudiée dans un chapitre suivant.

Baies des murs de clôture. — Les murs de clôture sont, comme ceux des édifices, percés de baies, portes ou fenêtres, dont la destination est à peu près la même, mais dont les dispositions sont un peu différentes. Le mur de clôture est presque toujours un ouvrage de faible hauteur, très souvent inférieure à celle de la baie qu'on veut y percer. Dans ce dernier cas, on pourra adopter l'une ou l'autre des deux dispositions suivantes : ou bien on laissera à ciel ouvert la partie supérieure, en se contentant d'élever des piédroits latéralement, soit dans la hauteur du mur, soit la dépassant d'une quantité plus ou moins grande; ou bien on réunira les piédroits à leur sommet, par un arc ou une plate-bande en pierre, un linteau en bois ou en fer, ou un ouvrage en charpente, destiné à protéger la porte contre les eaux de pluie.

On conçoit que ces diverses dispositions se prêtent à une décoration très variable, plus ou moins rustique, plus ou moins monumentale, et que nous étudierons tout à l'heure.

Quant aux fenêtres des murs de clôture, dont le cas est assez rare, et ne se présente guère que pour des murs très élevés, dont les entrées sont fermées par des portes pleines, leurs dimensions sont très faibles. Elles se réduisent à de simples jours ou *guichets*, permettant de voir à l'extérieur lorsque, par exemple, on y appuie des abris très ouverts du côté opposé.

§ 2. — PROPORTIONS

Fenêtres en général. — Il ne peut exister de règle précise, fixant les proportions qu'il y a lieu d'affecter aux portes et aux fenêtres. Elles sont presque toujours indépendantes des données de la construction et modifiées par les conditions les plus diverses. Elles ne sont guère subordonnées, d'une façon immédiate, qu'à la forme générale et aux dimensions des corps auxquels ces ouvertures doivent livrer passage. Cependant, les limites très étendues entre lesquelles il faudra les faire varier sont liées aux deux considérations suivantes : d'une part, l'exécution d'une baie devient d'autant plus difficile que ses dimensions sont plus considérables; d'autre part, devant, pour la bonne hygiène des parties intérieures, permettre l'entrée d'une certaine quantité d'air et de lumière, il faut d'autant plus multiplier les ouvertures qu'elles ont des dimensions plus restreintes.

Mais à ces observations purement utilitaires, il faut ajouter des considérations esthétiques, qui sont ici très importantes, et qui modifieront le nombre et les proportions des baies, selon le caractère particulier que devra revêtir l'édifice, et selon la destination et les dimensions des salles intérieures qu'elles devront éclairer et aérer. Dans ces différents cas, c'est au goût et au jugement de l'architecte à peser la valeur relative de toutes ces circonstances, pour en déduire les proportions qu'il y aura lieu d'adopter et qui pourront le mieux y répondre. Il est évident, par exemple, que les baies destinées à éclairer des ateliers, des laboratoires, des classes, gagneront à être très larges relativement à leur hauteur et séparées par des trumeaux très étroits, afin de laisser pénétrer en grande quantité l'air et la lumière, surtout dans les parties où s'exécutent des travaux minutieux et où séjournent beaucoup de personnes. Au contraire, les fenêtres des appartements devront être plus hautes que larges, sauf certains cas particuliers, et séparées par des trumeaux d'une largeur supérieure à leur ouverture, et permettant d'y adosser des meubles à l'intérieur. Ces dernières seront ouvertes jusqu'au niveau du plancher inférieur ou jusqu'à la hauteur d'appui, pour permettre aux personnes qui habitent les appartements qu'elles éclairent de voir facilement au dehors. Les autres pourront être percées à des hauteurs différentes, selon les besoins auxquels elles répondent.

Fenêtres des appartements. — Dans les circonstances ordinaires, les fenêtres des appartements ont des hauteurs qui varient entre une fois et demie et deux fois et demie leur largeur. La première de ces proportions est fréquente dans les pays du Midi ; la seconde est plus particulière aux pays septentrionaux. Elles n'indiquent, d'ailleurs, que des bases ou des limites ; l'architecte est juge, en définitive, pour les préciser dans chaque cas.

Pour la même catégorie de fenêtres, la hauteur des allèges varie également. Toutefois, elle est au plus égale à 0^m,90 ou 1 mètre à partir du plancher inférieur. Lorsqu'elle est inférieure à ces dimensions, on place, comme il a été dit plus haut, une barre d'appui horizontale, au niveau convenable, scellée dans les tableaux.

S'il s'agit de fenêtres autres que celles des appartements, c'est leur destination particulière qui permet seule de fixer la hauteur de la pierre d'appui.

Les proportions des portes ne varient pas moins que celles des fenêtres, et on peut leur appliquer les mêmes observations, auxquelles viennent s'en ajouter d'autres. Il y a des portes qui doivent servir de passage aux voitures ; elles sont plus larges que celles où ne doivent passer que les personnes. Il y a des portes s'ouvrant d'une pièce, ou à un *vantail* ; elles sont moins larges que celles qui s'ouvrent en deux parties ou à deux vantaux. La porte d'une habitation ordinaire n'a pas les proportions de la porte d'un palais. Les circonstances varient à l'infini : le goût et le sentiment des convenances sont les guides les plus sûrs.

§ 3. — Décoration

La décoration des baies, comme celle des arcades, comme celle des murs, consiste essentiellement dans l'indication de la construction par des saillies et des moulures extérieures.

Refends et bossages. — La plus rationnelle paraît être celle qui fait usage des joints apparents, des refends ou des bossages, suivant le degré d'intensité qu'on veut lui donner, et qui correspond à un degré particulier de solidité réelle ou seulement apparente. Les piédroits et les linteaux, plates-bandes ou arcs, qui limitent une baie, ayant à supporter une charge plus forte que le reste de la maçonnerie, seront, en général, en matériaux plus résistants, en pierre de taille, surtout si l'on veut, par raison d'économie, employer pour les remplissages des trumeaux des matériaux de petites dimensions, moellons ou briques.

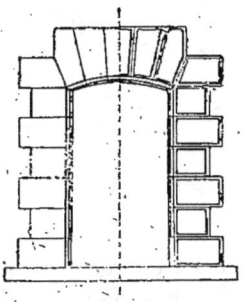

Fig. 159.

On pourra accuser ce mode de construction soit simplement en indiquant les joints au fer, soit, comme dans l'exemple de la figure 159, en donnant aux piédroits une légère saillie uniforme sur le nu des trumeaux (moitié de gauche),

172 PERCEMENTS DES MURS : PORTES ET FENÊTRES

soit en décorant la face de ceux-ci de refends et de bossages ou de tables saillantes (moitié de droite).

Chambranle. — Un autre mode de décoration qui ne pourrait être absolument rationnel, au point de vue de la construction, que dans le cas où les piédroits seraient, à la façon des colonnes grecques, exécutés en un seul bloc ou un très petit nombre de gros blocs, et où le linteau serait d'une pièce, mais qui s'emploie néanmoins, quel que soit le système adopté, consiste à marquer l'ensemble des piédroits et du linteau de la plate-bande ou de l'arc par un cadre de moulures continues, retourné aux angles et reposant de part et d'autre

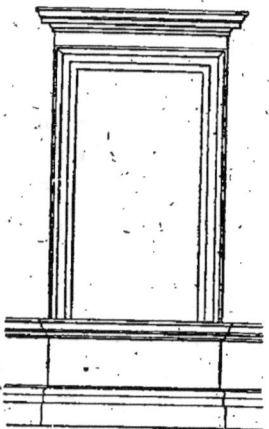
Fig. 160.

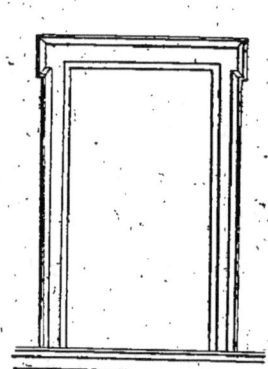
Fig. 161.

sur le bandeau d'appui, soit directement, soit au moyen d'un petit socle. Ce cadre porte le nom de *chambranle*; il présente deux dispositions différentes : celle de la figure 160 indique que les extrémités du linteau affleurent latéralement les faces extérieures des piédroits; celle de la figure 161 indique qu'elles les dépassent légèrement, et les saillies que forme ainsi le cadre aux deux angles supérieurs s'appellent *crossettes*. L'explication qui précède a pour but de donner l'origine de cette ornementation; mais on l'applique, en général, sans qu'elle accuse rien de semblable au point de vue de la construction. L'emploi de cette forme a subi les mêmes modifications que celui des colonnes et des plates-bandes, autrefois monolithes, exécutées aujourd'hui, presque toujours, en matériaux de faibles dimensions.

Le chambranle mouluré s'emploie également pour décorer les baies cintrées d'un demi-cercle ou d'un arc surbaissé (fig. 162).

Corniche. — Il peut être surmonté d'une corniche peu saillante dans le cas de la baie rectangulaire (fig. 160) et même dans celui de l'arc surbaissé (fig. 162). Cette dernière forme est moins monumentale, mais peut produire un bon effet dans les édifices dont le caractère n'exclut pas une certaine fantaisie. L'adjonction d'une corniche n'a rien que de très rationnel : sa présence s'explique par la précaution de protéger ainsi contre la pluie les parties inférieures.

Enfin, on fait quelquefois reposer l'ensemble de la fenêtre sur une sorte de piédestal semblable à ceux qui sont indiqués dans les figures 160 et 162. Cette

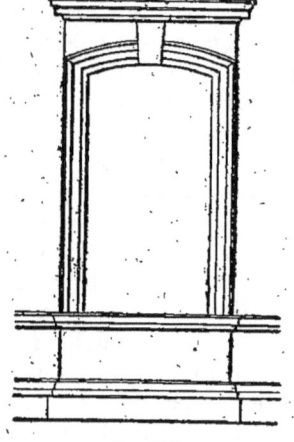

Fig. 162.

disposition s'applique surtout aux édifices qui comportent quelque richesse. La hauteur du piédestal est environ celle d'une balustrade ou d'un appui à jour; il remplit, au point de vue utile, la même fonction.

Ce genre de décoration des baies constitue, comme on le voit, pour chaque ouverture, un ensemble comparable à celui d'un ordre d'architecture. Il est, en effet, susceptible de certaines proportions et de certains ornements dont le caractère varie avec la destination.

La largeur du chambranle est, en général, égale au cinquième de l'ouverture. Elle peut être plus grande dans la partie qui correspond au linteau, et cela est rationnel, puisque ce dernier membre de la construction, devant subir un effort de flexion, exige une plus grande epaisseur que les piédroits. Mais cette proportion est susceptible de modifications très diverses selon le degré de finesse et d'élégance ou de solidité et de force que doit exprimer l'édifice.

Lorsque la baie est protégée par une corniche, celle-ci est séparée du chambranle par une frise. Ce couronnement offre donc la plus grande analogie avec l'entablement qui surmonte un ordre de colonnes. Le chambranle n'est autre chose qu'une architrave retournée à angles droits le long des piédroits; il se profile, du reste, de la même façon. Toutefois, la corniche présente plus de simplicité dans les détails, bien que ses moulures puissent être ornées à la manière de celles d'une corniche d'entablement. Elle est à peu près égale en hauteur à la largeur du chambranle; rarement elle lui est supérieure. La frise est un peu moins haute que cette largeur lorsqu'elle est lisse. On peut lui donner plus de hauteur, si elle doit recevoir des ornements sculptés.

Il est facile de voir que, selon les proportions et la décoration qu'on adoptera pour des baies à chambranle et à corniche, on pourra leur donner des caractères analogues à ceux dont les différents ordres d'architecture portent l'empreinte. Cette analogie frappante a même conduit certains auteurs à tenter une classification des fenêtres. Outre qu'elle ne paraît pas nécessaire, ni réclamée par un consentement unanime, on ne trouverait pas, pour l'établir, les raisons d'une distinction bien marquée dans les formes et les ornements qui leur sont affectés. D'ailleurs, tout système qui tend à enfermer, pour les moindres détails, l'architecture dans des formules plus ou moins précises et absolues, est contraire à l'esprit même de l'art, qui est créateur et doit rester libre. Nous avons vu que, même chez les Grecs, les ordres, dont les formes si simples et si rationnelles semblent immuables, présentent dans les détails, entre certaines limites, des variations assez notables, qui ont permis aux artistes de donner à leurs œuvres des caractères particuliers et distinctifs, tout en s'enfermant dans les données générales du système adopté.

On peut seulement rappeler, comme conclusion à ce qui

précède, et comme nous avons eu l'occasion de le dire déjà en divers cas, que la décoration de chaque partie d'un édifice doit être conçue dans l'esprit qui a présidé à la composition de l'ensemble. En d'autres termes, pour le cas qui nous occupe, la décoration des baies sera ferme, fine ou très ornée, selon que l'on a voulu exprimer, dans la façade à laquelle elles appartiennent, la solidité, l'élégance ou la richesse.

On ajoute souvent, à l'un ou à l'autre des deux systèmes de décoration dont nous avons parlé, d'autres éléments qui permettent d'en augmenter la richesse. Il ne sera pas inutile de voir, par une série d'exemples, de quelle façon les architectes des différentes époques ont compris et exécuté la décoration des portes et des fenêtres.

Portes et fenêtres antiques. — Dans les édifices antiques, on rencontre très souvent une disposition particulière, qui

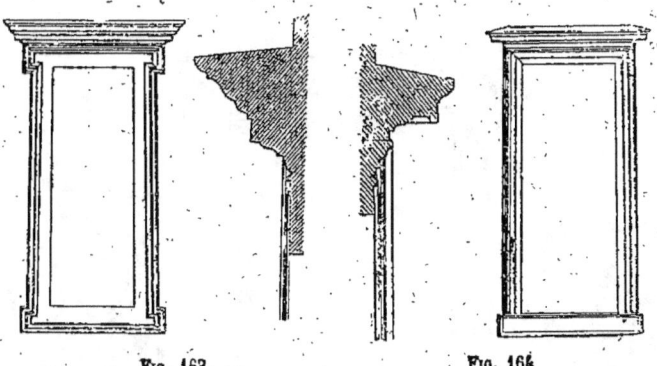

Fig. 163.   Fig. 164

consiste à donner moins de largeur au sommet qu'à la base de l'ouverture, et qui probablement avait pour but de diminuer la portée du linteau, peut-être aussi de donner un aspect plus élancé à la baie. La figure 163 représente la porte d'un temple grec où cette forme est très accusée. L'ouverture est de proportions élancées, entourée d'un chambranle à crossettes surmonté d'une corniche sans frise. On y peut remarquer une grande fermeté et un caractère vraiment monu-

176 PERCEMENTS DES MURS : PORTES ET FENÊTRES

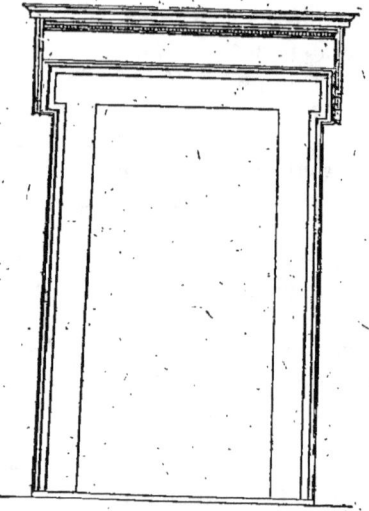

Fig. 165.

Fig. 166.

mental. La figure 164 montre une fenêtre du temple romain de Vesta, où la même disposition a été adoptée. Vitruve affirme qu'elle était de règle dans tous les temples, ce qui est, à vrai dire, une généralisation trop absolue.

Le même auteur établit trois genres de portes différents, qui correspondent aux trois ordres d'architecture, tant par le degré de richesse de leur décoration que par le caractère plus ou moins élancé de leurs proportions. Cette classification n'est pas tout à fait arbitraire. Ainsi, la porte de la figure 163 a quelque chose de la simplicité dorique, quoique très élancée, tandis que celles que représentent les figures 165 et 166 rappellent : l'une (tirée d'un temple romain), par les fines consoles qui soutiennent sa corniche, l'élégance ionique ; l'autre (empruntée à l'Érechthéion), par la quantité de ses ornements, la richesse corinthienne. Toutefois, il n'y a rien d'absolument caractéristique pour ces divers exemples.

Portes et fenêtres modernes. — Les architectes modernes se sont inspirés, depuis la Renaissance, des dispositions générales usitées dans les édifices antiques pour la décoration des portes et des fenêtres, mais en les modifiant dans leurs détails et en y ajoutant, comme il a été dit plus haut, de nouveaux éléments.

On a substitué généralement les piédroits verticaux aux piédroits inclinés vers l'intérieur, quoique, dans certains cas, cette forme ait été conservée et donne un caractère particulier. On en peut citer, comme exemples, les portes de la nouvelle façade du Palais de Justice de Paris, due à M. Duc, et les fenêtres de la nouvelle Faculté de Médecine de Paris, due à M. Ginain. Les consoles ont été très employées comme support décoratif des corniches de portes ou de fenêtres. Enfin, on s'est servi également des colonnes avec entablement complet, avec ou sans fronton, ainsi que des pilastres. On peut appliquer ici les observations et les remarques faites au sujet de l'emploi des ordres avec arcades.

La porte que représente la figure 167 est due à l'architecte italien Peruzzi. Elle révèle un artiste d'un goût très pur. Les proportions sont très heureuses, et les profils, fermes ; les ornements, très sobres, se réduisent à deux belles consoles ornées latéralement de palmettes et de feuilles à la partie inférieure. L'ensemble est plein de noblesse et d'harmonie et produit la meilleure impression. On peut remarquer que la console se prolonge jusqu'au socle par un champ à moulures très fines, qui ajoute à la largeur du chambranle et donne plus d'ampleur et de solidité au motif qui décore la porte. Ce champ, dont on retrouve de fréquents exemples dans les baies de quelque importance s'appelle *contre-chambranle*.

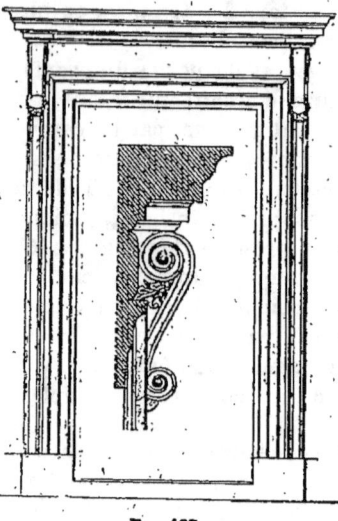

Fig. 167.

La porte de la figure suivante est moins irréprochable. Le chambranle a peut-être pris trop d'importance, tandis que les consoles sont devenues très fines, et la corniche, un peu trop saillante. Il y a plus de richesse, une certaine finesse dans les détails; mais l'ensemble est moins noble et moins harmonieux. Cette porte est tirée du palais de la Chancellerie, à Rome, et due à Vignole.

La figure 169 représente une porte décorée de deux colonnes ioniques et d'un fronton triangulaire. Lorsqu'on adopte cette disposition, on réduit la largeur du chambranle de façon à obtenir pour l'ensemble du motif des proportions convenables. Les colonnes sont placées sur un simple dé carré qui correspond au socle du chambranle. Si l'on voulait avoir une architecture plus fine, on pourrait les élever sur un piédestal complet. Les colonnes sont engagées dans le mur pour l'exemple de la figure 169; on peut employer de même les colonnes dégagées, soit pour former porche en avant de la baie, soit pour supporter au-dessus de l'entablement une terrasse ou un balcon, comme, par exemple, cela se voit aux portes du Louvre faisant face à la Seine.

DÉCORATION 179

Le système des arcades alliées aux colonnes ou aux pilastres s'emploie très souvent aussi pour les portes. La figure 170 en donne un exemple, dans lequel les deux pilastres sont surmontés d'un fronton dont l'architrave est interrompue pour recevoir une plaque décorative. Les proportions à adopter sont variables ; on les fixera en se reportant aux observations déjà faites dans le chapitre des arcades.

On peut donner plus de légèreté à la porte en supprimant dans la largeur du fronton la corniche horizontale, et en ne la conservant qu'au-dessus des colonnes ou des pilastres. C'est la disposition qu'on a adoptée pour la porte de la figure 171 décorée de pilastres. L'arcade a été remontée et l'on a ménagé une frise ornée de sculptures entre son archivolte et les rampants du fronton.

Fig. 168.

L'expression de solidité et de force que donnent les refends et les bossages trouve également son application aux portes qui doivent avoir ce caractère. La figure 172 en est un bel exemple. Les colonnes d'ordre dorique sont élevées sur un piédestal d'un profil très ferme et elles supportent un entablement horizontal.

Pour donner plus d'importance au motif de la porte et l'accuser plus fortement, on y joint souvent en dehors des pilastres ou colonnes un champ qui a à peu près en largeur un demi-diamètre de colonnes ou une demi-largeur de pilastre. On y continue quelquefois les moulures du chapiteau et de la base ; il s'appelle alors *contre-pilastre*.

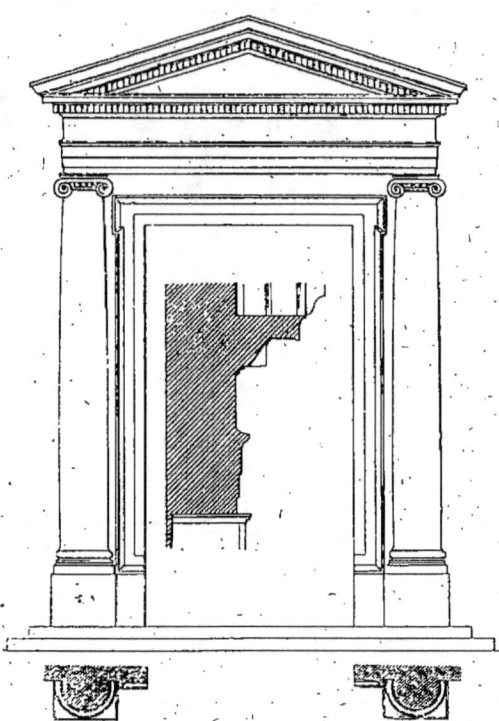

Fig. 169.

Les figures 170 et 172 offrent des exemples de ces deux cas.

Les trois dispositions précédentes conviennent surtout aux portes devant donner accès dans de grandes enceintes, et comme entrées principales d'édifices importants. On se sert aussi, dans ces différents cas, des cariatides à la place des colonnes et des pilastres. Nous citerons la porte de la nouvelle Faculté de Médecine due à M. Ginain et dont les belles cariatides ont été exécutées par M. Grauck.

DÉCORATION 181

Les divers genres de décoration que nous venons d'étudier

Fig. 170. Fig. 171.

pour les portes s'appliquent également aux fenêtres, mais
avec plus de fi-
nesse dans les dé-
tails. Il nous suf-
fira de donner les
deux exemples
suivants pour per-
mettre au lec-
teur de se rendre
compte de cette
différence. La fe-
nêtre de la figure
173 est due à Bra-
mante et décore
le palais de la
Chancellerie, à
Rome. Elle est
d'une composition
très heureuse ; les

Fig. 172.

détails en sont d'une finesse remarquable, et les propor-

182 PERCEMENTS DES MURS : PORTES ET FENÊTRES

tions, parfaites. Celle de la figure 174 est tirée du palais du Louvre et composée par notre grand architecte Pierre Lescot. Elle ne le cède en rien à la précédente ni pour la beauté des

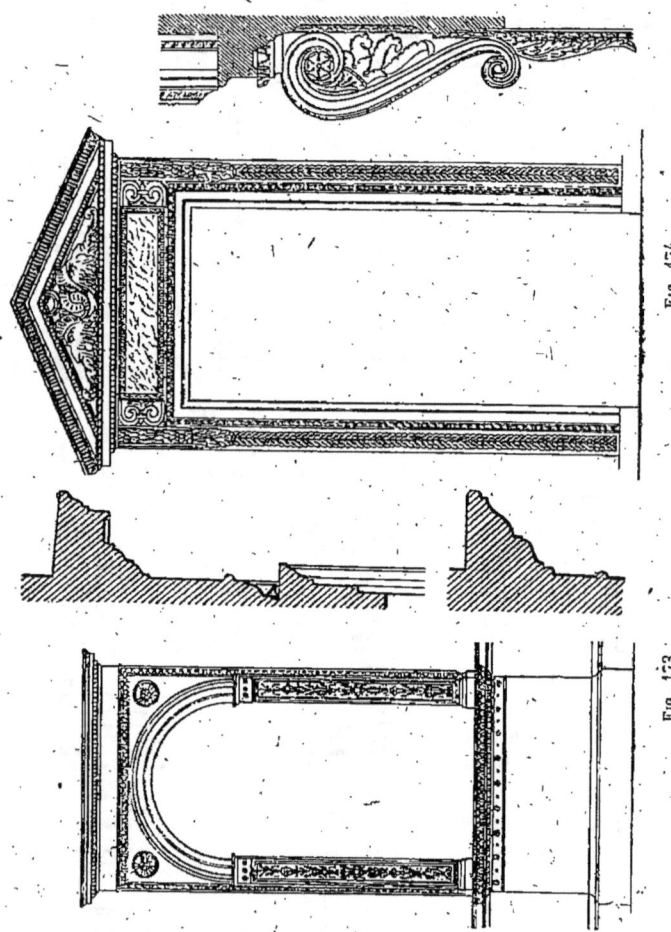

Fig. 174.

Fig. 173.

formes, ni pour l'harmonie des proportions, ni pour la richesse des ornements conçus avec un sentiment et un goût très purs.

Portes et fenêtres des habitations. — Les frontons triangulaires, les frontons circulaires, les frontons coupés appartenant à l'une ou à l'autre forme, s'emploient également pour la décoration des portes et des fenêtres, avec les restrictions qui ont déjà été faites dans le chapitre précédent. Les frontons coupés, très souvent combinés avec des motifs de sculpture (cartouches, vases, etc.), auxquels on a voulu donner plus de développement en les faisant dépasser le tympan, sont d'une utilité plus immédiate, dans le cas où ils décorent une ouverture de moindre im-

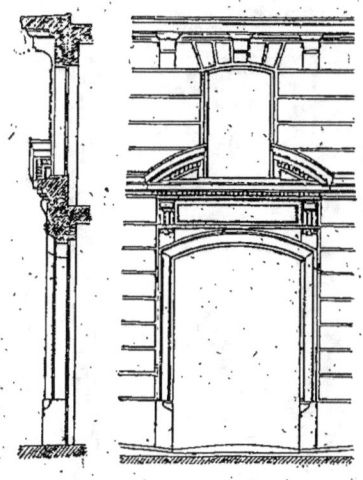

Fig. 175.

portance qu'on veut relier à la précédente ou au-dessous de laquelle on doit avoir en même temps le minimum de maçonnerie pleine.

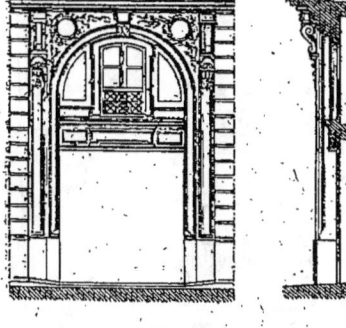
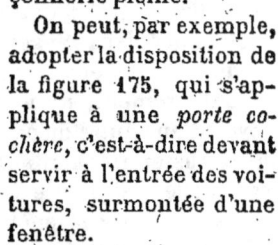

Fig. 176.

On peut, par exemple, adopter la disposition de la figure 175, qui s'applique à une *porte cochère*, c'est-à-dire devant servir à l'entrée des voitures, surmontée d'une fenêtre.

Dans nos maisons d'habitation, le cas se présente aussi très souvent où l'on veut donner au motif de la porte d'entrée plus d'importance que ne le permet la hauteur du rez-de-chaussée. On est alors conduit à superposer par exemple dans une arcade

184 PERCEMENTS DES MURS : PORTES ET FENÊTRES

unique une large entrée et la fenêtre d'un étage supérieur. C'est ce qu'on peut observer sur la figure 176.

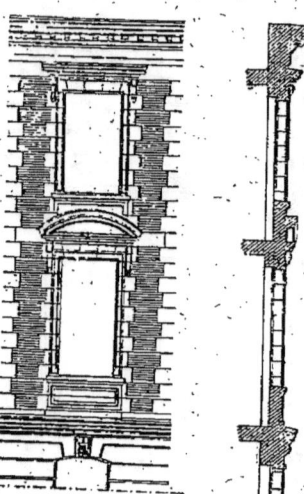

Fig. 177.

La hauteur des étages est dans ces édifices généralement faible. Aussi, pour éviter dans les façades des coupures trop rapprochées, on groupe très souvent les fenêtres de plusieurs étages en un seul motif, dans le sens de la hauteur. Lorsque deux fenêtres du rez-de-chaussée et de l'étage supérieur sont réunies de façon à embrasser la hauteur de ces deux étages, qui forment soubassement, comme cela aurait lieu de part et d'autre de la porte dans l'exemple de la figure 176, l'étage ainsi relié au rez-de-chaussée porte le nom d'*entresol*, et on appelle premier étage celui qui s'élève au-dessus de cet ensemble.

La figure 177 montre les fenêtres des deux étages, placés immédiatement au-dessus du soubassement, réunies au moyen d'une autre disposition qui est assez fréquente. Chacune d'elles est élevée sur un piédestal, celui de la fenêtre supérieure reposant sur le fronton qui couronne la fenêtre inférieure. Si on veut diminuer la hauteur de maçonnerie pleine entre les deux fenêtres, on pourra supprimer le fronton et les décorer plus simplement, par exemple comme l'indique la figure 178.

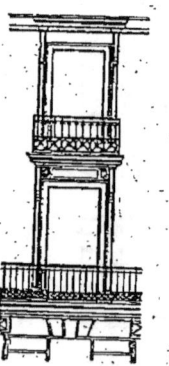

Fig. 178.

Dans ce cas, les appuis étant à une hauteur insuffisante au-dessus du plancher, on disposera sur la corniche de chaque fenêtre un balcon à balustrade servant pour l'étage supérieur.

Soupiraux. — Quelquefois le rez-de-chaussée d'un édifice s'élève au-dessus d'un soubassement de faible hauteur, dans lequel sont percées des fenêtres de petites dimensions, destinées à éclairer le sous-sol. On leur donne le nom de *soupiraux*. On peut en voir un exemple dans la façade des palais de la place de la Concorde (*fig.* 120); ils sont disposés dans le mur en avant duquel s'élèvent les arcades, au dessous et dans l'axe des fenêtres du rez-de-chaussée. Ils sont cintrés d'un arc surbaissé à la partie supérieure. Cette forme indiquant une plus grande résistance que la plate-bande convient très bien aux ouvertures de ce genre, surtout si elles ont une certaine largeur.

La décoration des soupiraux est, en général, très simple Cela se conçoit, puisqu'ils sont établis dans une partie de la construction où toute recherche serait déplacée, et qu'on doit les accuser le moins possible, afin de ne pas ôter au soubassement son caractère de solidité.

On peut les orner d'une clef saillante à bossage ou sculptée, lorsqu'ils sont percés isolément dans un mur à façade lisse. Les refends et les bossages leur conviennent très bien, surtout dans le cas où l'on a adopté pour tout le soubassement ce système de décoration.

Dans d'autres cas, on se contente de les entourer d'un encadrement à moulures saillantes, ou se profilant en arrière du nu. Le soubassement de la bibliothèque de l'École des Beaux-Arts (*fig.* 125) en donne un exemple.

Il arrive aussi fréquemment qu'on les relie à la fenêtre du rez-de-chaussée qui s'élève au dessus, de façon à ne former avec elle qu'un seul motif. C'est ce qui a lieu dans la façade d'une aile du Louvre tournée vers l'arc de triomphe du Carrousel : les chambranles du soupirail et de la fenêtre qui est au dessus sont réunis par un bandeau unique formant appui pour la fenêtre et corniche pour le soupirail. On peut se rendre compte d'une autre disposition par la figure 179, qui représente une fenêtre avec soupirail empruntée à un palais de Rome dû à l'architecte italien Sangallo.

Fig. 179.

L'appui de la fenêtre est supporté par deux grandes consoles entre lesquelles est percé le soupirail orné d'un simple cavet remplaçant l'arête vive du tableau. L'espace entre le linteau de ce dernier et l'appui supérieur est décoré d'un encadrement

Les différents exemples que nous venons de citer sont des soupiraux destinés à introduire la lumière. Souvent, dans nos édifices d'habitation, ces ouvertures servent simplement à aérer les sous-sols, et leurs dimensions sont alors plus faibles. De plus, au lieu d'être fermés par des châssis vitrés, ils sont simplement grillés en fer.

Lucarnes. — Les toits de nos édifices ont, en général, une inclinaison très prononcée qui donne à l'intérieur, au-dessus du dernier étage, des espaces assez considérables pouvant être utilisés soit pour former de vastes greniers, soit pour y établir des pièces d'habitation d'une importance secondaire. Ces espaces sont alors éclairés au moyen de fenêtres à face verticale, percées dans les parois obliques du toit et appelées *lucarnes*. En raison de leur position isolée au-dessus du mur de façade, elles se prêtent à une décoration particulière, où l'on peut faire une large part à la fantaisie.

Les architectes de la Renaissance en ont tiré, en France, de très heureux effets dans les nombreux palais et châteaux qui s'élevèrent à cette époque.

DÉCORATION 187

Elles présentent beaucoup de variété, et forment pour ces édifices une sorte de couronnement très découpé. Les unes, comme celle de la figure 180, sont simplement décorées de

Fig. 180.   Fig. 181.   Fig. 182.

pilastres qui portent un fronton triangulaire. D'autres, les fenêtres du château de Blois, par exemple (*fig.* 181), sont surmontées de motifs accessoires, niche avec coquille, contre-

Fig. 183.   Fig. 184.

forts à jour et sortes de petits balustres terminés en cône ou en boule, dont l'architecture de cette époque est si prodigue et qui en doit l'idée probablement aux ornements des clochetons gothiques.

Dans les deux cas qui précèdent, la lucarne s'élève un peu en arrière du chéneau. Mais elle est quelquefois à l'aplomb du mur de face, et se relie à l'architecture inférieure d'une façon plus directe. C'est un exemple de ce genre que reproduit la figure 182; il est emprunté au style Henri IV. Il arrive même que la fenêtre est percée presque entièrement dans le mur de face; elle rompt la corniche sur laquelle vient s'appuyer son couronnement (*fig.* 183). D'autres fois, elle est posée directement sur cette corniche (*fig.* 184).

Dans nos maisons modernes, les lucarnes sont traitées, en général, beaucoup plus simplement (*fig.* 185), et sont souvent exécutées en bois.

Les formes qu'affectent ces fenêtres sont très variables. Les diverses espèces d'arcs plein cintre et surbaissés peuvent leur être appliquées.

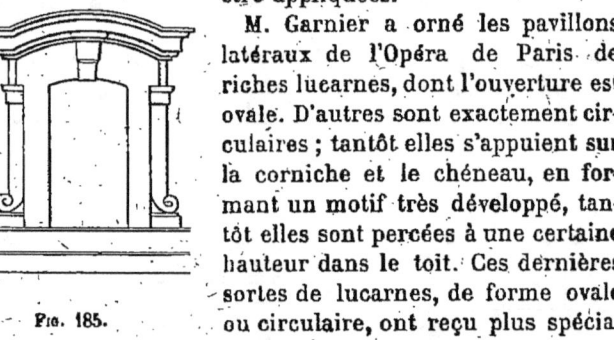

Fig. 185.

M. Garnier a orné les pavillons latéraux de l'Opéra de Paris de riches lucarnes, dont l'ouverture est ovale. D'autres sont exactement circulaires; tantôt elles s'appuient sur la corniche et le chéneau, en formant un motif très développé, tantôt elles sont percées à une certaine hauteur dans le toit. Ces dernières sortes de lucarnes, de forme ovale ou circulaire, ont reçu plus spécialement le nom d'*œils-de-bœuf*. On donne aussi ce nom à des ouvertures de même forme percées dans un mur plein, par exemple dans un pignon de faible largeur.

Fenêtres géminées, meneaux, croisées. — On peut avoir besoin de diviser en deux parties égales dans le sens de la largeur une fenêtre qui doit éclairer deux pièces contiguës, ou une seule pièce dont la façade n'eût pas été suffisante pour permettre le percement de deux fenêtres isolées. Cette séparation se fait au moyen d'un pilastre convenablement

DÉCORATION 189

résistant pour supporter un linteau en son milieu, ou les extrémités de deux linteaux, ou encore le sommier commun de deux arcs adjacents. Cette disposition porte le nom de *fenêtre géminée*, c'est-à-dire divisée en deux moitiés *jumelles*. Le pilastre, selon son importance, peut avoir l'épaisseur du mur ou seulement celle du tableau. Le nom de *meneau*, qui lui a été donné, s'applique, d'ailleurs, à tout montant vertical ou traverse horizontale divisant une baie en plusieurs parties. Il y a des meneaux en pierre et des meneaux en bois.

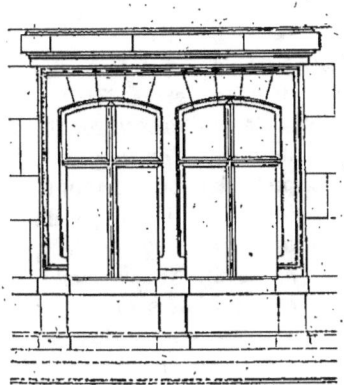

Fig. 186.

Fig. 187.

Cette disposition a été très employée à l'époque de la Renaissance, et on donnait alors le nom de *croisée* à une fenêtre divisée en quatre parties distinctes par un meneau vertical et un meneau horizontal formant *croix*. Elle s'applique à tous les genres de baies (soupiraux, fenêtres, lucarnes). La figure 181 offre un exemple de lucarnes en croisée ; la figure 186 représente une fenêtre géminée. Enfin, la figure 187 est un exemple de fenêtre géminée à trois divisions, et l'on pourrait en avoir un plus grand nombre dans certains cas particuliers.

Baies des murs intérieurs. — La décoration des portes percées dans les murs de refend ou de la face intérieure des portes et des fenêtres percées dans les murs de façade emploie souvent les mêmes motifs qu'à l'extérieur, mais ils y sont traités avec plus de finesse. Elle comporte plus de détails dans l'ornementation et des saillies moins fortes. La face intérieure des portes et des fenêtres d'un mur de façade est, en général, décorée beaucoup plus simplement que la face extérieure et d'une façon différente.

Dans nos maisons d'habitation, la décoration consiste, pour ces différents cas, en un simple chambranle à moulures, le plus souvent en bois qui, dans les appartements d'un certain luxe, est surmonté d'un fronton ou d'une corniche ornée ou non de sculptures.

Baies des murs de clôture. — Les baies des murs de clôture sont de deux sortes : couvertes ou découvertes. Dans le premier cas, on peut leur appliquer les différents modes de décoration employés pour les portes monumentales des murs de face (*fig.* 170, *fig.* 171, *fig.* 172). Nous en citerons toutefois un nouvel exemple emprunté à un hôtel français du xviiie siècle ; la figure 188 représente la porte d'entrée de la cour de l'Hôtel du Maine, dû à l'architecte Gabriel père. Le mur où elle est établie a la forme d'une courbe concave, ce qui lui donne plus d'importance et un aspect plus monumental. Cette disposition est d'ailleurs usitée dans le cas d'une porte découverte. Les deux pilastres qui la forment peuvent être décorés de bossages ou d'encadrements, et surmontés

Fig. 188.

d'une corniche à astragale qui porte un vase ou tout autre motif formant couronnement. La figure 189 représente une porte décorée dans cet esprit.

On voit souvent, de part et d'autre de la porte principale, de petites portes servant à l'entrée des piétons. Si elles sont adjacentes à une porte couverte, on les traite, en général, comme des contreforts à jour du motif principal. Si elles sont accolées à une porte découverte, elles sont simplement formées de pilastres de moindre hauteur que ceux de la grande entrée et décorés de la même façon.

Fig. 189.

CHAPITRE VII

PLAFONDS ET VOUTES

La partie supérieure d'une enceinte comprise entre des murs ou des points d'appui isolés peut être fermée de plusieurs manières différentes, qui se groupent en deux catégories principales, selon qu'elles ont pour principe le plan ou la surface courbe. C'est l'étude de ces deux catégories d'ouvrages désignées sous les noms de *plafonds* et de *voûtes* qui fera l'objet du présent chapitre.

§ 1er. — Plafonds

Origine. — Les Égyptiens, chez lesquels nous avons trouvé l'origine probable des supports isolés avec entablement, avaient aussi imaginé pour clore à la partie supérieure leurs temples, composés de plusieurs rangées de colonnes, de faire reposer sur deux architraves parallèles des dalles de pierre juxtaposées qu'ils décoraient sur la face inférieure de peintures ou de fines sculptures.

Plafonds grecs et plafonds romains. — Ce mode de couverture, à l'aide d'une surface plane horizontale, ou *plafond*, offrait une monotonie fatiguante et manquait de la netteté d'expression que doit avoir toute œuvre architecturale.

Les Grecs, avec leur goût et leur sentiment exquis des convenances, devaient aller plus loin et trouver mieux, tout en partant de cette première donnée, qui leur avait été très probablement transmise. Ils empruntèrent pour la composition des plafonds, comme ils l'avaient déjà fait pour celle des entablements, les dispositions générales à la charpente en bois.

Dans la hauteur de la frise, ils placèrent des poutres en pierre allant d'une architrave à la parallèle ou au mur en avant duquel elle s'élevait.
Sur ces poutres de fortes dimensions et très résistantes, ils posèrent des dalles dont la portée était ainsi réduite et permettait de leur donner une faible épaisseur. Ces dalles étaient divisées, au moyen de moulures peu profondes, en compartiments imitant une sorte de grillage en bois. Le plafond, dès lors, s'accusait plus nettement et avec plus de variété dans les formes grâce aux poutres saillantes, ou *soffites*, et aux dalles décorées de compartiments, ou *caissons*. On y voyait l'ossature, et l'œil y distinguait sans effort les parties principales et les parties accessoires de la construction.

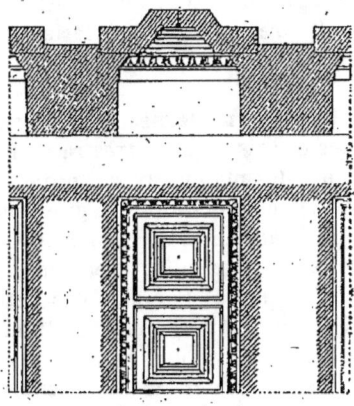

Fig. 190.

Voici, par exemple, une des dispositions adoptées par les Grecs dans le fragment que représente la figure 190 et qui est tiré de l'un des portiques de l'Érechthéion. Les petits compartiments indiqués au début par des encadrements peu accentués sont ici plus profonds, plus grands et plus ornés. Le centre était probablement occupé par une rosace en bronze, qui a disparu.

Fig. 191.

La rosace figure toujours dans les caissons des plafonds

romains, qui ont souvent de plus grandes dimensions que ceux des Grecs. Celui de la figure 191, emprunté au temple de Mars le Vengeur, occupe l'intervalle entre deux colonnes consécutives. Il est richement orné de très belles sculptures, et la face inférieure du soffite est décorée d'une grecque.

Plafonds modernes. — Le système de décoration par soffites et caissons est très rationnel, comme on le voit, appliqué à des matériaux de grandes dimensions, permettant de former chaque soffite d'une seule pierre, et chaque plafond d'une dalle unique. Transporté, comme celui des colonnes, dans notre architecture, à la suite du moyen âge, qui avait rendu général l'emploi des petits matériaux, ce système y offre les mêmes contradictions. On exécute les plafonds comme les architraves, au moyen de voûtes plates. Les plafonds modernes ne le cèdent point aux romains, pour la beauté des formes ou la richesse des moulures, mais le mode de construction qu'ils accusent a fait place à un autre procédé qui exigerait une disposition différente. Nous avons emprunté en cela aux anciens des modèles à imiter plus que des principes à appliquer, ce qui eût été cependant plus logique. Ces restrictions faites, nous pouvons citer, à côté des plafonds antiques, ceux du portique de la Madeleine, à Paris, qui sont très beaux et qui sont inspirés du temple romain que nous venons de citer. Il convient toutefois de faire observer qu'ils ont été placés à tort dans la hauteur de l'architrave, alors que la construction qu'ils paraissent indiquer doit être comprise dans celle de la frise. En dehors même de la vérité d'expression, ils auraient gagné plus de légèreté à être placés dans cette partie de l'entablement.

Employés à l'origine avec les colonnes et pour des espaces relativement restreints, les plafonds se sont généralisés à l'époque de la Renaissance et se sont ainsi transmis jusqu'à nous. Nous les employons en bien des cas où ils dissimulent le procédé de construction, au lieu de s'en déduire logiquement. Mais, même sous cette forme, un usage si universel les a consacrés, que nos yeux et notre esprit s'y sont habitués, devinant ce qu'ils n'expriment plus. Aussi nous n'en critiquerons pas autrement l'emploi et nous allons en parler avec quelques détails.

L'ossature des ouvrages qui ferment à la partie supérieure les différentes salles d'un édifice est formée par des pièces de bois ou de fer appelées *solives* ou *poutrelles*, espacées de quantités variables, en général, de 0^m,33 à 0^m,70 d'axe en axe, et reposant par leurs extrémités sur des murs parallèles ou sur d'autres pièces plus fortes, qu'on appelle *poutres* ou *filets*. Les intervalles des solives sont formés par un remplissage en plâtre et plâtras ou voûtés en briques ou panneaux de terre cuite. L'ensemble de ces divers éléments forme le *plancher*. La face supérieure est disposée pour recevoir l'aire, en céramique ou en menuiserie, de l'étage qui s'élève au-dessus, et la face inférieure est recouverte d'un enduit en plâtre qui porte des peintures, ou décorée de panneaux de mosaïque ou de faïence. Cette dernière face constitue le plafond de la salle. En général, il s'étend sur toute la surface uniformément et sans saillie autre que les moulures qui le limitent extérieurement et qui constituent la corniche. Si l'on a été obligé, à cause de la distance des murs, d'employer des poutres ou des filets, on les accuse très souvent par des saillies proportionnées à leur importance et formant soffites. Cette disposition, qui rappelle celle des plafonds antiques, est très rationnelle. Il arrive même qu'on accuse plus complètement la construction, en laissant les solives intermédiaires apparentes ou en donnant une légère saillie à l'enduit qui les recouvre, sur le nu du plafond formant leurs intervalles ; ceux-ci deviennent alors de véritables caissons.

La figure 192 donne une idée de l'aspect que présente un plafond décoré de cette façon. Quand les poutres et les solives sont apparentes, on les recouvre d'une couche de peinture, et, si elles sont en bois, on peut en orner les faces et les arêtes de moulures. Quand on les recouvre d'un enduit au plâtre, cet enduit peut également être peint et décoré de moulures. Quant aux intervalles des solives formant caissons, ils sont enduits en plâtre, peints, ornés d'encadrements à moulures, ou fermés au moyen de panneaux de terre cuite ou de faïence, qui se posent sur les ailes inférieures des solives en fer, ou sur des tasseaux moulurés cloués sur les faces des solives en bois.

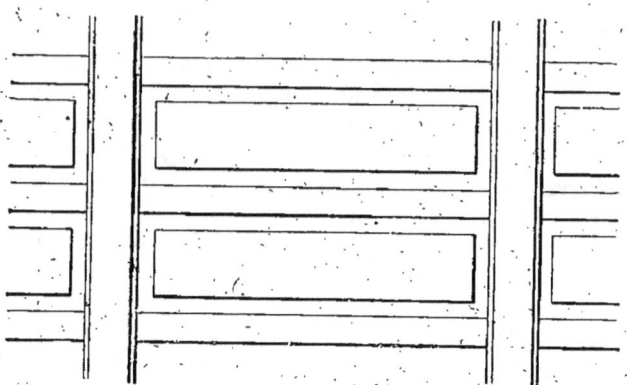

Fig. 192.

Comme on le voit, cette disposition, quoique s'appliquant à des matériaux différents, est inspirée des mêmes principes que ceux qui guidèrent les Grecs dans la composition de leurs plafonds. Mais il n'en est pas toujours ainsi. La figure 193, par exemple, représente un plafond décoré de caissons carrés qui n'indiquent plus d'une façon assez nette l'ossature de la construction.

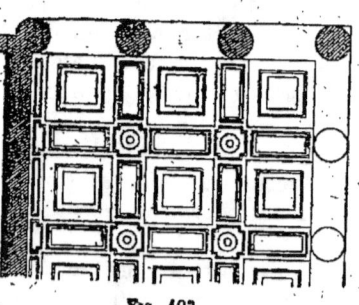

Fig. 193.

Quelquefois même les formes des caissons sont beaucoup plus capricieuses et n'ont plus aucun rapport avec la direction et la position des éléments constitutifs du plancher. Les édifices de la Renaissance en offrent des exemples très nombreux. Il faut dire, à la vérité, qu'ils rachètent, en général, cette anomalie par une variété et une richesse de décoration remarquables. Il suffira de reproduire ici, pour en donner une idée, la composition si élégante et si gracieuse dont Jean Goujon a décoré le plafond de l'un des paliers de l'escalier de Henri II au Louvre. On y trouve le défaut de netteté signalé tout à l'heure au point de vue de la construction, mais en même temps l'un des plus beaux spécimens de la sculpture de cette époque (*fig.* 194).

Plafonds divers. — Depuis la Renaissance, ce procédé de décoration s'est répandu dans notre architecture moderne, et la composition du motif d'un plafond est presque toujours indépendante du système de construction et de l'ossature du plancher, tant lorsqu'on emploie les caissons que lorsqu'on se contente d'une corniche encadrant extérieurement la surface du plafond et la reliant aux parois verticales des murs.

On se sert de ces deux modes de décoration également dans nos édifices publics et dans nos édifices d'habitation. Dans l'un et l'autre cas, les caissons ne peuvent guère être em-

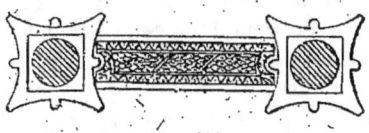

Fig. 194.

ployés que pour des salles d'assez grandes dimensions. Mais les corniches servent aussi bien pour les grandes salles que pour les petites, car elles sont susceptibles de formes et de proportions très variables et, par suite, s'adaptent facilement au caractère des enceintes qu'elles sont destinées à orner.

On peut diviser en deux catégories les corniches employées à l'intérieur des édifices. Les unes affectent la même forme générale que celles qui décorent les façades extérieures ; les autres sont constituées essentiellement par deux corps de moulures plus ou moins importants, dont l'un forme encadrement au plafond, et l'autre couronnement aux murs, et qui sont réunis par une surface courbe d'un assez grand développement appelée *gorge*.

Les premières, caractérisées par un larmier saillant, moins saillant cependant que lorsqu'il est placé à l'extérieur, présentent une masse assez considérable qu'on exécuterait difficilement en plâtre et qui chargerait trop le plancher. Lorsqu'on les emploie dans les pièces d'habitation, elles sont en bois, assemblées, clouées ou scellées dans l'enduit et reçoivent ensuite une ou plusieurs couches de peinture destinées à les harmoniser avec l'ensemble de la salle. Dans une enceinte de proportions plus vastes, ce même genre de corniche peut être exécuté en pierre et faire partie d'un entablement complet supporté par un ordre de colonnes ou de pilastres. La cymaise, dans ce cas, vient s'appuyer sur la face plane du plafond, ou bien celui-ci est placé à une certaine hauteur et raccordé avec la corniche au moyen d'une gorge, d'une voussure ou d'une face plane inclinée.

Plafonds des appartements. — Les corniches du second genre sont surtout employées dans les appartements d'habitation où l'on a peu de hauteur et où on ne pourrait facilement se servir des premières. Leur disposition permet de leur donner un grand développement horizontal sans diminuer beaucoup la hauteur de la partie plane du mur ; il suffit pour cela de modifier convenablement la forme de la gorge.

La figure 195 indique deux profils différents de corniches où la gorge affecte une forme écrasée pour permettre un plus grand développement dans des pièces dont le plafond est moins haut.

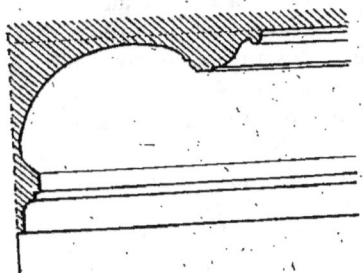
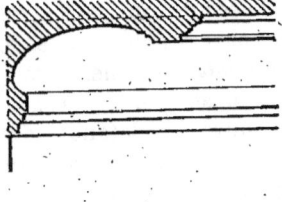

Fig. 195.

Souvent certaines parties du profil sont ornées d'oves, de feuilles ou de guirlandes. Ces ornements sont rapportés sur un premier profil traîné en plâtre. Par exemple, on peut voir dans la coupe de la corniche (*fig.* 196) les ornements indiqués en pointillé sur le profil en plâtre. Dans le cas que nous reproduisons ici, le profil se compose d'une partie principale raccordant le mur au plafond, qui est la corniche proprement dite, et d'une partie formant cadre sur ce dernier et qu'on peut appeler un avant-corps. L'architecte juge dans les différentes circonstances s'il y a lieu de donner plus d'importance à la corniche au moyen de cet avant-corps ou si la partie principale produira un effet satisfaisant. Lorsqu'on adopte le premier parti, l'avant-corps peut être plus ou moins saillant et plus ou moins large, et affecter des formes très diverses selon les circons-

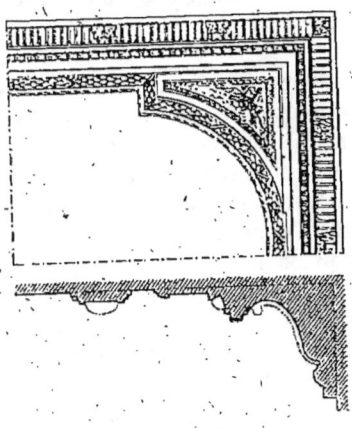

Fig. 196.

tances. Dans la figure 196 il est terminé en plan sur deux côtés en arc de cercle, laissant de part et d'autre des écoinçons ornés de sculptures. La figure 197 offre deux autres exemples; dans le premier, l'avant-corps est à angles droits; dans le second, un petit carré en orne les angles. On conçoit que la plus grande variété de formes est possible pour cette partie de la corniche, et que l'architecte sera toujours libre d'en trouver de nouvelles.

Le centre du plafond étant presque toujours muni d'un piton scellé pour recevoir un appareil d'éclairage, on en profite pour l'entourer d'une rosace, dans les pièces dont la décoration est faite avec un certain luxe. Cette rosace, de formes et de proportions très variables, est le plus souvent en staff ou carton-pâte, comme les autres ornements de la corniche, et fixée sur l'enduit à l'aide de petits clous, tandis que la pâte n'est pas complètement durcie. On raccorde ensuite par un rebouchage convenable toutes les parties que le retrait a déformées.

REMARQUE. — Les corniches intérieures se profilent dans un esprit tout différent de celui qui préside à la composition des profils extérieurs. Ceux-ci, étant en pleine lumière et placés à une certaine hauteur, sont formés de moulures peu détaillées, dont quelques-unes seulement ont une forte saillie: il suffit d'obtenir une grande ombre accusant nettement la ligne principale de la corniche ou du bandeau. Les profils intérieurs sont moins éclairés et placés à une faible hauteur; il doivent être traités avec plus de finesse, puisqu'ils sont vus de plus près, et présenter des contrastes de parties concaves très refouillées et de parties convexes très saillantes, où une faible lumière pourra donner des effets plus vifs et accuser plus fortement les lignes.

Prenons, pour fixer les idées, une moulure employée dans les deux cas, une doucine par exemple. Dans la corniche extérieure de la figure 132, cette courbe qui termine la cymaise est beaucoup moins accentuée que dans la figure 196 où elle forme la gorge. Ce qui est vrai pour une moulure l'est aussi pour le profil entier : il faut obtenir des ombres plus vives et plus souvent répétées dans les corniches inté-

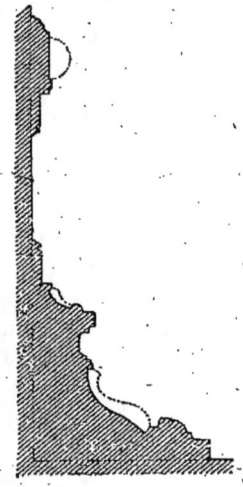

Fig. 197.

rieures. Les moulures courbes y sont, en conséquence, plus employées que les plates-bandes.

§ 2. — Voutes

DISPOSITION

Voûtes antiques. — L'usage des voûtes dans la construction s'est généralisé depuis l'époque des Romains, et nous avons dit à propos des arcades que ce système avait dû leur être transmis par les Étrusques. Les archéologues se sont posé la question de savoir s'il fallait leur attribuer l'honneur

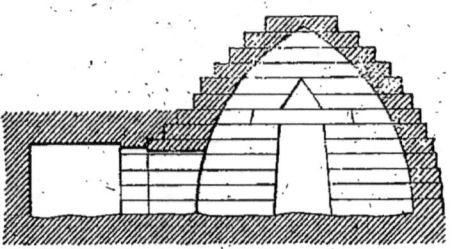

Fig. 198.

de son invention ou si d'autres peuples l'avaient employé dans l'antiquité. Des recherches faites dans ce but, des ouvrages découverts en Égypte, en Assyrie, en Grèce même, il résulte que les voûtes ont été connues et employées en certains cas par ces différents peuples depuis des époques très reculées, soit sous la forme d'assises superposées en encorbellement les unes sur les autres, comme dans le monument grec dit Trésor d'Atrée, découvert à Mycène (*fig.* 198); soit, mais plus rarement, avec la disposition actuelle des joints tendant au centre.

Voûtes modernes. — Quoi qu'il en soit de son origine, ce système de construction fut vraiment utilisé pour la première fois par les Romains et s'est répandu, par la suite, dans les monuments des chrétiens, qui en firent, comme nous l'avons dit, la caractéristique de leur architecture.

Dès lors, les voûtes prirent des formes extrêmement variées. On peut ranger en trois catégories principales les différentes formes employées de nos jours : les *voûtes cylindriques*, les *voûtes annulaires* et les *voûtes sphériques*.

Voûtes cylindriques. — Considérons dans un plan vertical de face (*fig.* 199) la directrice circulaire A' d'un cylindre

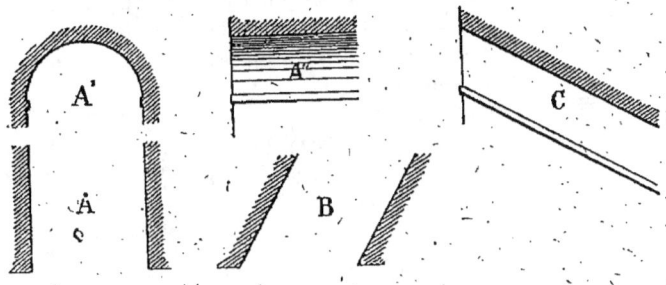

Fig. 199.

dont les génératrices sont perpendiculaires à ce plan, comme on le voit en A, qui est la projection horizontale de la voûte, et en A″, qui représente une coupe sur l'axe. Cette voûte, dont

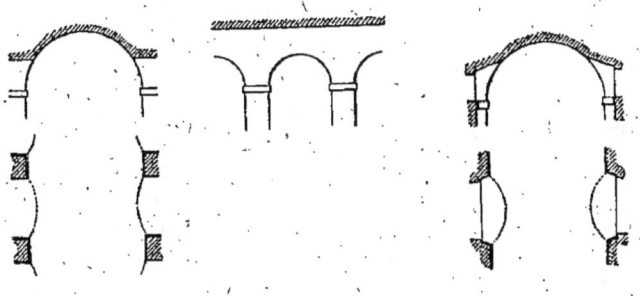

Fig. 200.   Fig. 201.

l'intrados est formé par une seule surface cylindrique, est dite en *berceau*; de plus, à cause de la direction de ses génératrices par rapport au plan de la directrice, elle est *droite*. Si, comme on le voit en B, ces génératrices sont obliques, relativement au même plan, on a une voûte en berceau *biaise*. Enfin, lorsque les génératrices sont inclinées sur l'horizon, comme l'indique la coupe C, on obtient un berceau *en descente*.

Il arrive quelquefois qu'une voûte en berceau est rencontrée par d'autres voûtes de même forme, mais de moindre hauteur, qui forment des *pénétrations*. On peut voir, dans la figure 200, une disposition de ce genre; on l'appelle *voûte en berceau avec lunettes*. Lorsque ces lunettes sont destinées à donner accès à la lumière, à former fenêtres, on adopte souvent une forme conique pour la partie intérieure de la voûte (*fig.* 201), de manière à avoir un éclairage plus rayonnant.

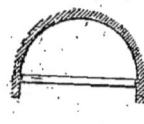

Deux voûtes en berceau qui se croisent peuvent aussi avoir même hauteur : si elles se prolongent de part et d'autre de leur rencontre de façon à former

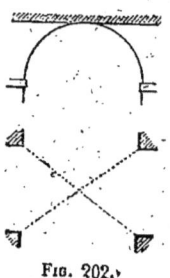

Fig. 202.

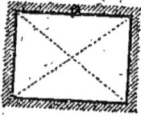

Fig. 203.

à l'intrados des arêtes saillantes (*fig.* 202), on a une *voûte d'arête*; si elles sont limitées à leur naissance par un quadrilatère fermé, comme dans la figure 203, on obtient la *voûte en arc de cloître*. Pour ces deux genres de voûtes, les directrices sont des arcs de cercle égaux, si le quadrilatère réel ou fictif, formé par les intersections des génératrices de naissance, est un carré. Dans les autres cas, on donne, en général, la forme circulaire à l'une des directrices et on assujettit l'autre à la condition qu'elle donne un cylindre coupant le premier suivant des arêtes qui se projettent dans le plan de la voûte sur ses diagonales.

Mais il arrive que l'on veut conserver pour les deux berceaux qui se rencontrent la forme circulaire de part et d'autre de leur croisement. On peut alors avoir une voûte d'arête dont le grand berceau a même hauteur dans toute sa longueur, et dont le petit est surhaussé avec une ellipse pour directrice, dans le rectangle projection horizontale de la voûte (fig. 204).

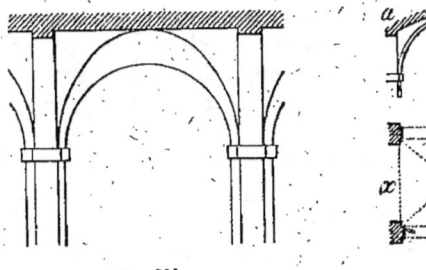

Fig. 204.

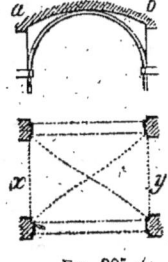

Fig. 205.

Cette disposition est d'un effet désagréable à cause de l'ellipse qui surmonte l'arcade sur le petit côté. Dans certains portiques italiens, on a donné à la voûte une forme différente qui produit une impression plus heureuse. Elle est engendrée par la rotation autour d'un axe projeté en xy d'un arc de cercle ab passant par les sommets des petites arcades et tangent à la partie supérieure de la grande voûte (fig. 205).

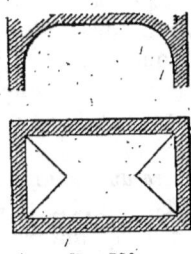

Fig. 206.

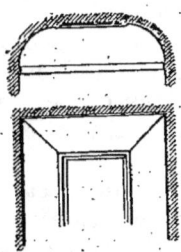

Fig. 207.

Les voûtes en arc de cloître se prêtent à une modification dont l'effet peut être très heureux et qui est, en certains cas, très utile, en particulier lorsqu'on a besoin de percer au sommet d'une salle ainsi fermée une ouverture horizontale destinée à y faire pénétrer la lumière. On forme les côtés de la voûte par des arcs égaux et tels qu'ils laissent entre eux à leur sommet une partie centrale plane se raccordant tangentiellement à chacun d'eux. La figure 206 montre une disposition de ce genre où la partie courbe est séparée de la partie plane par un corps de moulures : on lui donne le nom de voûte *en arc de cloître avec plafond*. Si la partie plane est de beaucoup plus importante que la partie courbe, on appelle plutôt cette voûte *plafond avec voussure*.

Enfin, on donne quelquefois la même forme aux directrices des berceaux qui forment par leur intersection la voûte établie sur plan rectangulaire Celui qui est compris entre les deux grands côtés a pour directrice une demi-circonférence complète, et sur chacun des deux petits côtés s'appuie un demi-berceau circulaire de même rayon que le premier. On obtient ainsi une *voûte en arc de cloître barlongue*; la figure 207 en donne un exemple.

Voûtes annulaires. — Si nous appliquons les formes qui viennent d'être décrites à des plans à faces parallèles courbes, nous obtiendrons des voûtes annulaires. Ce nom, qui éveille dans l'esprit l'idée unique d'une circonférence de cercle, s'est généralisée à toutes les courbes ou parties de courbes dont la forme peut être employée dans les plans des édifices. Ainsi, les portiques des cirques romains, construits sur plans elliptiques, de même que les portiques affectant la forme d'un demi-cercle, d'une demi-ellipse, etc., donnent des voûtes annulaires, si on les couvre au moyen de ce système.

La plus simple est la *voûte annulaire en berceau*. Comme le montre le tronçon représenté par la figure 208 en plan et en coupe verticale normale à la courbe, ce n'est qu'une voûte en berceau à génératrices courbes. On peut se représenter cette surface comme engendrée par une demi-circonférence assujettie à s'appuyer par ses extrémités sur deux courbes horizontales équidistantes et à rester toujours dans un plan vertical normal à leur direction commune.

Par analogie, construite sur plan circulaire, la voûte en berceau représentée dans la coupe C (*fig.* 199) donne une variété qu'on pourrait appeler *voûte annulaire en descente*, et qui est connue sous le nom de *vis Saint-Gilles*. Elle sert, en général, à supporter les marches d'un escalier circulaire, de même que le berceau en descente est surtout utilisé pour les escaliers droits. La figure 209 représente une coupe sur l'axe d'une voûte de ce genre. Elle est engendrée par une demi-circonférence *amb*, assujettie à être toujours située

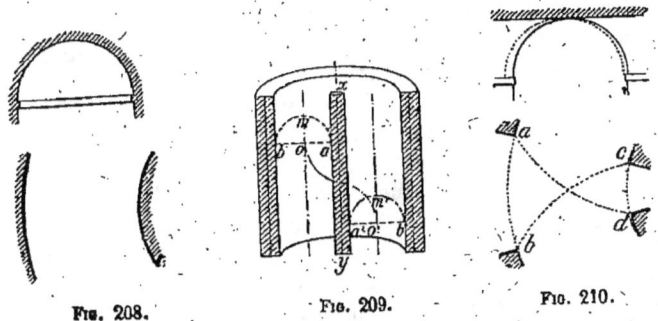

Fig. 208.   Fig. 209.   Fig. 210.

dans un plan vertical passant par l'axe *xy*, et dont le centre *o* se déplace sur une hélice déterminée par la pente de l'escalier, son diamètre *ab* étant constamment horizontal.

De même, si l'on établit sur un plan curviligne la voûte représentée dans la figure 202, on obtient une *voûte d'arête*

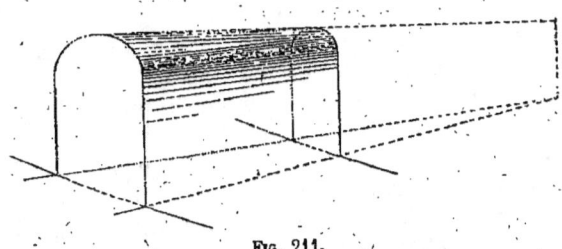

Fig. 211.

annulaire, qui a reçu en stéréotomie le nom de *voûte d'arête en tour ronde*. La figure 210 en représente un exemple. Les circonférences projetées en *ab* et *cd* dans le plan ont des diamètres inégaux ; les voûtes incidentes auxquelles elles servent de directrices ne peuvent être ici des berceaux cylindriques. Elles sont définies par les conditions d'être tangentes latéralement aux plans verticaux ac, bd, normaux à la courbe de la projection horizontale de la voûte et d'avoir leur génératrice supérieure horizontale. Ce sont des *conoïdes*; la figure 211 donne de ce genre de voûte une vue perspective qui permet de se rendre compte de sa génération.

Voûtes sphériques. — D'une façon générale, on donne le nom de voûtes sphériques à celles dont la surface est engendrée par la rotation d'un arc de cercle quelconque autour de l'axe vertical passant par son centre et son sommet. Mais dans les circonstances ordinaires de nos édifices elles sont, en réalité, des portions de surface sphérique.

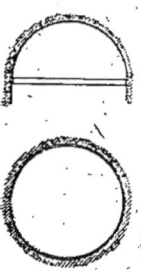

Fig. 212.

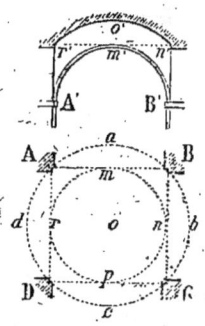

Fig. 213.

La plus simple est engendrée par la rotation d'un quart de circonférence; c'est celle que représente la figure 212; elle est portée par des murs établis sur plan circulaire.

Il est possible de la faire reposer, comme la voûte d'arête, sur quatre points d'appui A, B, C, D (*fig.* 213). Le plan des naissances étant projeté en ABCD, si l'on coupe par les plans verticaux AB, BC, CD, DA la demi-sphère construite sur le grand cercle ab, cd, et si on n'en conserve que la partie intérieure à ces quatre plans, on obtient une calotte sphérique complète mnpr, r'o'n', prolongée vers les points d'appui par quatre triangles sphériques appelés *pendentifs* mAr, m'A'r'; — mBn, m'B'n'; — nCp, m'B'n'; — pDr, m'A'r'. C'est la voûte en *cul-de-four sur pendentifs*, dont nous donnons (*fig.* 214) une vue perspective. La figure 213 montre que le même résultat eût été obtenu en coupant la sphère par les berceaux cylindriques ayant pour directrices les circonférences AmB, BnC, et que, par conséquent, ce genre de voûte pourra parfaitement remplacer la voûte d'arête pour couvrir les travées d'un portique. Pour bien marquer la séparation entre la surface sphérique et la surface cylindrique, on double d'une saillie uniforme la voûte en AB, BC, CD, DA, et cette saillie prend pour cette raison le nom d'*arc doubleau*.

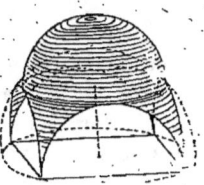

Fig. 215.

On aurait pu ne conserver de la sphère que les quatre pendentifs et laisser la partie centrale libre, soit pour recevoir un plafond plein ou vitré, soit pour supporter une calotte plus élevée (*fig.* 215), soit, enfin, pour servir d'appui à une partie cylindrique surmontée elle-même d'une voûte sphérique complète. C'est la disposition adoptée dans beaucoup de nos églises notamment pour le dôme de la basilique de Saint-Pierre de Rome, et pour celui du Panthéon de Paris. La figure 216 en offre un exemple. On donne très souvent à cette partie de l'édifice un diamètre supérieur à la largeur des berceaux dont il surmonte la rencontre. La différence est alors rachetée au moyen de pans coupés *ab, cd, ef, gh* (*fig.* 217); la sphère des pendentifs a pour base la circonférence circonscrite à l'octogone *abcdefgh*, et la couronne sur laquelle s'élève la tour du dôme est tangente aux côtés *bc, de, fg, ha*.

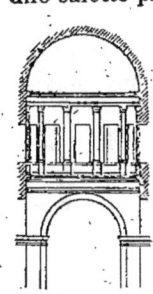

Fig. 216.

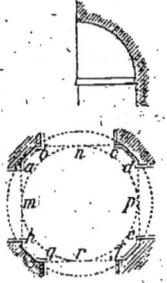

Fig. 217.

Les pendentifs sphériques se raccordent mal, dans ce cas, avec les surfaces planes des pans coupés; mais cet inconvénient est très peu apparent, étant donnée la faible étendue de la ligne de raccord. Celle-ci, d'ailleurs, est dissimulée sous une corniche ou un bandeau marquant la séparation entre la voûte et les points d'appui verticaux. On pourrait, pour avoir un raccordement, donner aux pans coupés une forme cylindrique; mais sa faible courbure manquerait de netteté. Il existe, il est vrai, une solution plus complète qui a été employée au dôme des Invalides et qui consiste à former les pendentifs, reposant sur des pans coupés à faces planes, d'une surface gauche engendrée par un arc de cercle, qui se déplace horizontalement en s'appuyant sur les deux arcs *am*, *bn* (*fig.* 217), et en augmentant progressivement de rayon, depuis le sommet où il a celui de la couronne *mnpr* jusqu'à la base où il a un rayon infini et se confond avec la droite *ab*. Mais cette surface assez compliquée à obtenir en pratique est très rarement employée, et, en général, on ne s'occupe pas du raccord des pendentifs avec les piédroits.

Si l'on coupe la voûte sphérique (*fig.* 212) par un plan médian et qu'on ne conserve que l'une des moitiés ainsi séparées, on obtient un *cul-de-four de niche*. Cette voûte est extrêmement employée dans la composition et la décoration des édifices, soit sous de petites dimensions, pour servir d'accompagnement à des statues, vases, ou tout autre ornement, soit pour former de vastes *exèdres* dans l'intérieur des édifices, comme les thermes romains en offrent de très nombreux exemples. Nous aurons l'occasion de revenir sur ce sujet.

Trompes et voussures. — Les voûtes servent quelquefois uniquement à former support pour des ouvrages exécutés en porte-à-faux ou en encorbellement sur les murs. Elles ne s'appuient alors que d'un côté sur ces murs et ne constituent que des portions de voûtes. On leur donne le nom général de *trompes*, et on peut les diviser en *trompes cylindriques* et *trompes coniques*.

Fig. 218.

La figure 218 représente la plus simple des trompes cylindriques. La vue latérale montre que sa directrice est un quart de circonférence; le plan indique la forme demi-circulaire de l'encorbellement qu'elle supporte; enfin, sur l'élévation est dessiné l'appareil des voussoirs. Ce genre de trompe convient aux tourelles en saillie sur un mur plan, dont on n'a pas voulu interrompre la ligne au rez-de-chaussée.

S'il s'agit de la rencontre de deux murs dont on veut conserver l'angle aux étages supérieurs, tandis qu'au rez-de-chaussée on le remplace par un pan coupé, on se sert encore d'une trompe cylindrique, dont la directrice est un quart de circonférence; mais on voit (fig. 219) qu'elle est limitée latéralement par deux courbes planes. On l'appelle *trompe cylindrique sur l'angle*.

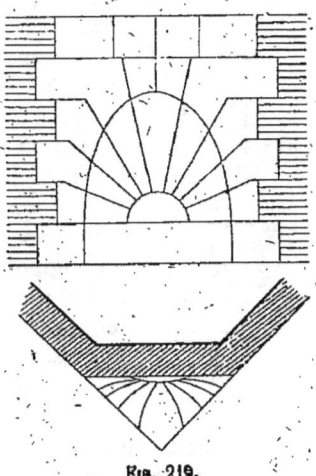

Fig. 219.

En résumé, dans le premier cas, la voûte est obtenue par la rencontre d'un berceau horizontal avec une tourelle verticale; dans le second cas, c'est l'intersection du même cylindre avec deux plans verticaux non parallèles. L'angle de ces deux plans et la direction du pan coupé qui les rencontre peuvent être quelconques.

Les tourelles portées par des encorbellements ont joué un rôle important dans l'architecture du moyen âge et celle de la Renaissance, et leur donnent un air très pittoresque. Mais à cette époque on supportait ce genre d'ouvrage au moyen d'assises horizontales successivement en saillie les unes sur les autres depuis l'assise de la base, qui souvent formait le chapiteau d'une colonnette engagée jusqu'à l'assise supérieure servant à l'assiette de la tourelle et ayant même diamètre qu'elle. Les exemples de cette disposition et des nombreuses variantes qu'on en peut concevoir sont très fréquents dans les châteaux du XVIe siècle. La décoration des encorbellements ainsi formés consiste à accuser la construction par assises horizontales au moyen de moulures plus ou moins ornées.

La figure 220 représente la base d'une tourelle du château de Chenonceaux supportée de cette façon. La même disposition peut être employée, au lieu d'une trompe, pour soutenir une tourelle sur l'angle.

Lorsque, à la rencontre de deux murs dont on veut supprimer l'angle saillant au rez-de-chaussée, on a besoin d'une excavation formant un angle rentrant, comme cela se voit dans la figure 221; on supporte la partie supérieure en saillie au moyen d'une *trompe conique sur l'angle*, limitée latéralement par l'intersection de sa surface avec les deux murs qui se rencontrent en cet endroit.

Fig. 220.

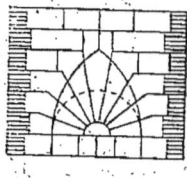

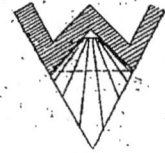

Fig. 221.

La *trompe conique dans l'angle* s'emploie à l'intérieur d'une enceinte carrée couverte en coupole octogonale, pour supporter les pans coupés supérieurs.

L'église Saint-Michel, de Pavie, en offre un exemple que nous reproduisons dans le fragment de la figure 222.

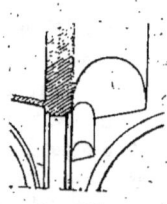

Fig. 222.

Il nous reste, enfin, à parler d'un dernier genre de voûte appelé *voussure* ou *arrière-voussure*, qui s'emploie pour couvrir l'embrasure des baies en arc. Ces voûtes doivent permettre le développement des volets sur la face des ébrasements. Pour en déterminer la surface, on prend sur les arêtes extérieures de ces ébrasements deux points M'N' (*fig.* 223) situés sur le plan horizontal du sommet S' de l'arc de feuillure; on trace dans le plan des ébrasements les arcs A'M', B'N', respectivement tangents aux arêtes verticales de la feuillure en A' et B'. On choisit arbitrairement un point P un peu au-dessus de S', et on trace l'arc M'P'N'. La voussure est constituée par la surface gauche qu'engendre un arc de cercle assujetti à rester toujours dans un plan parallèle au parement intérieur du mur, à s'appuyer constamment sur les arcs A'M', B'N', et augmentant de rayon depuis la position A'S'B', qui est l'arête extérieure de l'arc de feuillure, jusqu'en M'P'N', qui est la courbe limitant l'embrasure à la partie supérieure. Cette surface porte le nom d'*arrière-voussure de Marseille*.

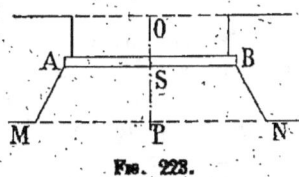

Fig. 223.

Lorsqu'on substitue à l'arc M'P'N' une droite, sans changer, d'ailleurs, le mode de génération, le rayon de la génératrice varie de O'A' à l'infini, et on obtient l'*arrière-voussure de Montpellier*.

Diverses formes de directrices. — Dans les divers exemples qui précèdent, nous avons supposé que les surfaces de l'intrados des voûtes avaient pour directrices des demi-circonférences. C'est le cas le plus fréquent; mais, en réalité, toutes les courbes peuvent servir de directrices pour la génération des voûtes, et il est des cas où il est préférable d'en employer d'autres.

Examinées au point de vue de la forme de leurs directrices, les voûtes peuvent être classées en trois catégories: *voûtes surhaussées, voûtes en plein cintre, voûtes surbaissées*, selon que leur hauteur au-dessus de la naissance surpasse, égale leur largeur à ce niveau, ou lui est inférieure. Les courbes les plus usitées sont: l'ellipse ayant son petit diamètre horizontal et l'*ogive*, pour la première catégorie; la demi-circonférence, pour la seconde; l'*anse de panier*, l'ellipse dont le grand diamètre est horizontal, l'arc de cercle d'un rayon plus grand que la demi-largeur de la voûte, pour la troisième catégorie.

L'ogive est une courbe obtenue par la rencontre de deux

arcs de cercle égaux et d'un rayon supérieur à la demi-largeur à la naissance. Lorsque l'origine de chacun des arcs est le centre de l'autre et que le rayon devient, par suite, égal à la largeur totale, on a une ogive en *tiers-point*. C'est le cas de la figure 224.

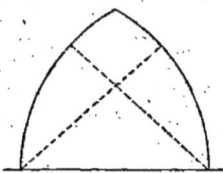

Fig. 224.

L'anse de panier est une courbe obtenue par une série d'arcs de cercle convenablement raccordés. Par exemple, dans la figure 225, elle se compose de deux arcs de cercle égaux ayant leurs centres en c et c' raccordés par un troisième arc d'un plus grand rayon ayant son centre en o sur l'axe de la voûte.

On peut considérer comme un cas particulier de la voûte surbaissée la plate-bande appareillée en voussoirs: c'est celui où le rayon de l'arc directeur est infini. Nous avons déjà parlé de l'emploi de cette voûte et de ses inconvénients (poussée latérale énorme et glissement des voussoirs) supprimés pour un temps par le chaînage et les crampons de fer dont on est obligé d'armer les ouvrages ainsi exécutés, mais ne présentant pas les garanties suffisantes de durée qu'on doit rechercher pour les œuvres vraiment monumentales.

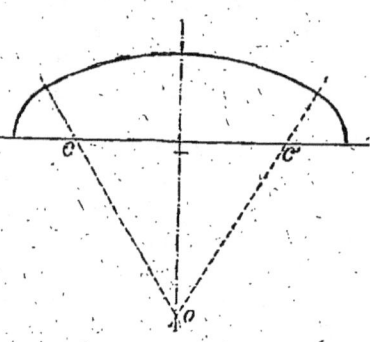

Fig. 225.

La voûte en plate-bande se prête, d'ailleurs, à toutes les combinaisons des voûtes en berceau, ce système une fois adopté.

Mode de construction des voûtes. — Le mode de construction des voûtes dépend des matériaux qu'on y emploie, et le choix de ces derniers se fait en considération de la destination de l'ouvrage. On conçoit qu'une voûte devant supporter de fortes pressions exigera plus de soin dans l'exécution, des matériaux plus résistants, des épaisseurs plus grandes, que si elle était simplement destinée à couvrir une enceinte. Dans le premier cas, surtout si elle est exposée aux intempéries, on se servira avantageusement de la pierre de taille. Dans l'autre cas, les briques, les moellons, les poteries creuses, plus légers, seront préférables et économiques : en effet, ils chargent moins les piédroits, qui peuvent dès lors être construits avec de plus faibles dimensions et des matériaux moins résistants ; ils sont plus faciles à mettre en œuvre ; enfin, ils présentent, en général, l'avantage d'une adhérence plus parfaite avec les enduits dont on peut avoir à les recouvrir à l'intérieur pour y appliquer des peintures.

Les Romains, qui ont fait, comme on sait, un très grand usage des briques dans leurs édifices, avaient imaginé un système ingénieux et économique pour la construction des voûtes. Ils en formaient l'ossature au moyen d'arcs en briques régulièrement espacés, normaux à l'intrados, et reliés entre eux de distance en distance par des rangées de briques ou de petits arcs de décharge également en briques. Les intervalles étaient ensuite remplis par une maçonnerie de blocage posée à bain de mortier qui, après la prise, constituait avec l'ossature de véritables monolithes.

Ils obtenaient ainsi des ouvrages très légers et très résistants, dont plusieurs sont de nos jours encore dans un parfait état de conservation.

Il est à regretter que ce procédé réellement avantageux soit aujourd'hui complètement délaissé.

Nous nous servons cependant, à l'exemple des Romains, de poteries creuses. Comme on pourra s'en rendre compte après l'étude qui va être faite des proportions des voûtes, il y a avantage à alléger le plus possible le sommet et à charger les parties inférieures ; ces poteries seront donc employées de préférence pour former le haut de l'arc, tandis qu'on réservera pour la naissance des matériaux plus lourds.

Un autre procédé, qui n'est pas sans analogie avec les voûtes à arcs d'ossature et remplissage, précédemment décrites, est souvent employé même dans les ouvrages qui doivent offrir une grande résistance. Il consiste à former la voûte, aux endroits soumis à un effort plus considérable, par des arcs en pierre de taille disposés à la façon des piles et des chaînes des murs verticaux, et à construire les intervalles en briques ou en moellons appareillés, rattachés aux arcs par les harpes latérales de ces derniers (*fig.* 226). Il est vrai qu'on obtient un résultat aussi satisfaisant et même préférable au moyen de petits matériaux employés seuls, une maçonnerie homogène offrant plus de solidité qu'une maçonnerie mixte. D'ailleurs, dans une maçonnerie homogène, soit en petits matériaux, soit en pierre de taille, il est possible de renforcer les parties soumises à de plus grands efforts au moyen de saillies dont nous avons déjà parlé sous le nom d'arcs doubleaux (*fig.* 227).

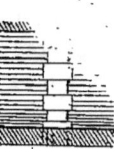

Fig. 226.

Fig. 227.

Quel que soit le système employé, les voûtes modernes sont appareillées de façon à se maintenir sans l'intermédiaire du mortier, qui donne, par conséquent, un surcroît de solidité. Pour atteindre ce résultat, on prend comme surfaces de lits et de joints des plans normaux à l'intrados dont les intersections avec ces plans sont, en général, les lignes de plus grande et de plus petite courbure de la voûte. Ainsi, pour les berceaux cylindriques, les lignes de lits sont des génératrices, et les lignes de joints, des arcs de directrices; pour les voûtes sphériques, les premières sont des petits cercles horizontaux, et les secondes, des portions de méridiens verticaux.

Les berceaux en descente, les arches biaises et les descentes annulaires font seuls exception à cette règle; mais l'étude de ces appareils spéciaux est du ressort de la stéréotomie et, d'ailleurs, ce sont des cas peu fréquents dans les constructions ordinaires.

L'exécution des diverses sortes de voûtes exige le plus souvent des échafaudages en charpente ou *cintres*. Ils sont formés de poteaux verticaux reliés par des pièces transversales moisées et par des contrefiches, et soutiennent à la partie supérieure un plancher qui épouse la courbe de la voûte à construire. Sur ce plancher s'appuient les matériaux qui, après le complet achèvement, se maintiennent d'eux-mêmes par leurs actions réciproques.

PROPORTIONS

Considérations générales. — Deux genres de considérations interviennent dans l'étude des proportions des voûtes : les unes sont relatives aux convenances particulières à chaque édifice ou partie d'édifice et résultent de la forme et de la destination des salles ; les autres ont un caractère plus absolu et plus général, car elles intéressent la stabilité même des voûtes. Les premières, très variables, ne peuvent guère être étudiées qu'en ayant égard aux circonstances particulières à chaque cas et seront examinées simultanément avec elles dans la seconde partie de cet ouvrage. S'appliquant, au contraire, à tous les édifices, les secondes feront l'objet des quelques développements qui vont suivre et que nous nous efforcerons de réduire à l'indispensable.

Au point de vue de la stabilité, les proportions des voûtes et des piédroits dépendent des efforts auxquels ils sont soumis, et qui sont, d'une part, les charges verticales, d'autre part, les actions ou *poussées* horizontales.

Définition de la poussée. — Si l'on considère isolément une demi-voûte AB (*fig.* 228), composée de plusieurs tronçons, une certaine portion B*m*, par exemple, tendra à se détacher du sommet, soit en glissant le long du joint *mn*, soit en tournant autour de l'arête projetée en *m*. Ces deux mouvements seront empêchés, si une force horizontale F, appliquée contre le joint BC, agit avec une intensité suffisante, tout en restant inférieure à l'effort qui serait capable de rejeter en dehors tout ou partie de la demi-voûte.

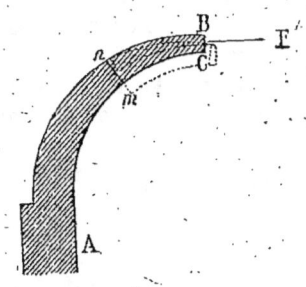

Fig. 228.

Dans une voûte complète, chacune des deux moitiés qui se

joignent suivant Bc exerce précisément sur l'autre cette action horizontale F, qu'on appelle la poussée de la voûte.

Valeur de la poussée des différents modes de rupture. — Cherchons d'abord sa valeur dans le cas d'une rotation possible autour de l'arête m. Si ce mouvement se produit, la voûte tendra à s'ouvrir au sommet, vers l'intrados, et présentera un aspect analogue à celui de la figure 229. Les voussoirs du sommet se toucheront en o sur l'extrados; ce sera le point d'application de la poussée. La seconde force agissant est le poids propre du voussoir mnos appliquée en son centre de gravité c. Pour qu'il y ait équilibre, il faut que les moments, par rapport à l'axe de rotation m, de ces deux forces produisant des effets opposés soient égaux. Si nous considérons, pour simplifier, une tranche de voûte ayant en largeur l'unité de mesure, et si nous prenons le poids de l'unité de volume de maçonnerie supposée homogène, comme unité de densité, nous aurons, en négligeant l'adhérence des mortiers, pour le moment de la force F : F.h, et pour celui du poids du voussoir : Sd, S étant la surface de section mnos, h la distance verticale du point d'application de F à l'axe m, et d la distance horizontale du point d'application du poids du voussoir à ce même axe. De la relation :

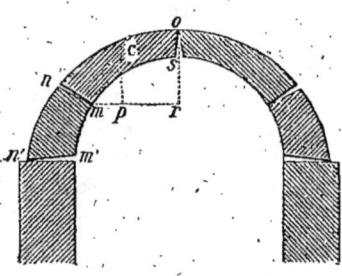

Fig. 229.

$$Fh = Sd$$

nous tirons :

$$F = \frac{Sd}{h}. \qquad (1)$$

Ce calcul serait facile, si on connaissait la position exacte du joint de rupture mn. D'une façon générale, il faudrait faire diverses hypothèses sur cette position, calculer pour chacune d'elles la valeur de F et prendre la plus grande de ces valeurs pour la poussée. Mais, en pratique, on supprime ces tâtonnements en s'appuyant sur les résultats d'expériences qui ont établi que le joint de rupture pour les arcs en plein cintre est situé entre 30° et 40°, à partir de la naissance, et l'on peut, pour simplifier, en se plaçant dans le cas le plus défavorable, prendre ce joint à 30°, c'est-à-dire au tiers du demi-arc à partir de la naissance. Pour les arcs surbaissés en anse de panier, le joint de rupture est environ à 50° de la naissance. Enfin, pour les voûtes ayant comme directrice une portion d'arc plus petite que la demi-circonférence, le joint de rupture est à la naissance.

La valeur de F étant déterminée, cette force ne sera efficace que si la construction est en état de lui faire équilibre. Pour s'en assurer, il faudra donc se livrer à des opérations et à des hypothèses analogues aux précédentes. Deux alternatives peuvent se présenter : le voussoir $m'n'os$ sera rejeté tout entier en dehors en tournant autour de n', ou bien $mnm'n'$ glissera en dehors sur le joint $m'n'$, et $mnos$ glissera en dedans sur le joint mn.

Dans le premier cas, en appelant F' la force qui produira cette rotation, S' la surface $m'n'os$, d' la distance horizontale de son centre de gravité à l'axe n', h' la distance verticale de o à ce même axe n', nous aurons pour l'équilibre :

$$F' = \frac{S'd'}{h'}. \qquad (II)$$

Toute force au moins égale au maximum de F empêche la rotation du voussoir $mnos$ autour de m; toute force au moins égale au minimum de F' produit la rotation de $m'n'os$ autour de n'. Pour qu'aucun de ces deux mouvements n'ait lieu, il faudra donc que la valeur de la poussée soit comprise entre le maximum de F et le minimum de F'.

Dans le second cas, si on appelle a l'angle du joint $m'n'$ avec la verticale, F" la valeur de la poussée pour laquelle aurait lieu le glissement, et f le rapport du frottement à la pression pour les matériaux qui forment l'arc, les forces opposées qui agissent dans le plan du joint sont, d'une part, la composante tangentielle de la poussée F", qui est égale à F" $\sin a$, plus le frottement produit par la composante normale F" $\cos a$, qui est par conséquent $F''f\cos a$; et, d'autre part, la composante tangentielle du poids du voussoir, $S'\cos a$, plus le frottement produit par la composante normale de ce même poids $S'f\sin a$. Il y a équilibre lorsque :

$$F'\sin a + F''f\cos a = S'\cos a + S'f\sin a.$$

d'où :

$$F' = S' \cdot \frac{\cos a + f\sin a}{\sin a + f\cos a}. \qquad (III)$$

Mais le joint $m'n'$ est dans la plupart des cas horizontal : $a=0$, $\cos a = 1$, et on a plus simplement pour cette valeur de la poussée :

$$F' = S'f. \qquad (IV)$$

Il n'y aura pas de glissement tant que la poussée sera inférieure à F'.

En résumé, pour qu'il ne se produise ni rotation autour de m ou de n', ni glissement le long de $m'n'$, il suffira que les valeurs de F données par (I) soient inférieures aux valeurs de F' et F'' tirées de (II) et (IV) ou, plus fréquemment, de (II) et (III). Si la première série d'opérations pour une voûte donnée ne conduit pas à ce résultat, on y parviendra soit en diminuant le maximum de F par l'emploi de matériaux plus légers à la partie supérieure où la réduction de l'épaisseur à la clef, soit en augmentant le minimum de F' et F'' par un accroissement d'épaisseur des parties inférieures ou une charge verticale appliquée à la naissance.

En considérant toujours l'hypothèse où le voussoir du sommet tourne autour de l'arête m, il y a lieu de prévoir un autre mode de rupture assez peu fréquent, mais possible cependant au cas où une voûte en ogive de très faible épaisseur à la clef s'appuierait sur des piédroits très chargés : le joint du sommet tendrait à s'ouvrir à l'extrados.

Mais nous avons vu que le voussoir du sommet peut aussi glisser sur le joint mn. Ce mouvement, dans le cas où l'épaisseur à la clef est assez forte, a pour effet de repousser au dehors le voussoir inférieur en le faisant glisser sur le joint de naissance $m'n'$ ou tourner autour de l'arête n'. Si, au contraire, l'épaisseur au sommet est faible, c'est vers ce point que se produiront les ruptures. Le voussoir du sommet pourra, selon le cas, être soulevé en dehors par glissement sur les joints latéraux ou s'ouvrir dans l'axe et du côté de l'extrados, chacune de ces deux moitiés tournant autour de l'arête de l'intrados.

Il faut se hâter d'ajouter que ces derniers cas sont très rares, et qu'en pratique on n'aura jamais à s'en occuper.

Les calculs précédents sont assez compliqués en pratique, parce qu'ils exigent la détermination de la position des centres de gravité par des procédés analytiques et de la valeur de surfaces limitées par des courbes. Aussi on leur substitue, en général, le tracé suivant suffisamment approximatif.

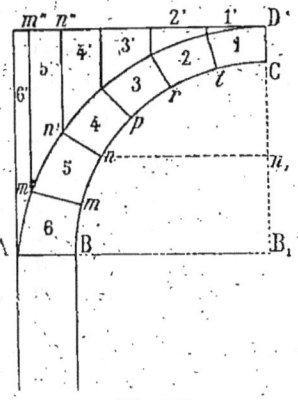

Fig. 230.

Soit une demi-voûte ABCD (fig. 230) portant une surcharge de maçonnerie ADE. On divise l'intrados en un certain nombre de parties égales, et par les points m, n, p, r, t, on mène des normales à l'arc qui déterminent ainsi des voussoirs. Les portions mn, np, pr, etc., sont assez faibles pour pouvoir être confondues avec leurs cordes respectives. De cette façon on a affaire à des quadrilatères rectilignes. On en obtient la surface en les divisant en deux triangles, au moyen d'une diagonale et en calculant celle de chacun d'eux, et on en détermine le centre de gravité par la construction indiquée dans la figure 231. Les diagonales étant tracées, on porte en o'R sur l'une d'elles une longueur égale au segment oN déterminé par l'autre. Si T est le milieu

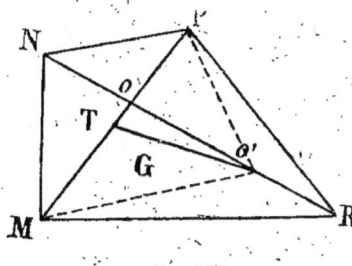

Fig. 231.

de cette dernière, MP, le centre de gravité, est en G au tiers de To' à partir de T. En effet, les surfaces MoNP et Mo'PR sont équivalentes, composées des triangles MoN, NoP ; Mo'R, RoP, égaux deux à deux comme ayant même base et même hauteur. En les retranchant du quadrilatère de part et d'autre du triangle Mo'P, on ne change pas la position du centre de gravité cherché, qui se confond alors avec celui G de ce triangle placé au tiers de sa médiane To'.

On obtient par un tracé identique le centre de gravité des quadrilatères, tels que $m'n'm''n''$ qui s'appuient sur les voussoirs, pour lesquels on néglige également l'adhérence du mortier, et qu'on suppose agissant uniquement par leur propre poids au-dessus de chaque voussoir, ce qui est l'hypothèse la plus désavantageuse.

Le joint de rupture est nn' situé au tiers du demi-arc à partir de la naissance. Dans la formule (I), Sd sera la somme des produits des surfaces s_1, s_2, s_3, s_4, des voussoirs 1, 2, 3, 4, situés au-dessus du joint de rupture, par les distances d_1, d_2, d_3, d_4, de leurs centres de gravité à l'axe n et des produits des surfaces s'_1, s'_2, s'_3, s'_4, des portions de surcharge 1', 2', 3', 4', qui s'appuient respectivement sur chacun d'eux, par les distances d'_1, d'_2, d'_3, d'_4, de leurs centres de gravité au même axe n. D'ailleurs, h sera mesuré en Dn_4, et on aura pour la poussée capable d'empêcher la rotation autour de n :

$$F = \frac{s_1 d_1 + s_2 d_2 + s_3 d_3 + s_4 d_4 + s'_1 d'_1 + s'_2 d'_2 + s'_3 d'_3 + s'_4 d'_4}{h}$$

On évaluera F' de la même façon, mais en prenant les distances des centres de gravité, et du point d'application de la poussée à l'arête A autour de laquelle tend à tourner la demi-voûte. On devra trouver ainsi : $F' > F$.

Épaisseur du piédroit. — Pour être certain de l'équilibre, il faudra encore vérifier si F' est supérieur à F, à la base du piédroit de la voûte, de façon à empêcher la rotation de ce dernier, augmenté du tiers inférieur de la demi-voûte, autour de l'arête extérieure du joint de base du piédroit. On réalisera cette condition soit en chargeant le piédroit d'un massif de maçonnerie s'élevant au-dessus de DE, soit, ce qui est préférable, en augmentant son épaisseur.

Si la voûte supportait d'autres poids que ceux que nous avons considérés, il faudrait les faire entrer dans le calcul précédent au même titre et de la même façon, c'est-à-dire avec leurs bras de levier.

La valeur de F' pour le joint AB sera, en général, supérieure à F, et, par conséquent, la rotation autour de A n'est pas à craindre dans les circonstances ordinaires de la pratique. Il n'en est pas de même de la rotation du piédroit autour de l'arête extérieure de son joint de base, et il faut s'assurer avec soin que son épaisseur est suffisante pour s'y opposer. Si nous appelons H la hauteur de ce piédroit jusqu'en AB, x son épaisseur, h la hauteur DB_1, S la surface de la demi-voûte et D la distance horizontale de son centre de gravité à l'arête B, la condition d'équilibre autour de l'arête de la base sera :

$$F(H + h) = S(D + x) + Hx \cdot \frac{x}{2}$$

$$\underbrace{}_{\begin{array}{c}\text{Moment de}\\\text{la poussée}\end{array}} \quad \underbrace{}_{\begin{array}{c}\text{Moment de la}\\\text{demi-voûte}\end{array}} \quad \underbrace{\phantom{Hx\cdot\frac{x}{2}}}_{\begin{array}{c}\text{Moment du}\\\text{piédroit}\end{array}}$$

équation du second degré, d'où on tire :

$$x = -\frac{S}{H} + \sqrt{\left(\frac{S}{H}\right)^2 + 2F \cdot \left(1 + \frac{h}{H}\right) - \frac{2SD}{H}} \quad \text{(V)}$$

On suppose souvent H infini dans les circonstances ordinaires, où elle dépasse la largeur de l'ouverture, car, si la valeur de x croît avec celle de H, c'est dans une proportion d'autant moindre que cette hauteur est plus grande relativement à l'ouverture, et d'ailleurs on a ainsi un surcroît de stabilité, ce qui est toujours préférable, étant donnés les charges et les mouvements imprévus auxquels la construction peut avoir à résister.

La formule (V) devient alors :

$$x = \sqrt{2F}, \quad \text{(VI)}$$

expression dans laquelle F est évalué en prenant pour unité de densité le poids de l'unité de volume de la maçonnerie.

Au lieu d'empêcher le renversement du piédroit, en lui donnant une forte épaisseur, on pourrait s'opposer à ce mouvement au moyen d'autres voûtes ou parties de voûtes dont la poussée agirait en sens inverse de celle de la voûte qu'on veut consolider. Ce sont des ouvrages de ce genre qu'on peut voir à l'extérieur des cathédrales gothiques et de certaines églises romanes, et auxquels on donne le nom d'*arcs-boutants*. Mais, lorsqu'on use de ce moyen pour faire équilibre à la poussée, il convient de s'assurer que l'effort exercé par les arcs-boutants ne sera pas assez grand pour provoquer une rupture de la partie supérieure de la voûte, soit par l'ouverture du joint de l'axe du côté de l'extrados, soit par le soulèvement du voussoir du sommet.

Ce qui précède peut donner une idée des procédés dont on dispose pour empêcher la rupture de la voûte par renversement en dehors.

Dans le cas où elle pourrait se rompre par glissement le long des joints, on s'y opposera en maintenant supérieure à la poussée la valeur de F" tirée de la formule (IV) :

$$F'' = Sf,$$

dans laquelle on fait $f = 0,50$, c'est-à-dire la plus faible valeur que puisse avoir ce rapport dans les divers cas se présentant en pratique. Ce mode de rupture est d'ailleurs très peu fréquent, et il n'est à craindre que pour les voûtes ayant une épaisseur très grande relativement à leur ouverture.

Dans les différents cas que nous venons d'examiner, il est toujours bon d'avoir un excédent de résistance destiné à prévenir les accidents qui résulteraient des mouvements ultérieurs de la construction et des charges ou efforts éventuels auxquels la voûte peut être soumise. En conséquence, le rapport de la résistance à la poussée est toujours supérieur à 1, et on le porte même à 2 pour les voûtes où l'on veut avoir une très grande solidité. Ce rapport, appelé *coefficient de stabilité*, entrera dans les formules (V) et (VI) qui vont devenir, si nous le désignons par r :

$$x = -\frac{S}{H} + \sqrt{\left(\frac{S}{H}\right)^2 + 2rF\left(1 + \frac{h}{H}\right) - \frac{2SD}{H}} \quad \text{(VII)}$$

et :
$$x = \sqrt{2rF}. \qquad (VIII)$$

L'excédent de résistance a pour effet de déplacer le point d'application de la poussée, qui n'est plus sur l'arête de l'intrados, mais à l'intérieur du joint. Ce changement est nécessaire, d'ailleurs, pour éviter l'écrasement du voussoir dans le voisinage de l'arête pressée.

Épaisseur à la clef. — La partie supérieure d'une voûte déterminant sa poussée, on aura intérêt à lui donner le moins d'épaisseur possible. Cependant, on a vu que la rupture pouvait se produire au sommet, sous la réaction des piédroits, laquelle agira avec d'autant plus d'intensité que l'ouverture de la voûte sera plus grande. On conçoit donc qu'il y aura un certain rapport entre cette dernière dimension et l'épaisseur à la clef. Des formules empiriques, que nous empruntons au *Traité d'Architecture* de L. Reynaud, permettent de fixer cette épaisseur sous réserve de la modifier ensuite suivant les circonstances particulières. Soient E l'épaisseur à la clef, et O l'ouverture :

Pour les voûtes légères n'ayant à porter que leur propre poids :

$$E = 0^m,10 + \frac{1}{100} \cdot O.$$

Pour les voûtes supportant des planchers :

$$E = 0^m,20 + \frac{2}{100} \cdot O.$$

Pour les voûtes exposées à de fortes surcharges :

$$E = 0^m,30 + \frac{3}{100} \cdot O.$$

Pour les voûtes supportant des pressions considérables :

$$E = 0^m,40 + \frac{4}{100} \cdot O.$$

226 PLAFONDS ET VOUTES

Ces diverses valeurs ne sont guère que des points de départ qu'on est souvent obligé de modifier lorsqu'on a calculé la poussée. Ce sont aussi des moyennes qui peuvent être réduites lorsqu'on se sert de matériaux très résistants et qu'on augmente dans le cas contraire.

Méthode graphique pour vérifier la stabilité d'une voûte. — Courbe des pressions. — Les remarques et les calculs qui précèdent ont l'avantage de donner une idée exacte des efforts qui agissent dans une voûte, des mouvements qu'ils peuvent y déterminer et des procédés qu'on a à sa disposition

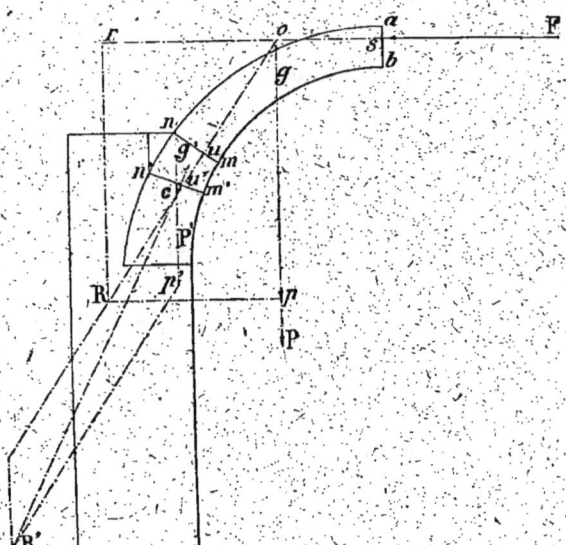

Fig. 232.

pour y remédier. Mais dans la pratique on emploiera avec avantage la méthode suivante, due à l'ingénieur Méry, plus simple et plus expéditive. Soit une demi-voûte soumise à une poussée horizontale F appliquée en s sur le joint ab (fig. 232). Nous pouvons chercher quels seront l'intensité, la direction et le point d'application de la pression exercée sur un joint quelconque, mn par exemple. Cette pression, en effet, est la résultante de la poussée F connue et du poids P du voussoir *abmn* proportionnel à sa surface, qu'on peut obtenir par le procédé graphique indiqué plus haut, ainsi que son centre de gravité *g*, point d'application de ce poids. Les directions de ces deux forces se rencontrent en *o*. Faisons $or = sF$; $op = gP$. La pression sur le joint *mn* est *oR*, diagonale du rectangle construit sur les deux composantes, appliquée en *u* sur ce joint.

On aurait la pression sur un autre point quelconque *m'n'* et son point d'application en composant de la même façon la force R et le poids P' du voussoir *mnm'n'*. Ces deux droites se coupent en *c*; à partir de ce point, portons les valeurs *oR* et *g'P'* respectivement sur chacune d'elles; *cR'* est la pression cherchée, et *u'* son point d'application.

Il est donc possible de déterminer, pour tous les joints qu'on voudra les points, tels que *s*, *u*, *u'* ; la ligne qu'ils déterminent est la *courbe des pressions*. On voit que la rotation est impossible si cette courbe est comprise entre l'intrados et l'extrados de la voûte. Il n'y aura pas davantage écrasement si elle passe à tous les joints à une distance suffisante de l'intrados ou de l'extrados. Enfin, on n'aura pas à craindre le glissement lorsque, pour un joint quelconque, la pression qui s'y exerce fait avec la normale un angle inférieur à celui qui exprime le frottement pour le cas le plus défavorable.

Dans le cas de l'équilibre limite que nous avons supposé pour les calculs exposés plus haut, la courbe des pressions est *bmn'*, tangente, suivant le point d'application des pressions et le mouvement des voussoirs, en *b* et *n'*, à l'extrados, en *m* à l'intrados (*fig.* 233).

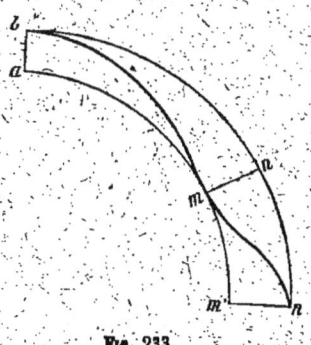

Fig. 233.

En pratique, on ne peut supposer ce cas extrême, auquel les voussoirs s'écraseraient dans le voisinage des arêtes subissant la pression. On est obligé de faire passer la courbe à une certaine distance de l'intrados et de l'extrados de la voûte, et l'on peut, par une série de tâtonnements, déterminer exactement ses divers points de rencontre avec les joints. Mais on évite, en général, cette recherche en s'appuyant sur des résultats d'expériences, qui fixent comme une solution convenable, d'assujettir la courbe des pressions à passer à chaque joint dans son *tiers central*, c'est-à-dire dans le segment du milieu, lorsqu'on a divisé le joint en trois parties égales.

Dès lors, voici la marche à suivre dans la recherche des proportions d'une voûte donnée. On trace l'intrados, dont la courbe est déterminée par les convenances particulières de l'enceinte à couvrir (*fig.* 234); on fixe l'épaisseur de la clef au moyen d'une des formules qui ont été indiquées plus haut, et on trace l'extrados de manière à augmenter progressivement l'épaisseur de la voûte du sommet vers la naissance. Le joint vertical de l'axe *ab* est divisé en trois parties égales et on prend comme point d'application de la poussée le point de division *b*, le plus rapproché de l'extrados. Le joint de rupture *mn* normal à l'intrados est situé au tiers de la demi-voûte en plein cintre (il serait à la naissance pour le cas d'une portion d'arc plus petite qu'une demi-circonférence et dans une position intermédiaire, s'il s'agissait d'une anse de panier) : il est divisé de même en trois parties égales, et on prend comme point d'application de la pression le point de division *m'* le plus rapproché de l'intrados. Ces points

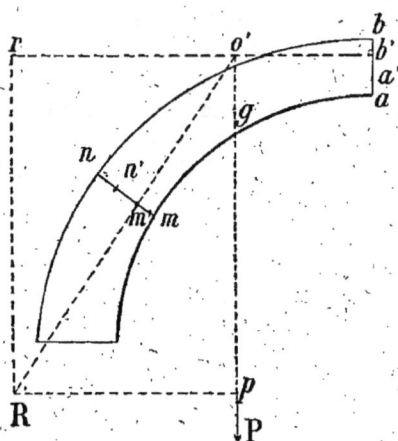

Fig. 234.

appartiennent à la courbe des pressions. On peut en déduire la poussée, et pour cela on fera en sens inverse la construction de la figure 232. Le procédé graphique ayant fourni le poids du voussoir *abmn* et de ses surcharges, P, et le centre de gravité *g*, point d'application de cette force, on prolongera *g*P jusqu'à la rencontre *o* de l'horizontale *b'r*, direction de la poussée ; on portera en *op* la longueur *g*P représentant le poids P à l'échelle de l'épure ; on mènera par *p* une parallèle à *b'r* jusqu'à la rencontre de *om'*, direction de la résultante des pressions sur *mn*, et on aura en *o*R la valeur de la poussée.

On prendra comme épaisseur du piédroit la valeur tirée de la formule (VIII), dans laquelle on peut faire $r = 1,20$.

Il sera bon de vérifier si les matériaux pourront en tous points résister à l'écrasement et, s'il y a danger de ce chef, les choisir plus résistants ou plus légers.

De même, si l'épaisseur trouvée pour les piédroits était trop considérable pour les circonstances du cas où l'on opère, on pourrait la réduire soit en employant pour cette partie de la construction des matériaux plus lourds, soit en exécutant le sommet de la voûte en matériaux plus légers, soit en usant des deux moyens simultanément.

Afin de familiariser le lecteur avec les résultats du tracé précédent pour les différents cas et de donner une idée des proportions qu'affectent la voûte et les piédroits, nous y joindrons les deux exemples de la figure 235. La partie de gauche représente une demi-voûte légère en plein cintre, chargée de son seul poids. La partie de droite est une demi-voûte portant une surcharge uniforme. Les épaisseurs à la clef ont été calculées d'après les formules données précédemment.

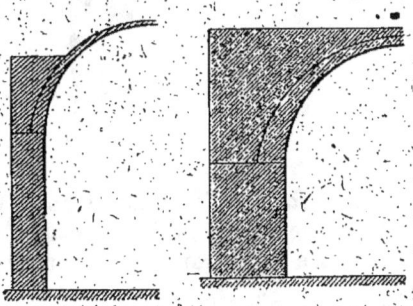

Fig. 235.

La figure 236 montre la forme qu'affecte la courbe des pressions dans le cas d'une voûte consolidée par des arcs-boutants et des contreforts. Cette voûte, si elle était isolée, ne pourrait tenir en équilibre, comme l'indique la courbe des

Fig. 236.

pressions sortant du piédroit en *d*. Grâce à l'arc-boutant cette courbe prend la forme *mnocp*, avec une bifurcation *no′p′*, et ses deux branches demeurent à l'intérieur des piédroits.

Enfin, la figure 237 permet d'établir une comparaison entre des voûtes de différentes formes, ayant mêmes naissances et extradossées suivant une courbe. L'intrados de la première est une portion d'arc de cercle; celui de la seconde, un plein cintre; celui de la troisième, une ogive. La courbe des pressions est pour ces trois voûtes assez différente. C'est pour l'arc surbaissé qu'elle occupe la position la plus favorable à la répartition des pressions sur les différents joints, tandis qu'elle s'écarte beaucoup plus tantôt de l'extrados et tantôt de l'intrados dans le cas de l'ogive, où la répartition se fait plus inégalement, ce qui exige pour la voûte plus d'épaisseur. Dans le cas de la figure les reins de la voûte ne sont pas changés : si elle était extradossée horizontalement, la courbe serait plus capricieuse encore et accuserait la tendance au soulèvement du voussoir du sommet.

La figure 237 montre également que, pour la voûte en ogive, la répartition des pressions est très irrégulière. Elle aura, par suite, une plus grande tendance à la déformation que les autres, et l'expérience a montré, en effet, qu'après le décintrement les mouvements y sont plus à craindre, à moins qu'elle n'ait été exécutée avec la plus rigoureuse précision.

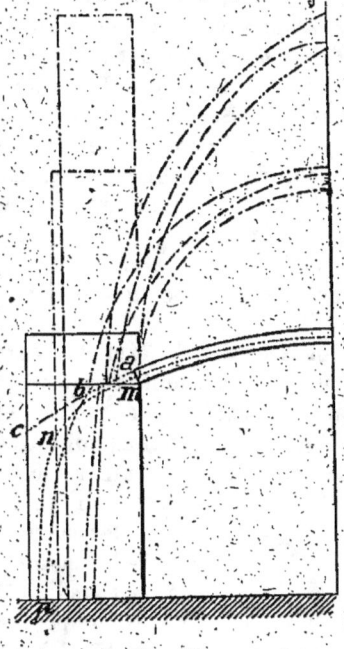

Fig. 237.

On peut remarquer le ressaut plus ou moins considérable que présente, dans les différents cas précédents, la courbe des pressions au joint de naissance ; cette brisure est due à la surcharge du piédroit ; elle ne se produit pas lorsque l'extrados se prolonge sur toute l'épaisseur de ce dernier, comme cela a lieu en *abc* pour l'arc surbaissé de la figure 237, dont la courbe des pressions *mnp* est continue.

Courbe des centres de gravité. — On conçoit que, pour ces différents profils de voûte, les déformations ne seraient pas à craindre, et les pressions seraient mieux réparties, si l'on modifiait les courbes extérieures, de façon que celle des pressions passât par les centres de gravité des voussoirs. C'est ce qui a lieu, en particulier, lorsqu'on adopte, pour le profil de la voûte chargée de son propre poids, la courbe appelée *chaînette*. Mais cette courbe n'est pas applicable dans le cas des voûtes destinées à porter des surcharges.

Des procédés analytiques permettent de déterminer pour ces dernières le profil à adopter, pour que la courbe des pressions passe par les centres de gravité des voussoirs et devienne la *courbe des centres de gravité*. On peut également l'obtenir d'une façon suffisamment approchée par la méthode graphique et à l'aide de tâtonnements successifs. On trouve, par exemple, que, pour une voûte chargée en son sommet, la courbe la plus favorable est analogue à l'ogive, ce qui était à prévoir à l'inspection de la figure 237.

Poussées des différentes voûtes. — Toutes les considérations qui précèdent se rapportent à des voûtes en berceau ; mais elles sont applicables également aux autres voûtes avec quelques modifications qui varient à chaque cas particulier et que nous allons examiner successivement.

C'est pour les voûtes en arc de cloître que les procédés et les calculs précédents s'appliquent avec le moins de changements. Considérons (*fig*. 238) une voûte de ce genre. Elle peut être divisée en deux parties AB*o*CD et AD*o*BC appartenant chacune à un cylindre différent, qui se comportera comme une voûte en berceau. La rupture d'une pareille voûte pourra se produire suivant les génératrices dont la projection est indiquée dans le plan et aussi suivant des lignes brisées telles que *mn* composées de tronçons de directrices et correspondant à des joints. On vérifiera que la voûte peut résister à la poussée capable de produire la première rupture à l'aide de la courbe des pressions tracée comme dans les exemples précédents, avec cette

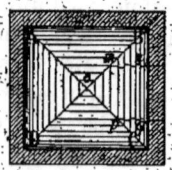

Fig. 238.

seule différence qu'ici le berceau considéré étant compris entre deux plans non parallèles, ceux des arêtes, on aura à calculer pour chaque voussoir son volume et non plus seulement la surface de sa section par un plan normal aux génératrices. Il est à remarquer que, dans le cas de la voûte en arc de cloître, la disposition est particulièrement favorable à la stabilité, puisque le volume des voussoirs diminue à mesure qu'on s'approche du sommet, là même où se trouvent ceux qui déterminent la poussée, laquelle sera d'autant plus faible. Le piédroit, s'il n'avait à résister qu'à cette action, pourrait donc être de moindre épaisseur que dans le cas d'une voûte en berceau continue. Mais le second mode de rupture dans le sens des directrices fait intervenir un autre genre d'effort qui modifie ce résultat. Il est évident que, s'il y a disjonction suivant mn par exemple, la partie Bmn s'appuyant sur la portion contiguë du berceau ABo augmentera sa poussée sur le piédroit AB.

Pour s'assurer de la stabilité dans l'hypothèse où cette rupture est possible, il suffit de diviser la voûte ABoCD, par exemple, en un certain nombre de tranches par des plans normaux aux génératrices et de faire l'épure successivement pour chaque tranche. On trouvera ainsi des épaisseurs différentes pour le piédroit ; on atteindra évidemment le maximum au milieu de AB et, à la limite de la division, ce maximum serait précisément l'épaisseur correspondant au piédroit d'une voûte en berceau de même portée.

Il faut bien dire que ce dernier genre de rupture n'est à craindre que pour des voûtes de grande portée construites en matériaux offrant peu de cohésion. Cela montre en même temps qu'il sera bon de relier avec le plus grand soin toutes les parties d'une voûte en arc de cloître.

Dans le cas d'une voûte en arc de cloître avec plafond, la marche à suivre serait la même, mais il faudrait, au préalable, calculer la poussée de la partie plane sur les parties courbes.

S'il s'agit de voûtes d'arête, les conditions sont différentes. Considérons une série de ces voûtes formant portique, comme dans le fragment représenté par la figure 239.

La portion de voûte AoBo', par exemple, exercera sur les piédroits A et B une poussée supérieure à celle d'un berceau continu s'appuyant sur les mêmes points, puisque les voussoirs sont ici d'autant plus volumineux qu'ils sont plus près du sommet. La valeur de cette poussée sera déterminée à l'aide du même procédé qui a déjà été exposé pour les voûtes en berceau. Les deux joints de rupture étant projetés en mm', nn', on voit que les portions des voûtes incidentes mop, nor, $m'o'p'$, $n'o'r'$, comprises entre les sommets o et o et les lignes de rupture, mp, nr, $m'p'$, $n'r'$, prolongeant les joints de la voûte principale, viennent s'appuyer sur celle-ci et augmenter sa poussée. Mais, en revanche, les portions $AmpCs$, $BnrDt$, $Am'p'Es'$, $Bn'r'Ft'$, s'appuyant sur les piédroits, y exercent des poussées égales deux à deux dont la résultante verticale s'ajoute à la surcharge de ces piédroits et augmente la stabilité de la construction.

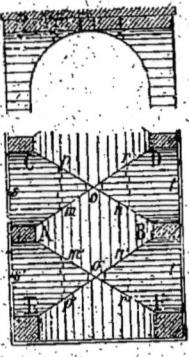

Fig. 239.

On voit par ces quelques explications quelles sont les opérations auxquelles il y aurait lieu de procéder pour vérifier la stabilité d'une voûte d'arête et en déduire les proportions à affecter à ses différentes parties. En pratique, on les simplifie beaucoup en substituant aux portions des voûtes incidentes qui s'appuient sur la grande voûte, le prolongement de cette dernière supposée en berceau continu. Il est certain qu'on doit augmenter l'épaisseur ainsi trouvée pour les piédroits, puisque, au lieu d'être des murs pleins, ils se réduisent à de simples piles A, B, C, D, E, F.

Dans une succession de voûtes d'arête analogue à celle qui est représentée par la figure 239, les proportions de ces piles sont déterminées en partie par les convenances de la décoration et en partie par des considérations relatives à la stabilité. C'est leur largeur qui est fixée par les premières, tandis que leur épaisseur se déduit de la formule (VII) modifiée de la façon suivante. Si L est la distance d'axe en axe de deux piédroits, et l la largeur de chacun d'eux, on multiplie S et F par le rapport $\frac{L}{l}$ et on tire leur épaisseur de l'équation :

$$x = -\frac{S}{H}\cdot\frac{L}{l} + \sqrt{\left(\frac{S}{H}\cdot\frac{L}{l}\right)^2 + 2rF\frac{L}{l}\left(1+\frac{h}{H}\right) - \frac{2SD}{H}\frac{L}{l}}$$

ou, plus généralement, toutes les fois que H égale ou surpasse l'ouverture, de la relation :

$$x = \sqrt{2rF\cdot\frac{L}{l}}.$$

Quant aux piédroits qui terminent à chaque extrémité une série de ces voûtes, et qui sont exposés au renversement en dehors, n'étant pas contrebutés, comme les intermédiaires, par les voûtes contiguës, leurs dimensions peuvent être également déterminées par ces formules. Mais, en général, on n'a pas à faire ce calcul, car des considérations d'un autre ordre conduisent l'architecte à donner à ces parties extrêmes des proportions plus fortes même que celles qu'exigerait la stabilité seule, afin que l'œil soit pleinement rassuré à cet égard. En architecture, en effet, il faut que les formes et les proportions soient fortement expressives et qu'à la seule inspection d'un édifice et sans avoir à se livrer à de longs raisonnements ou à des recherches préalables, l'esprit du spectateur reçoive l'impression nette et certaine de sa solidité. Sans doute, pour certaines constructions très hardies, on n'a point égard à cette considération ; mais, même dans ces cas exceptionnels, il en résulte pour l'esprit une certaine crainte et pour l'œil une certaine fatigue, et, quels que soient, d'ailleurs, les mérites de pareilles œuvres, on ne peut les admirer sans réserve.

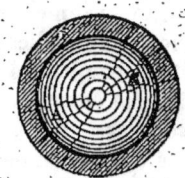

Fig. 240.

La stabilité des voûtes sphériques se vérifiera à l'aide du procédé déjà employé pour les voûtes qui précèdent. En les divisant par des plans méridiens en un certain nombre de segments ou fuseaux, comme l'indique la figure 240, on voit que ces fuseaux se font équilibre deux à deux, A et A', par exemple. Si les plans qui les déterminent sont suffisamment rapprochés, on pourra confondre les arcs de cercle ainsi interceptés avec des lignes droites, et la tranche considérée, avec une surface cylindrique dont elles seraient les génératrices. La voûte sphérique se trouvera remplacée par une voûte en arc de cloître sur plan polygonal régulier, et son cas est ainsi ramené à un autre précédemment étudié.

Si cette voûte, au lieu de reposer, comme nous l'avons supposé, sur un mur continu, était supportée par des points d'appui isolés, l'épaisseur de ces derniers se déduirait de la même formule que nous avons donnée pour les voûtes d'arête, dans laquelle L serait le développement total de la base, et l la somme des largeurs des faces intérieures des piédroits.

Considérations sur l'emploi des voûtes. — Les méthodes qui viennent d'être étudiées pour vérifier la stabilité des différentes voûtes ne sont qu'approximatives, mais les résultats qu'elles fournissent sont suffisants pour les cas les plus ordinaires et les plus fréquents. Du reste, on ne leur demande, le plus souvent, surtout en architecture, que des indications comprises entre des limites assez larges, à savoir que telle voûte projetée présentera une solidité convenable sans un trop grand excès de résistance. L'architecte, en effet, doit se préoccuper presque toujours de l'économie autant que de la stabilité, et, en ce qui concerne le cas que nous examinons, rechercher quelles sont les formes et les dispositions de voûtes remplissant le mieux les conditions requises pour l'édifice à construire, et exigeant la plus petite quantité de matériaux.

Les voûtes, on peut s'en rendre compte par le nombre et la variété de leurs formes, se prêtent à des combinaisons très diverses, et parmi elles il est très important de chercher les plus avantageuses pour un cas proposé. Il faut, dans cet esprit, choisir celles qui permettent, par exemple, de reporter tout ou la plus grande partie des efforts aux points où

points d'appui du vaisseau central et les piédroits des arcs-boutants, des voûtes plus légères et de moindre portée, et pour se servir de ces piédroits comme murs de refends séparant de petites chapelles ou des niches, selon les proportions de l'édifice. C'est en particulier la disposition adoptée à la cathédrale de Paris, et on y admire la concordance parfaite entre les nécessités de la construction et les convenances de distribution de l'édifice.

Afin de diminuer le plus possible le poids des voûtes et la quantité des matériaux employés à leur exécution, les architectes usèrent d'un procédé analogue à celui dont il a été question pour les voûtes romaines. Les arêtes formées par la rencontre des voûtes et les parties renforcées par des arcs doubleaux étaient exécutées en matériaux de choix offrant une grande résistance, tandis que les parties intermédiaires étaient formées par une maçonnerie plus légère, de moindre épaisseur.

La face supérieure des arcs-boutants était, très souvent creusée en forme de canal destiné à l'écoulement des eaux pluviales. Cette disposition, qui paraît fort ingénieuse au premier abord, parce qu'elle emploie pour un but utile une partie de la construction, déjà motivée par d'autres raisons, présente le grave inconvénient de favoriser, par les infiltrations, la destruction de ce membre si important dont dépend, en somme, toute la stabilité de l'édifice. D'ailleurs, par suite de sa situation à l'extérieur de ce dernier, il est exposé sur toutes ses faces aux intempéries, dont l'action est si funeste à la conservation des ouvrages en maçonnerie.

Les arcs-boutants, tout en indiquant un sentiment très juste des efforts auxquels sont soumises les voûtes et de leurs conditions d'équilibre, constituent donc une disposition des plus défectueuses, au point de vue de la durée des édifices. Nous sommes obligés par cela même à restreindre l'admiration qui peut être due à l'architecture du moyen âge, à cause de son originalité incontestable et de son adaptation parfaite aux mœurs et au sentiment religieux de cette époque. Son étude ne sera point sans fruit cependant pour ceux de nos lecteurs qui pourront s'y livrer, en se libérant par avance de tout préjugé et de toute idée étroite, et en tâchant d'en dégager l'esprit pour l'appliquer aux conditions et aux circonstances actuelles, bien plus que d'y chercher des formes à copier et des modèles à suivre servilement.

DÉCORATION

Considérations générales. — Toute décoration rationnelle dépend du système adopté pour la construction, puisqu'elle consiste à marquer par des saillies convenables les différentes parties constitutives. Cependant on ne pourra appliquer aux voûtes dans toute sa rigueur ce principe qui s'adapte si parfaitement aux murs et même aux arcades. Pour ces derniers, on conçoit très bien que l'indication plus ou moins prononcée de blocs de pierre, au moyen des joints apparents, des refends et des bossages, donne l'impression de la solidité, car, dans ces ouvrages, toutes les parties utiles sont visibles, et le spectateur se rend compte sans effort des actions qui s'y produisent et des résistances qu'on leur oppose. Il n'en est pas de même pour les voûtes, dont l'œil ne voit que la face intérieure, et dont il ne peut évaluer au premier aspect ni l'épaisseur, ni la résistance des piédroits, ni aucun des moyens artificiels employés pour en maintenir l'équilibre. Indiquer à l'intrados d'une voûte les pierres qui la composent par des refends et des bossages contribuerait donc à effrayer le spectateur et non à le rassurer, car, ne pouvant se rendre compte du procédé qui retient à la partie supérieure de l'édifice ces blocs d'apparence très massive, il en craindrait constamment la chute.

Arcs doubleaux. — Mais d'autres considérations permettent de concevoir un système de décoration en rapport avec la construction. Lorsqu'une voûte porte une charge, un plancher, par exemple, il y a des points où s'appuient, par de plus fortes poutres ou tout autre moyen, des poids plus considérables qui exigent plus de résistance. Rien ne sera donc plus rationnel que de l'accuser par des arcs doubleaux en saillie sur l'intrados. Plus ces arcs seront larges, saillants et rapprochés, plus ils indiqueront de solidité, et l'esprit admettra parfaitement que les parties intermédiaires soient plus légères, ayant à supporter de moindres efforts ou même n'étant chargées que de leur propre poids. Cet effet sera encore augmenté si la retombée de chaque arc doubleau correspond au sommet d'une saillie de la partie verticale du piédroit, un pilastre ou une chaîne de bossages. Les portions de voûtes comprises entre deux arcs consécutifs seront, selon le degré de richesse de l'édifice ou de la salle, lisses ou ornées d'encadrements à moulures (*fig.* 242) ou, dans l'un et l'autre cas, de peintures à fresques ou de sculptures en bas-relief. Ce mode de décoration, il faut en convenir, présente peu de variété et, sans le secours des ornements peints ou sculptés, il garde un aspect pauvre et froid.

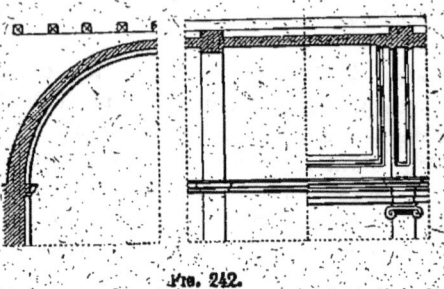

Fig. 242.

Caissons. — Aussi a-t-on cherché de bonne heure une autre disposition assurément moins rationnelle, mais dont l'effet est très heureux et se prête à beaucoup de richesse et de variété. Les caissons, dont les formes se déduisent si simplement de la construction primitive des plafonds et qui constituent pour ces derniers une décoration toute naturelle, ont été employés par les Romains pour les voûtes. A la rigueur, ils peuvent se légitimer, si l'on conçoit ces dernières formées d'arcs plus ou moins rapprochés reliés de distance en distance par des plates-bandes, et formant ainsi des compartiments fermés au moyen d'une maçonnerie plus légère.

Quoique l'explication que nous venons de donner n'ait pas été l'origine de l'emploi des caissons à la décoration des voûtes, cet usage n'en est pas moins consacré dans notre architecture, et nous allons en dire quelques mots.

Les caissons des voûtes sont généralement de forme carrée ou rectangulaire, comme ceux des plafonds; mais ce sont souvent aussi des hexagones, des octogones ou des losanges.

Ils constituent des compartiments plus ou moins profonds, selon qu'on veut plus ou moins accuser l'ornementation ou qu'ils sont placés à une plus ou moins grande distance ; plus ou moins ornés, selon le degré de richesse de l'édifice. Les plates-bandes ou *côtes* qui les séparent sont pour les mêmes raisons de largeurs variables sans cependant dépasser le tiers de celle du compartiment. La figure 243 montre une disposition de caissons carrés très simples. On peut remarquer que la côte qui se trouve à la naissance est plus large que les autres. Cette précaution a pour but de supprimer le mauvais effet produit par la corniche marquant l'origine de la voûte, et dont la saillie cache une partie au spectateur placé sur le sol où s'élèvent les piédroits.

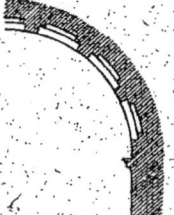

Fig. 243.

Les caissons carrés et octogonaux, qui sont les plus employés, sont souvent ornés d'une rosace, et les côtes qui les séparent portent des torsades, des entrelacs ou des feuilles de lauriers.

Exemples de caissons. — Les Romains, qui ont fait un grand usage de ce système de décoration pour leurs voûtes, y ont, en général, multiplié les ornements. La figure 244 en donne un exemple tiré de l'arc de triomphe de Titus à Rome. Les caissons y sont traités avec beaucoup de finesse et une grande richesse. Les moulures qui forment l'encadrement sont toutes ornées d'oves ou de rais de cœur. Sur les côtes est sculptée une légère torsade coupée par un petit fleuron à chaque intersection.

La côte horizontale de la naissance, très large à cause de la saillie de la corniche, est décorée d'enroulements de feuilles. L'arc doubleau de tête est également orné de feuilles, et chaque caisson présente en son milieu une rosace saillante.

L'architecture moderne a fait aussi un grand usage des caissons dans la décoration des voûtes. La figure 245 repré-

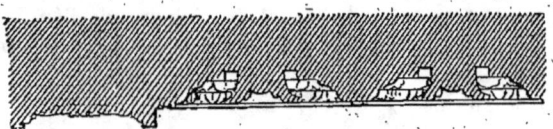

Fig. 244.

sente un fragment de la grande voûte de l'arc de triomphe de l'Étoile, à Paris. A gauche, on voit la partie inférieure de l'arc doubleau de tête orné d'un encadrement fortement accusé et d'une succession d'entrelacs ; la partie de droite représente des caissons carrés, de plus grandes dimensions que les précédents, et traités avec plus de fermeté, en raison de la grande hauteur à laquelle ils sont placés.

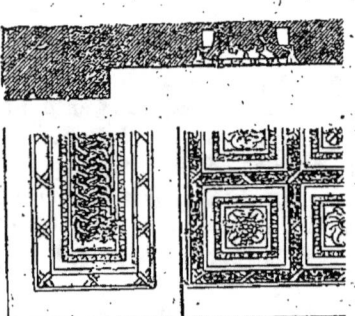

Fig. 245.

Les architectes de la Renaissance introduisirent plus de variété dans la forme de ces ornements. La voûte du grand berceau de l'église de Saint-Pierre, à Rome, est décorée de caissons principaux de forme carrée avec rosaces,

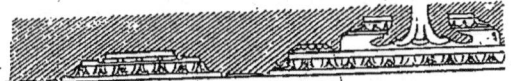

Fig. 246.

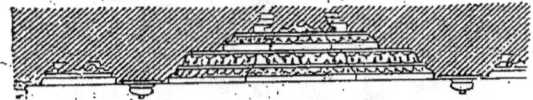

Fig. 247.

séparés par des caissons rectangulaires et d'autres caissons carrés de moindre importance, ces derniers, moins profonds que les autres, et ornés de sculptures allégoriques (*fig.* 246). Sur les côtes sont sculptées des feuilles de laurier avec fleurons aux points de rencontre.

Enfin, la figure 247 représente une combinaison de caissons octogonaux et de petits caissons carrés, analogue à celle qui a été adoptée pour les voûtes des bas-côtés entourant la base du dôme de Saint-Pierre de Rome, dont nous venons de citer la voûte principale.

Cette dernière disposition convient moins que les précédentes aux édifices d'un caractère sérieux ou sévère ; mais la variété de ses formes peut être, en beaucoup de cas, d'un agréable effet.

Voûtes peintes. — D'après ce qui vient d'être dit, les deux systèmes de décoration des voûtes, qu'on peut déduire des formes et des dispositions architectoniques consistent l'un, à indiquer une ossature et un remplissage au moyen des arcs

Fig. 248.

doubleaux ; l'autre, à diviser l'intrados en caissons, rappelant vaguement certaines constructions en charpente. Ces moyens ne conviennent pas toujours ou ne sont pas toujours suffisants, et on a recours, en bien des circonstances, à la peinture.

Dans ce cas, on se borne à diviser la surface à décorer sans avoir égard à la construction et dans le seul but de produire un ensemble harmonieux et en rapport avec le caractère de l'édifice. C'est le cas, par exemple, de la voûte d'une des salles du Vatican, dont la figure 248 représente un fragment. Elle fut dessinée et peinte par Raphaël.

Décoration des différentes sortes de voûtes. — Les procédés de décoration que nous venons d'examiner s'appliquent à toutes les voûtes, mais avec plus ou moins d'avantages, et il convient d'employer dans chaque cas les dispositions qui lui sont le mieux appropriées. Aussi, allons-nous dire quelques mots de ces dispositions pour les différentes sortes de voûtes.

Lorsqu'on décore les voûtes en berceau au moyen de caissons, leurs côtes sont de largeur uniforme, sauf celle de la naissance, qu'on tient plus large pour des raisons déjà mentionnées. On s'arrange, dans la division de l'intrados, à avoir au sommet une rangée de caissons, comme cela est indiqué dans la figure 243. Si les murs sur lesquels s'appuie la voûte sont percés de portes ou de fenêtres, on ménage également un rang de caissons dans l'axe de chaque ouverture. Cette disposition s'explique par ce fait que les côtes sont censées représenter des parties principales plus chargées, et les caissons, des parties plus légères.

Les convenances exigent que les points où les piédroits sont le plus affaiblis supportent des charges moindres. Dans le cas où les points d'appui sont des colonnes, on divisera la partie de voûte comprise entre deux colonnes consécutives en un nombre impair de caissons, de manière à en avoir un dans l'axe de l'intervalle; il sera bon de réserver également une côte au-dessus de chaque colonne. On observerait le même principe dans le cas des pilastres. Cependant, l'arc doubleau, s'appuyant sur une colonne ou un pilastre, peut être décoré de caissons qui se trouveront par conséquent dans l'axe du support, mais on peut dire alors que cette disposition représente une ossature de deux arcs reliés par des plates-bandes régulièrement espacées et comprenant entre elles un remplissage. D'ailleurs, ces considérations ne sont pas des règles absolues dans le cas des caissons de faibles dimensions, et on s'occupe bien plus de les distribuer régulièrement que de les rattacher d'une façon directe à la construction. Il est bon de s'y conformer, néanmoins, lorsqu'il s'agit de voûtes décorées par de grands compartiments qui, en raison de leur développement, frappent davantage le regard et accuseraient désagréablement toute discordance avec les divisions de la paroi verticale.

On n'a point à tenir compte de ces observations lorsque les divisions doivent seulement servir d'encadrement à des panneaux peints, et il suffit alors que l'ensemble s'harmonise avec les autres parties de la salle, tant au point de vue du nombre des compartiments qu'en ce qui concerne leur forme.

Les voûtes en arc de cloître se prêtent mal à la décoration par caissons, à cause des formes tronquées qu'ils prennent dans le voisinage des arêtes et qui sont d'un effet désagréable. Bien qu'il soit possible d'employer cette disposition, nous croyons préférable de ne pas la recommander. Mais souvent, dans nos édifices, ces voûtes sont combinées avec un plafond offrant un grand développement par rapport à la partie courbe, qui devient ainsi accessoire. On peut se dispenser alors d'accuser ses arêtes rentrantes et décorer la voussure de caissons distribués comme dans la figure 249, et destinés à recevoir des peintures ou de fines sculptures.

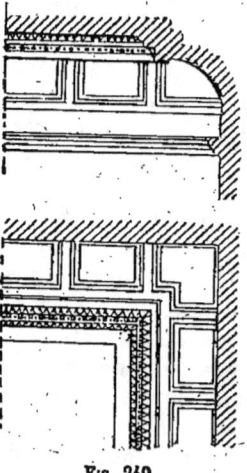

Fig. 249.

D'ailleurs, les nervures ou arcs doubleaux s'appliquent très bien dans ce cas, et leur position est tout indiquée soit aux arêtes, soit dans le prolongement des nervures planes qui encadrent le plafond.

Pour les voûtes d'arête, l'emploi des caissons serait encore plus défectueux, et la décoration la plus simple et la plus fréquente, dans ce cas, consiste à accuser les arêtes au moyen de saillies ou *nervures*, dont la figure 250 donne un exemple. Ce procédé est tout à fait rationnel, puisqu'il indique une plus grande résistance là où il y a justement concentration des efforts des deux voûtes contiguës. Dans une série de voûtes d'arête, on sépare généralement deux voûtes consé-

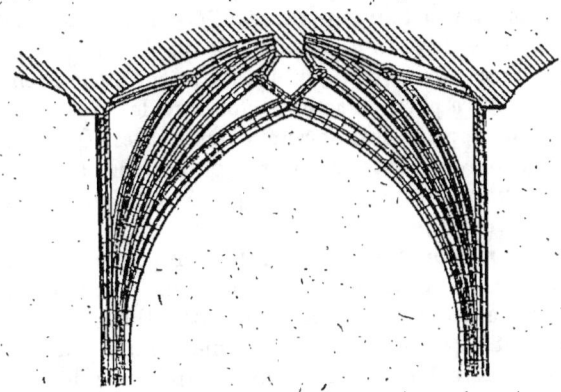

Fig. 250.

cutives par un arc doubleau, dont on voit la moitié du profil à droite et à gauche de la figure 250, et sa présence s'explique par la nécessité de renforcer la construction au-dessus de chaque point d'appui, afin d'y reporter les charges.

Les architectes du moyen âge tirèrent un grand parti de l'emploi des nervures et les multiplièrent même, dans les voûtes d'une certaine importance, ailleurs que sur les arêtes. La figure 251 représente le plan réduit correspondant à l'élévation de la figure 250: ces deux figures rendent compte de la disposition des nervures dans une

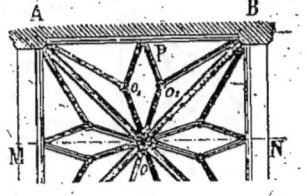

Fig. 251.

voûte d'arête en ogive. Les têtes A et B ou piles engagées dans le mur sont reliées aux colonnes ou aux pilastres qui leur font face au moyen des arcs doubleaux AM, BN. Ces deux têtes sont, d'autre part, reliées entre elles au moyen des *arcs formerets*, tels que AB. Les arêtes sont marquées par des *nervures diagonales* ou *croisées d'ogive* oA, oB. De chaque point d'appui partent d'autres nervures telles que Ao_1, Bo_2, qu'on appelle *tiercerons;* dans la figure 251, les tiercerons s'arrêtent à des points intermédiaires o_1, o_2, régulièrement distribués sur la voûte, d'où partent de nouveaux arcs qui les relient, d'une part, aux formerets ou aux doubleaux (ce sont, par exemple, Po_1, Po_2), d'autre part, au sommet (ce sont les arcs tels que oo_1, oo_2). On appelle ces nervures des *liernes*. Quelquefois les liernes oo_1, oo_2 sont supprimées et Ao_1, Bo_2 se rencontrent sur une nervure médiane placée en Po, MoN, et à laquelle on donne le nom de *crête*.

Toutes ces nervures étaient exécutées en pierre de taille de petites dimensions et décorées de moulures. Quant aux portions de voûte qui remplissent leurs intervalles, ce sont des surfaces dont la génératrice est assez mal définie, qu'on exécutait en petits matériaux ou même en une sorte de béton à bain de mortier.

Les points de jonction des nervures étaient marqués par de petits fleurons en saillie, et la clef était, en général, remplacée par une rosace sculptée à jour.

Assurément, quoique très rationnelle dans son principe, cette décoration a été souvent employée avec excès, et nous devons mettre en garde nos lecteurs contre la profusion de ces nervures, dont les combinaisons donnaient des dessins bizarres, très recherchés des artistes du moyen âge, mais que répudient nos goûts modernes et nos idées positives. Néanmoins on peut parfaitement s'en servir en ayant soin de n'en pas exagérer le nombre. Ainsi qu'on le voit dans la voûte d'arête représentée par la figure 252, où les nervures diagonales ont été remplacées par deux tiercerons qui forment au sommet un carré, il est possible d'en tirer un excellent parti décoratif.

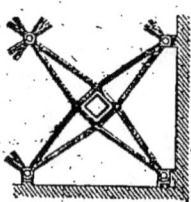

Fig. 252.

En raison de leur forme simple et de leur régularité parfaite, les voûtes sphériques admettent tous les modes de décoration, sans présenter au regard ou à l'esprit aucune des discordances ou des formes désagréables qui résultent parfois, comme nous l'avons vu, de l'application des mêmes procédés aux autres genres de voûtes. Le plus rationnel de ces procédés, celui des arcs doubleaux, modifié pour s'adapter à leur forme, est en même temps celui qui leur convient le mieux et qui produit le plus grand effet. Ces arcs, plus larges à l'origine qu'au sommet, divisant l'intrados de la voûte en fuseaux dont la largeur diminue suivant la même progression de la base au sommet, offrent plus de variété que lorsqu'ils sont employés pour les berceaux cylindriques, et ils se relient plus directement à la construction dont ils indiquent nettement la forme, les dispositions et la résistance. De plus, ils viennent se réunir au sommet, où l'on peut avoir un motif de décoration qui les relie et contribue ainsi à l'unité et à la richesse. Ce motif est généralement une rosace ou une couronne à jour supportant une lanterne.

C'est cette dernière disposition qui a été adoptée pour la voûte du dôme de Saint-Pierre, à Rome, dont nous donnons une moitié dans la figure 253. Le tambour qui supporte e dôme est décoré de pilastres accouplés au-dessus desquels s'appuie la retombée des nervures, par l'intermédiaire d'une corniche et d'une sorte de balustrade pleine présentant un ressaut à chacun de ces motifs, de façon à former socle pour les nervures, et couronnement pour les pilastres. Les fuseaux compris entre ces nervures sont décorés de compartiments peu profonds, encadrés de moulures et où sont exécutées de grandes figures en mosaïque coloriée sur fond or. La couronne supérieure encadre une ouverture circulaire au-dessus de laquelle s'élèvent le tambour et la voûte d'une lanterne. On peut voir, à gauche de la figure, le plan de l'un des supports du tambour du dôme avec le contrefort correspondant. Au-dessous de ce plan se trouve une coupe du profil des nervures dont la plate-bande centrale est ornée d'étoiles en or sur fond bleu.

On reprochera peut-être à de tels exemples d'être bien éloignés, par les proportions colossales, le caractère monumen-

Fig. 253.

tal et la richesse de l'ornementation, des ouvrages ordinaires dont un architecte peut avoir la direction. Nous pensons toutefois qu'il est bon de les placer sous les yeux du lecteur. Il y trouvera l'harmonie des formes et des proportions décoratives, leur adaptation au procédé de construction et le caractère de grandeur et de beauté qui en résulte. Or, ce sont là des qualités qu'on doit rechercher à tous les degrés de richesse des édifices, et même dans les plus simples, sans leur sacrifier, d'ailleurs, aucune des exigences particulières à chacun d'eux, au point de vue de son utilité propre.

Sans revêtir un caractère aussi monumental que celui qui résulte de la décoration au moyen des nervures, la division en caissons convient très bien aux voûtes sphériques. De même que le procédé précédent, celui-ci y offre plus de variété et de richesse que dans les voûtes en berceau. Il y présente cette particularité que, les côtes verticales étant plus rapprochées au sommet qu'à la naissance, la largeur des caissons diminue suivant la même progression, et que, pour conserver à ces derniers une forme semblable avec des dimensions différentes, il faut rapprocher les côtes horizontales à mesure qu'on s'élève. La largeur des côtes varie suivant la même loi.

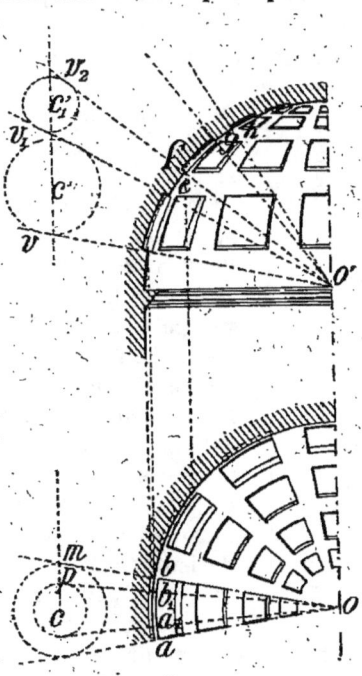

Fig. 254.

Un procédé simple et ingénieux pour le tracé des caissons dans une voûte sphérique a été donné par le colonel Émy. Le voici

en quelques mots. Si l'on considère une sphère idéale, cc', placée à l'extérieur d'une coupole (fig. 254), et si on construit, avec le centre oo' de la coupole pour sommet, un cône tangent à cette sphère, il rencontrera l'intrados suivant un cercle. Indiquons sur le plan de la voûte la division en caissons que nous voulons adopter, et entre les prolongements des arêtes de deux nervures consécutives oa, ob, décrivons une circonférence cm tangente à ces deux droites. Menons ensuite $o'v$ par l'arête supérieure de la côte de naissance que nous nous fixons d'après les considérations déjà données, décrivons une circonférence de même rayon que cm, ayant son centre en c' sur la verticale $c'd$ et tangente à $o'v$; enfin, menons la droite $o'v_1$, tangente supérieure à cette circonférence; $o'v$ et $o'v_1$ représentent les projections des génératrices extrêmes du cône tangent à la sphère, dont le cercle $c'v$ est la projection. Il rencontre l'intrados de la voûte

suivant un cercle qui est inscrit dans le premier caisson, dont l'arête supérieure horizontale passera par conséquent en e. Du centre c, décrivons une circonférence cp, tangente aux droites oa_1 et ob_1, qui ont le même écartement que les deux arêtes extrêmes d'une côte verticale, et reportons la même circonférence en c'_1, sur la verticale $c'd$, de telle sorte qu'elle soit tangente à $o'v_1$. La rencontre en f de $o'v_2$, tangente supérieure à cette circonférence, avec l'intrados de la voûte, donne l'arête supérieure de la seconde côte horizontale. En continuant l'opération de proche en proche, comme l'indique la figure, on obtient la division cherchée: on s'arrête lorsque les dimensions des caissons et des côtes deviennent trop faibles, et il reste ainsi au sommet une petite calotte qui peut être décorée d'un caisson circulaire ou d'une rosace saillante.

Fig. 255.

Les culs-de-four sur pendentifs se décorent de la même façon que les voûtes sphériques ayant pour directrice un quart de circonférence. Quelquefois la décoration de la calotte se continue sans interruption sur les pendentifs; mais le plus souvent ces deux parties sont séparées par une corniche et décorées différemment. Dans le premier cas, on peut employer soit les caissons, soit la peinture. Dans le second cas, on réserve les caissons pour la partie supérieure et on décore de peintures les pendentifs, où l'on se borne à tracer un cadre de moulures (*fig.* 255). L'emploi des surfaces peintes pour la calotte et pour les pendentifs peut produire aussi, dans ce cas, un effet satisfaisant.

Enfin, les culs-de-four de niche, aussi bien que les voûtes dont le plan est un cercle complet, peuvent être décorés par les procédés précédemment indiqués et au moyen des mêmes dispositions : elles ne sont autre chose, en effet, que des demi-coupoles.

EMPLOI DES VOUTES

Différents cas. — Les voûtes sont d'un usage constant dans nos édifices modernes, soit pour former la partie supérieure des caves, soit pour couvrir les salles des autres étages, soit pour former les arcs des baies cintrées. Il est certaines formes de voûtes qu'on doit employer préférablement à d'autres dans chacun de ces cas. Nous les passerons successivement en revue.

Voûtes des caves. — Les voûtes des caves sont, en général, destinées uniquement à clore des enceintes où on veut maintenir une température à peu près constante, mais qui ne servent pas à l'habitation. On choisira donc leurs formes et leur mode de construction sans aucune considération esthétique et sous la seule condition d'offrir une résistance suffisante pour le moindre prix de revient. La forme cylindrique étant

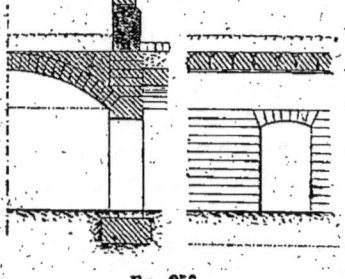

Fig. 256.

la plus simple et la plus facile à exécuter, c'est presque toujours les voûtes en berceaux qu'on emploie dans ce cas.

Quant aux matériaux, ce sont le plus souvent les moellons, quelquefois la meulière, enfin la brique pour des voûtes très légères.

La figure 256 représente la moitié d'une voûte en moellons de 0^m,40 d'épaisseur (minimum pour les moellons). L'un des piédroits est percé d'une porte cintrée en arc surbaissé.

Les parties comprises entre l'extrados et le plan horizontal du sommet, qui constituent les reins de la voûte, sont remplies de béton sur lequel est établi le sol du rez-de-chaussée. Les piédroits sont exécutés en moellons, comme la voûte.

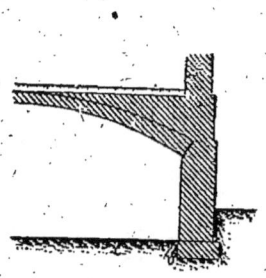 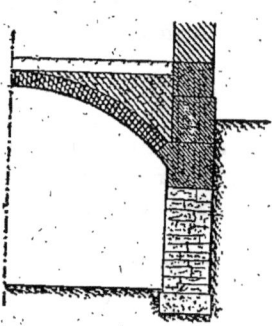

Fig. 257.   Fig. 258.

Les figures 257 et 258 offrent des exemples : la première, d'une demi-voûte en meulière de 0^m,26 d'épaisseur au sommet, hourdée en ciment, et d'un tracé très hardi qu'il ne faudrait pas dépasser en pratique; la seconde, d'une demi-voûte en briques de 0^m,22 d'épaisseur, dont les reins sont remplis en béton qui forme liaison avec les murs et contribue beaucoup à la solidité de l'ensemble.

Dans ces divers exemples, la directrice de la voûte est un arc surbaissé à un centre. On emploie aussi l'anse de panier et même le plein cintre, surtout lorsqu'on a besoin d'une plus grande résistance, car, dans les autres cas, les arcs surbaissés ont l'avantage de donner une hauteur moins irrégulière au sous-sol ainsi voûté et plus d'espace utilisable.

Lorsqu'une cave voûtée doit être éclairée latéralement par des soupiraux, ceux-ci sont, à l'intérieur pourvus de voussures formant pénétration dans le berceau principal à la façon des lunettes cylindriques dont nous avons déjà parlé en étudiant les différents genres de voûtes. Si le dessus de l'ouverture du soupirail est plus élevé que le sommet de l'intrados de la cave, la génératrice de l'arrière-voussure est inclinée, et la disposition qu'on adopte est analogue à celle de la figure 259.

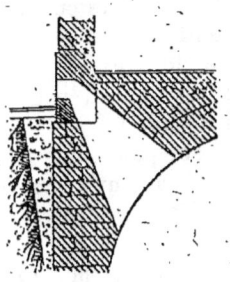

Fig. 259.

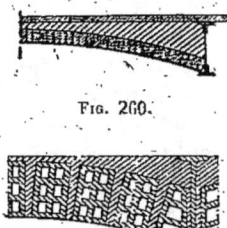

Fig. 260.

Fig. 271.

Les caves sont souvent aussi couvertes par un plancher en fer, et l'on peut encore, dans ce cas, se servir des voûtes pour clore les intervalles des solives. On les appuie sur les ailes inférieures de ces dernières et on les construit soit en briques pleines (*fig.* 260), soit en briques creuses (*fig.* 261), en leur donnant une faible courbure, afin de ne pas trop augmenter l'épaisseur du plancher ; elles ont même quelquefois une grande portée et peuvent être employées pour les planchers des étages supérieurs. Ainsi la voûte de la figure 260 a 3 mètres d'ouverture, et les briques, très résistantes, sont hourdées en ciment à prise lente. Il est bon de remarquer que, dans la construction de ces voûtes, on doit éviter de décintrer l'une d'elles sans qu'elle soit contrebutée latéralement par deux ou trois autres travées reposant encore sur leurs cintres. Une faible poussée ferait, en effet, fléchir dans le sens horizontal les solives qui la supportent, et cette voûte se romprait d'autant plus facilement que sa flèche est plus faible.

Voûtes des salles. — La plupart des voûtes peuvent être employées pour couvrir les salles intérieures des édifices, mais les dispositions particulières de ces salles font préférer certaines formes dans chaque cas.

Les salles rectangulaires, dont une des deux dimensions excède de beaucoup la seconde, sont susceptibles d'être voûtées en berceau, comme cela a été fait pour certaines salles des palais du Louvre. Il sera préférable de substituer à cette forme la voûte en arc de cloître barlongue ou la voûte en arc de cloître à deux directrices de même hauteur dans le cas où les deux dimensions de l'enceinte ne sont pas très différentes. Les fenêtres cintrées formeront dans ces salles des lunettes cylindriques ou coniques, comme on peut en voir des exemples dans beaucoup de nos églises.

Les voûtes d'arête et les culs-de-four sur pendentifs conviennent très bien aux portiques. Les galeries qui forment le pourtour extérieur du rez-de-chaussée du théâtre de l'Odéon, à Paris, sont un exemple des premières; on verra d'heureuses applications des secondes dans les portiques des palais de la place de la Concorde et de la cour du Carrousel.

Les salles carrées peuvent être couvertes soit par une voûte en arc de cloître, soit par une coupole ou un cul-de-four sur pendentifs, soit même, dans certains cas, par une voûte d'arête. Ces deux dernières dispositions conviendront parfaitement à une salle carrée qu'on voudra éclairer par de grands jours pratiqués à la partie supérieure des parois verticales, ou qui devra communiquer avec des salles contiguës au moyen de larges ouvertures cintrées.

Pour les enceintes ayant un plus grand nombre de côtés, on se servira presque exclusivement de la voûte en arc de cloître polygonale, avec ou sans plafond.

La coupole et le cul-de-four simples seront encore employés dans les cas des salles circulaires. On pourrait également remplacer la partie centrale par un plafond limité par une couronne et raccordé avec la paroi verticale, au moyen d'une portion de sphère ou d'une surface dont la directrice serait un quart de circonférence.

Les voûtes annulaires trouveront leur application dans le cas de portiques ou de couloirs contournant des salles circulaires.

Enfin, les berceaux en descente et la vis Saint-Gilles serviront : les uns, pour les escaliers droits, comme cela se voit au Louvre de Pierre Lescot, à l'escalier de Henri II; l'autre, pour les escaliers établis en tour cylindrique.

Nous ne faisons qu'indiquer ici l'emploi qu'on peut faire de ces diverses voûtes : nous aurons l'occasion d'en reparler dans la seconde partie de cet ouvrage.

Voûtes des baies. — Les voûtes cylindriques sont les seules qui soient applicables aux baies. Elles peuvent avoir pour directrices toutes les courbes planes simples, mais ce sont le plus souvent, comme nous l'avons déjà vu, la demi-circonférence, l'arc surbaissé à un centre, l'anse de panier et l'ellipse. Quand elles sont percées dans les parois latérales d'une salle voûtée, elles forment des lunettes. Enfin, dans un mur à faces parallèles verticales, elles sont accompagnées à l'intérieur d'arrière-voussures dont il a déjà été question.

CHAPITRE VIII

ESCALIERS, CHEMINÉES ET REVÊTEMENT DES SOLS

§ 1ᵉʳ. — Escaliers

Définition. — Les escaliers sont des ouvrages qui servent à racheter deux niveaux différents au moyen d'un certain nombre de plans horizontaux successifs, degrés ou *marches*, suffisamment rapprochés pour qu'on puisse les gravir sans fatigue. A cet effet, ils sont susceptibles de dispositions spéciales, les unes ayant trait aux dimensions et à la succession des marches, les autres à la forme de l'ensemble.

DISPOSITION

Escalier droit entre murs parallèles. — L'escalier le plus simple à établir est composé de marches scellées dans deux murs parallèles. Chacune d'elles est un parallélipipède rectangle recouvrant légèrement celui qui se trouve immédiatement au-dessous et ayant ses grandes faces horizontales, et ses petites faces verticales. L'espace compris entre l'arête d'une marche et la ligne de recouvrement de la marche supérieure s'appelle *giron* (fig. 262).

Fig. 262.

Si la largeur de l'escalier était trop considérable et si l'on pouvait craindre par là une rupture des marches, soutenues à leurs deux extrémités seulement, on pourrait placer entre les murs extérieurs des murs intermédiaires dont le nombre et la résistance seraient proportionnés à la longueur des marches à soutenir et aux charges probables qu'elles seraient destinées à porter. Mais cette disposition, qu'il est possible d'employer en certains cas, ne sera pas praticable en général, parce qu'elle ne permet plus d'utiliser la partie située au-dessous d'une succession de marches, ou *rampe*, pour la circulation ou pour l'établissement d'une seconde rampe, ce qui est le cas de la plupart des escaliers. Lorsque l'espacement des deux murs dans lesquels sont scellés les extrémités des marches, ou murs d'*échiffre*, sera trop considérable pour qu'on soit à l'abri d'une rupture, il sera donc préférable d'établir entre ces murs une voûte en berceau incliné, ou *descente*, dont les reins porteront les marches. Dans le cas d'un escalier droit on aurait la disposition représentée par la figure 263.

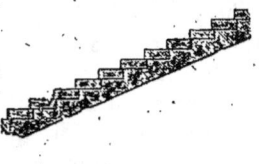

Fig. 263.

Escalier circulaire. — S'il s'agissait d'un escalier établi sur plan circulaire, la voûte en descente deviendrait une vis Saint-Gilles, qui pourrait, selon ses dimensions, présenter dans l'axe une sorte de support cylindrique, ou *noyau*, ou bien un vide de même forme que le mur enveloppant. Dans ce dernier cas, on aurait un *escalier en vis à jour*. Mais cette voûte est rarement employée. Elle est, en effet, compliquée et difficile à exécuter. D'autre part, les escaliers établis sur plan circulaire sont souvent de faibles dimensions, et il n'est pas nécessaire de soutenir les marches autrement qu'à leurs extrémités. On se sert alors d'une disposition très ingénieuse et très hardie, que représente la figure 264. La partie centrale, ou noyau, au lieu d'être un support indépendant des marches, est formée par les abouts intérieurs de ces dernières convenablement taillés et superposés, tandis que l'autre extrémité est légèrement encastrée dans le mur extérieur circulaire. Les abouts correspondant au noyau sont constitués par des tambours cylindriques ayant chacun même hauteur que la marche à laquelle il appartient, et tous même diamètre. Pour donner plus de consistance à l'ensemble, lorsque le noyau est de faibles dimensions, on taille la face postérieure de chaque marche tangente au tambour, tandis que la face antérieure est déterminée par un plan vertical passant par l'axe. La figure 264 montre le plan et une coupe verticale sur l'axe d'un semblable escalier, dit à *noyau plein;* on y voit en traits continus les projections des faces antérieures, et en pointillé celles des faces postérieures des marches.

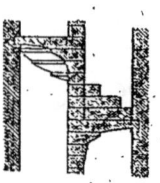
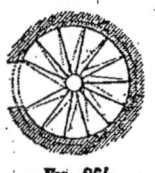

Fig. 264.

Dans un escalier de ce genre, la hauteur qui sépare le dessus d'une marche du dessous de la marche appartenant à la rampe supérieure, ou ce qu'on appelle l'*échappée,* est très réduite, et il est important de la laisser aussi grande que possible. Dans ce but, on abat l'arête inférieure de chaque marche, de façon à former une surface hélicoïdale continue, ayant pour directrice une hélice tracée sur le mur extérieur, et pour génératrice une droite constamment perpendiculaire à l'axe de l'escalier.

Escalier sur voûtes. — Lorsque les murs qui enferment l'escalier forment une enceinte, ou *cage,* rectangulaire, les rampes s'appuient le long de ces murs, et l'on supprime assez généralement le second mur d'échiffre, afin de ménager pour la circulation l'espace situé au-dessous ou même pour donner à l'ensemble plus de légèreté. On peut alors soutenir les marches par des voûtes complètes dont les génératrices sont parallèles à la direction de leurs arêtes, ou par des demi-voûtes reposant à leur naissance sur les murs de la cage et ayant leur sommet en porte-à-faux.

Dans le premier cas, il faut conserver des points d'appui pour recevoir la retombée des voûtes, et le second mur d'échiffre n'est supprimé qu'en partie. Ces points d'appui sont alors placés aux angles; chaque rampe est portée par une voûte dont les naissances ne sont pas sur le même plan horizontal et qu'on appelle *voûte en arc rampant*. On peut se rendre compte de cette disposition par la figure 265, qui représente une rampe soutenue ainsi.

La seconde solution permet d'établir la rampe sans autres points d'appui que les murs de la cage. Pour cela on construit sur ces murs et au-dessous des rampes des demi-voûtes en descente qui se raccordent dans les angles au moyen de trompes coniques destinées à supporter la marche carrée, ou

Fig. 265.

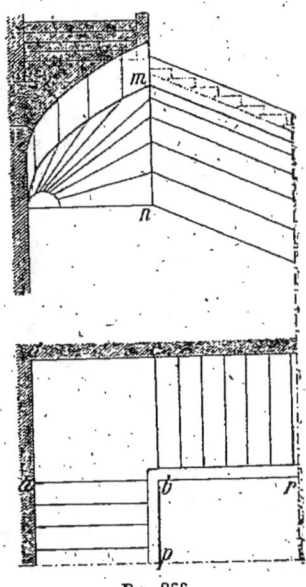

Fig. 266.

palier de repos abcd (*fig.* 266). La directrice de ces trompes est l'intersection d'une demi-voûte en descente par le plan vertical *mn*, qui limite à l'extérieur la demi-voûte de la rampe adjacente. On soutient quelquefois aussi le palier par une demi-voûte en arc de cloître.

Escalier suspendu. — Mais, dans beaucoup d'escaliers, les voûtes elles-mêmes sont supprimées, et les rampes se composent de marches s'appuyant les unes sur les autres au

262 ESCALIERS, CHEMINÉES ET REVÊTEMENT DES SOLS

moyen de faces planes normales à la surface qui forme le dessous de l'escalier. On doit alors fixer l'un des abouts des marches dans le mur de cage par un scellement de 0^m,20 au moins ; la largeur de la face de contact est environ le tiers de la hauteur d'une marche, et celle du recouvrement, les deux tiers de cette dimension. Toutefois, ces proportions ne sont que des moyennes. On les modifiera selon la nature des pierres et selon les charges probables qu'elles devront supporter. Cette disposition a reçu le nom d'*escalier suspendu*.

Les marches sont apparentes à leur extrémité libre, ou limitées par un bandeau rampant appelé *limon*. La figure 267 donne un exemple de la première disposition, qui a l'air plus hardi et plus léger.

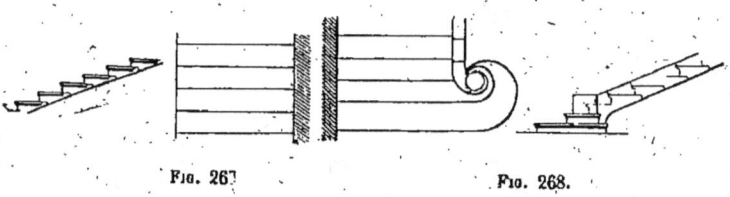

Fig. 267.   Fig. 268.

On doit, dans ce cas, décorer la face latérale ainsi rendue apparente par un retour des moulures qui ornent la face antérieure. La figure 268 représente un escalier suspendu à limon dans lequel on a supposé celui-ci formé par une série de saillies appartenant respectivement à chaque marche et dont la face supérieure est inclinée suivant la pente de la rampe. Mais le limon pourrait aussi être formé d'une pierre indépendante portant une succession d'entailles en crémaillère où viendraient s'encastrer les marches.

Le limon a l'avantage de former liaison et de donner par là même une plus grande solidité à l'ensemble. Il constitue aussi un appui tout naturel à la balustrade qui reposerait mal sur les têtes des marches. D'ailleurs, lorsqu'on n'emploie pas le limon, la balustrade est ordinairement exécutée en métal, afin de ne pas charger, ni pour l'œil, ni au point de vue de la stabilité réelle, l'extrémité libre des marches.

ESCALIERS

Escalier à quartier tournant. — Il arrive souvent que la cage est insuffisante en surface pour permettre l'établissement d'un escalier à rampes droites séparées par des paliers de repos. Dans ce cas, on remplace les angles par des arcs de cercle, et on forme l'escalier d'une rampe continue en faisant rayonner vers l'intérieur les marches situées dans les parties courbes. Cette forme, d'ailleurs, peut être employée avec les différents modes de construction déjà étudiés.

PROPORTIONS

Relation entre le giron et la hauteur des marches. — La longueur des marches dépend essentiellement du caractère que doit revêtir l'escalier, de son but, de l'importance de la circulation à laquelle il doit donner passage. On ne peut donc fixer de règle qui permette d'établir cette dimension avec quelque rigueur. C'est à l'architecte à l'apprécier dans chaque cas particulier. Il n'en est pas de même de la hauteur et de la largeur ou giron. Cette dernière doit être suffisante pour qu'on y puisse poser le pied à l'aise; il faut, d'autre part, que la hauteur soit assez faible pour permettre d'élever le pied sans difficulté d'une marche à la suivante. De plus, on doit pouvoir franchir d'un seul pas l'intervalle de deux marches consécutives.

On conçoit donc qu'il doit exister un certain rapport entre ces dimensions pour qu'un escalier soit commode. Mais, comme l'amplitude du pas de l'homme varie avec l'inclinaison du plan sur lequel il marche, et que d'ailleurs on ignore suivant quelle loi, on ne pourra guère donner que des limites entre lesquelles on devra se maintenir. Pour les fixer, on admet que la longueur habituelle et moyenne du pas de l'homme sur un plan horizontal est de $0^m,64$, qu'elle diminue à mesure que le plan se relève, et qu'elle est réduite de moitié lorsque celui-ci fait 90° avec l'horizon. Si l'on avait à établir un passage horizontal sur des surfaces interrompues, on les espacerait donc d'axe en axe de $0^m,64$, et si l'on doit s'élever d'un niveau à un autre, au moyen d'une échelle parfaitement verticale, deux échelons consécutifs de cette échelle seront distants de $0^m,32$. Entre ces deux limites seront comprises les hauteurs de marche des différentes inclinaisons d'escalier. En sorte que, si l'on appelle g la largeur d'une marche et h sa hauteur, la relation qui doit lier ces deux dimensions sera :

$$g + 2h = 0{,}64.$$

On se fixera g ou h et on en déduira la valeur correspondante de l'autre variable. Si l'on trouve pour cette dernière une quantité trop grande ou trop petite, on modifiera en conséquence la première, et par une série de tâtonnements successifs on trouvera, pour une hauteur de rampe et une longueur horizontale données, les dimensions qu'il convient d'affecter aux marches.

Mais, en réalité, ces tâtonnements se renferment en des limites assez étroites que l'expérience a déterminées. On fait varier les hauteurs de marche entre $0^m,18$ et $0^m,11$, ce qui donne pour les largeurs extrêmes correspondantes :

$$g_1 = 0{,}64 - 2 \times 0{,}18$$

et :

$$g_2 = 0{,}64 - 2 \times 0{,}11 ;$$

soient $0^m,28$ et $0^m,42$.

Les recherches sont encore facilitées par cet autre résultat d'expérience que, pour des escaliers devant monter à une grande hauteur, il est préférable de se rapprocher de la limite la plus élevée, tandis qu'on prend les plus faibles hauteurs pour les escaliers qui n'embrassent qu'un étage ou qui ne se composent que de quelques marches. Dans les habitations ordinaires, elles ont des hauteurs moyennes de $0^m,16$ ou $0^m,17$, ce qui correspond aux largeurs :

$$g_1 = 0^m,64 - 2 \times 0{,}16$$

et :

$$g_2 = 0^m,64 - 2 \times 0{,}17 ;$$

soient $0^m,32$ et $0^m,30$.

On réduit souvent ces largeurs de quelques centimètres, afin de gagner de la place.

Les prescriptions qui précèdent s'appliquent sans difficultés aux escaliers composés d'une ou de plusieurs rampes droites. Mais, dans les escaliers circulaires ou à quartier tournant, les marches n'ont pas le même giron dans toute leur longueur; il n'y a donc qu'un point de cette dimension pour lequel la condition exprimée par la formule précédente est complètement réalisée. Toute la question est de savoir où ce point sera placé. Certains auteurs, se basant sur la considération qu'une personne parcourant l'escalier doit pouvoir s'appuyer sur la main courante de la balustrade, ont fixé sa position à environ $0^m,50$ de celle-ci; mais on en voit tout de suite l'inconvénient pour les escaliers très vastes; à l'extrémité opposée à la balustrade, les marches sont beaucoup trop larges. Aussi est-il préférable de prendre, pour appliquer la formule précédente le point situé au milieu de la marche. La courbe qui réunit dans le plan tous ces points s'appelle la *ligne de foulée* de l'escalier.

Lorsque la ligne de foulée est une courbe continue et sans inflexion, on trace les arêtes des marches normalement à cette courbe, sur laquelle on a porté autant de fois qu'il était nécessaire le giron fourni par la formule précédente. C'est le cas des escaliers circulaires, demi-circulaires ou elliptiques. Mais, si cette ligne est composée de courbes et de droites raccordées, comme cela a lieu pour les escaliers à quartier tournant, ce tracé est défectueux.

Balancement des marches. — Le cas se présente très fréquemment dans nos habitations, et il est utile de l'étudier. Considérons un escalier dont les deux rampes sont très rapprochées et n'admettent qu'un seul tournant (*fig.* 269). La ligne de foulée *abcde* se compose d'une demi-circonférence *bcd* raccordée aux deux droites *ab*, *de*. Si les arêtes des marches étaient normales à cette courbe, comme l'indique le pointillé (— . —), on voit qu'aux points de raccordement il y aurait une différence de giron très brusque du côté de la balustrade, en passant de la rampe droite au quartier tournant. Cette différence occasionnerait une fatigue réelle et peut-être des accidents pour les personnes parcourant l'escalier. D'ailleurs, elle produirait un jarret désagréable dans le limon et la main courante de la balustrade, à chacun des points de raccord B et D.

266 ESCALIERS, CHEMINÉES ET REVÊTEMENT DES SOLS

Aussi on s'arrange à passer progressivement du plus grand giron au plus petit en inclinant de plus en plus les arêtes sur la normale à la courbe, à mesure qu'elles se rapprochent de ces points. Cette opération, qui s'appelle le *balancement* des marches, peut se faire de plusieurs manières. Nous ne donnerons que le procédé le plus simple.

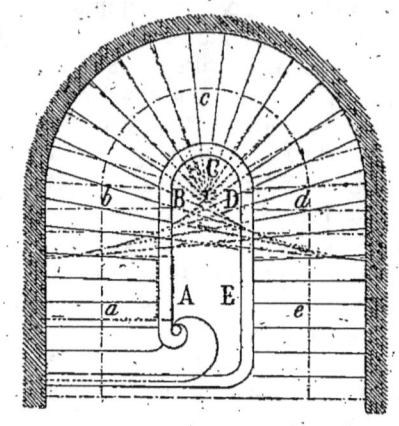

Sur une horizontale on porte en A_1E_1 la projection horizontale développée de la portion du limon comprise entre A et E avec les points de rencontre des arêtes des marches supposées normales à la ligne de foulée. Sur la verticale du point E_1, on porte en E_1E' une longueur égale à la hauteur qui sépare les marches a, e, et on la divise en autant de parties égales qu'il y a de marches dans cet intervalle. Si, par les points de division de A_1E_1, on élève des verticales ou ordonnées, et si par les points de division de E_1E', on mène des lignes horizontales ou abscisses, leurs intersections donneront le développement de la crémaillère formée par les têtes de marches du côté du limon, et on voit que la ligne circonscrite à ce développement $A_1B_1C_1D_1E'$ est une ligne brisée dont les deux

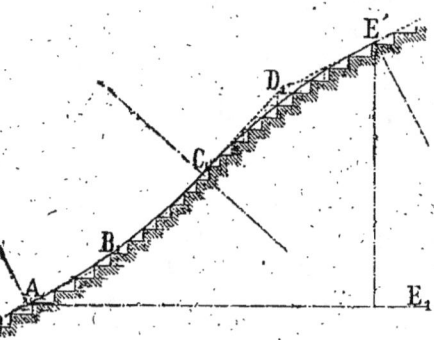

Fig. 269.

angles B_1, D_1 correspondent aux jarrets du limon. On remplace cette ligne brisée par une courbe à inflexion qui lui est tangente extérieurement en A_1 et C_1, et intérieurement en C_1 et E'. On prolonge jusqu'à cette courbe les abscisses déjà tracées, et les distances horizontales de leurs intersections successives avec elle sont substituées dans la partie ABCDE aux girons précédents. La figure indique en traits continus les nouvelles marches de l'escalier ainsi balancé.

La position des points A et E n'est pas complètement indifférente. On la choisit dans chaque cas de telle sorte que la transition soit bien ménagée entre les girons de la partie droite et ceux de la partie courbe, et qu'en même temps la diminution ne commence pas assez loin du tournant pour que le spectateur soit surpris de voir, sans motif apparent, des marches obliques dans une rampe droite.

Grâce à un balancement convenable, un escalier à quartier tournant peut devenir très praticable. Cependant la différence des girons est encore un grave inconvénient, surtout lorsqu'il doit servir à une circulation très active. Aussi, dans ce cas, il faudra toujours lui préférer l'escalier à rampes droites.

Décoration

Considérations générales. — On peut comprendre sous ce titre la décoration de la cage, aussi bien que celle de l'escalier proprement dit. Mais nous n'avons pas à nous occuper de la première, dans cette partie de l'ouvrage consacrée à l'étude des éléments constitutifs des édifices. Nous nous bornerons donc à examiner de quelle façon peuvent être décorées les différentes parties de l'escalier, indépendamment des murs entre lesquels il est établi.

Décoration des marches. — Les marches sont quelquefois à arêtes vives, surtout si leur hauteur est très faible, ce qui est le cas de la plupart des escaliers extérieurs désignés sous le nom de *perrons*. Si la hauteur de la marche est suffisante, on décore sa face antérieure d'un encadrement à moulures en creux, dont les deux portions verticales viennent

268 ESCALIERS, CHEMINÉES ET REVÊTEMENT DES SOLS

reposer directement sur la face horizontale de la marche inférieure, comme l'indique la figure 270. Cette décoration s'applique surtout aux escaliers d'un caractère très monumental, et elle convient parfaitement à la pierre, dont elle accuse la forme massive et résistante. Un autre mode de décoration qui rappelle la construction des escaliers en bois consiste à indiquer le dessus de la marche, comme s'il était formé d'une

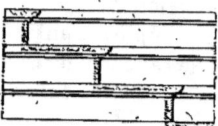

Fig. 270.

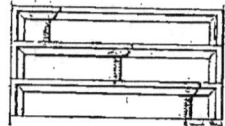

Fig. 271.

dalle mince, par un corps de moulures saillant, souvent appelé le *nez* de la marche et composé généralement d'un quart de rond ou d'un demi-tore, surmontant un petit filet. On supprime quelquefois le filet dans les escaliers très simples. Cette disposition, dont on peut voir un exemple dans la figure 271, a l'avantage de s'adapter aux marches de formes courbes aussi bien et mieux encore qu'aux marches droites. C'est celle qu'on emploie presque toujours pour les escaliers de nos habitations.

Décoration du limon. — Dans les escaliers à limon, celui-ci est généralement décoré à la façon des bandeaux. Les arêtes sont remplacées par quelques moulures dont le profil arase ses faces et qui constituent dans beaucoup de cas, son seul ornement. Si l'on veut avoir plus de richesse, la face verticale du limon tournée vers l'extérieur est décorée d'entrelacs, de postes ou d'enroulements.

Si l'escalier repose sur un mur d'échiffre, le limon apparaît comme le couronnement de ce dernier et peut être traité à la façon d'une corniche rampante. Toutefois, on lui donne beaucoup moins de saillie qu'à une corniche ordinaire.

Dans l'un et l'autre cas, ils peuvent être appelés à porter une balustrade en pierre, et on leur donne alors une largeur suffisante et des formes accusant une résistance en rapport avec le poids apparent dont on le charge. La balustrade est disposée comme il a été dit dans un précédent chapitre, avec alettes et main courante.

Décoration des appuis. — Si l'escalier s'appuie sur des murs d'échiffre apparents, ceux-ci se décorent comme les murs ordinaires au moyen de refends, de bossages, d'encadrements ou de pilastres. S'il est porté par des voûtes reposant sur des points d'appui isolés, ceux-ci sont des colonnes ou des pilastres ou des groupements de colonnes ou de pilastres, selon leur importance et le degré de résistance qu'ils doivent offrir, selon aussi le degré de richesse de l'édifice auquel appartient l'escalier.

Les escaliers secondaires de l'Opéra de Paris, formés de rampes droites, sont portés par des colonnes. On a également employé ce genre de support pour les rampes de certains escaliers circulaires de grandes dimensions ne permettant pas l'emploi d'un noyau plein, et que nous avons déjà mentionnés sous le nom d'escaliers en vis à jour. Cette disposition produit un très grand effet décoratif.

Quant aux voûtes qui supportent les escaliers non suspendus, elles se décorent de la même façon et par les mêmes procédés que les voûtes ordinaires, lorsqu'elles sont apparentes.

EMPLOI DES ESCALIERS

Deux sortes de situation. — Les différences de niveau peuvent exister : à l'intérieur des édifices, entre les divisions horizontales, ou étages, et pour un même étage, entre ses diverses parties ; à l'extérieur, entre le sol de la voie publique ou tout autre et le sol du rez-de-chaussée, dans le cas où celui-ci s'élève au-dessus d'un soubassement. Il y aura donc, au point de vue de leur emploi, deux catégories d'escaliers : les escaliers extérieurs et les escaliers intérieurs, susceptibles de certaines dispositions spéciales, dont nous allons dire quelques mots.

Perrons. — Les escaliers extérieurs sont, en général, destinés à racheter une différence de niveau moindre que la hauteur d'un étage ordinaire. Ils prennent alors le nom de *perrons ;* nous avons eu déjà l'occasion d'en parler. On leur donne en surface un développement presque toujours très grand, eu égard à leur hauteur. Ils accusent ainsi plus fortement l'entrée de l'édifice à laquelle ils donnent accès.

Perrons à marches parallèles à la façade. — Les perrons ordinaires ont leurs marches parallèles à la façade. La disposition la plus usitée est celle de la figure 272, où les marches présentent des retours latéraux perpendiculaires à la façade, de moindre importance, mais de même giron que sur la face antérieure. La construction la plus simple consiste à faire reposer les marches sur un massif de maçonnerie pleine, en moellons, ou en petits matériaux, comme l'indique la coupe faite sur l'axe et figurée au-dessus du plan. Les pierres qui forment les marches sont taillées sur leurs faces apparentes et sur leurs faces d'about, s'il en faut plusieurs pour une seule marche ; les deux faces autres ne sont que *dégrossies*. Elles se recouvrent réciproquement de $0^m,02$ à $0^m,03$, et les retours s'encastrent par leurs extrémités dans le soubassement de l'édifice d'environ $0^m,04$.

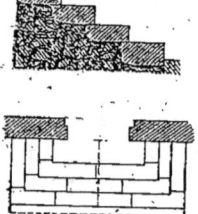

Fig. 272.

La marche supérieure prolonge le seuil de la porte d'entrée et forme palier ; on ne peut donc lui donner moins de $0^m,50$ de largeur, du nu du mur à l'arête antérieure. Son autre dimension déborde légèrement de part et d'autre de l'ouverture. Le giron des autres marches est, en moyenne, de $0^m,30$. La face supérieure est taillée suivant un plan légèrement incliné ou *devers*, pour permettre l'écoulement des eaux.

Il faut avoir soin, *dans tous les cas*, et quels que soient l'étendue et le poids du perron, de le faire reposer par une fondation convenable directement sur le bon sol et non sur le remblai, au même titre que le reste de la construction. Bien que les tassements ne puissent y occasionner d'accident grave, la plus légère dépression y produit des dénivellements dont l'effet est très désagréable.

Dans l'exemple qui précède, nous avons adopté pour les marches la forme rectangulaire ; mais on peut employer telle autre forme qu'il plaira. Les plus usitées sont le pan coupé à 45° ou l'arrondi par un quart de cercle à la place des deux angles antérieurs. On pourrait également employer la demi-circonférence, l'ellipse, ou une autre courbe symétrique.

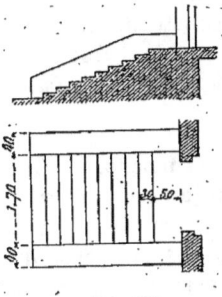

Fig. 273.

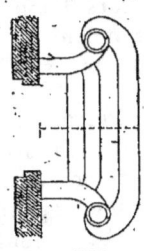

Fig. 274.

On supprime quelquefois les retours des marches, et on n'en conserve que la partie parallèle à la façade, qu'on limite alors par deux murs latéraux droits (*fig.* 273) ou courbes (*fig.* 274). Ces murs s'élèvent en chaque point un peu au-dessus de la marche correspondante, soit qu'ils affectent la forme de redans successifs, soit qu'ils aient comme pente uniforme celle de l'escalier. C'est ce dernier cas que représente la figure 273. Ces perrons peuvent être posés sur un massif plein, comme dans l'exemple précédent, où, si la longueur des marches n'est pas trop considérable eu égard aux charges probables qu'elles devront porter, on se contente d'encastrer leurs abouts dans les deux murs latéraux.

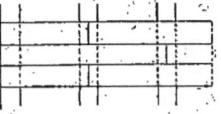

Fig. 275.

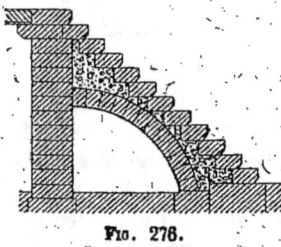

Fig. 276.

Mais les perrons disposés de cette manière peuvent avoir des largeurs ou *emmarchements* qui ne permettent pas d'établir les marches d'une seule pierre. On construit alors de petits murs intermédiaires en nombre suffisant pour que les portées de celle-ci ne donnent aucun

272 ESCALIERS, CHEMINÉES ET REVÊTEMENT DES SOLS

crainte de rupture, et on croise les joints comme le montre la figure 275. On pourrait également remplacer les murs ou les massifs par un arc dont les reins porteraient un remplissage sur lequel reposeraient les marches (*fig.* 276).

On protège latéralement les perrons construits entre les murs, lorsqu'ils ont une certaine hauteur, par des balustrades rampantes auxquelles ces derniers servent de socle à la façon des limons.

Perrons à marches perpendiculaires à la façade. — Une autre disposition très fréquemment employée permet de supprimer l'un des murs d'échiffre du perron, en se servant, comme appui, pour l'une des extrémités des marches, du soubassement de l'édifice. L'autre extrémité repose alors à la manière indiquée dans les cas précédents, sur un mur extérieur, limité aux marches (*fig.* 277), ou les dépassant pour porter une balustrade en pierre (*fig.* 278). Si l'on n'a pas besoin d'un grand effet décoratif, on emploie la disposition de la figure 277 : une seule rampe avec palier d'arrivée.

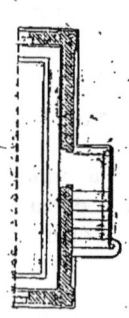

Fig. 277.

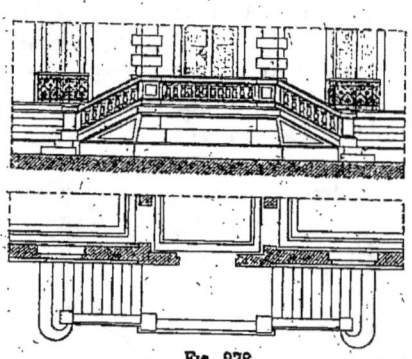

Fig. 278.

Mais il faudra presque toujours avoir deux rampes symétriques, s'il s'agit d'une façade principale. La figure 278 représente un perron établi de cette manière.

Un semblable perron pourra parfaitement être construit à la façon des escaliers suspendus. Il suffira que la première marche soit assez fortement encastrée dans le massif de fondation pour résister à la poussée de la voûte formant le dessous de l'escalier et du palier d'arrivée, dont l'effet tend à provoquer un glissement horizontal des parties inférieures sur la base d'appui. Cette disposition est représentée par la figure 279.

Dans les trois exemples précédents, on a accusé la première marche en lui donnant un plus fort giron et en la faisant dépasser le mur d'échiffre ou la ligne extérieure des autres marches pour former un arrondi appelé *volute*.

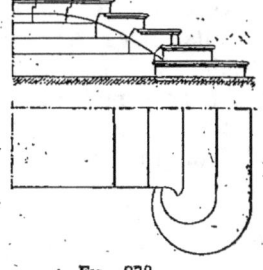

Fig. 279.

La forme courbe s'applique aux perrons de cette catégorie comme à ceux de la première. Il est à remarquer que, quand on l'adopte, dans l'un et l'autre cas, le rayon de courbure de chaque marche augmente de la base au sommet de l'escalier, et souvent en ce dernier point il devient infini : la marche d'arrivée a son arête droite.

Grands perrons. — Dans nos édifices d'habitation, les perrons n'embrassent, en général, que la largeur d'une porte, à moins que la marche supérieure ne prenne un développement plus grand et forme terrasse au niveau du rez-de-chaussée. Il n'en est pas ainsi dans les édifices publics, où ils s'étendent souvent sur toute la façade. La disposition la plus ordinaire et celle qui produit le plus grand effet est en même temps la plus simple. Les marches sont établies sur plan rectangulaire avec retours, à pans ou à arrondis plus ou moins prononcés dans les angles ; quelquefois aussi sur plans de formes plus compliquées, qui consistent, en général, à remplacer les deux angles antérieurs du rectangle primitif par des angles rentrants et saillants, eux-mêmes arrondis ou à pans, suivant les cas. Nous ne donnons pas d'exemples de ces formes, mais on les conçoit facilement, et d'ailleurs les meilleures sont les plus simples, sauf dans certains édifices d'un caractère particulier, qui appelle la fantaisie.

Le perron de la façade de l'Opéra de Paris appartient à cette première catégorie. Il embrasse tout le développement du motif principal, et les angles sont remplacés par des arrondis.

Les Anciens avaient employé pour leurs temples, lorsque ceux-ci étaient élevés sur un soubassement, des perrons construits entre murs parallèles. Les façades de l'église de la Madeleine, à Paris, en offrent un bel exemple.

Enfin, on combine quelquefois les dispositions parallèles et perpendiculaires à la façade pour certains grands perrons conduisant à un rez-de-chaussée élevé. Nous citerons comme exemple celui de la nouvelle façade du Palais de Justice de Paris, œuvre de M. Duc. Il atteint des proportions colossales; mais peut-être pas assez monumentales. Cette complication de formes fatigue un peu le regard du spectateur et ne lui donne pas l'impression de la grandeur majestueuse que réclame un édifice de cette nature. Elle ne s'harmonise pas avec l'architecture du reste de la façade, qui est d'un fort beau style et qu'on voit, avec d'autant plus de regret, encombrée par une partie accessoire de composition moins simple.

Escaliers extérieurs. — Pour certaines habitations rurales dont l'architecture réclame un caractère de gaîté et de pittoresque qui serait ailleurs déplacé, il est très admissible d'établir extérieurement de véritables escaliers qui, dans les cas ordinaires, seraient construits à l'intérieur. Ils sont le plus souvent formés d'une seule rampe droite appuyée au mur de façade; quelquefois aussi la partie inférieure se retourne de façon à présenter parallèlement à la façade la première marche. Les deux rampes sont raccordées, dans ce dernier cas, par un quartier tournant ou séparées par un palier carré, et la rampe parallèle à la façade ne comprend que quelques marches.

Les habitations du moyen âge offrent des exemples fréquents de semblables dispositions.

Escaliers intérieurs. — Conçus comme les perrons dans un but essentiellement utilitaire, les escaliers intérieurs concourent comme eux à la décoration de l'édifice dans lequel ils sont établis. Ils participent de son caractère de grandeur ou de simplicité, de richesse ou de sobriété, et le choix de leurs formes d'ensemble, autant que la fixation de leurs dimensions, fait dans chaque cas particulier l'objet d'une étude très sérieuse. Les grands escaliers intérieurs, quelles que soient leurs formes et leurs proportions, ne servent, en général, qu'à établir la communication entre le rez-de-chaussée et le premier étage, qui prend alors une grande importance. D'autres escaliers plus restreints en surface et moins décorés conduisent aux étages supérieurs, que leur origine soit d'ailleurs au rez-de-chaussée ou au premier étage.

Pour les premiers, il convient d'adopter les rampes droites, qui sont plus commodes, plus simples et d'un aspect plus monumental. Pour les escaliers secondaires, dont on doit diminuer le plus possible la surface de cage, on admet les quartiers tournants à un et à deux centres. Mais, dans nos édifices d'habitation, ces deux genres d'escaliers ne sont pas toujours employés simultanément. Ils donnent, en général, accès à tous les étages, même quand on en a plusieurs pour un seul bâtiment, et l'obligation où l'on est dans la plupart des cas de laisser la plus grande surface pour les pièces habitées fait adopter, pour les escaliers, les dispositions qui en exigent le moins. Aussi les formes et les dimensions des cages sont très variables et se déterminent pour chaque édifice d'après les besoins particuliers auxquels il s'agit de satisfaire.

§ 2. — Cheminées

Disposition. — La cheminée la plus simple consiste en deux montants verticaux, ou *jambages*, AB, CD (*fig.* 280), adossés à la face intérieure de l'un des murs de la salle à chauffer et au-dessus desquels se pose une pierre horizontale BD appelée *manteau*.

La portion du sol comprise entre les deux jambages se nomme *âtre*, et la paroi verticale qui forme le fond de la cheminée, *contre-cœur*. Au-dessus du manteau et adossé au mur s'élève le conduit de fumée, dit *coffre* ou *hotte*, selon que ses faces sont verticales ou inclinées vers le sommet, de façon à rétrécir l'orifice supérieur. Enfin, en avant des jambages,

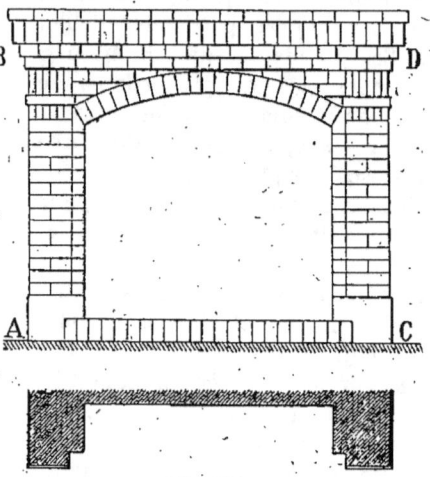

Fig. 280.

si le sol est formé par un parquet en menuiserie, on réserve un espace rectangulaire en matériaux incombustibles destiné à isoler le bois, et qui prend le nom de *foyer*.

Cette disposition, qui se prête, comme nous le verrons tout à l'heure, à une décoration très monumentale, a été employée par les architectes du moyen âge et de la Renaissance, et on l'adopte encore de nos jours pour les grandes salles où l'on a besoin d'un puissant effet décoratif.

Mais diverses modifications y ont été apportées dans un but d'économie, soit pour obtenir plus de chaleur avec moins de combustible, soit pour diminuer la saillie de ces ouvrages à l'intérieur des salles. Pour la première raison, on a réduit l'âtre et le contre-cœur, en augmentant l'épaisseur des jambages et en abaissant la face inférieure du manteau et, afin de conserver, à l'extérieur, assez de légèreté, on a raccordé par des pans coupés verticaux et obliques, appelés *rétrécis*, l'ouverture primitive à l'ouverture réduite. La seconde raison a engagé les constructeurs à prendre une partie de la profondeur de la cheminée dans l'épaisseur du mur toutes les fois que celle-ci est suffisante et que le mur n'est pas mitoyen. On est ainsi arrivé à la disposition représentée dans

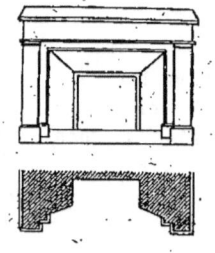

Fig. 281.

la figure 281 et usitée dans la plupart de nos édifices d'habitation.

Décoration. — Comme on le voit, il y a deux genres principaux de cheminées : les unes sont adossées au mur et surmontées d'un coffre, les autres sont engagées dans le mur dont le parement ne présente pas de saillie au-dessus du manteau.

La décoration de la cheminée proprement dite offre quelque analogie avec celle d'une baie, puisque les deux formes se ressemblent. Toutefois, le premier de ces ouvrages étant exécuté à l'intérieur, il convient de le traiter avec finesse, et comme il n'est destiné à porter que son propre poids, il ne serait pas rationnel d'y accuser une grande résistance. Il faut donc écarter toute décoration ayant pour principe les lignes d'appareil très apparentes. Mais on pourra parfaitement adopter celle qui consiste à accuser les deux montants et la plate-bande séparément, à la façon des ordres, ou dans leur ensemble, à la façon des chambranles. Cette analogie avec les baies a même fait donner le nom de *chambranle de cheminée* à l'encadrement qui en orne l'ouverture.

D'après ce qui vient d'être dit, il y aura deux modes de décoration très rationnels. Le plus simple consistera en un véritable **chambranle à moulures** comme celui des portes et des fenêtres. Il est représenté dans la figure 282, où il est surmonté directement par la *tablette* moulurée. Le second

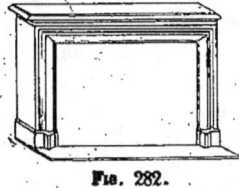

Fig. 282.

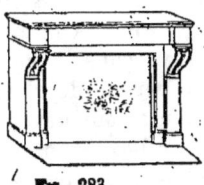

Fig. 283.

mode a pour principe **une plate-bande indiquant le manteau**, supportée par des pilastres ou des consoles accusant les jambages. Il se prête à plusieurs variétés très usitées dans nos habitations ordinaires et qui ont reçu des noms particuliers, dont il sera bon de se souvenir à cause de leur emploi fréquent dans le langage de la construction. La figure 284 représente le chambranle *capucine;* il est formé de deux pilastres trapus supportant une sorte d'entablement réduit à la frise et surmonté de la tablette en guise de corniche. Dans la figure 283, on peut voir un type plus riche, où l'entablement formant le manteau est en saillie assez prononcée sur les pilastres, diminués en hauteur et surmontés, pour le soutenir, de petites consoles ou *modillons*. On lui a donné le nom de *chambranle à modillons*. Lorsque les jambages présentent des pans coupés à 45°, décorés de pilastres sur lesquels repose une tablette de forme capricieuse, analogue à celle de la figure 284, et qu'accompagne un cadre également de forme courbe à la partie supérieure, on a la *cheminée Pompadour*. On appelle souvent cheminée

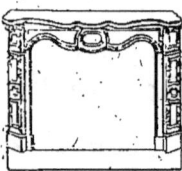 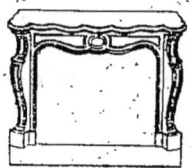

Fig. 284.   Fig. 285.

Louis XV un type très voisin du précédent et où la décoration des pans coupés est un peu plus ferme; dans la figure 285 que nous donnons comme exemple, elle est constituée par une sorte de console de forme assez tourmentée. Enfin, il existe une variété de chambranle à modillons dans laquelle ces ornements sont devenus plus importants et supportent le manteau à l'exclusion des pilastres : on la désigne sous le nom de *cheminée à consoles* (*fig.* 286).

On trouve ces différents modèles exécutés en marbre dans le commerce, chacun d'eux comportant plusieurs variétés et présentant divers caractères de simplicité ou de richesse qu'on adapte à celui de l'édifice ou de la pièce où l'on veut établir une cheminée.

Mais ces types ne conviennent guère qu'aux habitations ordinaires et, dès qu'on veut avoir une décoration harmonique de la salle, on fait exécuter des chambranles sur dessins spéciaux. La plus grande variété peut être introduite dans ces compositions. Les colonnes, les cariatides, les pilastres et les consoles y sont tour à tour employés. La figure 287 donne un exemple de cheminée décorée de petites colonnes ioniques supportant un entablement complet avec ressaut au-dessus de chacune d'elles.

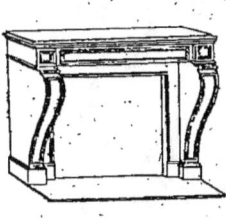
Fig. 286.

Fig. 287.

Du reste, lorsque la cheminée admet ce genre de décoration, elle appartient généralement à une salle de grandes dimensions, où l'on a été préoccupé d'obtenir tout l'effet désirable beaucoup plus que de ménager la place. Aussi, dans ce cas, la cheminée est presque toujours adossée et surmontée d'un coffre dont la décoration doit se rattacher à la sienne.

Le mode le plus simple consiste à accuser les faces du coffre par des encadrements à moulures, plus ou moins riches et accentués, selon le caractère que doit revêtir l'ensemble de la pièce. Toutefois, les faces latérales étant très peu étendues par rapport à la face principale, c'est celle-ci qui réclame la décoration la plus riche. Les encadrements qu'on y exécute affectent des formes diverses, dont le principe est le rectangle, l'arcade, le cercle, l'ellipse, etc.; ils entourent le plus souvent une glace, une peinture, ou tout autre panneau décoratif. A la partie supérieure, le coffre est couronné par la corniche de la salle, qui se retourne sur ses faces, ou par une corniche indépendante, selon son importance relative.

Fig. 288.

Si la cheminée atteint de plus grandes dimensions, les encadrements sont eux-mêmes très souvent entourés de pilastres, de colonnes ou de cariatides qui supportent un entablement complet. Il nous suffira, pour donner une idée de la décoration des coffres et des cheminées monumentales, de citer les deux exemples représentés par les figures 288 et 289 et empruntés au palais du Louvre.

Il arrive souvent qu'on veuille donner de l'importance à une cheminée engagée dans le mur et, par conséquent, se réduisant à son chambranle. On conserve alors le motif de décoration dont l'objet a disparu, et on exécute sur le parement du mur, avec une faible saillie, des encadrements ou des pilastres autour d'une glace ou d'un panneau, pour simuler le coffre.

Mais ces différents exemples ne peuvent guère donner que des indications. La décoration des cheminées est liée à celle des parois des salles auxquelles elles s'appuient, et c'est dans une étude d'ensemble qu'on peut seulement la concevoir.

§ 3. — Revêtement des sols

Disposition. — Dans les constructions les plus primitives, ou constituant de simples abris, on se contente souvent de niveler et de durcir par un pilonnage convenable le sol que couvre la construction et celui qui l'entoure. Mais, en général, on a à exécuter sur cette surface un sol artificiel, ou *aire*, formé par une couche de maçonnerie posée horizontalement, qui peut être, suivant les cas, destiné à recevoir un revêtement ou à demeurer apparent.

Les Anciens apportaient un grand soin à l'exécution des aires composées de moellons, recouverts de béton portant lui-même une légère couche de matériaux pulvérisés et agglutinés par de la chaux.

De nos jours, les aires sont exécutées de diverses manières, selon le degré de résistance qu'elles doivent offrir. Celle qui portent le pavé de nos chaussées et de toute surface servant à la circulation des voitures sont formées par une couche de

Fig. 289.

béton de cailloux et de ciment d'épaisseur variable. Celle des trottoirs, n'ayant à porter que les charges légères de la circulation des piétons, et qui restent apparentes, sont exécutées en bitume coulé sur *forme* en sable. Le même procédé peut être employé pour l'intérieur des salles qui doivent servir à la circulation et à certains travaux, et où l'on n'a pas besoin de luxe ; telles sont les aires des ateliers et des magasins. Mais dans les pièces d'habitation, où le sol n'exige pas une grande résistance et doit être recouvert d'ouvrages plus ou moins décorés (carreaux en terre cuite, carreaux céramiques, dallages en marbre, mosaïques), l'aire est ordinairement constituée par une forme en plâtras pulvérisés, ou en béton maigre, dont la surface est nivelée par une mince couche de mortier sur lequel se pose le revêtement scellé au mortier de chaux ou de ciment.

Ce revêtement est composé de fragments de formes géométriques régulières (carrés, hexagonaux ou octogonaux) juxtaposés de niveau.

Décoration. — D'après cela, on voit qu'il y aura deux procédés différents de décoration. L'un consistera à accuser les formes de ces fragments au moyen de leurs lignes de joints rendues apparentes, disposées suivant certains dessins arrêtés ; l'autre se bornera à indiquer l'ensemble de la surface à ouvrir en l'entourant d'un cadre exécuté différemment, d'après une disposition et avec des couleurs plus foncées que la partie centrale qu'il entoure, laquelle pourra être divisée en grands compartiments ou ne former qu'un seul motif en couleurs se détachant sur un fond clair.

Le premier mode de décoration conviendra surtout si les formes des fragments sont bien définies et simples, ce qui est le cas des carreaux en terre cuite et en grès céramique. La figure 290 représente un carrelage exécuté avec les premiers. Ils sont tous de forme hexagonale et de même couleur. Ils pourraient être de couleurs différentes et encadrés tout autour de la salle par une *bordure* en carreaux carrés de couleur plus foncée. En employant seulement des carreaux carrés, on pourrait avoir une disposition analogue à celle de la figure 291. Le même dessin donnerait un effet différent si par exemple, on inclinait les lignes de joints à 45° sur les côtés rectangulaires de la salle (*fig*. 292). On pourrait le varier encore en employant des carreaux de même teinte ou alternant des rangées de teinte uniforme avec des rangées formées de teinte claire et de teinte foncée alternées (*fig*. 293.)

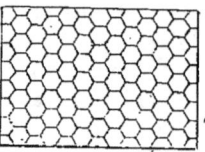
Fig. 290.

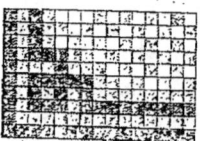
Fig. 291.

Si l'on se sert de carreaux octogonaux, les petits intervalles carrés qu'ils laissent entre eux sont assez généralement formés par des carreaux de couleur différente.

Fig. 292.

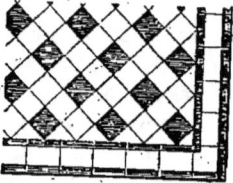
Fig. 293.

Les mêmes dessins s'appliquent aux revêtements exécutés en roches naturelles, marbres ou pierres, qui, elles aussi, se présentent sous des couleurs très variées, dont il sera possible de tirer un grand effet décoratif.

Les figures 292 et 293, déjà citées, donnent des exemples très simples de carrelages de ce genre. Dans la seconde, on peut augmenter l'effet en plaçant au centre de l'un des groupements de quatre carreaux foncés un carreau dont la teinte est intermédiaire entre celle-ci et la nuance très claire des autres.

Si l'on veut plus fortement accuser la division en carreaux et avoir en même temps plus de richesse, on orne chacun d'eux d'un dessin en couleurs, ce qui est facile par les procédés de la céramique. On obtient alors un effet analogue à celui que représente la figure 294.

Le carrelage céramique se prête également au second pro-

Fig. 294.

Fig. 295.

cédé de décoration, qui consiste à former un ensemble sans avoir égard aux divisions. Pour cela, on exécute sur chacun des carreaux une partie du motif unique ou des motifs plus ou moins multipliés qui doivent orner la surface à couvrir.

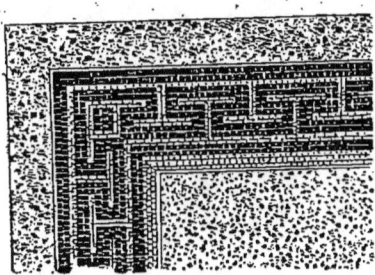
Fig. 296.

La figure 295 représente un carrelage dans lequel cette surface est divisée en compartiments égaux embrassant chacun quatre carreaux, dont la réunion forme un motif complet. S'il s'agissait d'un seul dessin couvrant toute la surface, chaque carreau, en portant une partie non reproduite sur d'autres ou reproduite sur trois autres seulement, il faudrait avoir un très grand nombre de modèles. Aussi ces carrelages sont souvent fabriqués sur dessins spéciaux et pour un édifice donné.

Il en est de même des revêtements en mosaïques, qui sont formés de très petits fragments, généralement cubiques, juxtaposés de façon à former des dessins plus ou moins riches de lignes et de couleurs. Enfin, une variété de ce dernier genre consiste à exécuter le revêtement à l'aide de petits fragments de roches naturelles diversement colorés, semés sur le mortier frais, avec lequel ils font corps en séchant, et polis après la prise. Dans la figure 296, la partie centrale est ainsi formée, et la bordure est en mosaïque.

CHAPITRE IX

COUVERTURES

§ 1er. — Disposition

Considérations générales. — Divers procédés sont employés pour former la couverture des édifices, et les dispositions adoptées varient avec la nature des matériaux dont on se sert pour ces ouvrages. La seule disposition commune est une pente dirigée vers les murs extérieurs de l'édifice, afin de faciliter l'écoulement des eaux et d'éviter leur filtration à l'intérieur, où elles auraient pour effet de détériorer des parties de construction plus fragiles, et conçues pour être à l'abri des intempéries. Mais cette pente elle-même varie avec la nature des couvertures. Nous allons donc examiner successivement les divers matériaux employés et les dispositions qui conviennent dans chaque cas.

Terres cuites. — Un des plus anciens systèmes de couverture est celui qui consiste dans l'emploi des tuiles en terre cuite. Les Grecs et les Romains s'en sont servis et leur ont appliqué une décoration appropriée. Ces terres cuites primitives étaient les unes plates, avec rebords saillants sur deux côtés, les autres creuses, de forme courbe ou angulaire. Les premières étaient juxtaposées par leurs côtés saillants, de façon à présenter leurs joints en lignes droites continues, dirigées suivant la plus grande pente du toit. Les secondes servaient à recouvrir ces joints et se plaçaient l'arête ou la convexité en dehors, selon qu'elles étaient de forme angulaire ou courbe. Les unes et les autres se recouvraient réciproquement dans chaque rangée, et l'on avait de cette manière la disposition indiquée dans la figure 297 : la partie centrale représente le toit en élévation; la partie inférieure, une coupe parallèle aux lignes de joints horizontales; et la partie supérieure, une coupe parallèle aux lignes de joints dirigées suivant la pente.

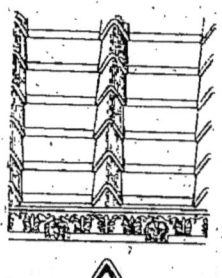

La face antérieure de la tuile creuse, située à la base du toit, s'appuyait ordinairement sur une tuile plus grande et richement décorée, fixée sur la corniche, et appelée *antéfixe*. Nous en donnons deux exemples dans la figure 298. On en plaçait souvent

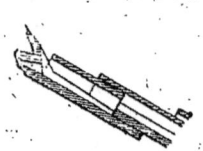

Fig. 297.   Fig. 298.

une à la rencontre des deux tuiles creuses du sommet du toit, dont l'arête était recouverte par une tuile plate à deux pentes.

La figure 297 montre une disposition différente : les antéfixes ont été supprimées, et la pente du toit se termine par un chéneau également en terre cuite portant, dans l'axe de chaque rangée de tuiles plates, une tête de lion, dont la gueule ouverte rejetait les eaux en dehors de la construction.

Un système de couverture analogue à celui qui vient d'être décrit est encore en usage en Italie. On y trouve également, en certains cas, les tuiles creuses remplacées par des tuiles plates renversées (*fig.* 299). Dans le Midi de la France, au contraire, on a remplacé les tuiles plates par des tuiles creuses, dont la concavité est tournée en dehors (*fig.* 300).

Dans les deux cas, les tuiles sont posées sur un plancher jointif.

On se sert fréquemment, dans le Nord de la France, de

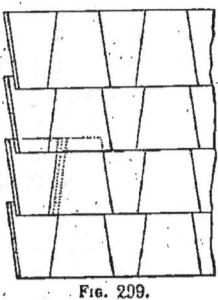
Fig. 299.

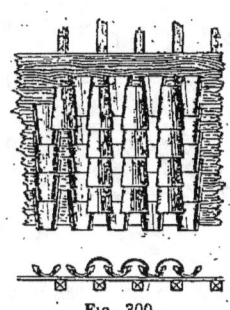
Fig. 300.

tuiles plates sans rebords saillants simplement juxtaposées, mais dont on fait chevaucher les joints dans le sens de la pente. D'ailleurs, chacune d'elles recouvre les deux tiers de la suivante, laissant ainsi une partie apparente très réduite, à laquelle on a donné le nom de *purcau*. Les figures 301 et 302 montrent cette disposition, et l'on peut y voir que la

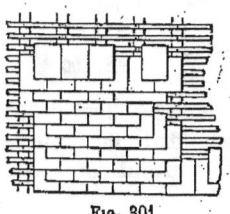
Fig. 301.

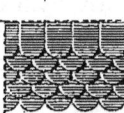
Fig. 302.

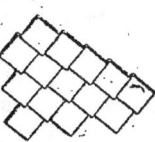
Fig. 303.

toiture exige dans toute son étendue trois épaisseurs de tuiles. Elle constitue une couverture parfaitement étanche, mais charge beaucoup la charpente.

Dans ces différents cas, les arêtes saillantes et rentrantes du toit sont exécutées en tuiles creuses, les unes convexes, et les autres concaves en dehors.

Deux variétés de tuiles plates sont représentées dans les

figures 302 et 303. Celles de la figure 302 ne diffèrent des précédentes que par la forme circulaire de leur extrémité inférieure, qui facilite l'écoulement des eaux. Les autres ont le même avantage, à cause de leur forme carrée dont un angle est placé à la partie inférieure, la diagonale correspondante étant dirigée suivant la pente du toit. Mais elles ont, en outre, celui d'une plus grande légèreté, à cause du faible recouvrement qu'elles exigent.

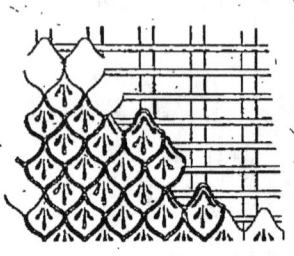

Fig. 304.

On leur substitue quelquefois une variété basée sur le même principe, mais dont les faces sont courbes. La figure 304 en représente un spécimen.

Enfin, de nos jours, on emploie très fréquemment une couverture formée de tuiles dites *à emboîtement*, extrêmement avantageuse, aux points de vue de la légèreté, de l'écoulement des eaux et de la fixité au plancher du comble, qui se réduit à de simples lattes distribuées à raison de une par rangée horizontale de tuiles.

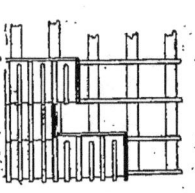

Fig. 305.

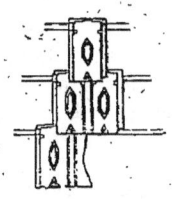

Fig. 306.

Nous en reproduisons deux variétés dans les figures 305 et 306. Les arêtes saillantes sont recouvertes de tuiles creuses spéciales, ainsi que le faîtage, qui porte souvent une crête décorée à jour.

Roches naturelles. — Lorsque la condition de durée importe plus que celle de légèreté, comme cela a lieu pour certains monuments publics, on peut substituer aux couvertures en terre cuite des dalles de pierre, et ce système a été appliqué par les anciens, principalement à la toiture de leurs temples. Ils en disposaient les éléments à la façon des terres cuites et leur donnaient des formes et des ornements semblables. Ils obtenaient ainsi un caractère monumental parfaitement en harmonie avec celui des édifices qu'il s'agissait de couvrir. Il suffira de reproduire ici, pour s'en rendre compte, un fragment de la toiture du temple de Némésis à

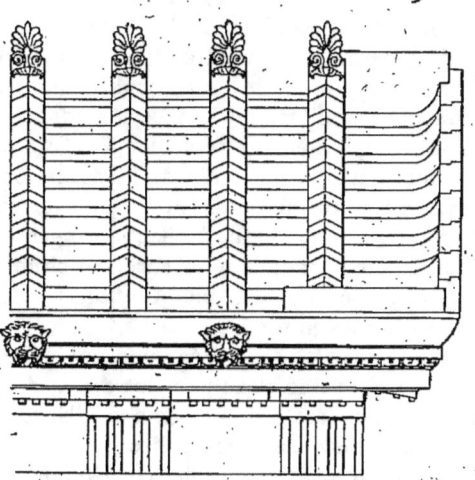

Fig. 307.

Rhamnus (*fig.* 307). Elle était exécutée en marbre blanc, comme celle de presque tous les temples anciens.

De nos jours, ce genre de couverture est très rarement employé, sauf pour les terrasses ou pour certains édifices ou parties d'édifices voûtés en pierre. Ainsi, la toiture du portique extérieur du dôme du Panthéon, à Paris, a été exécutée en dalles de pierre, dont les joints sont recouverts par des tuiles creuses également en pierre.

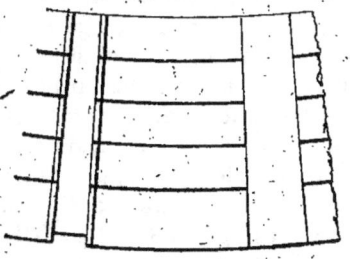

Fig. 308.

La figure 308 en représente un fragment. Cet exemple est beaucoup moins élégant que le précédent, mais la partie de l'édifice ainsi recouverte ne comportait pas une décoration plus riche ou plus fine, qui n'aurait pas été visible de la base du monument.

Quand on se sert de dalles de pierre pour recouvrir les terrasses, on les pose suivant un même plan légèrement incliné, pour faciliter l'écoulement des eaux et sans recouvrements qui gêneraient la circulation. Cette exécution, malgré l'emploi d'un ciment de bonne qualité pour les joints, expose l'ouvrage à des filtrations qui le dégradent promptement. On pourrait peut-être y remédier en pratiquant, de chaque côté des joints dirigés suivant la pente, une petite entaille en rigole à bords arrondis, de façon à former bourrelet sur ces joints, et en laissant à chaque rangée de pierre une légère saillie sur la rangée inférieure. La circulation ne serait pas trop gênée par ces modifications, et l'eau ne séjournerait pas sur les joints.

Si la pierre ne peut être employée dans nos édifices ordinaires à cause de son poids et du prix de revient de ce genre de couverture, il n'en est pas de même de l'ardoise, autre roche naturelle, schisteuse, c'est-à-dire susceptible d'être débitée en tablettes minces et qui, par conséquent, peut être utilisée à la façon des tuiles plates en terre cuite, mais avec l'avantage d'une grande légèreté. Cette roche, dont on trouve en France d'importants gisements à Angers et dans les Ardennes, est d'un usage très fréquent dans nos constructions.

Les ardoises provenant des carrières d'Angers sont plus minces et partant plus légères, mais aussi offrent moins de durée que celles des Ardennes.

On emploie pour les ardoises les mêmes dispositifs que pour les tuiles plates ordinaires, dont elles ont souvent les formes. Le modèle français est de plus petites dimensions que le modèle anglais; son pureau est exactement le tiers de la tablette; celui du modèle anglais peut être un peu plus grand. Les figures 309, 310 et 311 indiquent plusieurs modes d'attache de ces ardoises, les unes clouées sur lattis presque jointif, les autres retenues sur lattis léger en bois ou en fer, à l'aide d'un fil de cuivre ou de fer galvanisé.

La partie inférieure des ardoises peut être taillée en demi-cercle, en losange, en ogive, etc., comme celle des tuiles plates. On en trouve d'ailleurs de différentes couleurs, noires, grises ou violettes, qu'on peut employer isolément ou combinées.

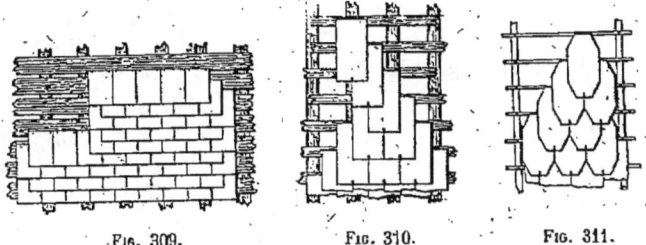

Fig. 309.   Fig. 310.   Fig. 311.

Les arêtes saillantes et rentrantes des toitures en ardoise sont souvent recouvertes en métal.

Feuilles métalliques. — Du reste, les feuilles métalliques servent, dans bien des cas, pour couvrir toute la surface du toit. Le cuivre est le métal le plus anciennement employé à cet usage. Les Romains s'en étaient servis sous la forme d'un de ses alliages, le bronze, pour la couverture de plusieurs édifices, notamment du Panthéon d'Agrippa. Les fragments qui restent de cet ouvrage sont des feuilles de grande surface et qui ont $0^m,012$ d'épaisseur.

De nos jours on est moins prodigue de ce précieux métal. Il est laminé en feuilles très minces, qu'on fixe sur le plancher du comble au moyen de vis placées à la partie supérieure. Les plus employées ont environ $1^m,30$ sur $1^m,40$ et des épaisseurs variables, qu'on désigne par des numéros. Chaque feuille recouvre celle qui vient immédiatement au-dessous et se relie latéralement aux feuilles adjacentes par un enroulement convenable des bords qui forme bourrelet à l'extérieur et qui permet les mouvements de dilatation et de contraction du métal. Des agrafes placées à la partie inférieure et au-dessous de la feuille s'opposent au soulèvement. Les bourrelets formés par les enroulements sont disposés en lignes droites suivant la plus grande pente du toit et peuvent acquérir des saillies plus ou moins prononcées.

Disposées à peu près de la même façon, mais d'une plus forte épaisseur, les tables de plomb servent également à la couverture. Elles s'adaptent surtout aux surfaces un peu tourmentées, sur lesquelles on les applique plus facilement que les feuilles des autres métaux, et aux surfaces d'une très faible inclinaison.

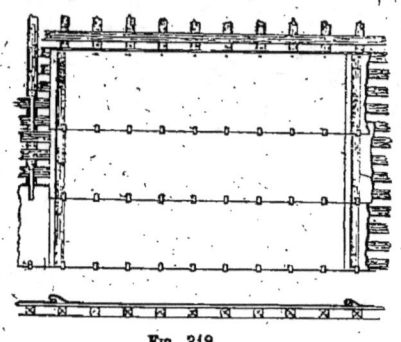

Fig. 312.

Ces tables peuvent avoir environ 4 ou 5 mètres de longueur sur 1 ou 2 mètres de largeur, et leur épaisseur varie entre $0^m,0022$ et $0^m,0045$. La figure 312 représente un fragment de toiture recouverte en plomb. En raison de sa densité et des épaisseurs qu'on est obligé de lui donner, ce métal ne s'emploie que dans certains édifices ou pour certaines parties d'édifice où tout autre genre de couverture ne pourrait servir avantageusement.

Moins coûteux et plus léger, le zinc, quoique d'apparition plus récente, est d'un usage si général que c'est celui qu'il importe le plus d'étudier. Comme le cuivre, on le trouve dans le commerce en feuilles de faibles épaisseurs désignées par des numéros. Elles peuvent s'employer de diverses manières, tantôt avec les dimensions sous lesquelles les livre le commerce, tantôt divisées en petits panneaux ou cannelées. Mais de ces dispositions, la première est à peu près la seule qu'on adopte aujourd'hui. On étend ces feuilles sur un voligeage jointif entre des *tasseaux* ayant pour section un trapèze isocèle et espacés d'axe en axe d'une quantité égale à la plus petite dimension des feuilles. Celles-ci se relèvent sur leurs bords latéraux pour s'appliquer contre les faces des tasseaux cloués sur le plancher et pourvus d'agrafes recourbées qui les retiennent. Les bords des deux feuilles adjacentes et le tasseau sont recouverts d'une bande de zinc vissée sur ce der-

DISPOSITION 295

nier, comme on le voit sur le détail (*fig.* 313). Chaque feuille est d'ailleurs retenue, à sa partie supérieure, par d'autres agrafes fixées sur le voligeage et représentées sur la même figure. Le toit offre l'aspect du fragment reproduit par la figure 314. Les arêtes saillantes sont formées par des nervures analogues à celles dirigées suivant la pente du toit ou plus importantes. Les arêtes rentrantes sont couvertes par des feuilles de zinc s'appliquant sur les deux pentes du toit en contact et formant canal pour l'écoulement des eaux.

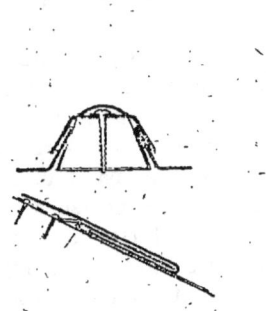
Fig. 313.

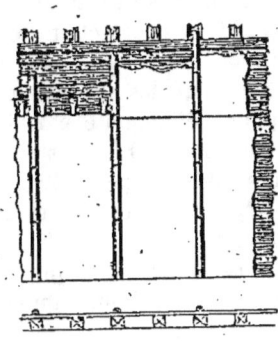
Fig. 314.

Enfin, un dernier système est celui qui utilise, pour les toitures, la tôle de fer, soit en feuilles planes, à la manière du zinc, soit en feuilles courbes ou ondulées. On les protège contre l'oxydation, très rapide en nos climats, au moyen d'un dépôt galvanique de zinc sur toutes les faces.

§ 2. — Proportions

L'inclinaison pratique des toits dépend du système de couverture adopté. Elle est seulement subordonnée à la condition d'empêcher les filtrations et, dans certains cas, de ne pas provoquer le glissement des matériaux qui constituent la couverture. Mais même pour un système donné, cette inclinaison est très variable et peut être augmentée ou diminuée selon qu'on a besoin de plus ou moins d'espace à l'intérieur du comble ou d'un effet décoratif particulier. On ne peut donc donner que des inclinaisons moyennes ou même des limites entre lesquelles il sera bon de s'enfermer en général.

Pour les tuiles creuses il faut tenir l'angle d'inclinaison sur l'horizon au-dessous de 27°, afin d'éviter le glissement, et au-dessus de 15°, si l'on ne veut pas avoir de filtrations. Les tuiles plates, étant rattachées au plancher du comble, peuvent avoir une inclinaison de 60°, ou même au-delà ; mais cet angle ne devra pas, en général, être inférieur à 40°, si l'on veut être à l'abri des filtrations.

Les ardoises permettent plus de latitude encore. Avec certains modèles, on peut descendre l'angle d'inclinaison jusqu'à 15° ; mais les ardoises ordinaires exigent, au minimum, 20° pour l'étanchéité parfaite de la couverture. Toutefois, sous des angles si faibles elles donnent prise au soulèvement par le vent et ne permettent pas un écoulement assez rapide des eaux pluviales. Aussi on ne les incline pas à moins de 30°. Il n'y a, pour ainsi dire, pas de limite supérieure à assigner à cet angle, puisque c'est sous de fortes inclinaisons que les ardoises donnent une couverture à la fois plus légère, plus propice à l'écoulement des eaux et moins exposée au soulèvement par le vent.

Avec le zinc on ne descend pas au-dessous de 25° pour les toitures ordinaires. Mais on peut parfaitement réduire cette inclinaison à quelques degrés seulement pour les terrasses recouvertes de cette manière, en ayant soin de souder les feuilles, afin d'éviter les filtrations. On peut d'ailleurs les employer comme revêtement de parois verticales.

Les mêmes observations s'appliquent aux feuilles et tables des autres métaux utilisés dans la couverture de nos édifices.

§ 3. — Décoration

Considérations générales. — Dans nos climats, le toit est une partie essentielle et très importante de l'édifice. Visible sur une grande partie de sa hauteur, il exige, dans toute construction sainement conçue, une décoration qui marque nettement son rôle, qui s'harmonise avec l'architecture des façades et qui forme un couronnement agréable à l'édifice tout entier. On conçoit facilement que l'ornementation dont il est susceptible ne comporte ni la finesse dans les détails, ni la perfection du travail que réclament les parties inférieures, et qui, à la hauteur où ces détails sont placés, ne seraient pas appréciées. En revanche, on y accusera des ensembles et des masses dont la silhouette, plus ou moins découpée, pourra ajouter un charme très caractéristique à l'aspect de l'édifice.

Les deux modes de décoration que nous avons déjà distingués dans plusieurs circonstances et à propos des autres parties des édifices, consisteront pour le cas qui nous occupe actuellement: l'un, à mettre en évidence le système de couverture qu'on aura adopté et à tirer un effet des combinaisons diverses des matériaux qui la composent; l'autre, à indiquer les formes générales de la toiture par l'application, sur ses arêtes et ses saillies, d'ornements plus ou moins riches, découpés ou massifs. Souvent les deux modes seront combinés, et on pourra ainsi introduire une grande variété dans cette étude.

Application aux différents genres de toitures. — Le premier mode conviendra parfaitement aux toitures simples des édifices ordinaires où l'on veut cependant avoir une certaine recherche, et particulièrement aux couvertures en ardoises, où l'on pourra former des dessins analogues à ceux dont nous avons parlé pour le carrelage, au moyen des différentes nuances sous lesquelles se présentent ces matériaux. Il s'impose dans les toitures métalliques, où l'on fera bien de chercher une division régulière pour l'emplacement des tasseaux, côtes ou nervures, plus ou moins saillants qu'exige la pose des feuilles. On pourra avoir des côtes principales accusant l'ensemble d'une rangée de feuilles ou correspondant aux pièces principales de la charpente et de petites côtes intermédiaires, si ces feuilles ont une trop grande largeur ou si ces pièces sont trop espacées. La distribution des côtes et des nervures semble faite expressément pour la couverture des coupoles, qui est toujours exécutée en feuilles métalliques. Celles de la salle et des petits pavillons circulaires de l'Opéra de Paris, couvertes en bronze, en offrent des exemples très riches. Nous reproduisons ici la demi-toiture du dôme de l'église de Saint-Pierre de Rome (*fig.* 315), conçue avec plus de simplicité et d'un goût plus pur. Des nervures principales, dont le profil est représenté à droite de la figure, sont recouvertes en bronze, et les fuseaux qui les séparent, en plomb, posé par bandes qu'accusent des nervures plus petites. Ces nervures, diminuées progressivement, viennent s'appuyer à la base de la lanterne, sur une nervure circulaire, qui couronne cette partie de la toiture.

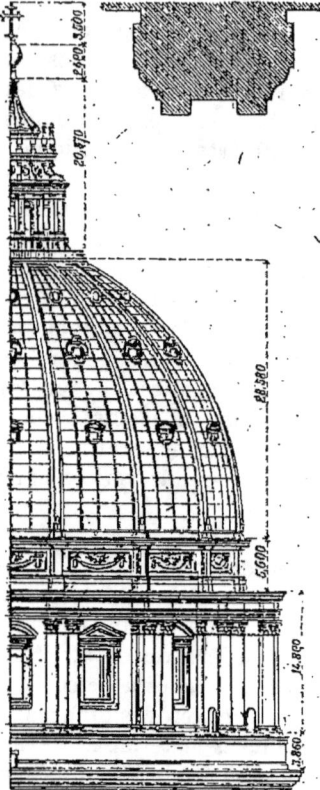

Fig. 315.

La seconde manière de décorer les toits est la plus usitée et celle dont l'application est le plus générale.

S'il s'agit d'une couverture en tuiles, on indiquera le faîtage par une rangée de tuiles spéciales surmontées d'un ornement à jour, et les arêtiers seront couverts par des tuiles creuses à emboîtements moulurés. Une toiture en ardoises sera surmontée d'un corps de moulures plus ou moins développé et orné, exécuté en métal massif ou découpé et auquel, dans ce dernier cas surtout, l'on donne le nom de crête. La figure 123, qui représente un fragment de la façade du Louvre de Pierre Lescot, donne de ce genre d'ornement un exemple d'une composition originale et délicate.

Nous reproduisons dans la figure 316 un type plus simple et

DÉCORATION 299

Fig. 316.

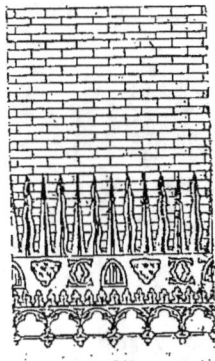
Fig. 317.

plus léger, qui convient à une toiture de moindre importance. Il est tiré du château de Meillant et est exécuté en plomb

Fig. 318.

Si le toit présente une brisure, comme cela se voit pour les combles dits *à la Mansard*, l'arête horizontale ainsi formée est accusée par une forte moulure, ou *membron*, plus ou moins décorée selon le caractère de l'édifice que couronne ce toit. Le fragment reproduit par la figure 317 est un exemple de ce genre.

Quant aux arêtes saillantes inclinées, elles peuvent rester apparentes ou être recouvertes d'une moulure en métal, en général moins accusée et moins importante que celle du faîtage.

Ainsi, dans la figure 318, où nous n'avons malheureusement pu reproduire qu'un fragment de la toiture qui couvre la chapelle du château de Versailles, on voit le ressaut de la façade latérale formant dans le toit une arête saillante ainsi revêtue d'une simple bande en métal ornée de postes. Cette couverture est en ardoises, et les ornements, exécutés en plomb, étaient à l'origine revêtus de dorures qui devaient contribuer grandement à l'effet produit par ce beau couronnement.

Fig. 319.

Remarque. — Il est naturel de rattacher à la décoration des toits celle des appendices et des accessoires qui se voient si souvent à leur surface, lucarnes, œils-de-bœuf, souches de cheminées. Nous avons déjà eu l'occasion de parler de ces différents membres dans les chapitres précédents. Il nous suffira, pour compléter ce qui a été dit à ce sujet, de donner (*fig.* 319) la face d'une souche de cheminée, empruntée aux palais du Louvre, qui en offrent de très beaux et très nombreux exemples. Celle-ci a été exécutée sous le règne de Louis XIV, et sa décoration est à la fois très riche et d'un beau caractère.

DEUXIÈME PARTIE

COMPOSITION DES ÉDIFICES

Dans la composition d'un projet, il y a lieu de considérer les principes généraux qui doivent inspirer toute œuvre artistique, les différentes parties dont est formé un édifice et les conditions les plus favorables à la salubrité.

Nous avons réuni ces trois sujets d'étude dans cette seconde partie sous les titres: *Principes généraux de la composition; Principales parties des édifices; Hygiène des édifices,* chacun d'eux faisant l'objet d'un chapitre spécial.

CHAPITRE PREMIER

PRINCIPES GÉNÉRAUX DE LA COMPOSITION

Comme tous les arts, l'Architecture a pour objet la réalisation du beau; mais elle se distingue essentiellement des autres par le caractère d'utilité que ses œuvres doivent revêtir. Les conditions ayant trait à cette dernière qualité sont donc celles que l'architecte recherchera tout d'abord, sans cependant jamais perdre de vue la beauté, dont son œuvre doit porter l'empreinte. Dans l'exposé des principes de la composition architecturale nous étudierons successivement ces deux points de vue.

§ 1er. — Utilité

En tant qu'utile un édifice doit *servir* et *durer* et, par conséquent, réunir deux qualités indispensables: la *commodité* et la *solidité*. Elles sont, du reste, étroitement unies et doivent être recherchées simultanément; ainsi, les supports isolés et les murs d'une construction ne seront bien placés qu'à la double condition de répartir convenablement les pressions, et de ménager les espaces utilisables et les jours dans les proportions les plus avantageuses.

COMMODITÉ

Un édifice est commode lorsque ses différentes parties sont bien *distribuées* et bien *disposées*. La distribution a rapport à l'arrangement de ces parties, à la place que chacune occupera par rapport aux autres, tandis que la disposition a trait aux conditions spéciales de chacune d'elles en vue de sa destination particulière.

Il est important de distinguer les sens de ces deux termes, qui sont souvent confondus. D'après ce qui vient d'être dit, la confusion n'est plus possible, et l'on conçoit qu'un appartement, par exemple, puisse être bien distribué, c'est-à-dire contenir les pièces nécessaires placées dans l'ordre le plus convenable aux différents services auxquels elles sont destinées, et cependant être mal disposé, si ces pièces n'ont ni les formes ni les dimensions qui leur conviennent, en sorte que l'espace est mal utilisé, et que l'effet est désagréable. Comme on le voit par cet exemple, la beauté est étrangère à la distribution, tandis qu'elle importe à la disposition, puisque celle-ci opère sur des formes et des proportions.

Distribution. — Les questions soulevées par la distribution proprement dite sont simples et, en général, faciles à résoudre. Il suffit que les différentes pièces soient groupées d'après leurs destinations respectives en services, que ces services soient eux-mêmes placés de manière que les plus voisins soient ceux qui ont un rapport de dépendance ou qui se prêtent un mutuel concours, que les pièces de chaque groupe communiquent facilement sans *se commander* et possèdent, dans certains cas, une issue commune différente de celle du groupe voisin.

Ainsi, dans un appartement, les salles des domestiques, les cuisines, laveries, offices, etc., constituent un groupe distinct qui doit avoir son entrée spéciale et son escalier, si l'édifice a plusieurs étages; de même que les salons, salles à manger, antichambres, etc., qui servent à la réception, forment un autre groupe ayant une entrée et un escalier différents des premiers. Ces deux divisions, qu'on retrouve dans presque tous les appartements, quoique distinctes, doivent pourtant être contiguës, et les deux pièces qui établiront la communication ne peuvent être indifféremment choisies: l'office par exemple est tout indiqué pour avoisiner la salle à manger. D'ailleurs, pour éviter que les pièces se commandent, il suffit de leur donner accès sur des antichambres et des dégagements convenables. En général, le programme d'un édifice à composer, qui est une énumération de ses différentes parties, de leurs rapports et de leur destination, définit les données suffisantes, d'après lesquelles doit se faire la distribution, et nous n'insisterons pas autrement sur cette question de pur bon sens.

Disposition. — Le problème de la disposition est plus complexe. C'est à le résoudre de la façon la meilleure et la plus belle que s'applique l'architecte, dès qu'il a pris connaissance des conditions particulières de son programme, qu'il s'est pénétré de ses exigences après une étude sérieuse et réfléchie. Il se préoccupe alors de l'arrangement général des divisions principales, dont il fixe le nombre et l'ordre d'importance, le développement relatif et les formes, en donnant déjà à cette première ébauche le caractère que comporte l'édifice, d'ampleur, s'il est vaste, de minutie, s'il est de faible étendue. Il se rend compte s'il y a lieu de le diviser en étages et quelles seront les pièces comprises dans chacun d'eux, ou si toutes seront placées à rez-de-chaussée. Les divisions principales seront tout à la fois parfaitement distinctes et en communication facile les unes avec les autres. Dans chacune d'elles, il y aura ensuite à distinguer les salles importantes et à grouper près d'elles des salles secondaires dépendantes, de façon à bien marquer leur importance relative et leurs rapports. Les pièces accessoires serviront de lien et de transition, et ainsi l'ensemble se présentera comme un tout harmonique. On s'appliquera à rechercher les formes les plus convenables à chaque salle et à accuser les plus importantes au dehors par une saillie ou une hauteur proportionnée. Il faudra user de la régularité sans monotonie et de la variété sans confusion, en ayant toujours présente à l'esprit l'idée principale du programme, afin de donner à la composition ce cachet d'originalité qui indique à première vue la destination générale de l'édifice et ses parties essentielles.

Toutes ces considérations peuvent être plus ou moins modifiées par des circonstances extérieures, telles que le lieu où doit être élevée la construction, la nature, l'étendue, la forme des constructions voisines, la distance de laquelle on l'apercevra le plus souvent, et mille autres encore qu'il appartient à l'architecte de remarquer et d'apprécier pour leur accorder l'importance qu'elles méritent et en déduire dans chaque cas particulier des conditions nouvelles à satisfaire. Une construction élevée à la ville ne pourra affecter des formes tourmentées qui seraient gênées par les bâtiments voisins et utiliseraient moins d'espace là où il est de première nécessité de le ménager. Au contraire, ces formes seront pour ainsi dire de rigueur à la campagne, où l'on n'est pas tenu par les mêmes exigences et où on a tout intérêt à multiplier les points de vue et à les varier. Un édifice construit en plaine ne sera pas vu à grande distance; on en cherchera l'effet dans les détails de l'ornementation plutôt que dans les contours extérieurs ; mais, s'il est édifié sur une hauteur, ces derniers seuls seront appréciables, et on étudiera davantage les formes de la silhouette générale et des ouvertures pour produire la meilleure impression sur le spectateur.

Il est inutile de multiplier les exemples : ceux qui précèdent montrent quel esprit doit guider l'architecte à ce point de vue dans l'étude d'une composition quelconque. C'est à son goût personnel, à son expérience, qu'il appartiendra de préciser pour chaque cas les conditions qu'il importe le plus de satisfaire, et sur l'existence desquelles il suffit ici d'attirer son attention.

Enfin, quand il aura ainsi arrêté les traits principaux de son œuvre, il devra entrer dans le détail et fixer une foule de choses qu'il avait dû jusque-là exprimer vaguement pour se préoccuper de l'ensemble. Les dimensions des salles, des murs, des ouvertures, les positions et le nombre des points d'appui et, dans une certaine mesure, le mode de construction, feront l'objet de son étude. Si l'édifice comporte des voûtes, les divers membres seront plus massifs que s'il s'agissait de plafonds. On peut en déduire déjà que le premier système sera mieux approprié aux édifices devant revêtir un caractère monumental, tandis que le second conviendra parfaitement aux constructions ordinaires. Dans l'un, on s'attachera à trouver une division telle que les points d'appui exigés par la solidité soient justement là où ils permettent la circulation la plus facile et l'utilisation la plus complète de l'espace. Dans l'autre, il faudra éviter soigneusement de percer dans deux murs parallèles des ouvertures dont les axes seraient différents, afin d'avoir toujours des points d'appui convenablement placés pour recevoir les pièces de charpente. Lorsque plusieurs salles de même largeur seront placées les unes à la suite des autres dans le même sens, il y aura avantage à les faire communiquer par des portes ayant un même axe, afin d'augmenter l'impression d'étendue de l'ensemble. Ce principe, toutefois, n'est pas absolu, et souvent, dans les pièces destinées à l'habitation, il vaut mieux, pour des raisons d'un autre ordre, ne pas percer les portes parallèles dans le même axe, pourvu que les murs où elles sont établies n'aient pas à supporter les planchers.

Des considérations d'un autre genre viennent encore influer sur les solutions adoptées, bien que ne se rattachant pas directement aux précédentes. Nous voulons parler de la salubrité, de l'exposition, de l'aération, du chauffage. Il importe de se préoccuper des deux premières avant d'arrêter l'ensemble de la composition ; les deux autres, n'exigeant que des ouvrages intérieurs ou de détail, peuvent être résolues plus tard. Nous nous en occuperons avec plus de développements dans un des chapitres suivants.

Remarquons, en passant, que l'architecte, même dans cette étude préliminaire, qui semble n'avoir pour objet que l'appropriation d'un édifice à des besoins matériels définis, ne doit perdre de vue, ni le sacrifier au premier, un but plus élevé : il faut que son œuvre soit belle. Aussi ne suit-il pas, en général, une méthode rigoureuse analogue à celle que nous avons adoptée pour exposer les réflexions qui précèdent. Son imagination lui représente dès le premier moment une disposition et des formes qui, bien que basées sur une conception plus ou moins raisonnée du programme, lui apparaissent avant tout comme belles. Si cette première idée vérifiée ne résout pas le problème, il en imagine d'autres, jusqu'à ce qu'il en trouve une qui satisfasse à la fois son goût et les données de la question. Du reste, cette recherche ne peut pas être fixée par des règles : il appartient à chacun, selon son tempérament, de procéder par intuition ou par raisonnement ; et l'on n'est en droit d'exiger de lui que la condition d'une solution simple, claire, belle, quelle que soit la série d'études qui l'y ait conduit.

Exemples de dispositions. — Quelques exemples feront comprendre les réflexions qui précèdent et les préciseront pour le lecteur. Un des plus beaux qu'on puisse citer est celui du Palais de Versailles. Le lieu où il est élevé ne semblait pas devoir se prêter à une conception aussi grandiose; mais l'art en a tiré une merveille. Les abords du palais, du côté extérieur, produisent le plus grand effet. Une large avenue débouche sur une vaste place qui précède le palais, et où s'élèvent, de part et d'autre de l'avenue, les bâtiments destinés aux écuries (*fig.* 320). La première cour s'ouvre largement sur la place et se limite latéralement aux deux corps de logis affectés aux Ministres. En arrière, des pavillons plus rapprochés enferment une cour de même forme, mais de plus faibles dimensions, sur laquelle s'éclairent les appartements des princes. Enfin, à la suite de celle-ci, de forme carrée, plus étroite et plus richement décorée, la cour du roi, fermée au fond par le bâtiment qui contient la chambre du roi, dans l'axe de l'édifice, et la grande salle des fêtes, sur laquelle elle s'appuie, d'où la vue s'étend au loin sur un parc splendide. Ce dernier corps de bâtiment, de beaucoup le plus important, s'accuse en façade du côté des jardins par une saillie sur les bâtiments adjacents, égale à sa profondeur, de façon à offrir aux salles qu'il contient la vue sur trois côtés. Et quel art infini de simplicité et de grandeur dans l'arrangement des jardins. Autour du palais, un immense espace libre orné de petite verdure et de bassins s'étend en terrasse, d'où descend l'avenue qui forme une trouée colossale dans la vaste étendue de bois touffus sillonnés de sentiers et de petites avenues. Puis, tout à coup, le champ s'élargit encore; un bassin de proportions gigantesques étend sa nappe d'eau, qui se perd au loin entre des massifs d'arbres de plus en plus espacés, s'ouvrant en définitive sur la plaine immense et l'horizon infini. Le visiteur qui voit pour la première fois ce spectacle ne se lasse pas d'admirer, et jamais peut-être les seules ressources de l'art agissant sur la nature et la transformant à son gré n'ont produit un aussi puissant effet de grandeur.

Qui n'a admiré encore le superbe ensemble que forment la place de la Concorde, les palais et jardins qui l'entourent, les avenues qui y débouchent et que terminent le portique monumental de la Madeleine, celui du palais du Corps législatif, et l'arc de triomphe colossal de la place de l'Étoile?

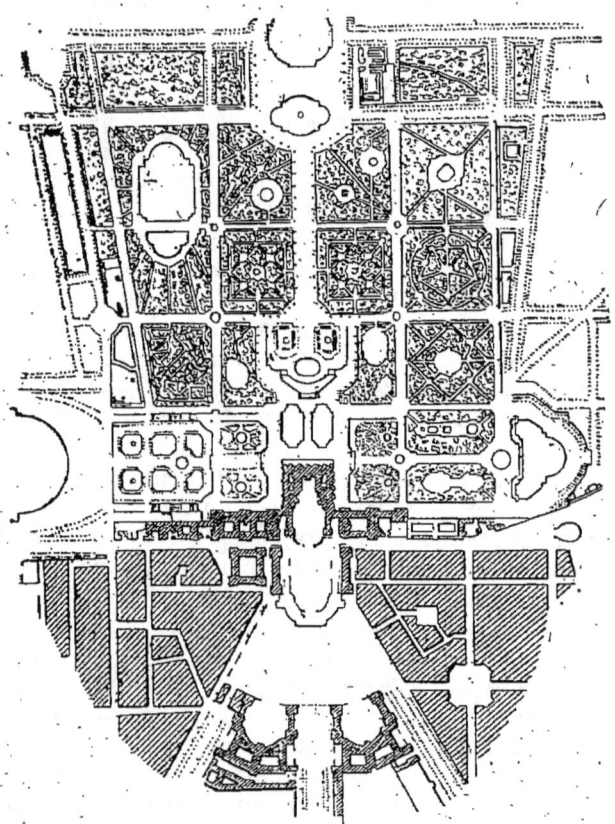

Fig. 320.

C'est presque uniquement à leurs dispositions que ces œuvres doivent leur caractère imposant; mais ce n'est point seulement dans les œuvres de grandes proportions que l'art de la disposition doit intervenir. Le plus modeste édifice peut témoigner de l'intelligence et du sentiment artistique de son auteur, et doit être pour lui l'objet d'une étude aussi sérieuse que celle d'un vaste monument. Les difficultés y seront moindres, et les effets moins puissants ; ce ne sont point des raisons pour excuser une négligence quelconque dans la composition.

SOLIDITÉ

Considérations générales. — L'architecte aura d'ailleurs à se préoccuper, même dans la recherche des dispositions les plus convenables, d'une autre qualité indispensable, qui, comme nous l'avons dit au début de ce paragraphe, se lie à la commodité : nous voulons désigner la solidité. On doit la réaliser dans tous les édifices ; mais il en est qui la réclament à un plus haut degré, et d'autres même pour lesquels on peut introduire dans ce sens une certaine exagération.

Les monuments de l'antiquité sont caractéristiques à cet égard. Les pyramides d'Égypte ne sont point de nature à charmer le regard par la beauté de leurs contours ; mais, en revanche, elles indiquent une solidité à toute épreuve, et depuis plus de six mille ans, ces colosses de granit bravent les injures du temps et des hommes. Les temples primitifs de la Grèce revêtent le même caractère, et ont pu aussi résister à l'action destructive des siècles ; leurs formes sont courtes et trapues, les matériaux sont de grandes dimensions et de forte résistance, et l'exécution en est parfaite. On sent dans toutes ces œuvres la préoccupation de transmettre aux générations futures, et le plus longtemps possible, le souvenir d'un peuple, d'une civilisation, d'une époque ou d'un individu.

Ce besoin de perpétuer à travers les âges quelque chose de nous, inhérent à notre nature, ne se traduit plus ainsi de nos jours. Les individus, comme les peuples, certains que l'histoire transmettra plus sûrement leur nom et leur souvenir à la postérité que ne le pourrait faire le plus solide monument, ne songent plus à y employer autant de travail, de forces et de ressources. D'autre part, des sentiments de solidarité les ont conduit à dépenser plus judicieusement ces ressources pour élever des édifices d'une utilité générale et immédiate. Enfin, les connaissances scientifiques et le fruit des expériences de tant de siècles ont permis plus de hardiesse dans les constructions. Dès lors, la solidité devient une qualité qu'il faut toujours rechercher, mais à laquelle on attribue une importance raisonnable, sans lui sacrifier autant que le faisaient nos ancêtres.

Tous les édifices ne la possèdent pas au même degré, et on la proportionne d'ordinaire à la durée probable qu'exige la destination de chacun d'eux. Elle sera beaucoup plus marquée dans un monument affecté à un service public que dans une maison d'habitation. Le premier, en effet, pourra servir pendant plusieurs siècles à des usages presque analogues et dont les transformations n'exigeront pas de grands changements de disposition ; tandis que la seconde peut être appropriée aux besoins et aux mœurs d'une époque, d'une génération, et ne plus convenir à l'époque ou à la génération suivante. L'un est élevé par une nation, naturellement obligée à plus de grandeur dans ses œuvres que le simple particulier qui construira l'autre. Pour une raison analogue, le bâtiment destiné à une association ou à un riche propriétaire sera bâti plus solidement que l'habitation d'un modeste travailleur. Ces considérations varient à l'infini ; il est impossible de les formuler en règles précises, et l'architecte les apprécie, dans chaque cas, d'après ses vues particulières, les moyens mis à sa disposition en ressources pécuniaires et en matériaux, et en prenant pour termes de comparaison les édifices de même nature déjà exécutés et dont les exemples abondent.

Nous avons déjà signalé en maintes occasions, dans la première partie de cet ouvrage, en étudiant chacun des éléments principaux de construction, quelles dispositions il convient de prendre pour en assurer la solidité. Si nous en reparlons ici, c'est à un point de vue plus général et pour montrer dans quelle mesure l'architecte devra y songer au cours des études relatives à la composition. Si les différents genres d'édifices ne comportent pas le même degré de solidité, pour un édifice donné, on peut aussi la répartir inégalement aux divers membres de la construction. Ainsi, le plus grand soin devra être apporté à l'établissement des fondations, quelle que soit d'ailleurs la nature du terrain sur lequel on s'appuie et le système adopté. Il serait inutile de bâtir solidement les parties supérieures, si leur assiette était insuffisante : la ruine serait certaine. Que les dimensions des points d'appui soient donc largement prévues; que les matériaux employés dans les fondations soient très résistants, et que les travaux qu'elles nécessitent soient exécutés avec toutes les précautions désirables; qu'on exagère même un peu l'importance de ces diverses conditions pour être sûr de n'avoir pas à craindre l'insuffisance.

Les murs qui s'élèveront au-dessus diminueront d'épaisseur à chaque étage par des retraites successives, de façon à répartir les pressions sur des bases dont les dimensions croissent avec l'intensité de celles-ci. Si les caves sont voûtées, il faudra calculer les épaisseurs de leurs piédroits pour qu'ils résistent aux poussées, et les rapprocher suffisamment pour que les efforts n'y deviennent pas trop considérables. Tous les murs devront *monter de fond*, c'est-à-dire s'appuyer directement sur un massif de fondation, et non sur les reins d'une voûte ou sur un plancher. Entre les murs de façade, il faudra établir des murs de refend, destinés à les relier dans toute leur hauteur et toute leur étendue, à servir de support pour des ouvrages intérieurs, d'appui pour les tuyaux de fumée, etc.

Les points d'appui séparant les ouvertures devront se correspondre dans le plan et se superposer verticalement en façade, comme il a déjà été dit, pour assurer aux planchers une assiette convenable. Les pièces de ces derniers seront scellées au moyen d'ancres en fer dans les murs, dont elles maintiendront la liaison. S'il y a des poutres principales supportant des poutrelles, les premières reposeront toujours sur des points solides de façon à reporter directement les charges sur les fondations.

D'une façon générale, il est de la plus grande importance que toutes les parties de l'ossature présentent isolément le degré de solidité qui convient aux efforts qu'elles supportent, et soient fortement unies entre elles pour se prêter un mutuel concours, en vue de la stabilité parfaite de l'ensemble. Aussi ajoute-t-on souvent aux moyens précédemment indiqués des armatures en fer dans les régions soumises aux plus grands efforts, afin de réaliser plus complètement cette unité indispensable de toute la construction.

Mais ces différentes précautions sont indépendantes du

choix des matériaux qui, suivant les ressources du propriétaire qui fait construire et le lieu où l'édifice s'élève, sera plus ou moins borné. Quels qu'ils soient, la répartition devra toujours s'en faire de façon à réserver les plus résistants pour les parties basses des murs soumises à de plus fortes charges ou, d'une façon plus générale, à proportionner les résistances aux efforts supportés.

Rôle esthétique de la solidité. — La solidité, nécessaire à la durée de nos constructions, est également réclamée dans toute œuvre architecturale (et l'on peut dire dans toute œuvre d'art, sous le terme plus général de *force*), au nom d'un principe plus élevé, la beauté, dont l'étude fera l'objet du paragraphe suivant. L'architecte ne se contentera donc pas de réaliser cette qualité dans sa construction, mais il devra s'efforcer de la rendre apparente à l'extérieur par une décoration plus ou moins fermement accusée, selon le degré qu'elle doit marquer. Il en exagérera même l'expression, pour la rendre plus sensible, si elle doit indiquer le caractère principal de l'édifice. Dans ce cas, il importe plus, au point de vue de l'art, d'obtenir un caractère de solidité nettement accusé que de réaliser cette qualité sans la rendre apparente :

Le vrai peut quelquefois n'être pas vraisemblable,

et il faut, dans le domaine qui nous occupe, que les ouvrages dont l'œil constate la stabilité réelle ne se présentent pas sous des formes que l'esprit ne conçoit pas au premier abord comme stables; en d'autres termes, les tours de force sont toujours à éviter dans une œuvre d'art, et, s'ils séduisent certains tempéraments capricieux, ils fatiguent les esprits droits et choquent les gens de goût. Pour nous résumer, nous dirons que tout édifice doit être construit solidement et porter plus ou moins fortement l'empreinte extérieure de cette qualité, selon sa destination et son caractère.

§ 2. — Beauté

Considérations générales. — De toutes les formes et de toutes les proportions qu'on peut concevoir pour un objet donné, beaucoup pourront répondre parfaitement à sa destination; mais un très petit nombre parmi celles-ci seront de nature à plaire à notre goût. En architecture, comme en tous les arts, c'est à découvrir ces types que tendront, en définitive, les efforts de l'artiste. Il ne sera pas abandonné dans cette recherche aux seules indications de son sentiment, qui le tromperaient en maintes occasions. Si tous les caractères de la beauté ne sont pas définissables, il en est d'essentiels, qu'elle doit tout d'abord présenter. Le beau, en particulier dans les œuvres architecturales, n'est qu'un couronnement du bon; il perdrait une grande partie de sa valeur s'il se bornait à couvrir ou à dissimuler des défauts de composition ou de construction, tandis qu'il donne à ces œuvres la perfection définitive, en s'alliant intimement à des qualités plus fondamentales.

Nous avons signalé déjà la part de la beauté dans les recherches relatives à la disposition. Dans un ordre d'idées plus général, elle réclame encore : la *vérité* dans ses formes, l'*ordre* et la *variété* dans leurs combinaisons.

Vérité. — Au point de vue de l'art, qui nous occupe seul dans ce chapitre, il y a lieu de distinguer entre la vérité matérielle et la vérité morale. La première n'envisage que ce qui existe ; la seconde est plus large dans son acception et dépasse le réel en faisant parfois abstraction des détails accessoires, pour affirmer d'une façon plus frappante les traits principaux et l'idée dominante de l'œuvre. Prenons des exemples. Voici un édifice qui comprend plusieurs étages, dont les uns contiennent de petites pièces, et d'autres de grandes salles : des corps de moulures horizontales indiqueront sur la façade la division en étages, et leur espacement vertical variera selon l'importance des parties qui composent chacun d'eux. Les fenêtres des étages principaux seront plus grandes, les autres, plus restreintes. Dans un vaste ensemble, il y a tout un corps de bâtiments où sont groupées les parties essentielles : on lui donnera, sur les bâtiments secondaires qui le joignent, une saillie proportionnée à son importance et à l'intensité avec laquelle on voudra l'accuser, ou on l'élèvera à une plus grande hauteur, ou bien encore on usera simultanément de ces deux moyens. Ailleurs, on aura des salles contiguës qui ne seront pas de même importance, mais sans que la différence soit très marquée : on ne la traduira à l'extérieur ni par des saillies, ni par des variations de dimensions dans les ouvertures qui les éclairent, parce qu'en voulant trop exprimer, on risquerait de tomber dans la confusion, et le spectateur ne comprendrait plus là où l'on voudrait lui faire trop comprendre. Au contraire, si ces différences de proportion des salles contiguës sont très marquées, il ne faudra pas hésiter à les indiquer à l'extérieur par des différences de hauteur correspondantes; on pourra, par exemple, faire monter de fond les plus grandes, et diviser en deux ou plusieurs étages les parties voisines affectées aux salles plus petites.

Certaines salles (laboratoires, ateliers) ont besoin de beaucoup de lumière, à cause des travaux délicats auxquels elles sont destinées : on les indiquera franchement par des ouvertures plus larges et plus nombreuses. D'autres, destinées à l'habitation (salons, salles à manger, chambres à coucher) réclament une lumière moins intense ; elles seront éclairées par des fenêtres plus étroites. Dans les premières, on ne doit passer que le temps nécessaire à une occupation qui doit absorber toute l'attention ; on adoptera pour leurs ouvertures la forme la plus pratique, celle qui donnera, avec le moins de difficultés dans l'exécution, le plus de jour possible. Dans les secondes, on vient pour se distraire ou pour se livrer à des occupations moins captivantes ; l'œil a besoin de s'y reposer sur des objets dont la vue est agréable, et cette considération fera rechercher pour leurs fenêtres des formes plus gracieuses, des proportions plus élancées.

On pourrait multiplier ces exemples, mais leur nombre est infini, comme les conditions mêmes de l'existence et des lieux où elle se déroule, et il faut surtout s'attacher à en dégager l'esprit, non pour formuler une règle absolue, qui serait une entrave à l'imagination, mais afin de s'en inspirer, tout en conservant une certaine liberté d'allure nécessaire à la manifestation du goût et du tempérament de l'artiste.

Dans l'expression de la vérité morale, qui, comme on le voit, tantôt se confond avec la vérité matérielle, et tantôt abstrait certains de ses détails et la dépasse, il faudra éviter avec un égal souci la monotonie et la confusion, et pour cela simplifier et amplifier, dégager les idées principales et les accuser seules et d'autant plus fortement que la composition est plus importante, et que l'architecte veut produire une impression plus profonde sur le spectateur. Il s'ensuit qu'il aura à tenir compte de ces considérations pour un monument public plus que pour un édifice d'habitation.

Ordre. — Mais pour que les formes et les proportions extérieures traduisent naturellement et simplement les grandes divisions d'un édifice et leurs destinations respectives, il est très important que tout y soit disposé suivant une certaine loi, et nous sommes ainsi conduits à considérer une autre qualité essentielle et constitutive de la beauté, l'ordre.

Ordre et symétrie sont deux mots dont on se sert souvent indifféremment, bien qu'ils n'expriment pas la même idée. Il convient d'en faire la distinction. Le premier a un sens beaucoup plus général, beaucoup plus large aussi que le second. La symétrie est seulement l'une des expressions de l'ordre, la plus simple, si l'on veut, et la plus facile à saisir ; mais elle ne se prête qu'à un très petit nombre de combinaisons.

L'ordre, au contraire, s'établit d'après une loi qui est différente pour chaque édifice, et qui, une fois déterminée, peut admettre plusieurs solutions. Cette loi, dont l'architecte a l'intuition immédiate ou qu'après réflexion il déduit des données du programme à réaliser, règle d'une façon générale la succession et l'importance des différentes parties de l'édifice. C'est proprement l'idée qu'il s'est faite des conditions et des exigences spéciales du cas qu'il étudie. Elle sera d'autant plus conforme à l'ordre qu'elle sera plus simple, tout en donnant pleine satisfaction au programme. Partant, on ne pourra obtenir l'ordre et la simplicité au même degré dans tous les édifices. Il en est qui réclament la recherche ou la fantaisie dans les formes, l'imprévu dans les dispositions, un certain laisser-aller, qui, tout en enlevant à l'ordre sa rectitude un peu froide, et à la simplicité sa monotonie, contribue à accentuer le caractère de l'œuvre. D'ailleurs, l'ordre peut, en beaucoup de circonstances, admettre une grande variété et une grande richesse : il ne répudie que la confusion et l'exubérance. Il se manifeste souvent sans la symétrie absolue, qui est en un sens l'excès de la simplicité dans la manifestation de l'ordre.

Symétrie et variété. — La symétrie, d'autre part, peut exister sans lui, et, par conséquent, loin de la prendre comme une de ses conditions déterminantes, il faut savoir s'en affranchir pour arriver jusqu'à l'ordre et à la variété qu'il appelle lorsqu'elle y mettrait obstacle. Cependant nous sommes bien éloignés de la proscrire, et elle est obligatoire dans bien des cas. Ainsi on ne parviendra pas à donner sans elle le caractère monumental à une façade qui le réclame, et il sera indispensable d'avoir un axe de symétrie pour les parties apparentes d'un édifice de cette nature.

La symétrie étant la forme la plus simple de l'ordre, nous la voyons constamment réalisée sous nos yeux dans des objets de diverses natures. Notre esprit s'y est habitué et la recherche partout où elle est possible. Ce qui est essentiel, c'est de ne jamais sacrifier la vérité.

Élément moral. — Les divers caractères que nous venons d'étudier, quoiqu'ils ne puissent être fixés en des formules précises, se prêtent cependant à une certaine appréciation pouvant donner au moins des directions à l'artiste. Mais il est un autre élément de la beauté qui échappe à notre analyse dont nous pouvons sentir la présence ou l'absence dans une œuvre d'art exécutée, mais dont nous ne pouvons déterminer la nature et les conditions. Il réside tout entier dans la pensée de l'auteur, qui lui communique ce quelque chose de personnel, et l'on pourrait presque dire de vivant par quoi nous sommes le plus saisis. Sortie du plus profond de son âme, cette pensée pénètre jusqu'à la nôtre, à travers l'œuvre qu'elle a inspirée et créée, et y produit cet enthousiasme spontané qui est le caractère de la véritable admiration. Un courant de sympathie s'établit ainsi entre l'artiste et le spectateur par le moyen de son œuvre ; il a su exprimer d'une façon vivante une idée qui est aussi la sienne. Du reste, cette idée, tous ne la saisiront pas et ne la sentiront pas avec la même intensité ; mais plus elle aura été profonde dans l'âme de l'auteur et plus elle sera saisissante pour le spectateur. Nous nous rendons assez bien compte par l'expérience de nos émotions, devant un beau tableau ou une belle statue, de la vérité de ce fait pour les deux arts de la peinture et de la sculpture ; elle est assurément moins frappante pour l'architecture, qui est un art plus abstrait.

Cependant cela n'est pas douteux. Lorsque l'architecte s'est borné à satisfaire aux conditions de vérité, d'ordre, de symétrie et de variété que réclamait le caractère de son œuvre, après en avoir auparavant distribué et disposé les différentes parties avec le soin le plus judicieux et le sentiment le plus exact des convenances du sujet, cette œuvre nous laisse froids : il lui manque la vie. Pour qu'elle soit belle, il faut encore qu'elle ajoute à ses qualités fondamentales l'exaltation d'une grande idée qui a séduit l'artiste, qu'il a mis tous ses soins à traduire et qui seule alors peut donner à son œuvre cette unité morale et cette parfaite harmonie, constituant une véritable création. C'est par là seulement que l'artiste affirme sa personnalité ; mais il ne peut y parvenir ni par le raisonnement, ni par l'application d'aucune formule, et, dans cet ordre d'idée, notre rôle se borne forcément à une constatation sans pouvoir donner ni raisons, ni conditions, ni conseils.

Nous essaierons simplement de compléter ces notions très générales par quelques réflexions ayant pour objets : les *proportions* et la *décoration*, éléments sur lesquels agit la pensée de l'artiste pour atteindre à la beauté, et le *style*, qui en est l'interprétation.

PROPORTIONS

Quand l'architecte a déterminé les grandes lignes de sa composition, il modifie les proportions des différentes parties et recherche celles qui lui paraissent le mieux convenir à leurs destinations respectives. Plus tard, il les modifie de nouveau en vue d'une impression d'ensemble où se manifeste l'harmonie. Enfin, il est encore conduit à d'autres modifications selon l'étendue matérielle de l'édifice. De là, trois points de vue auxquels il y a lieu de considérer les proportions et que nous allons successivement examiner.

Proportions de destination. — Ces proportions sont en partie déterminées par les considérations d'utilité et de solidité dont nous avons déjà parlé et sur lesquelles il serait superflu de revenir. Mais, on se le rappelle, elles ne donnent qu'une idée générale et laissent le champ libre à un assez grand nombre de solutions. L'architecte serait fort embarrassé qui n'aurait que ces données pour fixer les proportions définitives, et il serait obligé à l'arbitraire s'il n'était guidé dans ce choix par le sentiment du but auquel l'édifice, en général, et chacune de ses parties, en particulier, doivent répondre. Toute composition procède d'une idée qu'il s'agit de manifester par tous les moyens utilisables et conséquemment par les proportions. Elle y puise son originalité et son expression, et c'est par là qu'elle parle à notre esprit.

Les proportions élancées des colonnes corinthiennes par exemple, bien que nous leur accordions la solidité comme aux colonnes doriques, témoignent d'un plus grand affranchissement des exigences matérielles, tandis que celles-ci indiquent une plus grande préoccupation de s'y soumettre pour obtenir plus de durée. Et cependant, au point de vue de l'utilité seule, deux temples construits sur ces deux types sont également appropriés aux besoins du culte qu'on y célébrait.

En dehors et au-dessus de cette nécessité immédiate, l'artiste a donc voulu satisfaire à un autre principe et exprimer une autre idée. Voici deux exemples plus saisissants encore. Les temples égyptiens, dont les ruines colossales nous ont été conservées, étaient relativement peu élevés et supportés par des colonnes courtes et massives, tandis que les cathédrales gothiques du Nord de la France élancent à des hauteurs prodigieuses leurs nefs immenses reposant sur des points d'appui relativement légers. Les premiers étaient destinés à un culte où les préoccupations de la vie terrestre tenaient une grande place et où la conception même d'une autre vie se présentait sous des images matérielles et grossières ; au lieu que les secondes furent consacrées à une religion spiritualiste, promettant à l'âme une existence tout immatérielle, dont la vie présente n'est qu'une préparation et une ébauche. Ces croyances si différentes ont produit des conceptions du beau essentiellement dissemblables, abstraction faite des conditions d'ordre utilitaire, et elles en ont imprégné si profondément leurs œuvres que la seule vue de celles-ci éveille encore en nos âmes, au moins dans leur généralité, les idées qui les ont enfantées. Leurs proportions seules leur ont communiqué cette puissance d'expression et de vitalité.

On voit par là quel rôle important jouent les proportions dans la réalisation du beau en architecture. Qui n'a éprouvé ce sentiment instinctif de pleine vie, de libre essor, et presque ce besoin d'élever nos pensées que fait naître en nous une salle de grande hauteur ? Et que de fois, en revanche, nous nous sommes sentis à l'étroit, écrasés, portés à des sentiments bas, condamnés au terre à terre, dans les appartements restreints de nos maisons de ville. C'est qu'une grande idée a inspiré les proportions de la salle dans le premier cas, tandis que, dans l'autre, de mesquines préoccupations d'économie, de revenus pécuniaires, ont présidé à la disposition des différentes pièces et contraint l'architecte à défigurer son idéal.

Si les convenances matérielles peuvent donner une indication générale des proportions envisagées au point de vue de la destination des édifices, c'est donc au sentiment plus ou moins net des convenances morales et du caractère de ces édifices qu'il appartient de les fixer en définitive.

Sans doute, il en est pour lesquels ces considérations ne tiendront pas une grande place dans la composition, et l'on nous accusera peut-être d'en exagérer la portée. Nous pensons toutefois, et nous l'avons déjà dit sous d'autres formes, que, même dans les œuvres les plus modestes, l'architecte doit avoir comme but suprême de ses recherches la réalisation du beau idéal qui convient le mieux à chaque cas. Mais c'est son goût personnel et son sentiment qui lui en indiqueront les moyens sans qu'il soit possible de lui tracer une voie à suivre autrement que par des notions tout à fait générales destinées à éveiller son attention beaucoup plus qu'à la diriger.

Proportions harmoniques. — Il ne suffit pas que toutes les parties d'un édifice, considérées isolément, soient bien proportionnées, il faut encore que, lorsqu'on les envisage dans l'ensemble, elles donnent l'impression de l'unité et de l'harmonie. Pour rendre notre pensée plus facile à saisir, nous supposerons un exemple où elle est exagérée. Le motif d'arcades avec colonnes corinthiennes formant le portique qui entoure la cour du Carrousel et le portique d'ordre ionique de l'église Saint-Vincent-de-Paul, à Paris, sont de belles proportions, chacun étant vu séparément. Combinons-les pour en faire une seule façade : elle produira sûrement une impression désagréable, car ces deux motifs ne sont pas destinés à être réunis avec leurs proportions propres dans un ensemble. Cependant nous pouvons concevoir un ordre ionique avec plate-bande et des arcades corinthiennes formant un ensemble fort beau, comme, par exemple, cela a lieu pour le musée Galliera, à Paris, dont nous avons déjà parlé dans la première partie de cet ouvrage. Ici, en effet, les proportions ont été étudiées en vue de l'harmonie.

Pour un même ordre on peut se rendre compte également que, si deux colonnes de courtes proportions sont plus espacées que deux colonnes de proportions élancées, nous en ressentirons une impression désagréable : il n'y a pas harmonie entre la loi qui lie l'espacement au diamètre de la colonne et celle qui fixe la hauteur de celle-ci, par rapport à la même longueur, prise comme unité de comparaison. On pourrait citer un exemple analogue pour l'arcade où la finesse de l'archivolte par exemple se proportionne à son élancement, si l'on veut obtenir un effet harmonieux.

Il y a donc une loi d'harmonie qui régit les proportions, puisqu'il n'est pas indifférent de les combiner de telle ou telle façon. Certains auteurs ont voulu la formuler, et voir des conditions de l'harmonie dans les rapports très simples obtenus avec les quatre ou cinq premiers nombres qui expriment en musique l'accord parfait, en appuyant leur théorie sur une analogie plus apparente que réelle entre les deux organes de la vue et de l'ouïe. D'autres, tout en admettant cette loi des nombres, l'ont étendue à des rapports très compliqués. On a tenté de vérifier ces lois purement hypothétiques sur les monuments que nous a légués l'architecture grecque et dont le goût parfait les signale comme faisant autorité. Si l'on a trouvé, dans plusieurs de ces monuments, que les différentes parties étaient proportionnées entre elles suivant des rapports simples assez voisins de $\frac{1}{2}, \frac{1}{3}, \frac{1}{4}, \frac{1}{5}, \frac{2}{3}$, etc., bien souvent aussi ils s'en éloignaient très sensiblement.

Nous ne pensons pas qu'il faille soumettre à une condition aussi rigoureuse qu'une loi mathématique les formes et les proportions destinées à manifester le beau. Nous ne croyons pas davantage qu'on doive proscrire complètement la loi des nombres de cette étude, car si, dans les édifices où on en constate l'application, on ne peut l'attribuer à une volonté arrêtée, on est obligé de convenir que, parmi toutes les formes et les proportions que l'architecte a examinées, celles qui, après de plus ou moins longs tâtonnements lui ont paru les plus belles et ont été consacrées par l'assentiment et l'admiration des peuples, se trouvent en conformité plus ou moins absolue avec cette loi. Si elle n'est pas une règle inviolable, elle peut être du moins considérée comme indiquant à l'artiste un cadre plus restreint dans lequel il limitera ses recherches.

En réalité, les rapports simples ont un mérite incontestable; ce qu'il faut repousser, c'est leur nécessité admise comme loi. Il est probable qu'en cherchant une traduction mathématique des formes, on trouverait pour les plus belles des expressions plus simples; bien que cela ne soit pas prouvé. Mais la chose fût-elle vraie, ce serait toujours un point de vue erroné que de vouloir enfermer l'imagination et le sentiment de l'artiste dans des limites aussi étroites, et lui faire modifier selon ces lois, les formes et les proportions que son goût lui a dictées.

Altération des proportions. — Il est souvent nécessaire, pour obtenir d'une façon plus complète l'effet en vue duquel tout a été disposé dans une composition, de modifier les proportions qu'on aurait adoptées dans les circonstances ordinaires. C'est un fait d'expérience quotidienne que nos sens nous trompent, en général, sur les formes réelles des objets qui nous entourent, selon la position qu'ils occupent par rapport aux objets environnants et par rapport à nous-mêmes. C'est un autre fait d'expérience que, prévenu de cette cause d'erreur, notre jugement intervient pour la corriger ou l'atténuer dans la plupart des cas. Donc, en thèse générale, il faudra, lorsque c'est nécessaire, augmenter ce que nous avons tendance à voir amoindri, et diminuer ce que nous avons tendance à voir agrandi, sans que cette correction soit complète au point de vue des compensations, puisque notre jugement la fera en partie.

Ainsi, lorsqu'un objet est placé à une trop grande hauteur dans un plan vertical, nous le voyons en *raccourci*. L'image qui s'en forme sur notre rétine est à peu près celle qu'on obtiendrait par des rayons visuels enveloppant cet objet avec un plan normal à la bissectrice de l'angle formé par les rayons visuels extrêmes. Sa hauteur est moindre que celle de l'image obtenue en projetant orthogonalement le même objet sur un plan vertical parallèle à sa face antérieure. Il faudra donner à cet objet une hauteur intermédiaire entre celles qu'indiqueraient ces deux projections. Une correction analogue sera nécessaire pour les objets placés dans un plan horizontal.

Il est bon de faire observer que ces modifications ne devront jamais avoir pour but de nous tromper sur la grandeur réelle des objets perçus, mais d'aider nos organes et notre jugement à la découvrir. Aussi, ne faudra-t-il les introduire dans l'exécution d'une composition architecturale qu'avec beaucoup de réserves et de soins, là où il est bien évident que, sans elles, le spectateur ne pourrait se faire une idée exacte des formes et des proportions, et l'éviter toutes les fois que notre jugement pourra seul corriger les aberrations d'optique.

Deux cas sont à considérer : ou bien l'édifice pourra être

embrassé entièrement d'un seul coup d'œil, et alors il n'est pas nécessaire d'introduire de grands changements dans le dessin géométral, qui sera à peu près conforme à l'image perçue par l'œil, lorsque le spectateur se placera pour l'examiner à une distance convenable, ou bien l'édifice ou la portion qu'on en considère est située de telle sorte que d'aucun point on ne pourra l'apercevoir en entier, et, dans ce cas, il faudra modifier les proportions des objets placés trop haut ou trop loin, selon le principe que nous venons d'exposer.

C'est le cas ordinaire des intérieurs de nos grands édifices : l'éloignement du spectateur est quelquefois si faible par rapport à la hauteur de la salle considérée que son regard ne parvient au sommet que par un grand effort. On remarque alors que les parties saillantes horizontales, moulures, bandeaux, corniches, cachent à la vue, d'une manière très appréciable, la base des membres qui s'élèvent au-dessus. Aussi faut-il avoir soin de diminuer ces saillies proportionnellement à la hauteur où elles sont placées. Si elles sont surmontées de pilastres, on pourra également, afin d'en dégager la base, les élever sur un socle, et cette précaution sera bonne à observer également pour les façades extérieures. Pierre Lescot en a fort habilement usé pour les pilastres de l'attique dans les façades de la cour du Louvre. Toutefois, si l'occultation est trop prononcée et nécessite un socle trop élevé dont la hauteur exagérée se devinerait, il est préférable de ne pas l'employer. Dans ce cas, ce que notre œil ne peut apercevoir sera complété par notre pensée, et il vaut mieux obtenir la correction même par un effet de l'intelligence que de blesser notre jugement par des proportions outrées.

Enfin, il est encore nécessaire de donner des proportions plus massives à des objets isolés ou se détachant en foncé sur un fond clair. Le rapport du diamètre d'une colonne à sa hauteur, dans un ordre quelconque, appliqué à une colonne décorative située sur une place produirait un effet trop grêle, et les Grecs ont généralement donné un plus fort diamètre aux colonnes d'angle de leurs portiques, parce qu'elles se détachaient sur le fond plus lumineux du ciel.

Un sentiment exquis des formes et de l'impression qu'elles

produisent sur nos organes avait guidé leurs artistes dans beaucoup d'autres altérations visant à la perfection. On a remarqué, par exemple, que les lignes des architraves étaient légèrement concaves par rapport à l'horizon, que le galbe des colonnes était aussi une courbe concave par rapport à l'axe et que les faces verticales de l'architrave étaient taillées suivant un talus très faible. Ces formes avaient pour premier effet de corriger la tendance de notre organe à exagérer l'exiguïté de l'angle de deux lignes droites. La ligne horizontale de l'architrave, surmontant les deux lignes inclinées des contours apparents des colonnes, si ces lignes étaient parfaitement droites, l'œil verrait l'architrave convexe vers l'horizon et le contour apparent des colonnes convexe vers l'axe : en retournant légèrement la courbe, il se forme une image qui est moyenne entre ces deux positions. Mais cette sollicitude, si minutieuse à l'égard de la forme, témoigne d'un sentiment plus délicat encore. Si l'œil perçoit, en effet, des lignes droites dans toutes ces courbes, il leur trouve pourtant un charme tout particulier, inconnu. La courbe, à peine accentuée, donne l'impression d'une droite, mais avec moins de sécheresse et quelque chose de plus moelleux et de plus doux. De même, les faces verticales de l'architrave s'élevant au-dessus des contours apparents des colonnes, fortement inclinés, paraissent en surplomb; en les inclinant légèrement en sens inverse, elles produisent l'impression de la verticalité. Il fallait un œil bien exercé et un sentiment bien fin, pour saisir ces nuances sur des surfaces d'aussi faible étendue; mais, si tous nos ouvrages ne le réclament pas, il est des cas où l'application de ce principe s'impose. C'est celui où un mur vertical s'élève à une grande hauteur au-dessus d'un soubassement en talus; pour qu'il ne paraisse pas surplomber, il faudra incliner légèrement en arrière sa face antérieure. Nous aurons même cette impression, si le mur s'élève directement au-dessus du sol et d'autant plus fortement que nous sommes habitués à voir un grand nombre de murs montés avec un léger talus. Ce sont là autant de causes d'erreur qu'il faut examiner avec soin et dont on doit s'appliquer à corriger les effets.

Proportions de dimensions. — Nous avons déjà montré en étudiant les arcades, dans la première partie de cet ouvrage, que le rapport de la largeur de l'archivolte à celle de l'ouverture varie avec la dimension de celle-ci. Ce n'est qu'un cas particulier d'une loi plus générale, qui assigne aux corps des formes et des proportions différentes, selon leurs dimensions réelles. La vue de certaines formes et de certaines proportions nous fait induire immédiatement des dimensions à peu près correspondantes pour les objets qui les affectent. Ainsi, nous sommes habitués à voir les fenêtres des appartements d'une largeur et d'une hauteur moyennes, dont on s'écarte peu dans la pratique; nous nous faisons donc une idée approchée de la dimension d'une façade de maison d'habitation, d'après le nombre de ses fenêtres. Il en résulte que, si dans un édifice de plus vastes proportions, on emploie les mêmes fenêtres en leur donnant deux fois plus de largeur et de hauteur, nous nous apercevrons bien de ce changement et en corrigerons en partie l'effet sur notre esprit; mais nous nous ferons malgré cela une idée des dimensions réelles qui restera au-dessous de la vérité. Cependant, nous éprouverons, à la vue de ces larges ouvertures, une impression de grandeur que ne nous aurait certainement pas donnée la première façade.

Ces quelques réflexions suffisent pour faire pressentir deux façons différentes d'interpréter les proportions, au point de vue des dimensions réelles. L'un des systèmes conserve presque les mêmes proportions dans tous les édifices et fait croître, à mesure que leurs dimensions augmentent, le nombre de leurs divisions ; il a l'avantage de donner une idée bien plus nette de ces dimensions; il l'exagère même parfois. L'autre système assigne des proportions plus larges aux édifices plus vastes et produit l'impression opposée : l'œil ne perçoit pas exactement la grandeur matérielle, comme dans le premier; mais l'esprit est fortement saisi par la grandeur morale que ces proportions expriment. La plupart de nos cathédrales gothiques sont de beaux exemples de la première interprétation ; les monuments antiques, grecs et romains, et parmi les modernes, la basilique de Saint-Pierre de Rome, ont été conçus d'après la seconde. Nous pensons que, s'il fallait faire un choix entre les deux, celle-ci devrait avoir la préférence, et cependant on ne peut faire autrement que d'accorder un grand effet à la grandeur matérielle seule, puisque certains monuments, tels que les pyramides d'Égypte, dénués de toute beauté dans les formes extérieures, excitent notre admiration par leurs dimensions gigantesques.

La véritable solution de la question pour le plus grand profit de l'art est donc de concilier les deux points de vue en demandant à des proportions amplement conçues et, dans certains cas, colossales, l'impression de la grandeur morale, tout en ménageant des détails dont les proportions ne dépassent pas sensiblement celles des cas ordinaires, afin de faire apprécier facilement au spectateur les dimensions réelles de l'édifice. Les Romains, qui avaient le sentiment des grandes choses et qui savaient les interpréter, nous ont laissé à cet égard des exemples capables de nous inspirer sainement. Les ruines restaurées des Thermes de Caracalla (*fig.* 139) nous

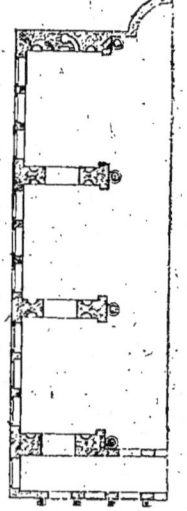

Fig. 321.

montrent la face principale de la grande salle formée par trois arcades d'environ 15 mètres d'ouverture, et dont l'une est divisée dans sa largeur en trois parties égales par les colonnes d'un ordre plus petit que celui des colonnes extérieures et en deux parties dans sa hauteur par l'entablement qu'elles supportent.

Une disposition analogue a été adoptée plus tard pour la basilique de Constantin, à Rome, dont nous reproduisons dans la figure 321 une moitié du plan et de la coupe transversale. La nef est composée dans sa longueur de trois arcades larges et imposantes, et chacune d'elles est divisée en trois arcades de proportions assez amples pour n'être point écrasées par les premières, et cependant assez faibles pour donner au spectateur une idée de la longueur totale. Ces exemples seront de quelque utilité pour diriger le lecteur dans ses études ; mais il est bien certain que, dans chacun des cas qu'il aura à résoudre, c'est principalement à son goût et à son sentiment des convenances qu'il demandera le parti à adopter, le nombre des divisions à marquer.

DÉCORATION

Les formes et les proportions déterminées par les convenances de toute nature de chaque cas particulier, même irréprochables au point de vue des principes précédemment exposés, ne suffisent point, en général, à nous satisfaire pleinement. De même que dans la vie normale il nous faut des distractions et des plaisirs pour nous reposer du travail, de même, à côté de la manifestation de la beauté dans la vérité, nous la réclamons dans l'agrément, et c'est la décoration qui répond à ce besoin inné. Il n'est pas de construction si modeste et même si grossière qu'elle ne porte la marque d'une recherche ou d'une intention à cet égard.

Différents systèmes de décoration. — Plusieurs moyens sont mis à la disposition de l'architecte pour satisfaire à ces nouvelles exigences. Le plus simple se borne à accuser au dehors, sur les faces apparentes des murs, les matériaux ou le mode de construction. Nous avons suffisamment montré quelles en sont les ressources pour les différents cas (refends, bossages, joints d'appareil, soffites, caissons, etc.), dans la première partie de cet ouvrage, et il est inutile d'y revenir. Ce système, désigné sous le nom de décoration *architectonique*, est propre à l'architecture. Mais on a pu se rendre compte assez facilement qu'il ne suffirait pas dans beaucoup de circonstances à donner à l'édifice son vrai caractère et à le rendre agréable pour le spectateur. Aussi l'architecte demande-t-il aux deux arts de la sculpture et de la peinture, dont les ressources sont plus nombreuses et plus variées, de lui venir en aide pour atteindre plus complètement l'effet qu'il a imaginé. Les ornements qu'il peut employer ainsi sont sculptés, peints, ou sculptés et peints en même temps; ainsi, les métopes du Parthénon étaient sculptées, et les bas-reliefs se détachaient en blanc sur fond rouge. C'est dans ces ornements, étrangers à l'architecture, que se manifestent le plus vivement les goûts et les tendances particulières d'une époque. Si l'architecture du temps de Louis XV n'eût employé que la décoration architectonique, elle eût été fort peu différente de celle qui l'avait précédée. Ce qui lui a donné son cachet distinctif, ce sont les cartouches, les feuilles, les figures et les symboles dont on ne trouve point à une autre époque les formes capricieuses et les fins détails.

Véritable rôle et interprétation des ornements en architecture. — La décoration, même sculptée ou peinte, doit être conçue dans la pensée d'accuser davantage les lignes de l'architecture et d'en faire apprécier le mérite, tout en ajoutant à leur beauté un peu sévère ce charme particulier de l'agréable que n'offrirait pas sans elle la vue de l'édifice. Non seulement elle doit renfermer ses ornements dans les lignes de l'architecture, combler les espaces seuls qu'elle lui a assignés, et ne jamais dissimuler sous ses empiètements des défauts de composition ou des membres essentiels; mais encore, pour être parfaitement comprise et atteindre le but qui lui est proposé dans ce cas, s'inspirer de l'esprit même de l'architecture qu'elle accompagne, pour donner à ses formes quelque chose de sa simplicité et presque de sa rigidité. Pour avoir sous les yeux un bel exemple de l'application de ce principe, nous renvoyons nos lecteurs à la figure 127, qui représente un fragment de la façade du Louvre due à Pierre Lescot. Les sculptures des étages inférieurs sont l'œuvre de Jean Goujon ; on peut remarquer que toutes, jusqu'aux statues en ronde bosse placées dans les niches, sont traitées dans cet esprit. Voyez encore le groupe qui surmonte le pignon colossal de la scène de l'Opéra de Paris et qui représente l'inspiration musicale sous l'allégorie d'Apollon dictant ses chants divins à la Musique et à la Danse. Il y a dans les attitudes de ces personnages, non pas la monotonie d'une symétrie qui serait là tout à fait déplacée, mais une répartition à peu près régulière des masses et des silhouettes, accusée encore par la lyre que tient Apollon, ornement tout à fait symétrique, et dont l'axe correspond à celui de l'édifice entier. Vous essaieriez vainement de le placer sur un autre point de la façade ; son effet y serait désagréable : c'est un motif d'axe et de couronnement dont les formes et les dispositions générales sont intimement liées à sa position dans la façade. Enfin, nous ne pouvons passer sous silence les sculptures admirables qui ornent les métopes et les frontons du Parthénon d'Athènes, et qui, elles aussi, harmonisent si parfaitement leurs mouvements avec les lignes de l'architecture qu'on ne les en sépare plus et que les espaces où elles se développent, loin de paraître les limiter, semblent ménagés tout exprès pour les recevoir.

Il en est des peintures murales ou *fresques* comme des bas-reliefs et des statues. Pour concourir efficacement à l'harmonie, les procédés du peintre doivent être en ce cas simplifiés et prendre quelque chose de plus conventionnel que dans un tableau isolé. Les tons plats, se bornant à indiquer des silhouettes sobres dans leurs mouvements et détachées sur un fond uni, conviendront mieux qu'une recherche de coloris. Ces principes ont été admirablement compris et appliqués dans certaines fresques du Panthéon de Paris, dues au pinceau de M. Puvis de Chavannes. Qu'on leur compare, pour mieux saisir, le sentiment parfait des convenances qui les a inspirées, la plupart de celles qui ornent les autres surfaces murales du même édifice, et qui, assurément belles si on les considère isolément, choquent le regard lorsqu'on les voit dans l'ensemble riche, mais sévère, de l'architecture intérieure du monument.

Si les ornements peints et sculptés risquent d'empiéter sur les lignes ou d'en détourner l'attention, du moins l'architecte est prévenu contre ce défaut et peut l'éviter assez facilement. Mais il arrive souvent qu'il tombe dans un autre écart, pour peu que son tempérament et son goût personnels le portent vers l'ornementation. Il consiste à la prodiguer partout et produit presque toujours la confusion. Sans doute, dans certains cas, le caractère de l'édifice exige une grande richesse dans les ornements, et ils couvrent aussi bien les membres principaux de l'architecture que les intervalles qu'ils enferment. Mais là même il est possible et nécessaire d'éviter la confusion en traitant un peu différemment les premiers, en leur conservant intactes leurs principales lignes, leurs arêtes, par exemple, ou leurs contours apparents, et en donnant à leurs ornements des formes plus simples.

Différentes sortes d'ornements. — La peinture et la sculpture, mises au service de l'architecture, ne changent pas seulement leurs procédés, mais le plus souvent leurs sujets eux-mêmes. Si leurs formes sont traitées d'une façon générale avec plus de simplicité et de convention, les idées qu'elles représentent doivent se rapporter assez directement au caractère de l'édifice et concourir à l'accuser plus fortement.

Les *symboles* et les *attributs* semblent entre tous désignés pour jouer ce rôle et sont, en effet, d'un puissant secours. Parmi eux, quelques-uns nous sont venus de l'antiquité, et malheureusement rappellent des mœurs ou des croyances qui ne sont plus les nôtres et que bien souvent même tout le monde ignore. D'autres, tels que la corne d'abondance, les palmes de la gloire, la lyre, ont conservé leur signification. Les divinités antiques n'éveillent plus en nous aucune pensée religieuse, mais les idées morales qu'elles personnifiaient n'ont pas vieilli. Ce sont là autant de symboles et de figures symboliques dont nous pouvons par conséquent nous servir. Ce qu'il faut éviter, c'est seulement d'être énigmatique pour le spectateur : il a besoin, pour admirer une œuvre et en jouir pleinement d'en comprendre l'idée générale sans effort, et tous les ornements doivent l'y aider au lieu d'y mettre obstacle.

Du reste, si nous n'avons plus à notre disposition ces symboles si caractéristiques enfantés par le paganisme, et si notre religion spiritualiste ne nous en offre pas qui se prêtent comme eux à la traduction des intérêts et des préoccupations terrestres, il y a une mine pour ainsi dire inépuisable et qui est toujours actuelle, parce qu'elle se transforme constamment, dans les instruments qu'emploient les métiers manuels, les arts, l'industrie et les sciences. Leurs formes simples, et par conséquent faciles à représenter fournissent des éléments de décoration très rationnels, très caractéristiques, et très variés.

A côté des symboles et des attributs, il faut mentionner les *allégories*, qui permettent à l'artiste une plus grande liberté de composition et lui offrent des formes plus variées, moins assujetties à la réalité et, partant, s'harmonisant mieux avec un art qui fait une large place aux abstractions et aux conventions.

Les *inscriptions* peuvent, dans certains cas, être très utiles et ont le mérite de parler plus clairement au spectateur.

Les mœurs féodales nous ont légué un autre ornement dont nous parlerons avec quelque détail ; il a été employé par les générations d'artistes qui ont suivi, avec une telle profusion et une telle variété qu'il est devenu presque caractéristique de notre architecture c'est l'*écusson*, ou *cartouche*. La figure 322 représente un cartouche emprunté à l'une des façades du Louvre ; il orne la clef de la porte dite de Jean Goujon. On peut voir dans cet exemple les éléments constitutifs du cartouche : les *cuirs* qui se recourbent et se découpent en se pliant à tous les caprices du décorateur, à toutes les exigences des lignes et des contours qui l'encadrent, et au milieu des armes, des symboles ou des inscriptions, qui peuvent également se prêter à l'expression des idées les plus diverses.

Ici ce sont les attributs de la paix : deux cornes d'abondance, des branches d'olivier, des mains qui s'étreignent. Cet ornement est, de plus, accompagné de deux gracieuses figures dont le mouvement épouse la forme générale du cuir, de guirlandes de fruits et d'une tête d'enfant ; il constitue un fort bel ensemble dont la richesse ne le cède point à l'élégance et à la finesse des détails.

Fig. 322.

Enfin, les plantes offrent au décorateur les éléments les plus variés et les plus intéressants d'une ornementation originale et gracieuse. Les Grecs avaient emprunté à la nature la feuille d'acanthe; les gothiques y trouvèrent les feuilles de leurs chapiteaux; et nous-mêmes nous y puisons constamment des formes nouvelles.

Les divers ornements qui viennent d'être passés en revue sont destinés à parler surtout à l'esprit, et c'est, pensons-nous, la première qualité qu'on doit rechercher dans la décoration. Cependant la jouissance des yeux produite par des formes et des couleurs agréables a aussi son mérite et ne doit pas être négligée. Dans ce domaine, plus encore qu'ailleurs, le sentiment joue le principal rôle : aucune règle ne saurait en tenir lieu, et nous nous bornerons à quelques conseils d'une portée tout à fait générale.

Ainsi, les couleurs franches (blanc, rouge, bleu, jaune, vert) ont une apparence de fermeté qui les fera réserver pour les membres essentiels de l'ossature, dans les édifices où ce parti décoratif aura été adopté. Au contraire, les couleurs amorties éveillent une idée de faiblesse et seront employées dans les intervalles des parties constitutives de la construction.

Les couleurs claires grandissent les objets sur lesquels elles sont appliquées, et les couleurs foncées sont plus riches et donnent un sentiment de bien-être. Il en est dont la combinaison éveille des idées de terreur, d'autres de douceur, d'autres de joie, d'autres de tristesse. L. Reynaud, dans son *Traité d'Architecture*, cite comme exemple des premières la décoration de la salle des Borgia, au Vatican : les voûtes sont peintes en bleu foncé rehaussé de rouge et d'or ; leur effet sur l'esprit du visiteur est saisissant et lui fait évoquer les crimes dont elles furent témoins. Les nuances tendres qui ornent les appartements Louis XV témoignent, au contraire, des mœurs efféminées de sa cour.

La couleur a donc une action physiologique qui lui assigne un rôle important dans la décoration, surtout pour les parties intérieures.

On réalise aussi les effets les plus variés soit en recouvrant les surfaces de tons unis diversement colorés, soit en y incrustant des matériaux différents, dont les couleurs naturelles ou artificielles seront choisies dans ce but (marbres, briques, faïences, poteries, mosaïques, etc.). Ce dernier procédé est plus monumental et concourt davantage au caractère de l'édifice ; il sera préférable toutes les fois qu'on pourra l'employer et, en particulier, pour les constructions devant présenter des garanties de durée.

Nous avons vu que les Grecs se sont servis des couleurs appliquées sur le marbre dans les façades extérieures de leurs édifices ; mais il est probable qu'ils n'en usaient que dans les parties protégées par leur position relative, telles que les métopes, les frises, les murs en arrière des colonnes.

D'ailleurs, les causes de destruction sont moins nombreuses et moins puissantes sous le climat de la Grèce que dans nos contrées. La décoration *polychrome* paraît donc devoir être réservée chez nous aux intérieurs seulement. S'il est utile de l'employer dans les façades, ce ne pourra guère être que sous forme de matériaux colorés dont nous venons de parler.

Décoration des constructions en bois et des constructions en fer. — Nous ne pouvons quitter cette étude sans dire quelques mots de la décoration des constructions en bois et des constructions en fer, qui, les dernières surtout, tiennent une si grande place dans notre architecture contemporaine. Nous n'envisagerons point ici la question de savoir si ces systèmes doivent être préférés à la construction en pierre ou s'il faut les proscrire. Les deux opinions nous paraissent également étroites et erronées. L'emploi du bois et du fer est parfaitement raisonnable et répond à un besoin évident. Il s'accommode admirablement à tout édifice d'un caractère

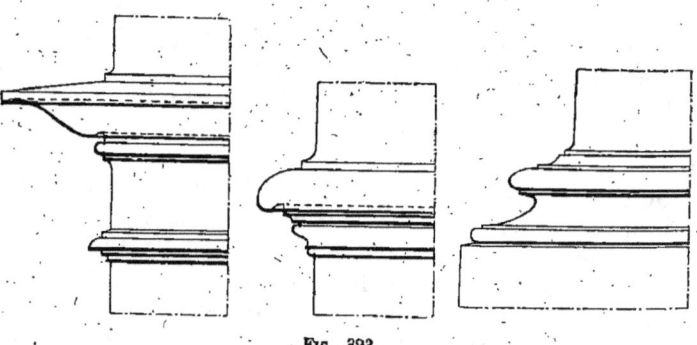

Fig. 323.

provisoire et permet de réaliser des effets artistiques qu'on ne peut nier, qui sont tout à fait légitimes. Tout ce qu'on est en droit de dire, c'est que ces matériaux ne conviennent pas à l'architecture monumentale et ne peuvent y prétendre : il leur manque pour cela une qualité essentielle, la durée, qui demeurera la propriété exclusive de la pierre.

Cela dit, et sous la réserve que comporte un pareil sujet, examinons quelques-uns des principes utiles à l'architecte pour interpréter la décoration de ces genres de construction.

Le bois peut présenter une certaine rigidité sous des épaisseurs beaucoup moindres que la pierre ; les profils dont on l'ornera seront, en conséquence, traités avec plus de finesse, des arêtes plus aiguës, et des saillies relatives plus grandes, pour s'harmoniser avec la nature de ce genre de matériaux et la rendre visible.

Fig. 324.

Le fer jouit d'une si grande malléabilité qu'on peut l'obtenir rigide pour ainsi dire sous toutes les épaisseurs. Il s'emploie, en effet, en construction sous forme de feuilles de tôle relativement minces. La décoration consistera à découper les contours de ces feuilles selon les formes les plus aptes à mettre en évidence sa propriété caractéristique.

La figure 323 donne quelques profils en bois.

La figure 324 est un fragment de l'arc en fer de la bibliothèque Sainte-Geneviève, à Paris, œuvre de M. Labrouste.

Enfin, la plus large place pourra être faite à l'emploi des couleurs, avec tous ses procédés, dans les constructions en bois et dans les constructions en fer.

STYLE

Définition. — Lorsqu'on examine attentivement les édifices construits à la même époque, on constate un ensemble de traits communs plus ou moins accentués et nombreux qui les distinguent des édifices d'une autre époque, tellement qu'un œil un peu exercé assigne même à des fragments isolés la période historique de leur origine. D'autre part, les édifices construits par le même architecte revêtent souvent un caractère commun, un air de parenté évident. Sous ces deux formes différentes, on désigne par un seul terme, *style*, l'ensemble des traits communs aux œuvres d'une époque ou d'un artiste.

Le style se manifeste surtout dans les détails de l'ornementation, comme nous l'avons dit précédemment, et comme cela a lieu pour la plupart des époques de l'art français. Cependant il peut avoir des racines plus profondes et porter sur les systèmes mêmes de l'architecture et de la construction, auxquels correspondent une décoration et des proportions particulières : tels le style grec, le style romain et le style gothique.

Il est le résultat du caractère, des mœurs, des croyances et des goûts particuliers de l'époque du peuple ou de l'individu qui en a empreint ses œuvres.

Il est, d'ailleurs, assez difficile de dire quelle part revient à la société et celle qui n'appartient qu'à l'artiste dans cet ensemble de traits caractéristiques qui constituent le style. Cependant on se rend assez bien compte, d'une façon générale, que l'influence de la société s'exerce surtout sur les formes et les proportions dans ce qu'elles ont de plus essentiel, et que celle de l'artiste a pour effet de les combiner et de les disposer dans chaque édifice en vue de sa destination particulière. Certaines de ces formes sont caractéristiques : la Renaissance a eu la coquille circulaire ; l'époque de Louis XV, les cartouches aux formes irrégulières ; celle de Louis XVI, la guirlande.

Mais en dehors de la trace d'un goût très accentué pour certaines formes, chaque époque imprime à ses œuvres un caractère moins définissable qui tient au fond même des idées et des croyances dont elle s'est nourrie et qui est plus distinctif encore. L'architecture est peut-être, de tous les arts, celui qui reflète le plus fidèlement toutes ces nuances. Bien des changements dans les institutions et les idées d'une société peuvent survenir sans en modifier la langue ni la forme littéraire, et quand elles ont lieu, les modifications sont à peine sensibles; mais l'architecture s'en trouve quelquefois transformée. Quelle différence entre le style du règne de Louis XV, caractérisé par des formes molles, indécises, capricieuses, image de la licence des mœurs, et celui du règne de Louis XVI, sobre, un peu austère même, témoignant des graves préoccupations politiques et sociales de ce temps précurseur de la Révolution! A l'époque de la Renaissance, un souffle d'émancipation a passé sur l'Europe. La société, heureuse de voir succéder, dans tous les domaines, la lumière de la liberté et de l'intelligence aux ténèbres dont l'avaient enveloppée la philosophie étroite et surannée et le mysticisme vague du moyen âge, semble, en effet, renaître et retrouver dans ses inspirations artistiques la naïveté et la grâce de l'enfance. Sous Louis XIV, l'architecture est pompeuse et riche, empreinte d'une certaine majesté, que recherchait partout le monarque absolu et tout-puissant, dont les idées donnaient le ton au goût de son époque. De nos jours, elle est incertaine, essaie toutes les expressions, s'inspire de tous les styles et cherche en tâtonnant à se fixer en des formes définitives qu'elle ne découvre pas, témoignage saisissant de nos luttes morales, de nos doutes, de nos fluctuations d'opinions et de croyances.

Influence des études archéologiques. — En une époque comme la nôtre, l'architecte est tenu de connaître tout ce qui s'est fait avant lui et de se pénétrer de l'esprit des époques précédentes pour répondre aux goûts multiples qu'il doit satisfaire et qui lui en demandent des reproductions ou des imitations. Les études archéologiques sont une nécessité pour lui à l'heure actuelle. Elles peuvent avoir une influence fâcheuse en mettant des entraves à sa libre inspiration ; mais, faites dans un esprit large, sachant s'affranchir de toute copie servile, elles sont de nature à lui rendre d'utiles services en le familiarisant avec une foule de formes et d'idées, qui seront pour son imagination des points de départs d'où elle s'élèvera à des conceptions nouvelles et originales.

Principaux styles. — Il faudrait donc, pour compléter ces réflexions sur le style, placer sous les yeux du lecteur des exemples empruntés aux principales époques de l'art. Nous ne pouvons guère que mentionner pour chacune d'elles un édifice caractéristique ou un fragment dont quelques-uns sont reproduits dans cet ouvrage.

1° *Style grec* : le Parthénon (*fig.* 77) ;
2° *Style romain* : les thermes de Caracalla (*fig.* 139) ;
3° *Style latin* : la basilique de Constantin (*fig.* 321) ;
4° *Style byzantin* : l'église de Sainte-Sophie, à Constantinople ;
5° *Style roman byzantin* : la cathédrale d'Angoulême ;
6° *Style arabe* : l'Alhambra de Grenade ;
7° *Style lombard* : l'église de Saint-Michel, à Pavie ;
8° *Style roman* : l'église Saint-Germain-des-Prés, à Paris ;
9° *Style ogival* : l'église de Notre-Dame de Paris ;
10° *Style de la Renaissance italienne* : la basilique de Saint-Pierre de Rome ;
11° *Style de la Renaissance française* : le Louvre, de Pierre Lescot (*fig.* 123) ;
12° *Style Louis XIII* : le palais du Luxembourg à Paris ;
13° *Style Louis XIV* : la chapelle du palais de Versailles (*fig.* 318) et la façade du Louvre sur la place Saint-Germain-l'Auxerrois ;
14° *Style Louis XV* : le bâtiment de la Salle du Conseil dans la cour du Cheval Blanc au palais de Fontainebleau.
15° *Style Louis XVI* : les palais de la place de la Concorde (*fig.* 120) et de la Monnaie à Paris ;
16° *Style moderne* : l'arc de triomphe de l'Étoile, la bibliothèque de l'école des Beaux-Arts (*fig.* 128), la bibliothèque Sainte-Geneviève, le musée Galliera, à Paris.

CHAPITRE II

PRINCIPALES PARTIES DES ÉDIFICES

Généralités. — Nous avons vu, dans le chapitre précédent, que toute composition architecturale comprend diverses parties d'importances et de destinations différentes, qu'il s'agit de disposer et de proportionner. On peut les ranger en deux grandes catégories : les parties couvertes (*portiques* et *porches*, *vestibules* et *antichambres*, *escaliers*, diverses espèces de *salles*), et les parties découvertes et accessoires destinées à accompagner les bâtiments (*cours* et *terrasses*, *parcs* et *jardins*, *bassins* et *fontaines*). Ce chapitre aura pour objet une étude sommaire de ces divisions principales.

§ 1er. — Parties couvertes

PORTIQUES ET PORCHES

Les portiques et les porches sont des constructions très ouvertes, de simples abris contre la pluie ou la chaleur, qui sont isolés ou rattachés plus ou moins directement à des édifices plus vastes auxquels ils donnent accès.

Portiques antiques. — Presque tous les monuments antiques avaient leurs portiques. Les temples grecs se composaient de la *cella*, fermée par des murs et accompagnée tantôt sur tout le pourtour, tantôt sur les façades antérieure et postérieure, tantôt sur la première seulement, de portiques de colonnes supportant des entablements. Les temples des Romains, leurs thermes, leurs arènes et leurs théâtres comportaient également, avec des dispositions très diverses, des portiques plus ou moins étendus. Ils entouraient, isolés, les places publiques, offrant aux promeneurs une circulation à couvert et prenaient souvent dans ce cas de vastes proportions, embrassant plusieurs rangées de colonnes en largeur.

Portiques modernes. — Les architectes modernes s'en sont servis sous ces deux formes, et il nous suffira, pour le montrer, de citer les portiques de la Madeleine, du Louvre, de la Bourse, de la place du Palais-Royal, à Paris, et le portique monumental qui précède la façade de la basilique de Saint-Pierre, à Rome. Toutefois, les dispositions en sont un peu différentes, et l'usage beaucoup moins fréquent sous notre ciel moins clément, peu propice par conséquent à l'utilisation de ces constructions trop largement ouvertes aux vents et à la pluie.

On leur a appliqué tantôt le système des colonnes, tantôt celui des arcades, et de forts beaux exemples peuvent en être cités dans les deux genres.

Portiques à plates-bandes. — Les premiers sont les plus simples et ceux qui offrent au plus haut degré le caractère monumental. Leur largeur doit être au moins égale à l'espacement des colonnes; c'est du moins une condition qu'on a déduite des dispositions de ces ouvrages lorsqu'ils entouraient les temples dans l'antiquité. Mais il faut dire que cette condition n'a pas toujours été d'un emploi très judicieux.

Les portiques des temples grecs et romains étaient simplement décoratifs; mais nous leur demandons, en outre, dans nos monuments, de répondre à des besoins matériels bien définis. Ils doivent être disposés de telle façon que la pluie, fouettée par le vent, ou les rayons solaires obliques n'y pénètrent pas, jusque sur la face antérieure opposée aux colonnes. Aussi doit-on préférer à la règle précédente celle qui, selon Vitruve, donne aux portiques une profondeur égale à la hauteur des supports.

Diverses questions se posent dans la composition des portiques, qui peuvent d'ailleurs modifier ces deux conditions, pour obtenir un effet satisfaisant à l'extérieur. Si l'ordonnance de colonnes se retourne sur deux faces adjacentes par exemple formant des portiques ouverts à leurs extrémités, il faut que la largeur soit un multiple de l'entre-colonnement. C'est ce qui est observé dans l'exemple de la figure 325.

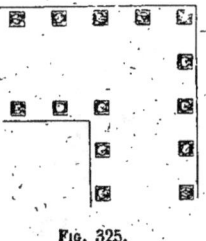
Fig. 325.

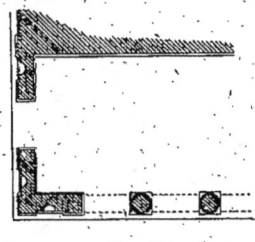
Fig. 326.

Les portiques peuvent d'ailleurs être ouverts à leurs extrémités, sans retour, sur les faces adjacentes et avoir une largeur supérieure à l'espacement des colonnes. On peut résoudre la difficulté en répétant sur la face latérale une ouverture égale à cet espacement et comprise entre des têtes de murs massifs, qui seront retournées également sur les deux faces de l'angle (*fig.* 326) ou arrêtées en façade principale par un pilastre carré (*fig.* 327). Ces dispositions sont moins simples que la précédente, mais, elles accusent plus de solidité.

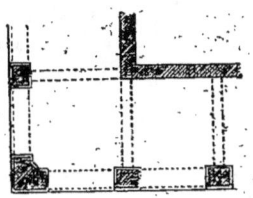
Fig. 327.

Les portiques de ce genre sont couverts en plafonds que l'on peut décorer, comme ceux des temples antiques, de soffites et de caissons. Mais on peut aussi les voûter.

Le plus bel exemple qu'on puisse citer de portique à plates-bandes, supporté par des colonnes et voûté à l'intérieur, est le double portique circulaire construit par Le Bernin, en avant de la basilique de Saint-Pierre de Rome. Nous en donnons le plan dans la figure 328. Il est formé de quatre rangées de colonnes doriques formant trois nefs, dont les deux extérieures, plus étroites, viennent consolider la principale, placée au milieu. Les espacements des colonnes, croissant de la circonférence intérieure à la circonférence extérieure, leurs diamètres croissent dans la même proportion, bien que la hauteur demeure constante, et leurs contours apparents sont compris entre les mêmes tangentes convergentes au centre de l'arc pour les quatre colonnes d'une rangée rayonnante, afin d'éviter une impression de maigreur que produiraient certai-

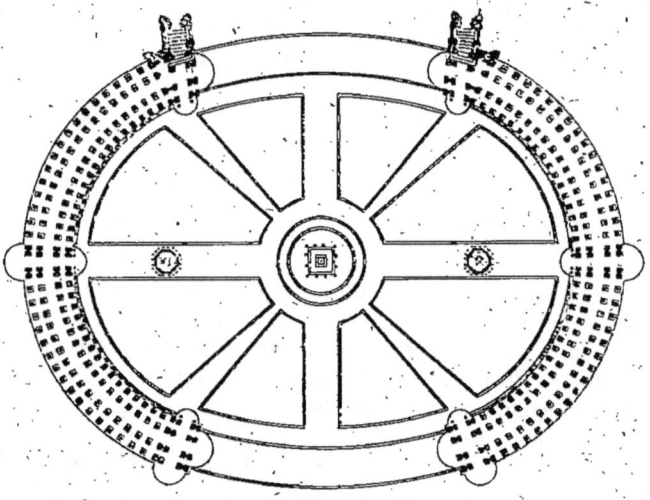

Fig. 328.

nement les colonnes les plus espacées, si elles avaient même diamètre que les plus rapprochées. Les extrémités des portiques sont soutenues par des têtes de mur décorées de pilastres qui ajoutent grandement à l'aspect monumental de l'ensemble. Enfin, l'ordre est couronné par une balustrade, dont les dais placés au-dessus des colonnes servent de piédestaux à des statues décoratives d'un très bel effet.

Portiques à arcades. — Les portiques à arcades susceptibles de moins de dignité se plient, en revanche, à des expressions plus variées et ont été souvent employées pour de charmantes compositions. Le point capital, eu égard à la stabilité de ces ouvrages, est l'établissement des piliers d'angle qui, sollicités par des poussées au vide, réclament une grande solidité. Les arcades peuvent d'ailleurs reposer sur des colonnes ou sur des piédroits carrés ou rectangulaires, ou sur des piédroits combinés avec pilastres ou colonnes. Ces portiques sont couverts par des plafonds en charpente, ou voûtés ; le premier mode convient mieux aux arcades sur colonnes, c'est celui dont la figure 329 donne un exemple. La figure 330 montre diverses solutions pour les piliers d'angles saillants et rentrants et une façon de raccorder deux portiques de largeurs différentes se rencontrant suivant des directions perpendiculaires.

Fig. 329.

Nous plaçons sous les yeux de nos lecteurs, dans la figure 331, malheureusement trop restreinte, le portique admirable entre tous, connu sous le nom de Loge des Lances, et situé sur la place du Grand-Duc, à Florence. Sa façade principale se compose de trois arcades de 11m,70 d'ouverture d'axe en axe des piliers, et une arcade semblable forme la façade latérale.

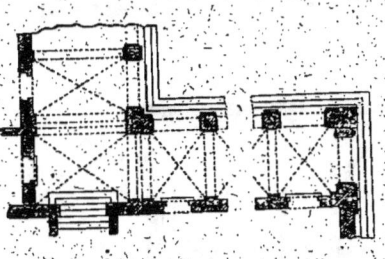

Fig. 330.

La proportion de ces arcades et les détails de l'ornementation s'harmonisent si parfaitement qu'on est tout à la fois saisi par l'ampleur de la conception et par les dimensions du monument ; c'est un des rares exemples où l'artiste a su associer l'impression de

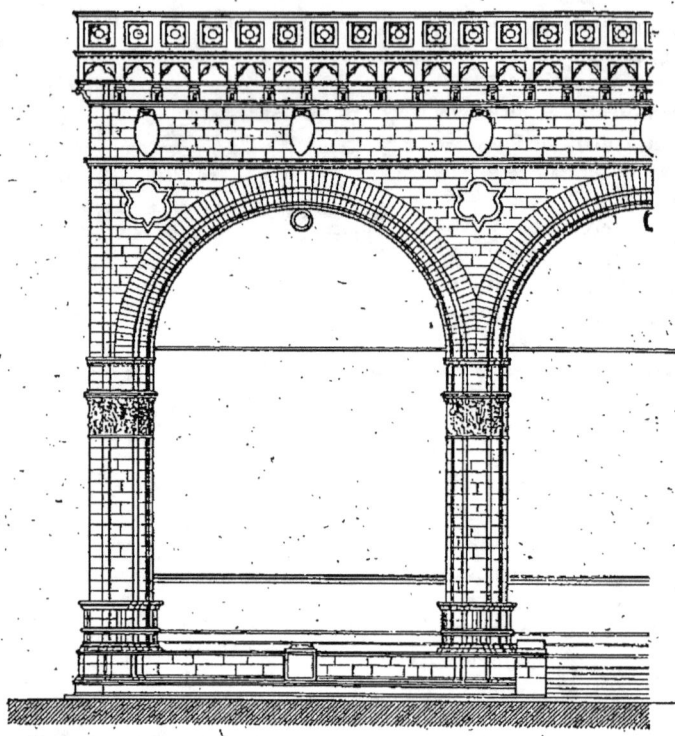

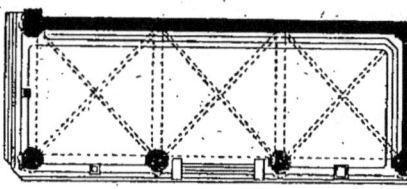

Fig. 331.

la grandeur morale à celle de la grandeur matérielle. Il est dû à l'architecte italien Orcagna.

Portiques arabes. — L'architecture arabe, qui nous a laissé des monuments en Orient, en Afrique et en Espagne, a fait un grand usage des portiques, dont elle a emprunté les formes générales au style byzantin, mais où elle a su se montrer créatrice et originale en renouvelant ces formes dans leurs détails et en les imprégnant fortement du caractère de son génie particulier. Ces arcades sont quelquefois de forme ogivale, mais le plus souvent en forme d'arc *outrepassé* ou arc en *fer à cheval*, reposant tantôt sur des colonnes, tantôt sur des points d'appui rectangulaires dont les angles saillants sont remplacés par de petites colonnettes engagées, disposition dont l'art roman et l'art gothique ont tiré, comme on sait, le plus grand parti et qui leur a permis de trouver des effets très heureux.

Portiques superposés. — On a souvent besoin d'élever un ou plusieurs étages au-dessus d'un portique. Pour produire, dans ce cas, une impression harmonieuse, il faudra nécessairement donner à ces parties supérieures, assez de légèreté pour qu'elles n'écrasent point les constructions largement ouvertes qui les supportent. Le moyen le plus simple de résoudre la difficulté consiste à superposer des portiques de même genre et à leur donner une apparence de légèreté d'autant plus marquée qu'ils sont situés à une plus grande hauteur dans la façade, en d'autres termes, de proportionner le caractère de résistance aux charges supportées.

Si le portique n'est surmonté que d'un étage peu important, il suffira d'élever ce dernier en matériaux de faible épaisseur et de les accuser à l'extérieur en les laissant apparents ou en les recouvrant d'un enduit qu'on ornera de détails fins et légers. Notre figure 329 en est un exemple.

Mais lorsque les parties supérieures ont plus d'importance, lorsque même, ce qui est fréquent, c'est le premier étage qui doit dominer, la difficulté est plus sérieuse. S'il s'agit de portiques de même genre, on observera simplement les règles indiquées dans la première partie de notre ouvrage pour la superposition des ordres et celle des arcades. Le motif du théâtre de Marcellus à Rome (*fig.* 121), en donne un exemple. Si les portiques ne sont pas de même genre, la plus grande habileté de l'artiste ne pourra avoir pour effet que d'atténuer des défauts tenant aux données mêmes de la question.

L'architecte Gabriel, dans les palais de la place de la Concorde à Paris (*fig.* 120), a su tirer un grand effet de la superposition d'un portique à colonnes et à plates-bandes à un portique à arcades. Si l'on ne peut accorder à cette œuvre une perfection qui, nous le répétons, est impossible à atteindre, il faut admirer, sans réserve, l'art avec lequel il a presque fait disparaître les défauts inhérents à un pareil cas. Il fallait à ces arcades des piédroits très massifs pour supporter la grande ordonnance qui s'élève au-dessus; mais, ne pouvant leur donner une grande largeur, ce qui aurait diminué celle des ouvertures, il les a coupés de refends profondément marqués, qui leur donnent un très puissant caractère de solidité. Il a pu ainsi les rapprocher suffisamment pour que les colonnes qu'ils soutiennent ne paraissent pas trop espacées, et il a encore ajouté de la fermeté au portique du premier étage en le flanquant à ses extrémités de deux vigoureux pavillons. On a quelquefois aussi superposé un portique à plates-bandes à un portique à arcades, en établissant deux ou trois entre-colonnements dans l'intervalle correspondant à deux piédroits consécutifs. Cette disposition convient sans doute à des édifices qui n'excluent pas une certaine fantaisie, qui la réclament même, mais s'adapterait mal à ceux qui doivent revêtir un caractère monumental. Elle est, d'ailleurs, défectueuse, au moins pour l'œil, en ce qui concerne la stabilité, puisqu'elle répartit inégalement les charges sur les reins de voûte de l'arcade.

Porches. — Les porches constituent une variété de portiques de moindres dimensions que les précédents; mais ils en diffèrent en ce qu'ils font toujours partie intégrante d'édifices plus ou moins importants auxquels ils se rattachent directement, tandis que les portiques proprement dits peuvent former un ensemble isolé et indépendant.

Ainsi, on peut considérer comme porche la disposition employée pour certains temples romains où les murs de la cella se prolongeaient en avant, se terminaient par deux têtes ornées de pilastres ou antes, et comprenaient dans leur intervalle plusieurs entre-colonnements. Le Panthéon de Rome offre encore un exemple de porche, mais de plus amples proportions. Il est formé de sept entre-colonnements en façade principale et de trois en façade latérale. Les trois travées du milieu correspondent, à l'intérieur, à une seule nef qui conduit à la porte d'entrée, et les deux travées extrêmes, à droite et à gauche, forment également une seule nef, dont le fond est décoré par une grande niche en cul-de-four.

Les porches, ainsi qu'on le voit par ces exemples, sont toujours destinés à offrir une entrée à couvert; ils précèdent immédiatement le vestibule ou quelquefois même en tiennent lieu. Ce rôle particulier exige qu'on les traite, non comme des adjonctions, mais comme des parties nécessaires et qu'ils soient si étroitement liés à l'édifice qu'on ne puisse les enlever sans préjudice pour celui-ci, sans rompre l'harmonie de la composition.

C'est ce qu'avaient senti et exprimé les architectes du moyen âge, et les porches des cathédrales gothiques sont une de leurs plus heureuses créations. Ils sont conçus avec ampleur et se composent d'une ou de plusieurs travées voûtées en arcs concentriques, dont l'ouverture diminue de l'extérieur à l'intérieur et qui reposent sur des colonnettes engagées. Cette dernière disposition est très décorative et convient parfaitement à cette partie de l'édifice qui semble devoir inviter à l'entrée les fidèles venus pour le culte. D'ailleurs, ils se rattachent tout naturellement au reste de la façade, dont ils forment la partie inférieure, se développant largement, comme on peut le voir, par le plan de la cathédrale d'Amiens (*fig.* 332), dans les grands espaces qui séparent les contreforts. Ces derniers seraient lourds et disgracieux, mais réunis par des arcs à la fois fermes par leurs proportions générales et riches par les détails de l'ornementation, ils concourent à l'effet de grandeur de la façade, tout en étant des membres utiles à la solidité. Ainsi, l'art sait tirer parti des circonstances locales, en apparence les plus contraires à la beauté, et les faire servir à ses fins.

Cette disposition n'est pas d'ailleurs la seule qu'aient adoptée les architectes du moyen âge : les porches de cette

348   PRINCIPALES PARTIES DES ÉDIFICES

époque présentent, au contraire, les plus heureuses variétés.

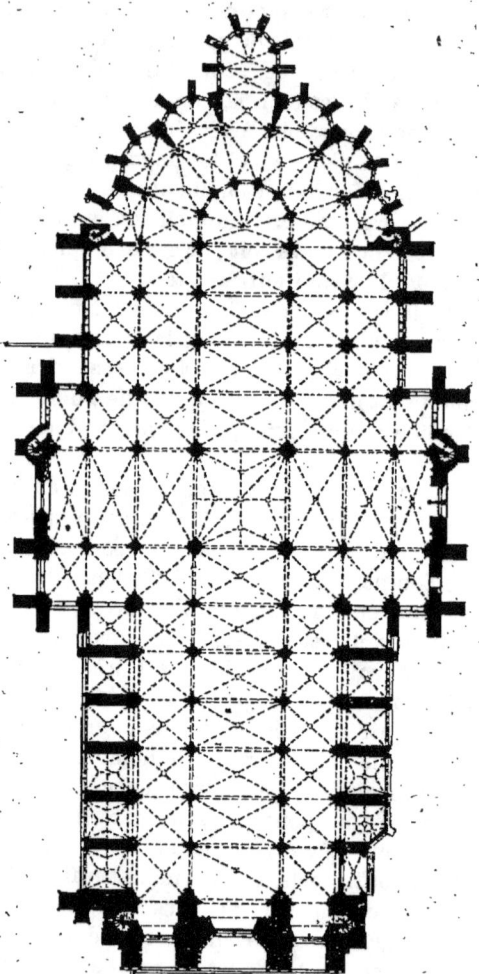

Fig. 332.

Tantôt ils embrassent toute la façade qui s'élève au-dessus à l'aplomb de leur face antérieure, comme à Notre-Dame de

Paris, tantôt ils se réduisent à une seule travée dans l'axe, et leurs piliers servent de base au clocher, c'est le cas de l'église Saint-Germain-des-Prés à Paris. Les uns sont fermés (comme celui d'Amiens) et d'autres largement ouverts aux deux extrémités (celui de Saint-Germain-l'Auxerrois, à Paris).

Fig. 333.

Les porches qu'on rencontre dans les églises modernes présentent souvent des dispositions analogues; toutefois le caractère digne et profondément religieux qui nous saisit dans ceux du moyen âge a disparu pour faire place à la fantaisie.

Mais les églises ne sont pas les seuls édifices auxquels se rattachent des porches. La plupart des monuments publics en sont pourvus : les théâtres de l'Odéon et de l'Opéra, à Paris, en offrent divers exemples. On s'en sert très fréquemment, enfin, dans les maisons d'habitation, et cela déjà depuis le moyen âge Notre figure 333 représente un porche appartenant à l'un des pavillons du château de Fontainebleau et qui est connu sous le nom de *porte dorée*. Il est flanqué à droite et à gauche de deux petites pièces, comme l'indique le plan et le même motif se répète à tous les étages, formant au-dessus du porche une petite loge ouverte. Il est percé suivant un arc surbaissé d'une courbe très élégante, qui s'appuie sur deux colonnes à peine dégagées du mur.

D'autres fois le porche est ouvert sur deux faces et s'appuie par les deux autres sur les murs de façade de l'habitation, formant un angle rentrant. C'est le cas de la figure 330, qui représente la disposition en plan d'un fragment emprunté à l'architecture italienne.

Ces exemples montrent que, tout en adoptant des dispositions différentes, l'architecte a su relier intimement au bâtiment principal cette partie accessoire. Dans nos maisons d'habitation, on ne trouve pas toujours la même sollicitude à cet égard, et le porche est très souvent accusé comme un appendice appuyé à la façade et qui, au lieu de l'orner, masque à la vue du spectateur la partie où d'ordinaire on déploie les plus amples proportions et la décoration la plus riche. Nous pensons qu'il est préférable de les traiter de la même façon que dans les exemples cités plus haut. Toutefois, il faut convenir que certaines habitations de campagne, où l'imprévu et la fantaisie sont appelés à produire le pittoresque, s'accommodent parfaitement d'ouvrages composés de poteaux en bois ou de piliers en maçonnerie légère supportant une toiture et qui jouent le rôle de porches.

VESTIBULES ET ANTICHAMBRES

But. — Les *vestibules* et les *antichambres* ont des rôles analogues dans les édifices qui en réclament : ils servent également à assurer une indépendance relative aux différentes pièces qui composent un même groupement ou un même service, et à les mettre en communication avec l'extérieur ou avec des salles communes. Cependant ils présentent des différences essentielles. Les premiers sont toujours placés au rez-de-chaussée ou à l'étage qui en tient lieu dans les édifices comportant un soubassement élevé, tandis que les secondes peuvent être à tous les étages. Les vestibules donnent accès à un plus grand nombre de salles, et souvent à toutes les salles d'un édifice, par les escaliers et les dégagements qui y débouchent, alors que les antichambres ne desservent qu'un nombre plus ou moins restreint de salles ayant une destination commune. Enfin, et cela résulte de ce qui précède, les uns sont vastes, traités avec ampleur, et les autres, de proportions plus modestes, offrant des dispositions analogues aux pièces qu'elles desservent.

Vestibules. — Comme il a été dit précédemment, les vestibules se présentent immédiatement après les porches, et quelquefois ces derniers en tiennent lieu. On a même été jusqu'à appliquer le nom à la fonction et à appeler vestibules les porches qui les remplaçaient dans certains cas. Mais cette dénomination est impropre. Les porches sont largement ouverts au dehors, tandis que les vestibules, quoique très éclairés sont fermés par des portes en menuiserie. Ceux-ci réclament aussi de plus grands dégagements. Ils sont percés de portes en nombre suffisant pour desservir les différentes pièces, selon leur importance relative, et ils donnent directement accès aux escaliers dans les édifices ayant plusieurs étages.

Parmi les salles qui s'ouvrent sur le vestibule, les unes sont importantes, les autres accessoires; les portes qui leur correspondent devront participer de ces caractères et les accuser nettement au dehors, par leurs positions et par leurs dimensions respectives, ainsi que par leur décoration. Les portes principales seront percées dans les axes du vestibule, ou symétriquement par rapport à eux, recevront des dimensions en rapport avec leur destination, et seront traitées avec noblesse et fermeté, tandis qu'on laissera moins évidentes les portes secondaires.

La position de l'escalier, sa forme et ses proportions sont liées à l'arrangement général du vestibule, car il importe qu'il soit nettement mis en évidence. Si le rez-de-chaussée contient les appartements de réception, on dispose leur entrée dans l'une des faces latérales du vestibule, celle de l'escalier formant pendant sur l'autre face. Si, au contraire, ils sont situés au premier étage, l'escalier prend une importance capitale, et doit être placé de préférence dans l'axe principal du vestibule, sur la face opposée à l'entrée. Toutefois, ce ne sont point là des règles, mais plutôt des exemples capables de montrer dans quel esprit il faudra rechercher les meilleures dispositions à adopter dans chaque cas particulier. Du reste, dans la plupart de nos habitations, on désire la commodité plus que la symétrie, et il importe moins d'avoir un vestibule de belle apparence cachant des défauts de composition, que de disposer les salles en vue de l'usage qu'on en veut faire, sans que pourtant on doive jamais perdre de vue la beauté que tout édifice doit manifester dans son ensemble et dans ses détails.

Les vestibules peuvent être couverts par des plafonds ou par des voûtes; le choix à faire entre ces deux systèmes dépendra du caractère de l'édifice. Toutefois, si tous deux doivent être employés dans un même édifice, il sera préférable de réserver les voûtes pour les vestibules, la construction monumentale s'adaptant mieux aux salles voisines du dehors qu'aux intérieures. Pour la même raison, on voit des porches voûtés, alors que ce mode de construction n'est employé dans aucune autre partie des édifices auxquels ils se rattachent.

Ces considérations montrent clairement qu'au point de vue de la décoration les vestibules participeront à la fois du caractère des façades et de celui des intérieurs, sans avoir exclusivement l'un ou l'autre. Ils doivent être traités avec ampleur et simplicité, sans rudesse ni finesse excessives, de façon à marquer leur rôle de transition entre l'extérieur et les salles qui constituent la partie essentielle de l'intérieur.

Pour rendre plus profitables les réflexions qui précèdent, nous donnerons quelques exemples de vestibules, appartenant à des édifices exécutés.

La figure 334, représente en plans et en coupe transversale le vestibule du théâtre de l'Odéon, à Paris. On peut lui reprocher d'être de dimensions trop restreintes, mais il est heureusement disposé et ouvert pour dégager la

PARTIES COUVERTES

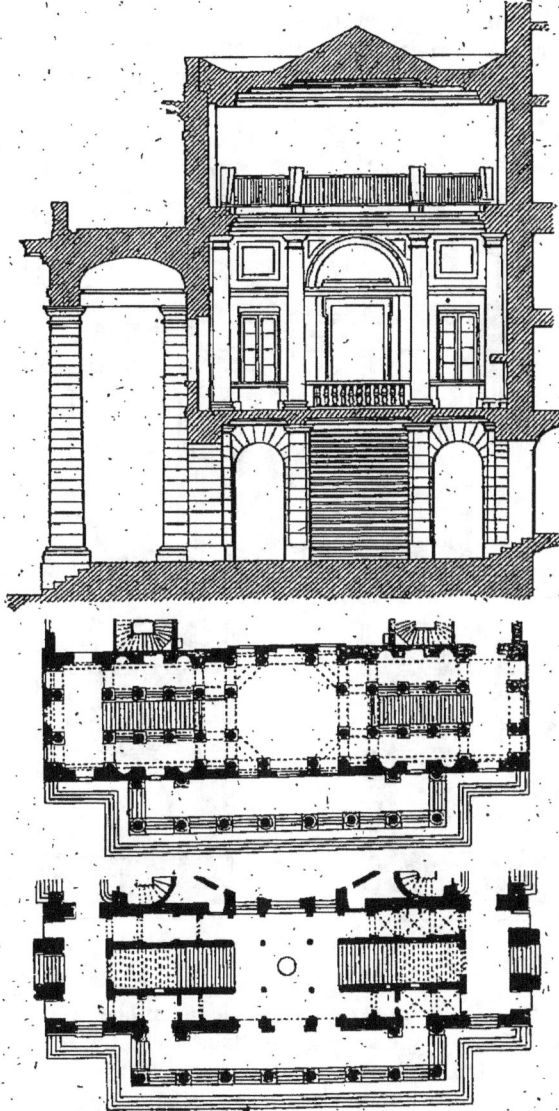

Fig. 334.

354   PRINCIPALES PARTIES DES ÉDIFICES

salle et les escaliers, et son architecture est ferme et sobre, comme il convient en pareil cas.

La figure 335 représente une coupe transversale sur le grand escalier du théâtre de Bordeaux, avec le plan du vesti-

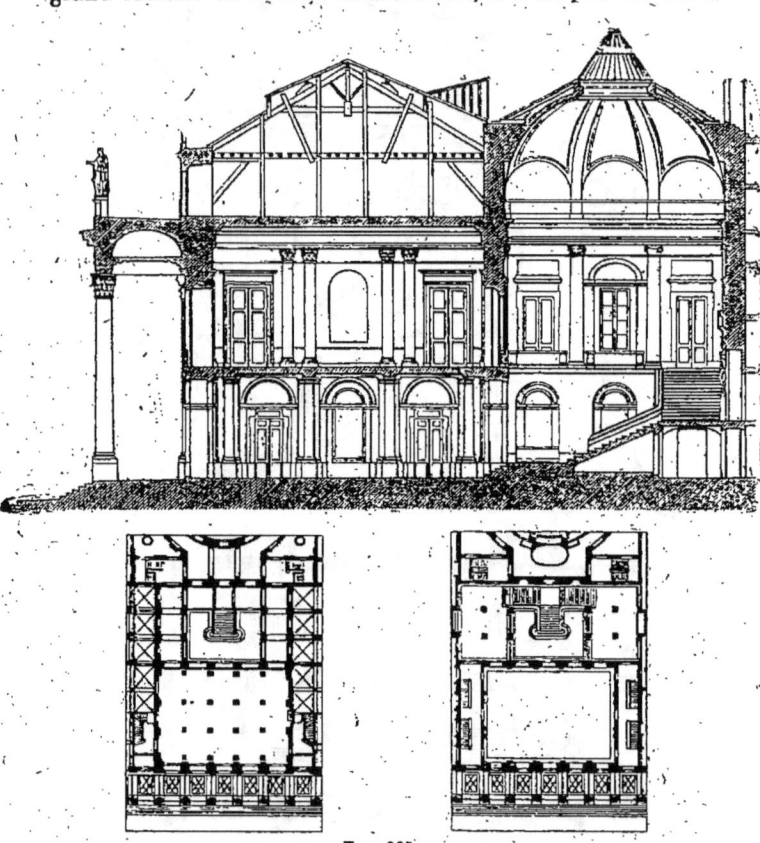

Fig. 335.

bule qui le précède au rez-de-chaussée (à gauche) et celui du foyer qui l'accompagne au premier étage (à droite). Une coupe longitudinale (*fig.* 336) achève de rendre compte de cette disposition, pleine de grandeur et de simplicité, qu'a adoptée, dans son principe, M. Garnier, pour le théâtre de l'Opéra, à Paris. Le vestibule du théâtre de Bordeaux est couvert d'un plafond que supportent des colonnes doriques ayant le double avantage de contribuer puissamment à la solidité, et de diviser la salle, dont la faible hauteur, relativement à sa largeur, n'est plus apparente, grâce à cette disposition.

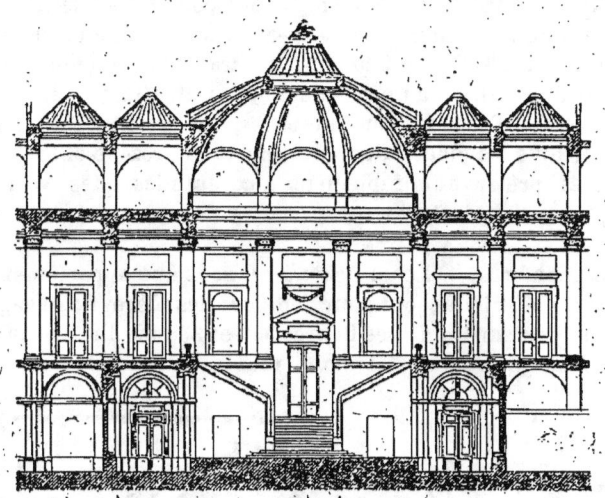

Fig. 336.

Dans les deux exemples qui viennent d'être cités, le vestibule est précédé d'un porche à colonnes et à plates-bandes, et l'on voit, dans ce cas, de quelle façon peuvent être combinées ces deux parties de l'édifice.

Salle des pas perdus. — Dans certains monuments, tels que palais de justice et palais législatifs, où les vestibules doivent donner accès à plusieurs grandes salles et servir de promenoir pour le public, il est nécessaire de leur donner des dispositions et des proportions plus vastes. Ils sont alors souvent désignés sous le nom de *salles des pas perdus*. Telle est celle du palais de justice de Paris, construite par Jacques Debrosse, et qui mesure 28^m,60 de largeur sur 64 mètres de longueur.

Plusieurs grandes gares de chemin de fer sont également pourvues de vestibules très spacieux, et traités selon le caractère qui convient à leur destination.

Halls vitrés. — On peut ranger parmi les vestibules les dispositions adoptées dans certains édifices et qui consistent à couvrir par une toiture vitrée des cours intérieures, pouvant dès lors servir de dégagement pour les salles avoisinantes, non seulement au rez-de-chaussée, mais encore aux autres étages. Telle était la cour centrale de l'ancien hôtel de ville de Paris, d'où un escalier conduisait à la grande galerie des fêtes. Ces cours, ou *halls vitrés*, ont l'avantage de faire profiter tous les étages du mouvement du rez-de-chaussée, et de se prêter admirablement aux grandes fêtes et aux réceptions d'apparat.

Antichambres. — Les antichambres sont aux appartements ce que les vestibules sont pour l'édifice : des pièces de dégagement et de transition. Les figures 337 et 338 en diront sur ce sujet plus que de longs développements. La première repré-

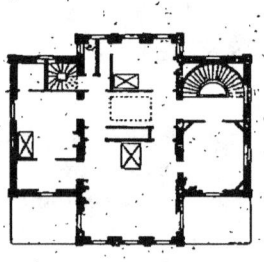
Fig. 337.

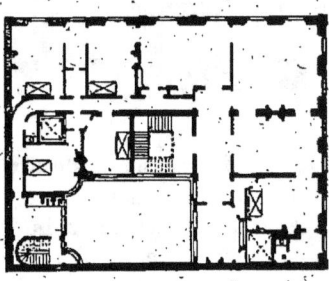
Fig. 338.

sente un étage d'une petite maison de campagne ; l'antichambre est placée de telle sorte que toutes les pièces importantes y ont une sortie directe. Dans la seconde figure, qui représente un appartement entier, comprenant les pièces de réception, les chambres à coucher et le service, l'antichambre ne peut donner directement accès qu'aux salles principales, mais elle dessert également les chambres et la cuisine, au moyen d'un couloir de dégagement.

Il est utile d'attirer l'attention de nos lecteurs sur l'éclairage des antichambres, question importante, difficile à résoudre dans beaucoup de cas, et par cela même souvent négligée dans la composition des plans.

ESCALIERS

Sous ce titre, nous avons exposé, dans la première partie de notre ouvrage, les différents modes de construction des escaliers. Il ne s'agit ici que de les étudier au point de vue des dispositions générales qu'ils nécessitent dans leurs rapports avec les autres parties de l'édifice. Il y a lieu de considérer principalement leur position, la disposition des rampes, liée à la forme de la cage, l'éclairage et la décoration.

Position. — Les escaliers doivent, autant que possible, s'ouvrir sur les vestibules, ou du moins en être très voisins et, dans ce cas, mis en communication directe et facile avec eux. S'il s'agit d'un escalier principal, la première position est la seule admissible et, comme il a été dit précédemment, il s'ouvre alors dans un des axes du vestibule d'entrée, où on accuse souvent le départ au moyen d'une ou deux marches en saillie dans cette salle. C'est, en effet, une condition essentielle qu'on ne doive pas avoir besoin de chercher l'escalier, mais qu'au contraire il se présente naturellement aux arrivants.

C'en est une autre non moins importante qu'à l'étage supérieur, on trouve facilement l'entrée des appartements; on la réalise en faisant aboutir la dernière rampe à un palier suffisamment large sur lequel s'ouvrent des issues régulièrement disposées.

L'escalier est, selon les circonstances, placé dans l'axe de l'entrée du vestibule et sur la face opposée, ou dans l'axe transversal, sur l'un des côtés. Dans ce dernier cas, il n'interrompt pas à l'étage supérieur la série des appartements; dans le premier cas, il ne les interrompt que sur une moitié, pour les bâtiments doubles en profondeur, et il a, d'ailleurs, l'avantage de dégager un plus grand nombre de pièces. Pour cela, on le fait arriver à un palier large, permettant d'ouvrir des issues sur trois faces.

Cette disposition oblige à placer le palier à l'intérieur du bâtiment, et non appuyé à un mur de façade. Les fenêtres par lesquelles il sera nécessaire de l'éclairer seront donc percées dans ce dernier, et désagréablement coupées à mi-étage par des marches ou un palier intermédiaire, si l'on veut conserver à l'aspect extérieur du mur sa régularité parfaite. Cette solution, adoptée pourtant en général, a, en outre, l'inconvénient de tromper les spectateurs sur les dispositions intérieures, et d'indiquer même destination là où il y a, au contraire, diversité très marquée. Il est certainement plus rationnel de placer dans ce cas les appuis des fenêtres à la hauteur ordinaire au-dessus des marches ou du palier appuyés au mur de façade : l'éclairage est bien meilleur, et l'escalier est nettement accusé au dehors. Il est bon, alors, de donner à la cage une saillie extérieure plus ou moins prononcée sur le nu des parties voisines, dans le double but de rendre plus apparentes les dispositions intérieures, et d'éviter l'impression désagréable qui résulterait d'une irrégularité de forme et de position des ouvertures sur un même plan vertical de façade. La saillie peut d'ailleurs être utilisée si elle est suffisante pour percer des jours latéraux, circonstance très avantageuse dans une partie de l'édifice où l'éclairage est si nécessaire. Ce parti est donc plus conforme que le premier aux exigences matérielles, et peut néanmoins fournir les éléments d'une façade agréable, laquelle est toujours, dans les cas ordinaires, une façade postérieure ou latérale, qui n'exige pas la symétrie ou la noblesse d'aspect de la principale.

Lorsqu'un édifice se compose de plusieurs corps de bâtiments qui se rencontrent pour former des ailes, les points d'intersection sont tout désignés pour être occupés par des escaliers, surtout lorsque les bâtiments, se prolongeant de part et d'autre de leur point de jonction, rendent impossible dans cette partie un éclairage latéral direct. L'escalier est alors pourvu, à sa partie supérieure, d'un châssis vitré établi dans la toiture, et qui donne un jour suffisant dans la cage, pourvu qu'il ne desserve qu'un ou même deux étages. On peut voir cette disposition dans la figure 339, qui représente un fragment du plan de l'hôpital Lariboisière, à Paris. Ainsi placé, l'escalier utilise un espace dont on n'aurait pas autrement l'emploi, et permet de desservir dans trois, et même quatre directions, les appartements et les salles de l'étage supérieur.

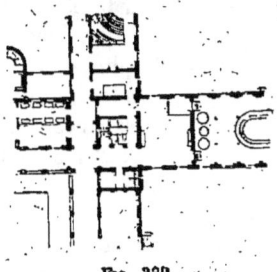

Fig. 339.

Des dispositions fort ingénieuses ont été adoptées en certains cas pour multiplier et faciliter les dégagements. Nous en citerons deux représentées dans les figures 340 et 341. La première est due à l'architecte italien Palladio, dont nous avons déjà cité le nom. On peut partir indifféremment de deux

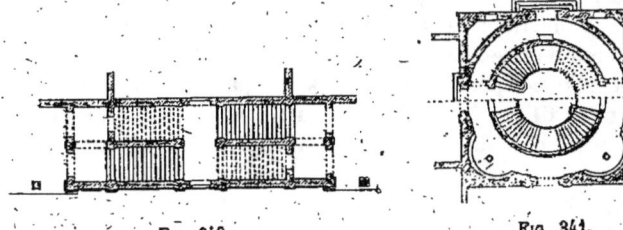

Fig. 340. Fig. 341.

points du rez-de-chaussée, pour arriver au premier étage grâce à l'interposition entre les deux parties de cet escalier double, d'un palier commun placé à mi-hauteur du rez-de-chaussée, et qui, à son tour, pourrait, dans certains cas, desservir, suivant les deux directions latérales, des étages intermédiaires.

Le second exemple est encore une sorte d'escalier double établi sur plan circulaire. On peut, en effet, parvenir au premier étage en partant de deux points différents du rez-de-chaussée; mais les arrivées sont situées aux extrémités d'un même diamètre, et les parties d'édifice correspondantes seraient complètement séparées sans une galerie circulaire établie au pourtour de la cage et qui permet de dégager les pièces situées dans les deux autres directions. Comme on s'en rendra compte à la seule inspection de la figure 341, il serait possible d'établir plus de deux escaliers dans une telle cage; il suffit alors que les points de départ à rez-de-chaussée soient suffisamment espacés pour qu'il y ait sur tout le parcours de deux rampes voisines la hauteur réclamée pour le passage d'une personne.

Ce genre d'escalier est utile à connaître et peut rendre des services en certains cas; mais il est moins recommandable que le précédent. L'architecte doit toujours rechercher les solutions les plus simples, et c'est le cas du premier de ces deux exemples, sans pourtant méconnaître celles qui, comme le second, peuvent, selon les circonstances, lui offrir les moyens de produire un plus grand effet, ou d'introduire plus de variété dans sa composition.

Dans les édifices de quelque importance, où l'on a besoin de plusieurs escaliers, l'un d'eux est conçu dans de plus larges proportions, et ne dessert que les parties essentielles du premier étage. Les autres, établis également à partir du rez-de-chaussée, conduisent seuls aux parties supérieures et, dans un édifice bien ordonné, sont mis en communication par des galeries de dégagement avec l'escalier principal au premier étage.

Disposition des rampes. — Les exemples déjà cités de vestibules et d'escaliers ont mis sous les yeux du lecteur diverses dispositions de rampes, les unes droites, les autres à retour direct avec palier intermédiaire, d'autres circulaires, et on peut, de cette façon, obtenir des effets très variés.

Chacun des escaliers du théâtre de l'Odéon (*fig.* 334) est composé d'une seule rampe, dirigée en ligne droite. C'est la disposition la plus simple ; elle est fort belle et produit un très grand effet, surtout lorsque, comme dans l'exemple cité, on ouvre largement les parties latérales, soit par des arcades, soit en soutenant le plafond par des colonnes. L'impression est moins heureuse quand les deux murs latéraux ou même l'un des deux est plein.

Ce genre d'escalier ne peut guère être employé que pour des édifices où l'on n'est pas gêné dans un espace restreint, car il exige un grand développement dans une seule direction. Il y a avantage, dans les cas ordinaires, à adopter plusieurs rampes, le plus souvent deux : l'une conduisant à un palier moyen, l'autre partant de ce palier pour atteindre l'étage supérieur. Si les dimensions de la cage permettent plus de développement, on peut avoir trois rampes se rencontrant, deux à deux, à angle droit, comme dans les figures 342 et 343, exemples empruntés l'un au palais de Fontainebleau, l'autre à celui du Louvre, ou ayant des directions parallèles. Dans ce dernier cas, la rampe du milieu est plus large que les deux rampes latérales de retour, ce qui est rationnel, puisqu'elles les dessert toutes les deux à la fois. On se garde bien cependant de lui donner une largeur double, comme l'exigerait la raison seule, car il en résulterait un contraste de proportions qui choquerait le regard.

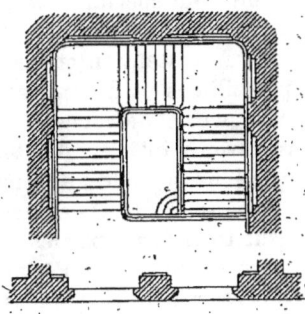

Fig. 342.

Enfin, une autre disposition tout à fait monumentale et très décorative est celle du grand escalier du théâtre de

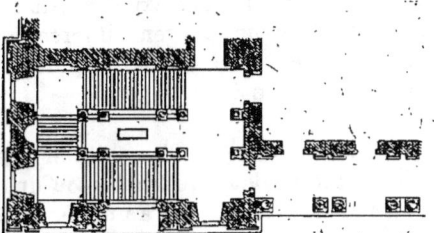

Fig. 343.

Bordeaux, déjà cité (*fig.* 335 et 336) : une rampe centrale se continuant par deux rampes latérales de directions perpendiculaires à la première, et aboutissant à l'étage à deux paliers différents.

Pour les escaliers établis sur ces divers types et ne dégageant que le premier étage, la construction la plus simple consiste à appuyer les rampes sur des murs d'échiffre qui s'arrêtent sous les marches et que couronne le limon. Cependant, pour obtenir plus de légèreté, on les établit souvent sur limon suspendu, et de préférence s'il s'agit d'escaliers en bois. On peut également les soutenir par des colonnes ou des arcades, ainsi qu'il a été dit dans la première partie de cet ouvrage.

Éclairage. — L'éclairage des escaliers doit faire l'objet d'un soin tout spécial de la part de l'architecte. L'ascension et la descente, n'étant pas le cas habituel de la marche, exigent une attention et des précautions qui seront de beaucoup facilitées et diminuées, si une quantité suffisante de lumière permet de voir sûrement où se pose le pied. On ne saurait trop y insister, d'autant qu'on est porté à réserver le plus de jour possible aux pièces d'habitation, dans nos édifices construits sur des espaces fort restreints et bornés souvent sur trois faces, par les constructions voisines.

Il serait même utile d'éclairer les escaliers par des ouvertures percées dans deux faces opposées. Mais cela est impraticable dans beaucoup de cas, et il faut se contenter de l'éclairage par une seule face : du moins peut-on la percer largement, afin de le rendre aussi complet que possible. Quelquefois les quatre murs de la cage sont entourés de constructions, et on doit obtenir le jour exigé par une ouverture pratiquée en plafond. Cela suffit largement lorsque l'escalier ne monte qu'au premier étage, mais commence déjà à être défectueux s'il embrasse deux étages.

Décoration. — Le rôle de l'escalier est, en somme, de mettre en communication deux vestibules ou un vestibule avec une autre partie de l'édifice qui a une destination analogue. Sa décoration participera donc du même caractère que la leur : elle sera simple et ample. Si l'on peut citer des cages d'escalier où elle est très riche sans être déplacée, c'est que des circonstances particulières permettent d'en jouir commodément ; comme, par exemple, cela a lieu pour le grand escalier de l'Opéra de Paris ou celui du théâtre de Bordeaux, où les galeries qui l'entourent s'ouvrent largement sur la cage et font profiter le premier étage du mouvement qui l'anime.

Mais, en général, la décoration se bornera à indiquer par quelques lignes fermes la construction ou les principales divisions. Si l'escalier ne monte qu'au premier étage, on l'ornera au niveau de ce dernier d'un bandeau indiquant le plancher des parties voisines et au-dessus on pourra avoir un ordre de pilastres ou de colonnes, surtout si ce parti a été adopté pour le palier d'arrivée. Si l'escalier embrasse plusieurs étages, on accusera, au contraire, le mouvement des rampes sur les murs de la cage par des corps de moulures ou une plinthe couronnant les abouts des marches et suivant la pente.

SALLES

Considérations générales. — Par salles, il faut comprendre les pièces dont l'ensemble constitue la partie essentielle de l'édifice, celle en vue de laquelle il a été construit. Dans un palais de justice, ce sont les *salles d'audience, de délibération;* dans un hôtel de ville, la *salle du conseil*, la *salle des mariages*, la *salle des fêtes;* dans un musée, les *salles d'exposition;* dans un établissement d'instruction publique, les *salles de cours*, les *salles d'étude*, les *salles de bibliothèque;* dans un édifice destiné à l'habitation, la *salle de réception*, la *salle à manger*, la *salle de billard*, etc. Parfois l'édifice est élevé pour une seule salle, telles les *salles de concerts, de spectacles, de conférences*, etc. Le nom s'étend même à toutes les pièces petites ou grandes, importantes ou accessoires; mais l'étude que nous voulons faire ici est trop générale pour que nous puissions nous étendre sur un pareil sujet, et nous nous bornerons à donner quelques considérations sur les dispositions, les proportions et la décoration de celles où l'architecture est appelée à jouer un rôle important.

On peut ranger ces différentes salles, au point de vue particulier qui nous occupe, en deux grandes catégories: les salles plafonnées et les salles voûtées.

Salles plafonnées. — Il existe une relation entre la hauteur d'une salle et sa largeur, et l'on peut dire, d'une façon générale, que la première de ces deux dimensions lui donnera, selon qu'elle sera plus ou moins marquée, un caractère de noblesse ou de vulgarité. Mais il y a une limite à observer, et on n'obtiendrait pas forcément un meilleur effet parce qu'une salle serait plus élevée. La véritable distinction résultera d'une proportion heureusement choisie en vue de la destination, et l'architecte aura pleine liberté pour l'étudier et la fixer dans chaque cas particulier, d'après le sentiment qu'il a des convenances et d'après son goût personnel. On a voulu parfois fixer comme règle que la hauteur d'une salle couverte en plafond fût égale à sa largeur. C'est là une proportion qui donne, dans les circonstances ordinaires, un résultat convenable, mais à laquelle on n'est nullement obligé de s'astreindre. L'art sait trouver sa véritable expression en dehors de ces formules étroites qui ont sans doute le mérite de lui fournir des directions et dont l'autorité s'appuie sur les beaux exemples d'où on les a déduites, mais qui seraient une entrave dans la plupart des circonstances, si on voulait y confiner l'imagination et le sentiment de l'artiste.

Il tirera, d'ailleurs, un aussi grand effet de la disposition du plafond que des proportions de la salle, et même il pourra, avec assez d'art, modifier l'impression que produiraient des proportions obligées et trop mesquines en décorant le plafond de façon à lui donner plus de légèreté. Nous avons parlé du mode de décoration par caissons et soffites; il conviendra surtout aux salles d'une certaine hauteur, et ils y seront d'autant plus marqués qu'elles seront plus grandes et qu'on voudra obtenir un effet plus monumental. Mais il ne serait pas avantageux pour une salle de trop faible hauteur, eu égard à sa largeur et, dans ce cas, une simple corniche couronnant les murs et les raccordant à un plafond uni, orné de peintures, contribuera bien mieux à en faire valoir les formes et les dimensions. C'est le parti adopté avec juste raison pour la plupart des salles de nos appartements, et les caissons ne se montrent que dans celles où l'on a pu se permettre quelque développement en hauteur, encore y sont-ils traités avec beaucoup de finesse.

La combinaison des portions de voûtes dites voussures avec les plafonds, lorsque l'élévation de ceux-ci est suffisante, est aussi un excellent parti à adopter et peut produire un effet très décoratif.

Les Grecs et les Romains ont construit, sous le nom de *basiliques*, de très vastes salles destinées surtout aux affaires publiques et qui, selon toute probabilité étaient couvertes en plafonds décorés de caissons. Ces salles se composaient, en général, d'une nef principale et de bas-côtés divisés en deux étages que supportaient des ordonnances de colonnes. Mais nous n'y insisterons pas davantage et nous n'en aurions point parlé, si ces édifices modifiés n'étaient devenus, au premier siècle de l'Église chrétienne, le type des temples consacrés au nouveau culte. Témoin, la basilique de Constantin, dont nous avons donné la moitié du plan et de la coupe, dans la figure 321. Comme on le voit, la donnée générale est celle des basiliques primitives, mais des changements importants y ont été apportés dans les détails. La voûte a remplacé le plafond, et l'étage des bas-côtés a disparu. Toutefois, dans beaucoup d'autres basiliques, cette dernière disposition avait subsisté et s'est de là, probablement, conservée dans beaucoup de nos cathédrales gothiques.

Salles voûtées. — On peut étendre aux salles voûtées la plupart des considérations qui précèdent; il faut ajouter, cependant, que celles-ci réclament, en général, plus de hauteur, toutes choses égales d'ailleurs, surtout si elles sont très larges, car, dans ce cas, les piédroits sont considérablement diminués. Comme pour les salles plafonnées, on a cherché ici des formules. L'architecte Palladio, dit Léonce Reynaud, dans son *Traité d'Architecture*, a recommandé pour les salles carrées voûtées la proportion donnée par la formule :

$$h = \frac{4}{3} l,$$

et pour celles établies sur plan barlong, la proportion déduite de l'une de ces relations :

$$h = \frac{L + l}{2} \quad \text{ou} \quad h = \sqrt{Ll} \quad \text{ou} \quad h = 2\frac{Ll}{L + l}$$

L étant la longueur de la salle; l, sa largeur; h, sa hauteur. Nous faisons pour ces formules les mêmes réserves que pour celle qui concerne les salles plafonnées.

Le genre de voûte adopté pour une salle n'est pas indifférent. La voûte en berceau ne convient qu'à celles où, la longueur étant de beaucoup supérieure à la largeur, cette particularité assigne des rôles différents aux murs longitudinaux et aux murs transverses des abouts. Elle produit alors un effet très monumental, et elle est même susceptible de recevoir la plus riche décoration; il suffira, pour le prouver, de citer la grande nef de Saint-Pierre de Rome et la célèbre galerie d'Apollon, au palais du Louvre.

Mais, si la salle est établie sur un plan barlong, où la différence entre la longueur et la largeur est peu sensible, on ne comprendrait pas que des murs d'importance presque égale eussent des destinations différentes, que les uns fussent employés à recevoir la retombée de la voûte, et les autres exonérés de toute charge. Il convient mieux alors de les charger également en couvrant la salle par une voûte en arc de cloître ou de reporter les pressions sur les angles au moyen d'une voûte d'arête ou d'une voûte sur pendentifs.

La voûte en berceau est facile à établir, si la salle ne se compose que d'une seule travée en largeur. Mais parfois, et c'est le cas de nos cathédrales par exemple, elle est divisée en trois nefs dans ce sens. Si l'on adopte alors le parti de faire reposer les voûtes sur des plates-bandes soutenues par des colonnes, ces dernières paraissent et sont en réalité des points d'appui trop grêles, qui résistent mal aux poussées. Des piliers carrés, réunis par des arcades, conviennent beaucoup mieux, sont, en effet, plus massifs et s'harmonisent davantage avec le système de voûtes adopté pour les grandes travées transversales. L'inconvénient commun au deux solutions est l'éclairage défectueux de la salle, si l'on n'y perce que des jours latéraux dans le mur extérieur. Dans certains cas, cet éclairage suffit. Mais souvent on est obligé de pratiquer dans la voûte du berceau central des ouvertures dont les pénétrations trop accentuées ne sont pas d'un heureux effet. Il est préférable alors de recourir à des voûtes d'arête, comme dans les cathédrales gothiques, ou à des voûtes sur pendentifs.

Ces deux derniers modes sont, du reste, les plus rationnels pour les salles qui doivent être éclairées par des jours pratiqués à la partie supérieure, même lorsqu'elles ne comportent qu'une seule travée.

Les Romains ont employé la voûte d'arête dans ces différents cas; la basilique de Constantin (*fig.* 321) en offre un des plus beaux exemples.

De nos jours, les voûtes les plus employées pour la couverture des salles de nos grands édifices sont les voûtes en berceau, les voûtes en arc de cloître et les voûtes sur pendentifs.

§ 2. — Parties découvertes

COURS ET TERRASSES

Les cours et les terrasses sont des espaces libres relativement restreints qui avoisinent directement les constructions proprement dites, et sont quelquefois enfermées par elles. Ils leur offrent des dégagements faciles à l'extérieur et doivent leur ménager le jour et la vue de la façon la plus convenable.

Cours. — Les cours s'étendent au pied même des constructions et épousent le niveau général du sol avoisinant, ou s'y raccordent par des pentes ou quelques degrés. Elles sont entourées de bâtiments sur tout leur périmètre, comme la belle cour du Louvre, ou seulement sur trois côtés, comme la cour du Carrousel, ou bien encore ouvertes sur une ou plusieurs faces ou fermées simplement par des grilles ou des murs de clôture, comme la cour des Ministres du palais de Versailles. Elles peuvent, par conséquent, affecter les formes les plus diverses; elles sont carrées, rectangulaires, circulaires, etc.; mais la plus simple et la plus généralement employée est la cour rectangulaire.

Les dimensions et les dispositions qu'il convient le mieux de donner aux cours intérieures dépendent en grande partie du climat sous lequel l'édifice est construit. En Italie, elles sont restreintes, entourées de portiques sur lesquels s'éclairent en second jour des pièces d'habitation et qui offrent un abri contre les rayons brûlants du soleil ; elles sont ornées de fontaines et de plantes décoratives qui leur donnent l'aspect d'une salle intérieure disposée pour jouir le plus commodément de la fraîcheur. Dans les contrées septentrionales, où l'on veut, au contraire, doter le plus largement possible de lumière et de chaleur les salles des édifices, pareille disposition ne convient pas. Si on a essayé à certaines époques de la préconiser, on en a bien vite reconnu les inconvénients. A cet égard, nos cours sont dépourvues d'un élément de décoration qui produit beaucoup d'effet sous le ciel de l'Italie.

Cependant nous aurions mauvaise grâce à le regretter. L'architecture ne doit pas avoir pour but de s'attacher avec passion à certaines formes et certaines dispositions préférées, pour les employer dans toutes les circonstances, mais bien plutôt de rechercher, dans chacun des cas qui lui sont proposés, quelles sont les formes et les dispositions les plus convenables et les plus belles. Or, en nous plaçant à ce point de vue, nous n'avons rien à envier aux Italiens. Nulle part chez eux on ne trouverait ces successions de cours et de bâtiments admirablement disposés pour répondre aux exigences matérielles et climatologiques et produire en même temps le plus majestueux effet, dont le palais de Versailles (*fig.* 320) offre un exemple si remarquable. La lumière et la chaleur y sont largement distribuées à tous les bâtiments selon leurs besoins relatifs, et l'heureuse idée de diminuer la largeur des cours à mesure qu'on s'avance et qu'elles sont destinées à des appartements plus intimes, tout en satisfaisant à ces besoins divers, donne à l'ensemble un cachet de grandeur incomparable.

Nous renoncerons donc, sauf dans certains cas spéciaux, à entourer les cours de nos édifices de portiques ouverts, et si des galeries y sont établies qui remplissent à peu près la même fonction, il conviendra de les éclairer par de larges fenêtres fermées de châssis vitrés, de façon à y laisser pénétrer librement les rayons du soleil et à les protéger, lorsque c'est nécessaire, contre les intempéries.

Terrasses. — Les terrasses sont des espaces ouverts aux abords des bâtiments et surélevés au-dessus du sol environnant, de façon à permettre aux regards d'embrasser un champ plus étendu. Elles ajoutent beaucoup d'agrément aux salles qui les bordent et jouent un rôle important dans la composition de certains édifices. Leurs dimensions et leurs dispositions sont variables comme les circonstances mêmes. Il en est de peu développées et supportées par des points d'appui isolés, comme celles qui s'étendent au-dessus des portiques de la cour du Carrousel; il en est de vastes, établies sur terre-pleins que soutiennent des murs en talus, comme celles du jardin des Tuileries, à Paris, et du palais de Versailles du côté du parc. Les unes sont dallées ou pavées; d'autres, sablées et ornées de parterres et de pièces d'eau. Une légère pente vers l'extérieur est toujours nécessaire tant pour l'écoulement des eaux que pour dégager le pied des bâtiments qui les bordent. Elles sont, en général, protégées par des balustrades en pierre construites comme il a été dit dans la première partie de cet ouvrage.

Il est impossible de donner aucune règle pour leur établissement et leurs dispositions, qui sont laissés entièrement au goût et au sentiment de l'architecte. Elles sont, d'ailleurs, intimement liées à l'étude des parcs et des jardins, sur lesquels nous allons dire quelques mots.

PARCS ET JARDINS

Jardins antiques. — La composition des parcs et des jardins est une des innovations de l'art moderne. Les anciens, Grecs et Romains, ne paraissent pas avoir senti les éléments qu'ils renferment au point de vue de la décoration des édifices. Leurs jardins, d'après les descriptions qui nous en sont parvenues, s'ingéniaient à ne ressembler en rien à la nature, à laquelle cependant ils empruntaient leurs principaux éléments : l'eau et la verdure. Les allées droites et symétriques, la profusion des statues et des vases décoratifs, faisaient leurs délices.

Jardins de la Renaissance et du XVIIe siècle. — Cet esprit a régné, avec diverses variations de détail, pendant la Renaissance et même au XVIIe siècle. Toutefois, à cette époque, Le

Nôtre, chargé par Louis XIV de tracer le parc de Versailles, fut un vrai novateur, bien qu'il gardât l'ancien cadre. Il comprit quelle importance il fallait donner aux massifs où la végétation se développe librement, et il eut soin d'envelopper cette vaste composition de bois touffus, laissant seulement libre la percée immense du côté de la plaine, où l'œil se perd à l'infini sur des perspectives habilement ménagées. Il réussit ainsi à donner à ce parc le cachet de grandeur majestueuse dont s'était empreint, dans son ensemble du moins, le palais qu'il était destiné à accompagner. Celui-ci est largement dégagé par la vaste terrasse ornée de parterres qui se déploie au devant de sa façade, et sur les trois côtés la vue s'étend et se repose sur des bois, des bassins et des prairies.

Dans le détail de ces immenses jardins, on retrouve pourtant encore les allées droites et les sculptures symétriquement disposées, mais avec plus de variété, il faut le dire, que dans les jardins antiques.

Parcs et jardins modernes. — Les architectes modernes sont allés plus loin et se sont efforcés de rechercher dans la composition des jardins l'infinie variété qui, dans la nature, se fond en une heureuse harmonie. Les parcs modernes ne sont point des copies de la nature, mais des combinaisons où l'on croit retrouver le même esprit, et où l'on s'est ingénié de produire des effets analogues. Plus d'allées droites, mais des routes gracieusement et doucement courbées, et des sentiers serpentant parmi les massifs, comme si les pas des piétons les avaient tracés au hasard. Plus de statues et de vases semés avec profusion, mais des lacs aux contours élégamment dessinés, des ruisseaux, des cascades, des rochers où coulent des eaux limpides, comme si la nature seule avait, à travers de longues séries d'années, creusé, assemblé, et égayé toutes ces choses de ses sources et de sa verdure.

Mais si les anciens péchaient par excès de régularité, on pourrait être tenté aujourd'hui de tomber dans l'extrême opposé et de substituer la bizarrerie à la variété. Les deux écueils sont également à éviter. Ni la bizarrerie ni la régularité ne sont dans la nature, et c'est pourquoi elle ne nous choque ni ne nous fatigue jamais. Plus nous la contemplons, plus nous l'admirons au contraire. C'est que, si ses procédés sont infiniment divers, il règne toujours dans ses œuvres l'ordre et l'harmonie.

Voilà de quel esprit devra s'inspirer l'architecte dans la composition des parcs et jardins. Ses courbes, ses pentes seront motivées et non tracées au hasard pour paraître naturelles ; ses oppositions de nuance seront assez vives pour faire valoir les différentes sortes de verdure se détachant les unes sur les autres, les claires sur les foncées, et cependant assez douces pour que l'œil n'en soit pas choqué et que l'harmonie subsiste. S'il y introduit des lacs, des ruisseaux, des cascades artificielles, le cadre sera disposé comme dans la nature. Le génie de l'artiste y sera d'autant plus réel qu'on y sentira moins son influence.

On peut citer le parc du bois de Boulogne, à Paris, comme l'un des plus beaux exemples de ce genre, qui a reçu le nom de *jardin anglais*. Nos voisins d'Outre-Manche nous ont, en effet, devancés dans la voie entrevue par Le Nôtre. Les jardins du premier genre, bien qu'ils nous soient venus d'Italie, ont reçu le nom de *jardins français*, à cause sans doute de la magnificence qu'ils ont déployée à Versailles sous le crayon de notre célèbre dessinateur.

Nous n'avons point fait la critique de ce dernier type pour le proscrire entièrement. La simplicité de composition qui le caractérise, l'ampleur et la majesté dont il est susceptible, lui donnent une valeur artistique incontestable, et il conviendra toujours aux édifices dont l'architecture doit revêtir ces caractères. Les jardins anglais seront préférables pour les habitations, villas, châteaux, etc. Souvent même et avec raison les deux types se combineront dans la même composition : les allées droites, les longues perspectives des jardins antiques serviront à accuser les axes et les points de vue et établiront une transition heureuse entre la rigidité des lignes de l'architecture et les contours capricieux des formes de la nature ; tandis que les sentiers sinueux, les ruisseaux serpentant, donneront aux massifs de grande végétation, le charme et la grâce des choses naturelles.

Quel que soit, d'ailleurs, le genre de composition qu'on aura adopté, on devra rechercher une opposition entre le mouvement général du parc et celui de la campagne environnante, entre sa végétation et celle qui s'étend au-delà, en même temps qu'une transition de l'un à l'autre de ces divers éléments, dont l'ensemble doit concourir à la beauté de l'œuvre. C'est, pour en donner un exemple, ce qui a été parfaitement compris et réalisé pour le parc de Versailles.

BASSINS ET FONTAINES

L'eau joue un rôle considérable dans la nature; on peut dire que la présence d'un lac ou d'un ruisseau donne de la vie à un paysage; c'est qu'en effet elle contribue puissamment à activer la vie dans les plantes, et l'impression que sa vue produit sur nous est peut-être inconsciemment liée à son action bienfaisante. Elle aura donc place dans nos parcs et nos jardins, qui s'inspirent plus ou moins directement de la nature, et s'y rencontrera, selon les effets qu'on voudra obtenir, sous des formes très diverses. Dans les jardins anglais, elle se répandra en lacs, circulera en ruisseaux, retombera en cascades. Dans les jardins français, elle sera contenue dans des *bassins*, elle alimentera des *fontaines*, et jaillira en *nappes* ou en *gerbes*.

Disposition et décoration. — De ces diverses formes, les bassins et les fontaines sont les seules dont nous ayons à nous occuper au point de vue de la décoration. L'architecture seule est, dans la plupart des cas, impuissante à trouver dans ses ressources propres les motifs variés qu'exige ce genre de composition, et c'est à la sculpture qu'elle en emprunte la plus large part, bien que parfois il suffise d'une simple vasque ou d'un vase pour produire l'effet désiré.

Les motifs sculptés qui décorent les bassins et les fontaines représentent le plus souvent des sujets tirés de la mythologie païenne qui avait su incarner et personnifier les forces de la nature sous de poétiques créations, telles que les Faunes, les Satyres, les Nymphes, les Naïades, Neptune, etc. Mais tous les sujets historiques, allégoriques et autres peuvent être traités dans la décoration de ces ouvrages. La fontaine monumentale de l'Exposition de 1889, due à M. Coutan, représentait, dans une vaste composition pleine de vigueur et de mouvement, la *République française* gouvernant le vaisseau du *Progrès*, d'où la *Science* répandait la lumière et renversait sur son passage les *Préjugés* vieillis.

L'important est de bien choisir le sujet et surtout de le bien traiter, en s'inspirant dans cette recherche des conditions particulières du cas considéré pour mettre la composition en harmonie avec elles. Le même motif ne pourra servir, par exemple, pour une fontaine où l'eau jaillit verticalement en un seul jet, et pour une autre où elle s'épand en nappe; pour une fontaine isolée et pour une adossée à un édifice. C'est à l'artiste, guidé par son sentiment seul qu'il appartient de trouver les formes les mieux appropriées et les plus gracieuses. Aucun principe, aucune règle ne pouvant être formulée sur ce sujet, nous nous bornerons à citer quelques exemples.

Fig. 344.

Le motif de la figure 344 est emprunté à l'un des bassins du parc de Versailles. C'est un simple vase posé sur un piédestal et rappelant l'urne d'où l'eau s'écoule au-dessous par

Fig. 345.

la gueule d'un mascaron et tombe dans une coquille, puis dans le bassin. La gracieuse composition que représente la figure 345 est également empruntée au parc de Versailles, où

374 PRINCIPALES PARTIES DES ÉDIFICES

elle décore l'un des bassins de la Terrasse. C'est une Cérès

Fig. 346.

couchée et entourée d'enfants.

Fig. 347.

La figure 346 est la reproduction de la fontaine du Triton, à

Rome, œuvre du Bernin. Il faut admirer comme le mouvement du Triton qui en occupe le sommet s'harmonise avec la manière dont l'eau jaillit : assis sur une grande valve, que soutiennent des dauphins, il souffle dans une conque marine et en fait sortir un jet puissant. Enfin, la figure 347 met sous les yeux du lecteur la belle fontaine de Médicis, du jardin du Luxembourg, à Paris. Ici les formes libres de la sculpture se plient admirablement aux exigences et s'harmonisent avec les lignes plus sévères de l'architecture, elles-mêmes plus capricieuses que d'ordinaire. L'eau jaillit en nappes d'un rocher sur lequel se dresse une gracieuse statue. On peut citer encore les fontaines Molière et Saint-Michel, construites en marbre et adossées à des édifices, celles de la place de la Concorde et de la place Louvois, exécutées en fonte de fer.

Grottes. — On peut rattacher les grottes aux bassins et fontaines. Ce sont des ouvrages souterrains où l'eau jaillissante est recueillie dans des bassins et y entretient la fraîcheur. Les Romains en avaient fait grand usage sous le nom de Nymphées. Dans nos climats, où la chaleur n'est pas excessive, elles sont assez rares. On peut cependant citer la grotte du palais du Trocadéro, à Paris, construite pour l'exposition de 1878.

CHAPITRE III

HYGIÈNE DES ÉDIFICES

Principes généraux. — Pour être salubre, il faut qu'un édifice soit préservé de l'humidité, des vapeurs et des gaz malsains, et reçoive dans chacune de ses parties la quantité de lumière et de chaleur nécessaire. Il doit donc être établi sur un sol sain, pourvu naturellement ou artificiellement d'un air pur, d'une température et d'un jour convenables. Ces conditions sont souvent réalisées, en totalité ou en partie, par des ouvrages appropriés. Cela dépend des circonstances locales. Il importe donc d'y avoir égard tout d'abord et d'étudier avec soin la *situation* et l'*orientation* de l'édifice et, si le sol sur lequel on est obligé de s'appuyer est malsain, les moyens d'y remédier par des travaux d'*assainissement*. Ces dispositions tout extérieures une fois prises, il faudra s'occuper des dispositions intérieures qui assureront le *chauffage*, l'*aération* et l'*éclairage* des différentes parties. Enfin, il faudra le plus souvent compléter ces travaux par la *désinfection*.

§ 1ᵉʳ. — Dispositions extérieures

Situation. — Les terrains humides, marécageux, bourbeux, formés de sable fin soulevé par les vents, ou d'immondices, sont insalubres et doivent être écartés, s'il est possible, comme impropres à recevoir des constructions. Le voisinage même des marais et des eaux stagnantes est à redouter, et s'il est nécessaire d'établir une habitation dans une telle contrée, on choisira pour son emplacement un point élevé, où l'action des vents régnants renouvellera plus souvent l'atmosphère et la purifiera des émanations infectieuses. Au contraire, dans le voisinage de la mer ou sur un plateau élevé, on cherchera à la protéger contre ces mêmes vents : là, en effet, les inconvénients d'insalubrité ne sont plus à craindre, tandis qu'il y en aurait de fort désagréables à exposer l'habitation à un air trop vif et trop humide. La meilleure situation, lorsqu'on peut la choisir, est au flanc d'un coteau ; de cette façon, on a un air plus renouvelé et, par conséquent, plus pur que dans la vallée, et cependant on est protégé contre les vents trop violents qui soufflent sur les hauteurs. Il va sans dire qu'on cherchera également à établir la construction près d'une eau potable, constamment renouvelée et facile à atteindre.

Si l'édifice doit être placé près d'une agglomération d'autres habitations ou dans le voisinage d'une usine ou d'un établissement quelconque, d'où se dégagent des vapeurs malsaines ou seulement des odeurs désagréables, on choisira de préférence, relativement à ces derniers, le côté où soufflent les vents habituellement régnants dans la contrée, afin d'avoir un air plus pur. C'est une des raisons qui font s'étendre vers l'ouest les villes de nos pays où soufflent les vents de l'Océan.

Exposition. — Le lieu où s'élèvera la construction étant une fois choisi, il faut se préoccuper de l'exposition des différentes parties, selon leurs besoins particuliers, ou pour le moins d'une exposition générale des principales pièces, si l'édifice est de peu d'importance. Dans notre climat, où le soleil ne manifeste son action que par des bienfaits, on cherchera à faire bénéficier de sa chaleur et de sa lumière la plus grande partie de l'édifice, et, par conséquent, l'exposition au sud paraît la meilleure dans les circonstances ordinaires. Dans une habitation très importante, pourvue d'un grand nombre de salles, on ménage des appartements d'hiver exposés au midi et des appartements d'été exposés au nord ou à l'est ; et même, dans un édifice plus modeste, on pourrait avoir un salon d'été et un salon d'hiver et réserver à chacun une exposition appropriée.

Outre ce choix d'une exposition principale, on a parfois à ménager pour des pièces spéciales des expositions différentes. Les bibliothèques, les ateliers d'artistes, les cabinets de travail, où l'on a besoin d'une lumière égale, seront mieux placés au nord, ainsi que les cuisines, où l'on a presque toujours une température intérieure relativement élevée, et les offices ou garde-manger, qui réclament l'ombre et la fraîcheur, ou encore certaines pièces de débarras ou autres, où l'on n'est pas appelé à séjourner. L'exposition au nord ou à l'est convient encore parfaitement pour les salles à manger, qui seraient, au sud ou à l'ouest, désagréablement éclairées par le soleil. Les bâtiments destinés aux animaux, étables et écuries, paraissent réclamer l'exposition au levant.

Mais ces considérations peuvent rarement être appliquées, et l'on ne choisit qu'en des circonstances bien peu nombreuses le lieu et l'exposition. Ainsi, quoique l'exposition à l'ouest ne se recommande pas en général, s'il faut construire sur un terrain de faibles dimensions, bordé d'une rue de ce côté, on placera les principales pièces sur la rue et au couchant, et cela vaudra mieux encore que de les ouvrir au sud, mais sur une cour étroite. Le cas peut être moins avantageux encore, et l'architecte doit rechercher alors les dispositions qui assureront le plus d'air, de lumière et de chaleur à l'habitation.

Assainissement. — L'insalubrité du sol provient de son humidité. L'humidité d'une construction peut être d'ailleurs causée par les matériaux employés ou résulter de vices d'exécution. Les précautions à prendre pour assainir l'édifice ont donc pour but de protéger les parties intérieures contre la propagation de l'humidité.

On y parvient, dans les circonstances ordinaires, en élevant le rez-de-chaussée au-dessus du niveau du sol, même si on ne doit pas y établir de caves, et en reportant au loin par une pente convenable, établie au pied des murs, et pavée, les eaux pluviales ou d'autres provenances qui pourraient, en y séjournant, produire des filtrations. Dans les édifices non pourvus de caves, il faut toujours ménager sous le sol du rez-de-chaussée une circulation d'air. On l'isole à cet effet du sol humide en le supportant par de petits murs percés d'ouvertures nombreuses et réunies par des voûtes sur lesquelles on étend encore une couche de bitume qui reçoit les poutres du plancher. Toutes les fois qu'il se peut les murs sont exécutés jusqu'à une certaine hauteur au-dessus du sol en pierre non spongieuse, en meulière par exemple, hourdée en mortier de chaux hydraulique ou de ciment.

Dans certains terrains très humides, ces précautions sont insuffisantes, les matériaux de nos constructions se laissant toujours plus ou moins pénétrer par les eaux. Il devient alors nécessaire d'établir les fondations au-dessus d'un radier général en béton hydraulique, de $0^m,60$ à 1 mètre d'épaisseur. Enfin, pour plus de sûreté, on pourrait conduire au loin les eaux, au moyen de caniveaux en pierre sèche établis au-dessous des murs et remblayés ensuite.

Lorsqu'on n'a pas à sa disposition de matériaux imperméables, les murs peuvent livrer passage à l'humidité du sol, qui s'élève jusque dans les parties supérieures de l'édifice. Pour éviter cet inconvénient, le moyen le plus simple paraît être de maçonner la base des murs en ciment de Portland, en bitume ou en mastic hydrofuge.

La mauvaise qualité des matériaux rend quelquefois impossible à réaliser l'imperméabilité des murs en élévation, qui se laissent complètement traverser par les eaux pluviales. On pourrait les protéger par un enduit épais en ciment; mais la pluie, fouettée par le vent, finirait par en avoir raison dans certaines contrées. Il devient alors nécessaire d'établir à l'intérieur des murs de façade une seconde paroi en briques vitrifiées imperméables. Entre les deux se trouve un vide de quelques centimètres, où circule l'air, qu'on peut même chauffer en hiver.

Le même procédé sera efficacement employé dans les constructions adossées à des terres, à flanc de coteau fortement incliné, et, dans le cas où des quantités appréciables d'eau pénétreraient la première paroi, un caniveau établi au-dessous du sol du rez-de-chaussée les conduira à l'extérieur.

Il est mauvais de sceller des pièces de charpente dans des murs que l'on ne peut préserver de l'humidité.

Les conduits d'eau mal établis et donnant lieu à des infiltrations présentent un des cas où l'humidité est due à des vices d'exécution ; on y remédiera facilement selon les circonstances.

Enfin, une ventilation insuffisante entretient l'humidité, et il est important, pour éliminer cette cause, d'assurer le renouvellement de l'air dans les édifices d'une façon continue.

§ 2. — Dispositions intérieures

Chauffage. — Pour tous les détails de l'installation et du fonctionnement des différents systèmes de chauffage, nous renvoyons nos lecteurs aux traités spéciaux de chauffage et de ventilation, et nous ne nous occuperons ici que des principes généraux sur lesquels ils sont basés et des avantages ou des inconvénients qu'ils peuvent avoir au point de vue de l'hygiène des édifices.

Il y a lieu d'examiner : 1° le combustible qui produit la chaleur par sa combustion dans l'air; 2° l'appareil où s'opère cette combustion ; 3° les moyens de transport de la chaleur produite dans les enceintes qu'il s'agit de chauffer.

Les principaux combustibles employés au chauffage de nos édifices sont: le bois, les charbons naturels (houille, anthracite, tourbe) et artificiels (charbon de bois, coke), le gaz d'éclairage. La quantité de chaleur qu'ils dégagent dépend de la proportion de carbone et d'hydrogène qu'ils contiennent. Cette capacité calorifique se mesure en prenant pour terme de comparaison la quantité de chaleur nécessaire pour élever de 1° C. la température d'un kilogramme d'eau : on lui a donné le nom de *calorie*. Ainsi, 1 kilogramme de bois très sec (quelle que soit sa nature) peut dégager en brûlant 3.600 calories; il n'en donne guère que 2.800 d'ordinaire, ce chiffre correspondant à une proportion d'eau d'environ 0,20 ou 0,25. La houille et l'anthracite dégagent de 6.400 à 7.600 calories, et la tourbe de bonne qualité, à peu près la quantité que dégage le même poids de bois très sec. Pour les charbons artificiels, cette quantité s'élève à 7.000 pour le charbon de bois et à 6.500 pour le coke.

Une calorie peut élever de 1° la température de 3 mètres cubes d'air. Ainsi, pour porter de 0° à 20° la température d'une salle ordinaire d'habitation de 5 mètres sur 4 mètres de dimensions horizontales et de 3 mètres de hauteur, ce qui donne 60 mètres cubes d'air, il faudrait $20 \times 20 = 400$ calories. Il suffirait donc de brûler environ :

$$\frac{1000 \times 400}{2800} = 142^{gr},857 \text{ de bois ordinaire}$$

ou :

$$\frac{1000 \times 400}{7000} = 57^{gr},142 \text{ de houille ou charbon de bois}$$

ou :

$$\frac{1000 \times 400}{6500} = 61^{gr},538 \text{ de coke}$$

quantités insignifiantes au prix de ce qu'on doit brûler dans les circonstances ordinaires, ce qui montre la faible proportion de chaleur utilisée.

La chaleur dégagée par le foyer se disperse de deux façons : par le rayonnement et par le courant d'air qui entraîne dans les conduits de fumée les produits gazeux de la combustion. Or, la première seule de ces deux parts est utilisée dans les cheminées ordinaires, mais non pas complètement. D'après Péclet, la chaleur rayonnante d'un foyer alimenté par du bois est le quart de la chaleur totale, et avec la houille, elle en est le tiers. On voit par là l'énorme avantage qu'on a à brûler de la houille ou du coke au lieu de bois, lorsque le prix de ces divers combustibles n'est pas sensiblement différent.

On peut diviser en deux catégories les systèmes employés pour utiliser cette chaleur : ceux où l'appareil de chauffage est placé dans la pièce à chauffer (brasiers, cheminées et poêles) et ceux où cet appareil est établi en dehors de la pièce (calorifères à air chaud, à vapeur, à eau chaude).

Les brasiers consistent en foyers allumés dans des récipients ou des grilles portatives qu'on place dans l'enceinte à chauffer. L'inconvénient d'un pareil système est manifeste. Les produits de la combustion se mélangent à l'air de la salle et la rendent impropre à la respiration. On l'emploie cependant sans danger lorsque de forts courants d'air assurent une ventilation vigoureuse et incessante, par exemple dans les chantiers de construction, où les ouvertures sont encore pour la plupart dépourvues de boiseries et de vitrages.

On ne saurait trop recommander les plus grandes précautions.

En ce qui concerne les cheminées, nous n'entrerons pas dans les détails historiques de leurs modifications, bien que cette étude ne soit pas sans intérêt. La cheminée moderne, due en grande partie à Rumford, se compose essentiellement d'un foyer relativement étroit. En arrière et au-dessus s'ouvre le conduit de fumée dont la section varie entre 4 et 5 décimètres carrés; en avant, latéralement et à la partie supérieure, les faces sont fortement évasées en entonnoir vers la flamme et formées de surfaces blanches et lisses, par conséquent jouissant d'un grand pouvoir rayonnant et réflecteur.

Ces dispositions sont très favorables au chauffage de nos appartements. La faible section du tuyau de fumée rend très facile l'échauffement des gaz, dont la différence de densité avec l'air extérieur et, par conséquent, la vitesse ascensionnelle augmentent. Il en résulte un tirage très puissant, qui occasionne une excellente ventilation de la pièce. Les revêtements évasés des parois latérales et supérieures obligent une plus grande quantité d'air et par conséquent d'oxygène à se concentrer sur le foyer et y activer la combustion. Enfin, le pouvoir rayonnant et réflecteur de ces revêtements, ordinairement en faïence vernissée, disperse la chaleur dans la pièce et principalement sur les parois opposées, qui échauffent ensuite l'air par le contact.

Les avantages d'un pareil système sont : de rendre très apparente la flamme du foyer et de produire une ventilation très active. Ses inconvénients sont : de consommer en pure perte une trop grande quantité d'air, qui s'élève dans le conduit de fumée sans avoir servi à la combustion, et d'exiger beaucoup de combustible pour produire la chaleur rayonnante nécessaire au chauffage de la pièce. On a remédié en partie à ces inconvénients en plaçant à l'orifice inférieur du conduit une plaque mobile qui permet d'en réduire à volonté la section, afin de diminuer par là la proportion d'air entraîné avec les fumées sans avoir servi à la combustion. On a d'ailleurs pourvu la face antérieure du foyer d'un rideau mobile en tôle, qui, en s'abaissant, réduit le passage de l'air et active la combustion comme le ferait un puissant soufflet.

Malgré ces améliorations, les cheminées ainsi construites consomment une très grande quantité d'air et ne sont pas suffisamment économiques. L'appel d'air qu'elles déterminent produit à travers les fissures des parois, des portes et des fenêtres, des vents coulis désagréables et malsains. Une installation qui est un réel progrès consiste à faire circuler autour du foyer, dans des tuyaux de fonte, l'air pur et frais amené directement du dehors par un caniveau disposé sous le parquet. Cet air s'échauffe, s'élève et se répand par des bouches latérales dans la pièce, où il remplace l'air refroidi et vicié que le tirage de la cheminée entraîne. Il faut éviter avec soin que les tuyaux de fonte soient portés au rouge, car à cette température le fer se laisse pénétrer par les gaz, et l'air répandu dans la salle serait mélangé d'acide carbonique et d'oxyde de carbone, dont la présence occasionnerait de graves accidents. Avec cette précaution l'emploi de ce genre de cheminée est fort recommandable et préférable même aux poêles, car il rachète son infériorité relative au point de vue économique par une meilleure ventilation.

Un des inconvénients les plus désagréables des cheminées est de se prêter selon les circonstances à un dégagement de fumée à l'intérieur des appartements. Nous ne pourrons qu'en mentionner les principales causes :

1° L'insuffisance de hauteur du tuyau de fumée ;

2° L'insuffisance ou l'excès de section du conduit. Ce dernier cas est beaucoup plus fréquent et se présente surtout dans les vieilles cheminées. Une section de $0^m,22$ à $0^m,25$ de diamètre peut être adoptée comme une bonne moyenne ;

3° Le frottement des gaz ascendants dans le tuyau. On le réduit au minimum en donnant à sa section la forme circulaire ;

4° L'excès d'ouverture du tuyau à sa partie supérieure. On le réduit au moyen de mitrons coniques en terre cuite ;

5° L'action du vent et des rayons solaires, qui déterminent des courants d'air sur le toit. On y remédie en coiffant la partie supérieure du tuyau d'un capuchon tournant ou d'un chapeau mobile, dit aspirateur, que le vent fait tourner. Enfin, on a soin d'élever l'orifice au-dessus des constructions voisines ;

6° Les tirages des cheminées plus puissantes, fonctionnant dans les salles voisines. On clot, dans ce cas, la salle considérée aussi complètement que possible ;

7° Un tuyau commun à plusieurs cheminées, disposition absolument défectueuse qu'il faut à tout prix éviter et supprimer là où elle existe.

Les poêles ont l'avantage d'utiliser beaucoup mieux la chaleur du combustible et sont par conséquent préférables aux cheminées au point de vue purement économique. Mais ils ont l'inconvénient de produire une ventilation insuffisante, et pour ceux qui sont construits en fonte, celui de se laisser traverser par les gaz délétères que dégage la combustion, lorsqu'ils sont chauffés à une température élevée. Ils dessèchent l'air ambiant, ce qui est un grave inconvénient, car une certaine quantité de vapeur d'eau est nécessaire dans *l'air respirable*.

On a, d'autre part, construit en ces dernières années des poêles mobiles, dits économiques, qui sont disposés pour utiliser la presque totalité de la chaleur du foyer. Ils ont le double avantage de consommer peu de combustible et de pouvoir être transportés facilement d'une pièce à l'autre. Leur inconvénient capital, c'est qu'à la basse température où se fait la combustion dans les parties supérieures, il y a excès d'oxyde de carbone qui, théoriquement, devrait être entraîné dans le tuyau de fumée, mais qui, en pratique, à cause de la faible vitesse ascensionnelle des gaz dans ce conduit et des fermetures non hermétiques, reflue sur le foyer et se répand dans l'air de la salle. Leur emploi ne peut être recommandé pour le chauffage des pièces généralement fermées. Ils deviennent moins dangereux dans les antichambres et les salles de réception où s'établissent de fréquents courants d'air ; mais leurs effets toxiques sont partout à craindre.

Fondés sur un principe analogue, mais avec quelques modifications, les poêles dits *coulants* ne présentent pas au même degré ces inconvénients.

Les calorifères doivent être préférés à ces différents systèmes, lorsqu'il s'agit de chauffer plusieurs salles avec un seul foyer, ce qui est le cas des édifices publics en général, mais ils sont également applicables au chauffage des habitations, à cause de cet avantage, très appréciable en beaucoup de cas et économique, de pouvoir distribuer la chaleur à toutes les pièces de l'édifice au moyen d'un foyer unique dirigé par une seule personne.

Ceux dont l'installation est en même temps la plus facile et la moins dispendieuse, et dont la direction est la plus simple, sont les calorifères à air chaud. Ils conviennent assez bien au chauffage des habitations. Un poêle en fonte par exemple, où s'entretient la combustion, se prolonge dans la chambre d'air maçonnée et close par des tuyaux en fonte ou en tôle, ayant un parcours assez long avant de rejoindre le conduit de fumée, qui s'ouvre à l'extérieur. Les gaz chauds traversant sous cette enveloppe sinueuse la masse d'air de la chambre élèvent sa température, et des conduits inclinés, ouverts à la partie supérieure, distribuent cet air aux différentes pièces.

L'emploi de la fonte ou du fer dans ces calorifères empêche d'en élever la température au-delà d'une certaine limite, où ils seraient pénétrés par les gaz provenant de la combustion. D'autre part, on ne peut réduire la chaleur au-dessous d'une autre limite, que fixent les conditions d'un tirage convenable. L'air arrivant jusqu'aux appartements chauffés est mélangé de poussières qui séjournent dans les coffres. Le refroidissement est très rapide après l'extinction. Enfin, ce système ne permet pas de transporter la chaleur à de grandes distances.

Si cette dernière condition est nécessitée par les circonstances, il faut employer la vapeur. Le *générateur* est une chaudière où l'eau est portée à l'ébullition. Des tuyaux de faibles sections la conduisent à chaque pièce dans des *condensateurs* à grandes surfaces, où elle abandonne sa chaleur au contact de l'air, et d'autres tuyaux ramènent l'eau de condensation dans la chaudière. A chaque pièce, il convient de faire arriver sur le condensateur de l'air frais et pur, pris à l'extérieur au moyen d'un caniveau et qui se répandra dans la pièce. Il sera bon également de ménager des orifices de ventilation pour l'évacuation de l'air vicié. Ce système est le plus rapide et celui qui dégage la plus grande quantité de chaleur; il est donc fort économique; mais les frais d'installation sont considérables. D'ailleurs, après l'extinction du foyer, le refroidissement est instantané ; il ne permet pas de modifier convenablement le chauffage suivant la température extérieure ; enfin, s'il n'est pas installé avec beaucoup de précision, il expose à des fuites de vapeur. Il convient néanmoins très bien aux locaux isolés, où l'on a besoin d'une chaleur prompte et maintenue pendant un temps donné, audelà duquel la température de ces locaux est indifférente. Il a été appliqué par exemple avec succès au chauffage du palais de la Bourse, à Paris.

Les inconvénients signalés pour le chauffage à la vapeur sont levés par l'emploi de l'eau chaude. L'installation est analogue, mais plus facile. Un générateur contient l'eau qu'on porte à l'ébullition ; elle s'élève dans un récipient placé à la partie supérieure (ouvert dans le chauffage à basse pression, fermé par une soupape de sûreté dans le chauffage à haute pression), et de là est distribuée par des conduits descendants dans des poêles présentant une grande surface de contact avec l'air, placés dans les salles à chauffer et d'où elle est ramenée à la chaudière par d'autres tuyaux. Ce système est économique, d'un réglage facile, n'exige pas une surveillance aussi assidue, et s'il est lent à produire la chaleur, son refroidissement est aussi très lent. Il convient, en particulier, mieux que tout autre au chauffage des hôpitaux : on peut éteindre le foyer le soir et conserver pendant toute la nuit une douce température ; mais il exige des frais de construction assez considérables et ne permet pas de porter la chaleur à une grande distance.

Le chauffage à haute pression est le plus économique pour l'emploi de l'eau chaude, mais il est aussi plus dangereux, à cause des chances d'explosion des conduits.

La comparaison des avantages et des inconvénients respectifs des deux systèmes par la vapeur et par l'eau chaude a conduit l'ingénieur Grouvelle à imaginer un nouveau procédé en les combinant tous deux. Le principe consiste à utiliser la vapeur comme véhicule, et l'eau chaude comme récepteur et propagateur de la chaleur dans les salles à chauffer. Un générateur central envoie la vapeur dans des chaudières réparties sur la surface de l'établissement ; l'eau de ces chaudières, chauffée au contact de la vapeur, se répand, comme dans le système à basse pression, dans des tuyaux qui alimentent les poêles. Ce procédé, fort ingénieux, permet de chauffer des locaux sur une étendue pour ainsi dire illimitée. Il a été installé, en particulier, à la prison de Mazas, à Paris, où six corps de logis, contenant 1.220 cellules en trois étages, sont chauffés par un générateur unique placé au centre, et où en même temps l'appareil de chauffage spécial à chaque cellule est indépendant et hors de portée du détenu.

En résumé, de tous les appareils de chauffage, les plus agréables et les plus convenables pour nos édifices d'habitation sont les cheminées : ils ne sont pas économiques, mais ils sont très sains, à cause du renouvellement de l'air qu'ils assurent. Les poêles chauffent davantage, avec moins de combustible, mais ils produisent une ventilation insuffisante et dessèchent l'air des pièces chauffées. Ils seront convenablement placés dans les antichambres et les vestibules.

Les meilleurs appareils de chauffage sont les calorifères. Ils sont les seuls applicables aux édifices publics. Ceux à air chaud seront préférés, s'il faut éviter de grands frais d'installation et si les salles à chauffer ne sont pas trop éloignées ; on choisira l'eau chaude pour les établissements où l'on veut avoir une température uniforme et facilement modifiable. Enfin, on emploiera la vapeur, s'il s'agit de chauffer à de grandes distances.

Il est essentiel d'assurer une bonne ventilation combinée avec tout système de chauffage, et même de ventiler en tout temps les édifices.

Aération. — Cela se conçoit si l'on songe au rôle de l'air pur dans l'entretien de la vie et aux nombreuses causes qui le vicient dans les circonstances ordinaires. L'air, en effet, est un aliment indispensable, et notre respiration pulmonaire a pour but de purifier le sang dans les poumons en brûlant au contact de l'oxygène de l'air les éléments impropres à la nutrition. Si l'air est impur, la proportion d'oxygène y est insuffisante ; il ne peut plus servir à la respiration. Dans l'étude de l'aération des édifices, il y a donc lieu de considérer les causes de viciation de l'air et les moyens de le renouveler.

L'air des locaux où séjournent les personnes en plus ou moins grand nombre est altéré par :

1° La respiration pulmonaire, qui dégage de l'acide carbonique et de la vapeur d'eau ;

2° La transpiration cutanée et la transpiration pulmonaire, qui répandent dans l'atmosphère des quantités relativement considérables de vapeurs dont la présence se constate le plus souvent par leur odeur, mais dont quelques-unes échappent à nos sens et n'en sont pas moins funestes pour l'organisme ;

3° La combustion des appareils d'éclairage qui, comme la respiration humaine, brûle le carbone et l'hydrogène en produisant de l'acide carbonique et de la vapeur d'eau ;

4° Enfin, les locaux habités contiennent souvent des substances dont la fermentation ou l'évaporation répand dans l'atmosphère des éléments impropres à la respiration, qui agissent en réduisant la proportion d'oxygène et parfois sont, en outre, plus ou moins toxiques.

Ces différentes causes, et d'autres encore, altèrent l'air très rapidement, et il est nécessaire d'assurer à chaque personne, pour une bonne hygiène, une quantité d'air considérablement supérieure à celle qui lui suffirait pour alimenter sa respiration si les produits impurs ne séjournaient pas dans son atmosphère.

Ainsi, pour que l'air soit respirable et n'occasionne aucun malaise, il faut que sa proportion d'acide carbonique ne dépasse pas environ 0,01 du volume d'air ; et, pour atteindre ce résultat, il suffit d'assurer à chaque personne, par heure, 1 mètre cube 1/3. Mais, pour dissoudre les vapeurs dues à la transpiration dans une enceinte où l'on ne doit séjourner que quelques heures, il faut un minimum de 6 mètres cubes par heure et par personne pour des gens en parfait état de santé. Dans une salle où l'on doit demeurer plus longtemps, ce chiffre est insuffisant, et il faudra le porter à 10 mètres cubes pour les chambres à coucher. D'autre part, pour maintenir la faible proportion d'acide carbonique dont nous avons déjà parlé, il faudra, dans une salle éclairée, assurer pendant une heure 1 mètre cube 1/2 par bougie et 5 mètres cubes 9/10 par lampe. Et encore ce ne sont là que des limites inférieures, qu'il faut souvent augmenter. Enfin, les autres causes, dont il a été parlé en quatrième lieu, sont si puissantes que, par exemple, il faut pour qu'une ventilation soit suffisante de 60 à 70 mètres cubes par heure et par lit de malade ordinaire, dans un hôpital, 100 mètres cubes pour des personnes atteintes plus gravement, 150 mètres cubes en temps d'épidémie. Les ateliers ordinaires exigeraient 60 mètres cubes; et les insalubres, 100 mètres cubes par heure et par personne. Pour les salles de réunions prolongées, il faudrait 60 mètres cubes ; et pour les salles de réunions momentanées et les amphithéâtres, la moitié seulement.

Il importe d'établir, d'après les données qui précèdent, le moment où il faut commencer à renouveler l'air d'une salle habitée et la proportion d'air à y introduire par heure. Cela dépend, dans les cas ordinaires, du nombre de personnes qui s'y trouvent, du nombre de bougies et de lampes qui y brûlent et de la capacité de la salle. Dans nos pièces d'habitation, on peut avoir un air suffisamment pur sans autre ventilation que celle qui s'opère naturellement par les fissures, par les ouvertures, ou encore par les appareils de chauffage, quand ils fonctionnent. Cela vient de ce que le volume d'air qu'elles contiennent est relativement considérable par rapport au petit nombre de personnes y séjournant. Mais, dès qu'il s'y tient une réunion plus nombreuse, il devient nécessaire de ventiler. Et cela l'est d'autant plus que l'atmosphère de la salle s'échauffe rapidement au-delà de la température convenable, par la chaleur que dégagent à la fois le corps humain et les appareils d'éclairage. La première quantité est égale à 100 calories par heure et par personne; quant à la seconde, elle est de 100 calories pour une bougie et de 400 pour une lampe.

Il importe donc, d'une part, de chasser hors des salles habitées l'air vicié et chaud, d'autre part, d'y amener de l'air pur et frais dès que leur atmosphère n'est plus respirable. Ces deux opérations sont corrélatives dans tout système de ventilation, et il suffit d'en assurer une pour que l'autre en soit la conséquence.

Les cheminées de nos habitations, nous l'avons fait remarquer plus haut, joignent à leurs avantages, comme appareils de chauffage, celui d'être en même temps d'excellents appareils de ventilation. Mais, en été, ils ne fonctionnent pas, et cependant les causes d'altération de l'air subsistent, sont même accrues par l'élévation de la température extérieure ; il est donc nécessaire de recourir à un autre moyen de renouveler l'air de nos appartements, sauf dans les journées très chaudes, où il suffit d'ouvrir les fenêtres. On peut sans de grandes dépenses établir une ventilation naturelle, souvent suffisante, en pratiquant de petites ouvertures au bas des murs du côté du nord et à la partie supérieure du côté du midi ; l'air frais entre par les premières, s'échauffe dans les salles, et sort par les secondes.

Un système plus complet, mais moins simple à établir, consiste à faire aspirer l'air vicié par une cheminée d'appel placée à l'extérieur, où débouchent des conduits partant des pièces à ventiler et où un foyer active le tirage ; si l'on n'a pas besoin d'un renouvellement très rapide, il suffit de placer un bec de gaz ou une lampe au bas de la cheminée. Celle-ci est d'ailleurs très élevée, ce qui lui assure un meilleur tirage. D'une façon générale, toute cheminée, même sans foyer allumé, produit une ventilation par la seule différence de température à l'extérieur et à l'intérieur, et on pourrait bien souvent l'activer par des moyens très simples, par exemple en y plaçant la veilleuse ou la lampe dans les chambres où elle reste allumée pendant la nuit.

Un autre système consiste à faire évacuer l'air vicié par les parties supérieures, en y pratiquant un orifice de ventilation prolongé au-dessus du toit par une cheminée spéciale, et dans lequel on entretient une température suffisante, soit au moyen d'un bec ou d'une rampe de gaz, soit en y plaçant le réservoir d'un chauffage à eau chaude.

Enfin, un troisième système produit la ventilation désirée en insufflant avec force l'air pur et chaud en hiver, frais en été, au moyen d'appareils spéciaux dits *ventilateurs*, actionnés par une machine à vapeur ou de toute autre façon.

Des dispositions convenables permettent de refroidir l'air en été, d'augmenter son humidité en hiver.

La position des orifices dans chaque pièce est importante à

considérer ; il serait bon d'en avoir deux à la partie inférieure et deux à la partie supérieure, s'ouvrant d'ailleurs deux à deux dans un seul conduit et pouvant être fermés ou ouverts à volonté au moyen de registres. En été, on amène par l'une des bouches supérieures l'air frais, qui descend, s'échauffe, remonte et sort par l'autre. En hiver, on se sert des bouches inférieures, et l'air chaud suit un chemin analogue, mais inverse.

Quel que soit le système employé, il faut éviter les courants d'air trop vifs, qui sont souvent plus que désagréables.

Assurer une ventilation convenable à un édifice est plus important encore que de le bien chauffer ; cela montre quel soin il faut apporter dans cette étude.

Éclairage. — La lumière est nécessaire à la vie, comme la chaleur et comme l'air, quoique à un degré beaucoup moindre que ce dernier agent. La nature nous la fournit gratuitement dans les circonstances ordinaires, et il suffit, pour la faire pénétrer en quantité suffisante dans nos édifices, d'y pratiquer les ouvertures en nombre et de dimensions convenables. La lumière ne produit pas seulement une sensation agréable sur l'organe de la vision, elle a une action plus profonde sur les phénomènes vitaux, et en particulier la lumière solaire ; qu'elle soit donc abondamment distribuée aux locaux habités. Le degré d'intensité qu'elle doit avoir n'est d'ailleurs pas le même pour toutes les salles, et il sera bon d'étudier dans chaque cas les dispositions à prendre, les jours à percer pour l'introduire dans la proportion désirable. Il nous suffira de dire à ce sujet que la parcimonie serait une économie mal entendue.

Mais nous avons besoin de lumière dans nos salles pendant une période plus longue que celle où, d'ordinaire, elle nous vient du soleil. Il a donc fallu y pourvoir artificiellement par la combustion de substances dites éclairantes. Les unes sont solides, comme la cire, les corps gras employés à la confection des bougies, etc. ; d'autres, liquides, telles que les huiles végétales et minérales ; d'autres, enfin, gazeuses, comme celles dont le mélange constitue le gaz d'éclairage.

Le détail des divers appareils qui permettent d'utiliser ces substances n'entre pas dans le cadre de cet ouvrage. Qu'il nous suffise de rappeler qu'au point de vue hygiénique il convient de tenir compte de la combustion qui s'opère dans ces appareils et contribue à vicier l'air des salles, non seulement par le dégagement d'acide carbonique, mais encore en répandant d'autres substances dont l'odeur désagréable dénote la présence et dont l'action est malsaine.

Ces derniers inconvénients sont supprimés par les procédés de l'éclairage électrique, destiné à remplacer peu à peu les précédents dès qu'il sera possible de produire économiquement ce genre de lumière. Mais déjà, dans bien des cas, il est préférable aux précédents à tous les points de vue, surtout dans les établissements où l'on a à sa disposition la force motrice.

Désinfection. — En dehors des causes que nous avons signalées comme produisant l'altération de l'air et dont une ventilation convenable supprime les effets, il en existe d'autres qu'on peut regarder comme aussi funestes à la santé, bien qu'on paraisse trop souvent les négliger. Ce sont les déjections de tous genres dont tous les édifices sont le siège, surtout ceux destinés à l'habitation.

De ce chef, la principale cause d'infection est l'existence des fosses d'aisances, qui accumulent au centre même de nos maisons les matières les plus infectes, et cela pendant des années quelquefois. Quels que soient les soins mis à l'exécution de ces récipients, ils ne sont jamais parfaitement étanches, et il s'en exhale, à la longue, des émanations malsaines. D'ailleurs, malgré les dispositions ordinaires des appareils des sièges des fosses d'aisances pour empêcher la communication entre les tuyaux de chute et les appartements, il se produit constamment des appels qui introduisent dans l'air des salles les gaz venus de la fosse. Pour les éviter, il ne suffit pas de pourvoir celle-ci d'un conduit de ventilation, il faut y assurer un tirage toujours supérieur à ceux qui, dans le voisinage, sont susceptibles de solliciter les gaz dans un courant inverse. On y parvient en plaçant cette cheminée à l'extérieur, en lui donnant une section et une hauteur suffisantes, et en entretenant à sa partie inférieure un foyer dont la chaleur active l'ascension et l'évacuation des gaz.

Mais le meilleur système est celui adopté depuis quelques années pour la ville de Paris, et qui consiste à expulser, au moyen d'une forte chasse d'eau, toutes les matières solides et liquides de la cuvette directement dans l'égout. La fosse est supprimée, et, si les appareils fonctionnent convenablement, il ne se produit ni dégagement ni odeurs.

A la campagne, un pareil système ne peut être appliqué; mais aussi les inconvénients de la fosse y sont presque complètement supprimés : l'espace ne faisant pas défaut, on la place entièrement à l'extérieur de l'habitation, et il est d'ailleurs facile de la ventiler vigoureusement.

Pour éviter les filtrations par des fissures, les tuyaux de chute devraient être exécutés en fonte ou en tôle émaillée et enveloppés de tuyaux en poteries recouverts d'un enduit de plâtre; le courant d'air circulant entre les deux conduits entraînerait au dehors les légères émanations qui pourraient se produire.

Les eaux ménagères sont encore une cause d'infection contre laquelle on devrait se prémunir, en fermant hermétiquement les tuyaux qui les conduisent, pendant les intervalles où ils ne fonctionnent pas. Ce résultat est à peu près atteint par les inflexions syphoïdes qui accompagnent le trou d'évacuation de la pierre d'évier.

Les débris, les fumiers, les poussières de toutes sortes sont des milieux favorables au développement des germes infectieux et doivent être fréquemment versés au dehors et entraînés à l'égout.

Laver avec une eau pure et abondante tous les foyers d'infection, assurer aux locaux une ventilation active et un bon éclairage, et entourer les habitations de plantations d'arbres, seront autant d'excellentes mesures préservatrices contre l'action funeste des matières infectieuses : l'eau et l'air les dispersent, la lumière et la respiration des plantes les décomposent.

Enfin, si ces moyens ne suffisent pas, on peut encore user des désinfectants, tels que le chlorure de chaux, et des antiseptiques, tels que l'acide phénique; mais nous touchons ici au domaine médical, et nous renvoyons nos lecteurs aux ouvrages *Hygiène* et *Assainissement* (Bibliothèque du Conducteur de travaux publics).

Nous ajouterons toutefois que la désinfection de l'habitation peut être opérée par le moyen de pulvérisations méthodiques de sublimé, qui ont, d'ailleurs, l'avantage de déterminer un nettoyage minutieux de l'habitation contaminée

TROISIÈME PARTIE

EXÉCUTION DES TRAVAUX

L'exécution des travaux est confiée aux entrepreneurs des divers corps d'état du bâtiment, sous la direction de l'architecte. Il lui est donc nécessaire de connaître d'une façon générale les moyens dont on dispose pour cette exécution et les formes sous lesquelles se manifeste cette direction.

L'architecte doit, en un mot, avoir une idée de l'*organisation du chantier* et des dispositions qui lui permettent d'exercer la *direction* et la *surveillance* : ce sont les questions que nous étudierons successivement dans les deux chapitres de cette troisième partie.

CHAPITRE PREMIER

ORGANISATION DU CHANTIER

Les détails d'installation exigés par la mise en œuvre des matériaux sont l'affaire de l'entrepreneur. Cependant l'architecte, ayant la haute direction des travaux et la responsabilité de leur bonne exécution, doit posséder une idée générale des dispositions à prendre à cet égard. Aussi en dirons-nous quelques mots. Nous étudierons dans un premier paragraphe l'outillage des chantiers ordinaires; un second paragraphe sera consacré aux engins et appareils spéciaux des chantiers rapides; enfin, nous donnerons un exposé très succinct de la comptabilité du chantier.

§ 1er. — CHANTIERS ORDINAIRES

Il y a lieu de considérer le transport, le montage et la mise en œuvre sur place des matériaux.

Bardage. — Le transport du lieu d'extraction à l'emplacement de la construction se fait de diverses façons, que nous n'avons pas à examiner ici. Il ne s'agit que du transport d'un point donné du chantier à pied d'œuvre. Cette opération s'effectue ordinairement, pour la pierre, soit à l'aide de brouettes, soit au moyen d'une civière, ou *bard*, que portent deux hommes : de là le nom de *bardage*, généralisé à tous les modes de transport des matériaux. Les mortiers sont transportés au moyen d'*auges* (fig. 348) ou d'*oiseaux* (fig. 349).

Lorsque les matériaux solides (pierres et grosses pièces de bois) ne doivent être déplacés qu'à une faible distance, on les y conduit souvent à l'aide de rouleaux en bois, et on se sert pour les soulever de *pinces* en fer (*fig.* 350). Il faut avoir

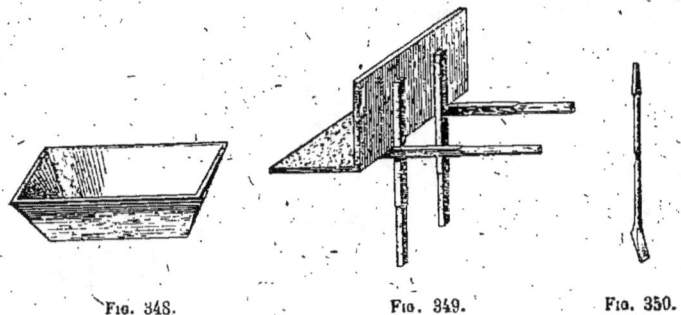

Fig. 348.   Fig. 349.   Fig. 350.

soin alors de ne pas placer ces instruments près des angles, afin d'éviter les épaufrures, s'il s'agit de la pierre.

Montage. — Les matériaux, amenés à pied d'œuvre, sont ensuite montés à la hauteur où ils doivent être posés. Les mortiers qu'on transporte à l'auge ou à l'oiseau peuvent être montés par les manœuvres à l'échelle. Les petits matériaux, tels que les briques, le sont souvent par plusieurs ouvriers placés à différentes hauteurs, qui se les jettent de la main à la main. Pour les matériaux plus lourds, il faut user d'engins plus ou moins puissants, dont les plus ordinaires sont les *palans* et *moufles*, les *chèvres* et les *sapines*.

Les palans et moufles consistent en un assemblage de poulies qui permettent de soulever de lourds fardeaux avec un effort relativement faible. Si l'on considère, par exemple, deux moufles de chacune deux poulies, sur lesquelles passe une corde, le poids attaché à l'une des extrémités de cette dernière se répartit en quatre tronçons de corde ou *brins*, dont chacun n'aura par conséquent à supporter que le quart de la charge totale. L'effort à exercer sur l'un d'eux, celui qui correspond à l'extrémité opposée au fardeau, sera donc quatre fois moindre que si on le soulevait directement. L'une des moufles est accrochée solidement à une poutre ou tout autre point fixe au-dessus du niveau où il faut élever la charge, et l'autre est mobile. On attache le fardeau à l'extrémité inférieure de la corde et on agit sur l'autre soit à bras d'homme, soit à l'aide d'un treuil actionné par un moteur.

Les chèvres sont de deux sortes. Les unes (*fig.* 351) sont à trois jambes et par cela même faciles à établir ; mais elles sont de petites dimensions et ne peuvent guère servir que pour

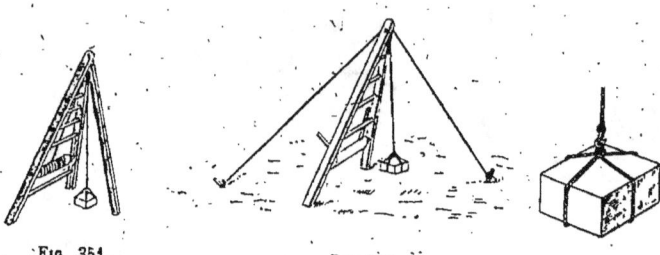

Fig. 351.   Fig. 352.   Fig. 353.

de faibles hauteurs. Les autres (*fig.* 352) sont à deux jambes seulement, beaucoup plus élevées et plus puissantes, et on les maintient en équilibre dans une position convenablement inclinée au moyen de fortes cordes, ou *câbles*, solidement attachées à des points fixes voisins.

Sous l'une et l'autre formes, l'appareil consiste essentiellement en une poulie placée à la partie supérieure et un treuil horizontal placé au pied, à la hauteur la plus convenable pour être manœuvré soit au moyen d'une manivelle, soit à l'aide de forts leviers que des hommes engagent alternativement dans des sortes de mortaises pratiquées sur des génératrices différentes du cylindre. Une corde solide passe sur la poulie et s'enroule sur le treuil, tandis que son extrémité libre porte un crochet en fer auquel on accroche l'*élingue* ou *braye*, qui prend la pierre sur ses quatre faces (*fig.* 353).

Les *sapines* sont également de deux sortes. L'une, dite sapine simple, se compose d'un fort montant en bois (*fig.* 354), portant à sa partie supérieure une pièce horizontale solidement maintenue à l'aide d'une contrefiche et munie d'une poulie à chacune de ses extrémités. Une corde passe sur ces deux poulies, et soulève le fardeau en s'enroulant sur le treuil, fixé à la partie inférieure, et qu'un homme fait tourner. Le montant est maintenu vertical au moyen des cordages, comme il a été dit pour la chèvre à deux jambes, et peut tourner sur un pivot placé à son extrémité basse.

L'autre genre est celui qu'on emploie dans tous les chantiers ordinaires. Il se compose de quatre montants en sapin

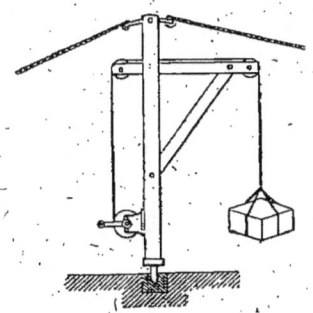

Fig. 354.

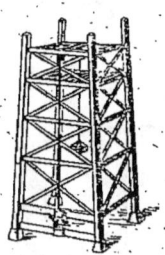

Fig. 355.

solidement assemblés au moyen de traverses horizontales et de croisillons (fig. 355). La poulie est fixée à la partie supérieure ; un treuil à manivelle et à engrenage est établi au pied. Une forte chaîne passe sur l'une, s'enroule sur l'autre, et soulève des matériaux très pesants sous l'action d'un seul homme, dépensant relativement peu de forces.

Mise en œuvre. — Échafauds. — Pour la mise en œuvre des matériaux, les ouvriers sont placés sur des planchers provisoires appelés *échafauds*, et disposés à des hauteurs convenables, à mesure que la construction s'élève. Ces échafauds s'établissent de différentes manières, selon les circonstances. Si l'on peut disposer d'un espace suffisant, on place, à $1^m,50$ environ en avant du mur à élever, une rangée de montants en sapin de $0^m,15$ à $0^m,25$ de diamètre et de 5 à 10 mètres de hauteur, appelés *échasses* ou *écoperches* (fig. 356). On leur donne 2 mètres d'intervalle, et on les fixe à leur base sur le sol par un empattement de petits matériaux et de plâtre appelé *patin*. On s'arrange, autant que possible, à les placer en face des fenêtres, dont les appuis servent de base à de petites échasses fixées comme les autres, et qui reçoivent l'une des extrémités des *boulins* ou *morizets*, pièces horizontales en frêne ou, mieux, en chêne, de 0^m,10 à 0^m,15 de diamètre, qu'on attache au moyen de cordes dites *troussières*, de 0^m,01 à 0^m,015 de diamètre.

On place les boulins à intervalles de 1^m,75 environ en hauteur, et chaque rangée horizontale supporte un plancher formé de pièces ayant 4 mètres de longueur, de 0^m,30 à 0^m,35 de largeur, et de 0^m,04 à 0^m,05 d'épaisseur.

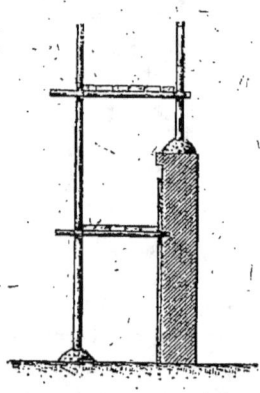
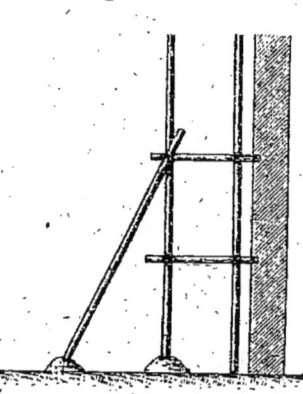

Fig. 356. Fig. 357.

Lorsque les trumeaux qui séparent les baies sont trop larges pour un seul intervalle d'échasses, et que le mur est en pierre de taille, ce qui ne permet pas d'y sceller les abouts des morizets, on place un nouveau rang d'écoperches contre le mur, et, dans ce cas, il est nécessaire de consolider l'échafaud par un étai à chaque montant (*fig.* 357).

Si les échasses ne sont pas assez élevées pour atteindre jusqu'aux parties supérieures de la construction, on les prolonge par d'autres, fixées aux premières à l'aide d'une corde plusieurs fois enroulée et fortement serrée, en ayant soin de faire reposer le pied de l'échasse supérieure sur l'about d'un morizet.

Mais souvent on ne peut occuper l'espace en avant du mur à construire, et il faut dès le premier étage établir des échafauds en encorbellement. Il sont alors construits, comme l'indiquent les figures 358 et 359, soit sur un plancher supporté par des boulins qui s'appuient sur le mur et sont fixés à un montant vertical serré entre deux planchers existants, soit

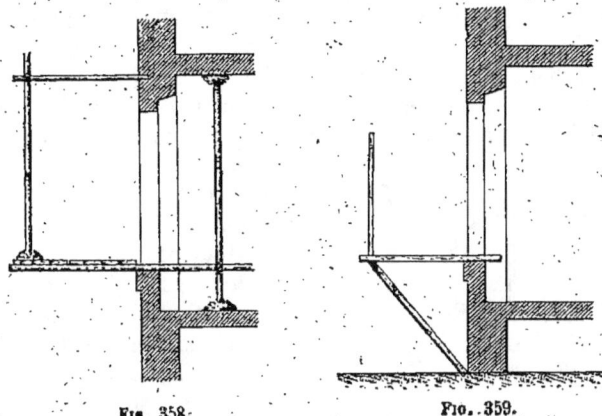

Fig. 358.   Fig. 359.

sur un plancher dont la partie saillante est soulagée par une contrefiche inclinée reportant la charge au pied du mur.

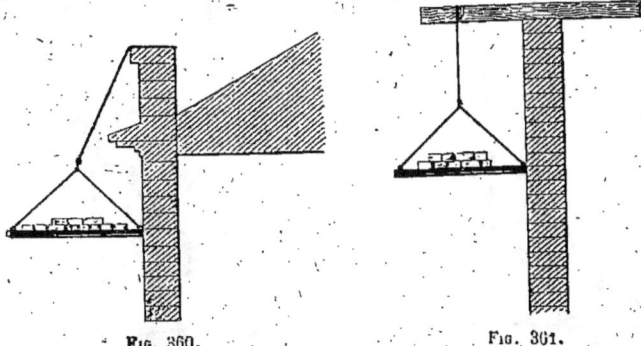

Fig. 360.   Fig. 361.

Enfin, on se sert pour les petites réparations : 1° de la corde à nœuds, portant à sa partie inférieure une barre horizontale, sur laquelle s'assied l'ouvrier, et fixée par l'autre extrémité à la partie supérieure du mur; 2° des *échafaudages volants*, sortes de planchers mobiles soutenus par des cordages fixés de diverses manières et qu'on promène le long de la façade et à des hauteurs différentes, selon qu'il est exigé par le travail à exécuter.

Les figures 360 et 361 indiquent deux façons de disposer ce genre d'échafaudage.

Des échafauds sont également nécessaires à l'intérieur, en particulier pour l'exécution des plafonds. Un faux plancher est établi à hauteur convenable au-dessous de ce niveau et porté par des boulins et des échasses étrésillonnées (*fig.* 362).

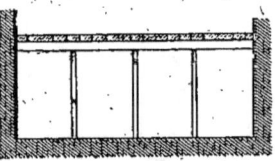

Fig. 362.

Il est bon de protéger les échafauds, surtout lorsqu'ils sont élevés, par des garde-fous. Ce ne sont souvent que de simples cordes tendues d'une échasse à l'autre; mais il est beaucoup mieux de les constituer par des planches légèrement espacées, clouées sur les montants ou, s'ils ne sont pas à une grande hauteur, par une ou deux barres horizontales attachées à l'aide de troussières.

Etais. — Dans les démolitions, il faut souvent soutenir

Fig. 363.

Fig. 364.

certaines parties au moyen de pièces de bois solidement établies, qu'on nomme *étais*. On les place de façon à s'opposer le plus efficacement possible à la poussée du mur qui menace de tomber. Si la composante horizontale a son point d'application entre ceux des deux pièces de l'étaiement, on les écartera plus à leur sommet qu'à leur base (*fig.* 363). Si le point d'application de cette composante est au-dessus de ceux des étais, on les écartera davantage à leur base (*fig.* 364). On réunit d'ordinaire les deux pièces de bois par des traverses autant que possible normales à la direction probable de la poussée et on les appuie à leur pied sur une pièce également voisine de la normale à la poussée établie sur un massif de plâtre et petits matériaux. Leur sommet vient buter au-dessous d'une pierre saillante ou d'une pièce horizontale scellée dans le mur.

Chevalements. — Pour reprendre un mur en sous-œuvre il est nécessaire de soutenir les parties supérieures pendant les travaux. Pour cela on passe au travers du mur, à la base du trumeau à soutenir deux pièces de bois horizontales. Chacune de leurs extrémités repose sur deux pièces inclinées formant chevalet (*fig.* 365), d'où le nom de *chevalement*.

Fig. 365.

Barrières. — Lorsque le chantier avoisine la voie publique, on doit y établir une barrière en planches clouées sur des longrines de sapin que soutiennent, de distance en distance, des montants plantés en terre, ou fixés par des patins sur le sol du trottoir. Cette précaution est exigée pour garantir les passants des accidents que pourrait occasionner la chute de matériaux ou de débris. Dans certains cas, pour les réparations aux murs de façade, un *gardien de rue* surveille la partie de trottoir avoisinante d'où il écarte les piétons qui risqueraient d'être atteints par les objets tombant des échafauds.

§ 2. — Chantiers rapides

Les dispositifs précédemment décrits peuvent être employés en toutes circonstances. Mais, dans certaines constructions très vastes, exigeant plus de rapidité pour le transport et le montage des matériaux, on a recours à quelques appareils plus compliqués et à des dispositions plus commodes. Ce sont principalement : les voies mobiles, les grues, les treuils.

Voies mobiles. — De petits rails portatifs, fixés sur des traverses et formés de tronçons, sont ajustés pour constituer des voies ferrées allant du point servant de dépôt pour les matériaux jusqu'à l'emplacement où ils sont utilisés. Des wagonnets qu'un homme peut rouler permettent de les y transporter plus rapidement et en plus grande quantité. Ils remplacent avantageusement les bards et les brouettes. Ils servent aussi à transporter les terres de déblai dans les constructions exigeant des fouilles très importantes.

Grues. — Les grues sont des appareils de montage compo-

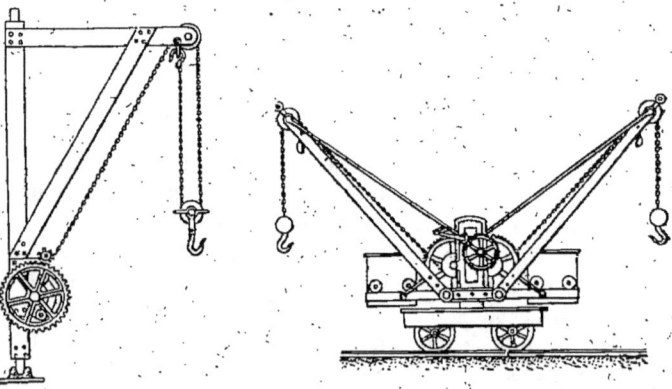

Fig. 366.   Fig. 367.

sés essentiellement d'un triangle en fer, dont le grand côté est incliné en surplomb. Au sommet, est placée une poulie ; au pied, un treuil à manivelles et engrenages, et une chaîne passe sur l'une, s'enroule sur l'autre, et soulève les fardeaux, qu'on attache à son extrémité libre, munie d'un crochet. L'appareil est disposé sur une plateforme qui peut tourner autour d'un axe vertical fixe, comme dans la figure 366, ou montée sur un chariot circulant sur des rails. La figure 367

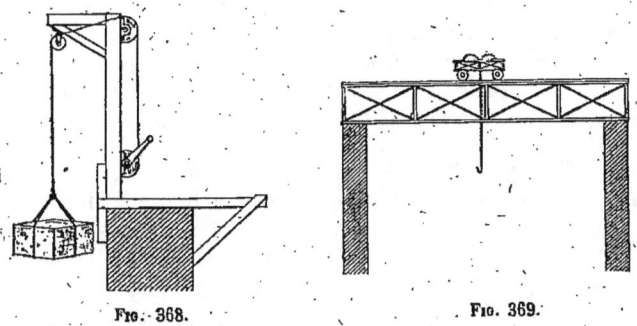

Fig. 368.   Fig. 369.

représente un appareil de ce genre ; celui-ci est, en outre, un exemple de grue à deux branches, dont l'écartement est maintenu au moyen de tiges de fer fixées aux sommets et à la base horizontale.

Enfin, on se sert aussi de petites grues portatives, qui peuvent être fixées au sommet d'un mur en construction, pour permettre d'y élever les matériaux (fig. 368).

Treuils. — Le treuil n'est généralement qu'un organe d'une machine. Cependant il constitue seul un appareil de levage fort commode, surtout lorsqu'il est mû par une manivelle à engrenages, qui diminue l'effort à exercer pour une charge donnée. On peut d'ailleurs établir les treuils sur des bâtis en fer roulant sur des rails au-dessus d'un échafaudage disposé à hauteur convenable, ainsi que l'indique la figure 369.

Moteurs. — Ces divers appareils, qui peuvent être manœuvrés à bras d'homme, sont souvent mus par des machines à vapeur locomobiles. Ainsi, sur la plateforme d'une grue, on établit une petite locomobile, qui, à l'aide d'un dispositif convenable, enroule la chaîne sur le treuil et fait tourner l'appareil tout entier sur son pivot vertical. Les treuils de plusieurs grues fixes ou de grandes sapines éparses sur un grand chantier pourraient être mis en mouvement par une seule machine au moyen de transmissions convenables. Mais nous n'avons pas à entrer ici dans les détails d'installation. Nous avons surtout cherché à faire comprendre l'emploi des appareils les plus ordinaires; quant à ceux qu'exigent des constructions de grande importance, telles que gares, théâtres, etc., leur description n'entre pas dans le cadre de ce modeste ouvrage, et nous renvoyons nos lecteurs aux traités spéciaux.

Échafaudages roulants. — Une autre question, qui ressort davantage de notre compétence, et sur laquelle nous dirons un mot, est celle des échafauds roulants. Nous avons nommé tout à l'heure les gares de chemins de fer; ce qui les différencie des constructions ordinaires, ce sont leurs salles spacieuses et leurs vastes halls, dont les charpentes sont énormes

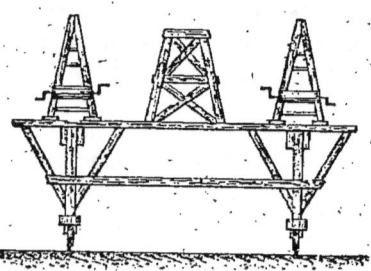
Fig. 370.

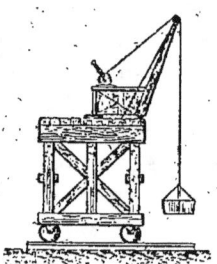
Fig. 371.

et exigent pour la pose tout un ensemble de travaux provisoires, dont les principaux sont de grands échafauds montés sur roues et mobiles sur des rails, ce qui permet de les faire servir, par de simples déplacements, à la pose de plusieurs fermes. Les figures 370 et 371 représentent les deux faces d'un de ces échafaudages. Deux montants verticaux, étrésillonnés, sont reliés par deux pièces transversales moisées à leurs sommets et à leurs bases. La partie inférieure porte des roues; sur la partie supérieure, on établit un plancher. Deux chevalets semblables sont placés à la distance voulue, fixés à deux pièces horizontales par leurs sommets et par des jambes de force, et moisés vers le milieu de la hauteur par deux autres pièces horizontales. Sur le plancher on peut encore établir d'autres échafauds, des chèvres, des grues, etc., selon les besoins de la construction.

§ 3. — Comptabilité du chantier

La comptabilité proprement dite du chantier n'exige que les registres où l'on constate le travail fait et la façon dont il est fait, afin de fournir plus tard des documents précis pour la vérification, là surtout où il ne serait pas possible d'en avoir d'autres, une fois la construction achevée. Nous mentionnerons : le *livre d'heures ou de journées*, le *registre de réception des matériaux et pièces de construction*, le *carnet d'attachements* et le *registre des ordres de service*.

Livre d'heures. — Le premier de ces livres est fort simple à tenir. Il suffit, en principe, de quatre colonnes pour la date, la désignation du travail, le nombre d'ouvriers occupés et le nombre d'heures de travail correspondant à chacun. Il sera bon d'y ajouter une colonne pour les produits des nombres de la quatrième par ceux de la troisième, et de laisser à droite une marge pour les observations. Ce livre n'a sa raison d'être que dans les travaux exécutés à la série et détaillés par des mémoires, soit que ces conditions s'appliquent à la totalité, soit qu'il s'agisse de suppléments à un marché à forfait, non prévus au devis.

Registre de réception. — Il est utile de consigner, sur un registre spécial à l'égard des matériaux, ce qu'on vient de faire pour le travail des ouvriers, et les mêmes restrictions que nous avons données pour le livre précédent s'appliquent à celui qui constate l'entrée des matériaux et leurs quantités. Il comprendra une colonne pour la date, une autre pour la désignation de la nature des matériaux, une troisième pour le nombre d'unités (tombereaux de petits matériaux, gros blocs de pierre, pièces de charpentes en bois ou en fer), et une quatrième pour le poids ou le volume de chacun de ces objets. Le bois et la pierre s'évaluent au mètre cube; le fer, au kilogramme. Les chaux, les ciments et les plâtres se vendent en *sacs* de contenances diverses. Comme pour le registre précédent, on fera bien d'y ajouter une colonne pour les produits des deux dernières, et de réserver une marge pour les observations.

Carnet d'attachements. — Sur le carnet d'attachements, l'architecte ou ses inspecteurs inscrivent tous les renseignements qu'ils jugent convenables sur les travaux exécutés, au fur et à mesure de leur exécution, les complétant par des croquis et des cotes, principalement pour ceux qui ne seront plus apparents après achèvement complet. Il pourra comprendre trois colonnes : la nature du travail, la date de la constatation, l'endroit précis de la construction, où elle a été faite et une large marge pour les observations et les croquis, s'il y a lieu d'en ajouter.

Registre des ordres de service. — Dans tout chantier bien organisé, et autant pour fixer les responsabilités que pour assurer les moyens de contrôle et de surveillance, il est bon que les entrepreneurs exécutent leurs différents travaux au moment convenable, et sur un *ordre* écrit de l'architecte. Afin de rendre plus régulière cette formalité, tous les ordres de services sont copiés en double, sur un registre à souches dont chaque page est, à cet effet, divisée en deux parties. En tête, on inscrit une désignation générale, le nom de l'édifice, puis, au-dessous, celui de l'entrepreneur, et la nature des travaux auxquels il se livre. La partie principale de la feuille réservée aux libellés comprend, pour chaque moitié, une colonne pour la date initiale, et une autre pour la date finale fixant le délai d'exécution du travail spécial qui fait l'objet de l'ordre, et dont le détail est écrit dans une colonne plus large, placée entre les deux autres. Au bas, se trouvent la date et les deux signatures de l'architecte et de l'entrepreneur. Celui-ci reçoit l'une des deux pièces; l'autre demeure au registre.

CHAPITRE II

DIRECTION ET SURVEILLANCE DES TRAVAUX

L'architecte remplit, à l'égard d'une affaire, le mandat que lui a confié son client de trois façons différentes. C'est lui, en effet, qui débat, et quelquefois seul, les conditions d'exécution et de paiement avec les entrepreneurs, et les fixe en un certain nombre de contrats préalables, basés sur ses plans et sur ses indications écrites ; au cours de la construction, il constate, de diverses manières, les travaux et leur mode d'exécution ; et c'est lui qui, enfin, règle ces travaux, en s'éclairant des contrats qu'il a en mains et des constatations qu'il a pu faire. Nous examinerons successivement ces trois phases.

§ 1ᵉʳ. — Contrats préalables

Les contrats ou marchés sont établis d'après les plans, les *devis* et les *cahiers des charges*.

Plans et devis. — L'architecte indique, sur ses plans, la figure, et, sur son devis, la description des différents ouvrages jugés par lui nécessaires à une réalisation de son projet conforme à l'idée qu'il en a conçue. De là le nom de *devis descriptif*, donné à cette première pièce qui complète les dessins par une foule de renseignements, tels que la nature et la qualité des matériaux, la résistance des bois et des fers, le mode d'exécution des travaux, etc., impossibles à indiquer dans la représentation figurée de l'édifice à construire. Souvent, l'architecte est même appelé à estimer la valeur et le coût probable de ces différents travaux, à dresser, en d'autres termes, un *devis estimatif*. Il est préférable alors de commencer par ce dernier : on aura un devis descriptif très complet et très exact en supprimant les prix et modifiant quelques détails de rédaction.

Pour établir convenablement un devis descriptif, il importe de tout prévoir, et l'on conçoit qu'il est nécessaire, pour cela, d'avoir une grande habitude des travaux, et d'en connaître les détails non pas tant par une étude technique que par les expériences faites au cours de la direction de chantiers divers. On peut, dans une certaine mesure, suppléer cependant à son inexpérience pratique et se faciliter la rédaction du devis en procédant avec méthode. On le divisera, par exemple, en autant de chapitres ou parties qu'il y a de genres différents de travaux, et on subdivisera ces chapitres selon l'emplacement d'exécution, selon les corps de bâtiments ou les ailes s'il s'agit d'un édifice important, selon les étages seulement si l'on a affaire à une construction plus modeste. Afin de ne rien oublier, on suivra, pour chacune de ces subdivisions, la série des salles, dans l'ordre de succession le plus naturel qu'en donnent les plans, distinguant encore entre les divers éléments (portes et fenêtres, plancher haut, plancher bas, parquets, lambris, etc., etc.). Subdiviser la besogne, restreindre le plus possible le champ où devra se concentrer toute l'attention en un moment donné, sera un moyen sûr de ne laisser échapper aucun détail. Chacune de ces parties ayant été ainsi très soigneusement étudiée à part, il suffira de les réunir, d'établir des conditions générales, de faire, pour ainsi dire, une synthèse de tous les éléments fournis par l'analyse préalable, pour constituer le tout, le devis descriptif ou estimatif.

Nous ne pouvons donner ici, tout un modèle de devis descriptif. Qu'il nous suffise de dire que les principaux chapitres à examiner sont énumérés dans notre introduction à propos des corps d'état du bâtiment. Quant aux subdivisions, il faudra les choisir, pour chaque cas, de la façon la plus convenable.

Cahiers des charges. — Dans les travaux ordinaires, le devis descriptif indique, en même temps que les matériaux, les conditions d'exécution, les *charges* de l'entrepreneur vis-à-vis du propriétaire. Mais ces conditions, pour des constructions importantes, peuvent être réunies en une seule pièce, qui porte le nom de *cahier des charges*.

Marchés. — Les marchés sont des engagements écrits sur papier timbré et signés du propriétaire et de l'entrepreneur. Ils lient les deux parties contractantes jusqu'au complet achèvement des travaux et expriment les principales conditions, réserves et restrictions, d'après lesquelles ils devront être exécutés. Il existe plusieurs genres de marchés, qu'on peut réduire à trois types principaux : les *marchés à forfait*, les *marchés à maximum*, les *marchés à la série*.

Par le marché à forfait, l'entrepreneur s'engage à exécuter les travaux désignés aux plans, devis et cahier des charges, moyennant une somme fixée à l'avance, et dont le paiement doit s'effectuer par parties, les unes au cours de la construction, les autres un certain temps après l'achèvement des travaux. Il doit, avant d'accepter le marché, se rendre compte, exactement et en détail, de tous les ouvrages nécessaires, à l'entière réalisation du projet pour que la construction soit bonne, confortable et complète en toutes ses parties. S'il constate des omissions dans les plans et devis, il doit en tenir compte, car elles n'excuseraient pas pour lui l'imperfection du travail. Il ne peut demander aucun supplément au prix convenu pour les ouvrages faisant l'objet de ces omissions même constatées après l'acceptation des plans et devis. Il ne peut en demander non plus à titre d'indemnité pour des changements aux plans faits au cours de l'exécution, à moins qu'ils ne l'entraînent à un surcroît de dépenses, auquel cas il lui en est tenu compte, pourvu qu'ils aient été exécutés sur un ordre écrit de l'architecte. Si, au contraire, les modifications occasionnaient une diminution des dépenses prévues, il en serait également tenu compte à l'époque du règlement.

Les conditions générales du marché ont trait à la bonne exécution des travaux, conformément aux plans, devis, lois et règlements de police, à la bonne qualité des matériaux employés, constatée par l'architecte, aux responsabilités qui incombent à l'entrepreneur, de ce chef, ainsi que relativement aux précautions à prendre contre les intempéries, enfin aux rapports de ce dernier vis-à-vis de l'architecte qui a la direction des travaux, et sans l'autorisation de qui il ne peut en confier l'exécution à un autre.

Le marché à forfait fixe encore le délai d'exécution des travaux et une indemnité proportionnelle et journalière, payée au propriétaire par l'entrepreneur si celui-ci est en retard, ou par le propriétaire à l'entrepreneur s'il a terminé les travaux avant l'expiration du délai. Il est donc de son intérêt de faire constater par l'architecte les causes de retard dont il n'est pas responsable.

Dans le marché à maximum, l'entrepreneur s'engage à exécuter les travaux selon des prix de série convenus à l'avance, et à ne pas dépasser une somme fixée comme maximum. Les travaux étant achevés, un mémoire en est dressé d'après la série de prix convenue. Si le chiffre de règlement du mémoire est inférieur au maximum inscrit au marché, l'entrepreneur touche le montant intégral du mémoire réglé; si, au contraire, il dépasse le maximum, c'est cette dernière somme qui lui est payée.

Ces deux sortes de marchés, et principalement la première, sont généralement usitées pour les constructions neuves exécutées de toute pièce, parce que les desiderata de l'architecte et du propriétaire sont faciles à préciser à l'avance. Ils seraient moins commodes pour les réparations ordinaires, dont on peut rarement prévoir l'importance exacte. On use alors plus avantageusement du marché à la série.

Par ce marché, l'entrepreneur s'engage à exécuter les travaux moyennant les prix d'une série convenue, et le plus souvent avec un rabais de N 0/0 sur ces prix, lequel est également convenu entre les parties, et consigné dans le marché.

§ 2. — CONSTATATION DES TRAVAUX

Les travaux sont constatés de deux façons différentes : par les *attachements* et par les *mémoires*.

Attachements. — Les attachements ne constatent que les travaux destinés à disparaître, tels que des barrières provisoires ou devant être invisibles après l'achèvement de la construction, tels que les fondations, les divers matériaux d'un mur recouvert de tentures ou de peintures; ou même dont la vérification deviendrait difficultueuse après l'exécution totale, tels que certaines parties de mur que dissimuleraient d'autres ouvrages. Toutefois, il faut distinguer les *attachements écrits* et les *attachements figurés*, et les observations qui précèdent s'appliquent surtout à ces derniers.

Un attachement écrit est une pièce qui constate un travail quel qu'il soit, en donne le métrage et le mode d'exécution. Il n'établit d'ailleurs aucun droit pour l'entrepreneur, et, par conséquent, l'architecte ne peut ni ne doit jamais se refuser à le signer. Il sera toujours une pièce justificative, qui l'éclairera lui-même sur les prétentions respectives émises à l'égard dudit travail. L'attachement écrit porte, en tête, la date de la remise, et peut être accompagné de croquis explicatifs; dans ce cas, il est déjà, en réalité, un attachement figuré. Toutefois, on réserve d'ordinaire cette appellation pour des dessins plus soignés, plus détaillés et plus exacts.

L'attachement figuré indique, en plans, en coupe et en élévation sur toutes les faces, le détail complet des différentes parties d'un ouvrage. Les piles y sont numérotées, ainsi que les assises. L'identité du numéro permet de reconnaître, en plans, en élévations et en coupes, une même assise. Chacun de ces dessins porte les cotes des trois dimensions, les deux dimensions planes étant indiquées sur la figure, à la façon ordinaire, par des lignes de cotes que limitent des flèches ou que fractionnent des croix, et la troisième étant écrite dans le milieu de la surface plane de la face représentée, et entourée d'un cercle tracé à l'encre rouge. Enfin, des teintes permettant de reconnaître les différents matériaux sont passées sur les parties du dessin qui leur correspondent, et reproduites dans une légende où se trouve, en regard de chacune, la désignation écrite du genre de matériaux qu'elle indique.

Les attachements écrits et figurés doivent être vérifiés par l'architecte au fur et à mesure de leur production, faute de quoi ils n'ont plus aucune raison d'être. L'entrepreneur donne ordinairement à l'architecte deux expéditions de chaque attachement figuré, dont l'une lui est remise signée après vérification.

Mémoires. — Un mémoire est une note détaillée, établie par l'entrepreneur, et contenant la description complète de chacun des travaux qu'il a exécutés, avec, en regard, les prix de la série qui a servi de base. Le détail contient le métré de chaque partie, c'est-à-dire les dimensions linéaires, superficielles ou cubiques, sous lesquelles on a coutume de l'évaluer. On peut établir un mémoire de deux façons différentes : par *timbre* ou en *résumé*, et en *argent*.

Le premier mode consiste à ne sortir du libellé du mémoire aucun chiffre. Chaque article porte le métré de l'ouvrage qu'il désigne, et le produit : *linéaire*, *surface* ou *cube*, écrit à la fin de la dernière ligne. On fait ensuite la somme de tous les articles auxquels s'applique le même genre d'évaluation, et qui constituent un timbre. Enfin, un *résumé* de ces divers timbres est placé à la fin du mémoire, et, généralement, sur une feuille spéciale, appelée *extrait*. En regard de chaque somme, on inscrit le prix de l'unité correspondante, on fait le produit, et on ajoute tous ces produits, dont le total indique le montant du mémoire.

Le mémoire en argent s'établit en inscrivant le prix de l'unité en regard de chaque article, et en sortant le produit dans la colonne extérieure. On fait ensuite le total dans chaque page, et on additionne tous ces totaux partiels pour obtenir le montant du mémoire.

En général, les deux modes sont combinés dans le même mémoire, et on forme, par exemple, un seul timbre avec tous les *légers ouvrages*, dont le total est à la fin multiplié par le prix de l'unité : 4 francs, tandis qu'on évalue les autres articles en argent. A la fin du mémoire, il est ménagé une demi-page pour la formule de vérification, la date et la signature de l'architecte.

Livre d'enregistrement des mémoires. — L'entrepreneur donne, à chacun de ses mémoires, un numéro d'inscription. L'architecte leur en donne un autre, d'après leur place, sur son livre d'enregistrement, qui comprend essentiellement le

nombre de colonnes nécessaires aux désignations suivantes :
Date de réception du mémoire, emplacement des travaux, nom du propriétaire, nature des travaux, nom de l'entrepreneur, époque de l'exécution, montant du mémoire en demande, montant après règlement, date de la remise du mémoire, observations.
Il est ainsi facile à l'architecte de retrouver les sommes correspondant à un numéro, soit pour donner ce renseignement aux intéressés, soit pour établir sa note d'honoraires.

§ 3. — Règlement des travaux

Vérification. — Le règlement des travaux s'effectue après leur exécution complète. Comme il a été dit plus haut, l'entrepreneur fournit de ses travaux un mémoire établi d'après une série sanctionnée par l'administration. L'architecte le vérifie, c'est-à-dire s'assure : 1° qu'il n'est porté au mémoire aucun travail non exécuté ; 2° que tous les travaux régulièrement énumérés ont été exécutés de la façon détaillée par le mémoire, et en employant les matériaux de la qualité voulue ; 3° enfin, que l'évaluation est conforme aux prix de la série adoptée. Telles sont les trois constatations principales d'une bonne vérification.

Les deux premières se font sur le chantier même, et contradictoirement avec l'entrepreneur. Les observations du vérificateur portent sur les dimensions des lignes, surfaces et volumes considérés, et sur la désignation de l'ouvrage. Elles se font au crayon, dans une large marge laissée à cet effet, par des notes manuscrites, et, dans le corps même du mémoire, par des ratures, des corrections et des approbations, à l'aide d'un trait horizontal sous les articles acceptés. Sur la nature de chaque ouvrage, il est nécessaire de s'entendre sur place. Le vérificateur doit avoir une grande habitude des travaux, des diverses phases qu'ils comprennent, pour ne leur accorder que l'importance réelle qu'ils doivent avoir. A cet effet on ne peut donner de conseils : l'expérience personnelle sera le meilleur guide, et c'est à ce moment que les attachements fourniront des renseignements précis et utiles.

Métrage. — Quant à l'appréciation des dimensions, elle exige à la fois l'expérience et la connaissance du *métré* ou *métrage*, c'est-à-dire des différentes façons de mesurer les dimensions, selon la nature de l'ouvrage. Il n'est pas possible de donner, ici, une étude sur ce genre de connaissances : elle exigerait à elle seule un fort volume, pour être complète. Nous renvoyons donc nos lecteurs désireux de s'instruire à cet égard à des traités spéciaux, et nous nous bornons à appeler leur attention sur la forme la plus fréquente des fraudes qui peuvent s'introduire dans un travail de ce genre. Elles consistent presque toujours en des articles faisant double emploi, c'est-à-dire réclamant, sous deux désignations différentes, le même travail. L'un des articles, en général, est une évaluation totale, qui contient implicitement tel détail reproduit à part dans l'autre. Un bon métrage exige la connaissance des usages relatifs à la façon de mesurer, et il est assez difficile de faire convenablement ce travail.

Prix de base et sous-détails. — La troisième opération, qui consiste dans l'application des prix aux ouvrages reconnus, est un travail de cabinet et cette question ne doit même pas être touchée sur place. Il ne peut y avoir contestation que sur la nature et la mesure des ouvrages : pour ce qui est des prix, la série adoptée fait autorité. Le vérificateur rature, approuve et corrige alors à l'encre rouge, et d'une façon définitive, les divers articles du mémoire.

L'opération est assez simple s'il existe une série reconnue, à laquelle il peut se reporter et dont il peut invoquer l'autorité. Il n'a dans ce cas à faire d'évaluations d'après son jugement et son expérience personnels que pour les travaux faisant l'objet d'articles non prévus par la série. Qu'il ne néglige pas, en pareille question, de s'entourer de tous les renseignements qui peuvent l'éclairer, tels que ceux contenus dans les factures des fournisseurs, ou les pièces établissant des prix convenus à l'avance. Mais toutes les localités n'en possèdent pas, et il est alors utile de connaître comment sont établies celles qui existent, afin de pouvoir y suppléer, le cas échéant, en composant les prix qui servent de base au règlement d'après les évaluations élémentaires propres à la localité, telles que prix brut des matériaux, coût du transport à pied d'œuvre, prix de l'heure ou de la journée d'un ouvrier, etc.

Les éléments qui servent à établir un prix de règlement se nomment *sous-détails*. Ils comprennent : 1° les déboursés pour les fournitures et la main-d'œuvre ; et, sous cette dénomination, il faut entendre non seulement les prix d'achat et de transport des matériaux, mais aussi l'évaluation du déchet probable et les droits de régie, s'il y en a ;

2° Les faux frais de N 0/0 appliqués à la main-d'œuvre seulement ;

3° Le bénéfice de N 0/0 appliqué à la somme des prix de fournitures et de main-d'œuvre et des faux frais.

Ces divers éléments varient avec les localités, mais, une fois connus, il est facile d'établir sur cette base les prix d'application.

Le mémoire vérifié est arrêté et réglé à la somme qui résulte des corrections diverses et du rabais consenti, et qui est le *montant en règlement*.

Bons de paiement. — Lorsque l'entrepreneur est payé par acomptes, afin de faciliter le contrôle des différentes sommes à lui versées, le propriétaire n'effectue ces paiements que sur des *bons* signés par l'architecte. Celui-ci les détache d'un registre à souches portant le montant des versements et la date de la délivrance du bon.

CONCLUSION

La tâche de l'architecte est, comme on a pu s'en rendre compte par tout ce qui précède, très complexe. A la fois artiste, technicien et homme d'affaires, il lui faut dépenser son activité presque en même temps sur les sujets les plus divers, et il a besoin, pour s'acquitter de sa mission, de savoir envisager pour ainsi dire d'un seul coup l'ensemble et les détails du projet au double point de vue de sa composition et des moyens d'exécution. Mais, si cette pensée doit le préoccuper dans tout le cours d'une affaire, il procède, dans la pratique, par ordre et successivement.

En premier lieu, viennent l'étude et la composition des plans, puis leur représentation définitive avec toutes les indications de nature à en faciliter la lecture et à éviter toute confusion. Sur ces dessins *arrêtés*, il établit son devis descriptif, quelquefois aussi un devis estimatif. Des expéditions en nombre suffisant sur papier-calque ou en autographie sont distribuées aux entrepreneurs pour étudier les conditions les plus avantageuses, pour le propriétaire et pour eux, d'exécuter le projet.

D'après cet examen qui doit être très sérieusement fait, les entrepreneurs et le propriétaire s'engagent réciproquement par des marchés signés des deux parties, et pour lesquels l'architecte sera l'intermédiaire naturel, éclairant son client sur les conditions à faire et à accepter.

Les travaux d'exécution peuvent, dès ce moment, commencer. L'architecte en a la direction, et sa surveillance s'exerce d'ordinaire dans des visites régulières et aussi fréquentes que possible, à des jours et à des heures fixés d'avance pour éviter les pertes de temps. Le propriétaire prévenu également de ces rendez-vous peut s'y trouver s'il le désire, se rendre compte de la marche des travaux, et faire ses observations sur les points qui auraient pu lui échapper lors de l'examen des plans et devis. En dehors de ces visites régulières, il peut en être fait d'autres quand, et comme il le juge convenable, par chacun des intéressés.

Après leur achèvement, la réception des travaux se fait successivement par l'architecte et par le propriétaire. Cette formalité une fois remplie, l'entrepreneur est dégagé de toutes responsabilités, sauf celle des accidents qui pourraient provenir de vices d'exécution ou de fraudes reconnues, qui lui incombe encore pendant dix années consécutives, et qu'il partage d'ailleurs avec l'architecte, à moins qu'il ne soit dégagé par un écrit en forme. L'architecte est, en outre, responsable des vices du plan, pendant trente ans à partir de la réception des travaux. Nous ne pourrions donc mieux clore ce modeste traité qu'en appelant, d'une façon toute spéciale, l'attention de nos lecteurs sur la nécessité d'étudier avec le plus grand soin tous les détails d'un projet d'architecture.

TABLE DES MATIÈRES

INTRODUCTION

	Pages.
Définition	1
Fonction de l'architecte	1
Utilité, beauté, caractère	1
Éléments sur lesquels opère l'architecte	2
Représentation figurée des formes architecturales	2
Rendu	4
Projet	4
Échelles	4
Corps d'état du bâtiment	4
Divisions de l'ouvrage	6

PREMIÈRE PARTIE

ÉTUDE ANALYTIQUE DES DIVERS ÉLÉMENTS DE CONSTRUCTION ET DE DÉCORATION

CHAPITRE I

Fondations

§ 1er. — CONDITIONS GÉNÉRALES

Définition et but	8
Responsabilité des architectes et des entrepreneurs	8
Diverses natures de sols	8
Précautions à prendre	9

§ 2. — SOL INCOMPRESSIBLE A LA SURFACE

Rigoles	9
Gradins	9

	Pages.
Empattements	9
Matériaux à employer	10

§ 3. — Sol compressible à la surface

Deux cas principaux	11
Sol résistant accessible	11
Puits bétonnés	11
Pilotis	12
Sol résistant inaccessible	14
Plateformes	15
Radier général	15
Amélioration du sol	15

§ 4. — Sol aqueux

Divers cas	16
Épuisement	16
Fondations sous l'eau	16
Affouillements	17

§ 5. — Épaisseur des fondations

	17

CHAPITRE II

Murs

§ 1er. — Généralités

Définition et but	19
Structure	19
Causes de destruction des murs	20

§ 2. — Disposition

Différents cas	21
Maçonnerie en pierre de taille	21
Appareil des pierres de taille	23
Maçonnerie en moellons	26
Maçonnerie en briques	26
Maçonnerie mixte	28
Pans de bois et de fer	30

§ 3. — Proportions

	Pages.
Épaisseur des murs ; efforts a considérer dans les différents cas.	30
Murs de clôture. — Chaperons.	32
Murs de soutènement. — Contreforts, barbacanes.	34
Murs des réservoirs.	36
Murs des édifices.	36

§ 4. — Décoration

Principe de la décoration des murs.	38
Joints apparents, refends, bossages, piles, encadrements.	38
Bandeaux et corniches.	41
Sculpture, peinture, faïences, mosaïques, terres cuites.	41

§ 5. — Parements

Parements en pierre de taille.	42
Durcissement des parements en pierre de taille.	42
Parements de petits matériaux.	43
Enduits divers, renformis.	44

§ 6. — Disposition des murs dans les édifices

Plantation d'un bâtiment, alignement, nivellement.	45
Murs de caves et de fosses d'aisance.	46
Murs en élévation, de face, de refend, mitoyens.	47
Cheminées, tuyaux de fumée.	48
Souches.	51

CHAPITRE III

Supports isolés avec entablement

§ 1er. — Origine

L plus ancien système de construction connu.	52
Éléments constitutifs.	52
Trois genres de supports.	53

§ 2. — Colonnes

Disposition

Divisions principales : colonne, entablement, piédestal.	53
Mode de construction.	55

Proportions

	Pages.
Proportions des colonnes...................................	56
Rapport du diamètre supérieur au diamètre inférieur.......	57
Inclinaison de l'axe.......................................	58
Galbe, renflement...	58
Proportions des entablements..............................	60
Proportions des piédestaux................................	61

Décoration

Moulures..	62
Formes des moulures.............................	62
Ornements des moulures..........................	64
Composition et tracé des profils...........................	67
Théorie des ordres..	68
Ordre dorique grec..	71
Ordre dorique romain......................................	74
Ordres doriques modernes..................................	76
Tambours...	77
Piédestal dorique...	79
Ordre dorique simplifié...................................	79
Ordre ionique grec..	80
Ordre ionique romain......................................	82
Ordres ioniques modernes..................................	84
Tracé de la volute..	86
Piédestal...	87
Ordre corinthien..	87
Ordres corinthiens romains................................	91
Ordre corinthien moderne..................................	94
Chapiteau composite.......................................	95

§ 3. — Pilastres

Disposition...	96
Proportions et décoration.................................	98
ilastres modernes..	99

§ 4. — Cariatides

Origine...	100
Cariatides antiques.......................................	100
Cariatides modernes.......................................	101
Emploi des cariatides.....................................	102

§ 5. — Emploi des ordres dans l'architecture moderne

Dans quel esprit il faut se servir des ordres.............	103
Péristyles, loggia..	103
Superposition des ordres..................................	105

TABLE DES MATIÈRES

CHAPITRE IV

Arcades

	Pages.
§ 1er. — Origine et disposition...	108
§ 2. — Proportions...	109

§ 3. — Décoration

Refends et bossages...	112
Archivoltes et impostes à moulures...	113
Socles...	115
Arcades de Bramante...	114
Arcades sur colonnes...	117
Arcades avec colonnes...	119
Arcades de Palladio...	122
Arcades avec pilastres...	122
Entablement...	124

§ 4. — Emploi des arcades

Arcades en soubassement...	125
Superposition des arcades...	127

CHAPITRE V

Base, couronnement et saillies des murs

§ 1er. — Soubassement

But, caractère, dispositions générales...	129
Divers genres de soubassement...	130
Décoration des soubassements...	133

§ 2. — Attiques

Disposition, proportions, décoration...	135
Attiques italiens...	136
Attiques français...	137

§ 3. — Corniches de couronnement

	Pages.
Corniches extérieures	140
Corniches avec frise	141
Corniches sans frise	143
Corniches de ponts	144
Corniches avec frise et architrave interrompues	145
Corniches diverses	145
Corniches intérieures	146

§ 4. — Frontons

Disposition : frontons grecs	147
Frontons modernes	147
Frontons courbes	148
Frontons coupés	149
Proportions	149
Décoration	151
Emploi des frontons	152

§ 5. — Balustrades

But et disposition	154
Décoration	156
Construction	158
Emploi des balustrades	159

§ 6. — Balcons

Disposition	160
Décoration	162
Encorbellement	163

CHAPITRE VI

Percements des murs : portes et fenêtres

§ 1er. — Disposition

Portes et fenêtres des édifices	164
Diverses formes de baies	164
Dispositions communes	166
Baies des murs de clôture	168

§ 2. — Proportions

Fenêtres en général	169
Fenêtres des appartements	170

§ 3. — Décoration

	Pages.
Refends et bossages	171
Chambranle	172
Corniche	173
Portes et fenêtres antiques	175
Portes et fenêtres modernes	177
Portes et fenêtres des habitations	183
Soupiraux	185
Lucarnes	186
Fenêtres géminées, meneaux, croisées	188
Baies des murs intérieurs	189
Baies des murs de clôture	190

CHAPITRE VII

Plafonds et voûtes

§ 1er. — Plafonds

Origine	192
Plafonds grecs et plafonds romains	192
Plafonds modernes	194
Plafonds divers	197
Plafonds des appartements	198

§ 2. — Voûtes

Disposition

Voûtes antiques	202
Voûtes modernes	202
Voûtes cylindriques	203
Voûtes annulaires	206
Voûtes sphériques	208
Trompes et voussures	210
Diverses formes de directrices	213
Mode de construction des voûtes	214

Proportions

Considérations générales	217
Définition de la poussée	217
Valeur de la poussée des différents modes de rupture	218
Épaisseur du piédroit	222
Épaisseur à la clef	225

TABLE DES MATIÈRES

Pages

Méthode graphique pour vérifier la stabilité d'une voûte. — Courbe des pressions... 226
Courbe des centres de gravité....................................... 231
Poussées des différentes voûtes..................................... 232
Considérations sur l'emploi des voûtes............................... 236
Voûtes gothiques... 237

Décoration

Considérations générales... 239
Arcs doubleaux... 239
Caissons... 240
Exemples de caissons... 241
Voûtes peintes... 244
Décoration des différentes sortes de voûtes......................... 245

Emploi des voûtes

Différents cas... 253
Voûtes des caves... 253
Voûtes des salles.. 255
Voûtes des baies... 257

CHAPITRE VIII

Escaliers, Cheminées et Revêtement des sols

§ 1ᵉʳ. — ESCALIERS

Définition... 258

Disposition

Escalier droit entre murs parallèles................................ 258
Escalier circulaire.. 259
Escalier sur voûtes.. 260
Escalier suspendu.. 261
Escalier à quartier tournant....................................... 263

Proportions

Relation entre le giron et la hauteur des marches................... 263
Balancement des marches.. 265

Décoration

	Pages.
Considérations générales................................	267
Décoration des marches................................	267
Décoration du limon....................................	268
Décoration des appuis..................................	269

Emploi des escaliers

Deux sortes de situation................................	269
Perrons..	269
Perrons à marches parallèles à la façade...............	270
Perrons à marches perpendiculaires à la façade.........	272
Grands perrons..	273
Escaliers extérieurs...................................	274
Escaliers intérieurs...................................	274

§ 2. — Cheminées

Disposition...	275
Décoration..	277

§ 3. — Revêtement des sols

Disposition...	281
Décoration..	283

CHAPITRE IX

Couvertures

§ 1er. — Disposition

Considérations générales...............................	287
Terres cuites...	287
Roches naturelles.....................................	290
Feuilles métalliques..................................	293

§ 2. — Proportions 295

§ 3. — Décoration

Considérations générales...............................	296
Application aux différents genres de toitures..........	297

DEUXIÈME PARTIE

COMPOSITION DES ÉDIFICES

CHAPITRE I

Principes généraux de la composition

§ 1er. — Utilité

Commodité

	Pages.
Distribution	303
Disposition	304
Exemples de dispositions	307

Solidité

Considérations générales	309
Rôle esthétique de la solidité	312

§ 2. — Beauté

Considérations générales	313
Vérité	313
Ordre	315
Symétrie et variété	316
Élément moral	316

Proportion

Proportions de destination	318
Proportions harmoniques	320
Altération des proportions	322
Proportions de dimensions	325

Décoration

Différents systèmes de décoration	327
Véritable rôle et interprétation des ornements en architecture	328
Différentes sortes d'ornements	330
Décoration des constructions en bois et des constructions en fer	334

Style

	Pages.
Définition..	335
Influence des études archéologiques.................	337
Principaux styles...	337

CHAPITRE II

Principales parties des édifices

Généralités...	339

§ 1er. — PARTIES COUVERTES

Portiques et porches

Portiques antiques..	339
Portiques modernes..	340
Portiques à plates-bandes................................	340
Portiques à arcades..	342
Portiques arabes...	345
Portiques superposés......................................	345
Porches..	346

Vestibules et antichambres

But..	350
Vestibules..	354
Salle des pas perdus.......................................	355
Halls vitrés..	356
Antichambres...	356

Escaliers

Position...	357
Disposition des rampes...................................	360
Éclairage...	362
Décoration...	362

Salles

Considérations générales.................................	363
Salles plafonnées..	364
Salles voûtées..	365

§ 2. — Parties découvertes

Cours et terrasses

	Pages
Cours...	367
Terrasses...	368

Parcs et jardins

Jardins antiques...	369
Jardins de la Renaissance et du xviie siècle...	369
Parcs et jardins modernes...	370

Bassins et fontaines

Disposition et décoration...	372
Grottes...	375

CHAPITRE III.

Hygiène des édifices

Principes généraux... 376

§ 1er. — Dispositions extérieures

Situation...	376
Exposition...	377
Assainissement...	378

§ 2. — Dispositions intérieures

Chauffage...	380
Aération...	387
Éclairage...	391
Désinfection...	392

TROISIÈME PARTIE

EXÉCUTION DES TRAVAUX

CHAPITRE I

Organisation du chantier

§ 1ᵉʳ. — CHANTIERS ORDINAIRES

	Pages.
Bardage	396
Montage	397
Mise en œuvre. — Échafauds	399
Étais	402
Chevalements	403
Barrières	403

§ 2. — CHANTIERS RAPIDES

Voies mobiles	404
Grues	404
Treuils	405
Moteurs	405
Échafaudages roulants	406

§ 3. — COMPTABILITÉ DU CHANTIER

Livre d'heures	407
Registre de réception	407
Carnet d'attachements	408
Registre des ordres de service	408

CHAPITRE II

Direction et surveillance des travaux

§ 1ᵉʳ. — CONTRATS PRÉALABLES

Plans et devis	409
Cahier des charges	410
Marchés	411

TABLE DES MATIÈRES

§ 2. — Constatation des travaux

	Pages.
Attachements	412
Mémoires	414
Livre d'enregistrement des mémoires	414

§ 3. — Règlement des travaux

Vérification	415
Métrage	416
Prix de base et sous-détails	416
Bons de paiement	417

CONCLUSION

TOURS

IMPRIMERIE DESLIS FRÈRES ET Cie

6, rue Gambetta, 6

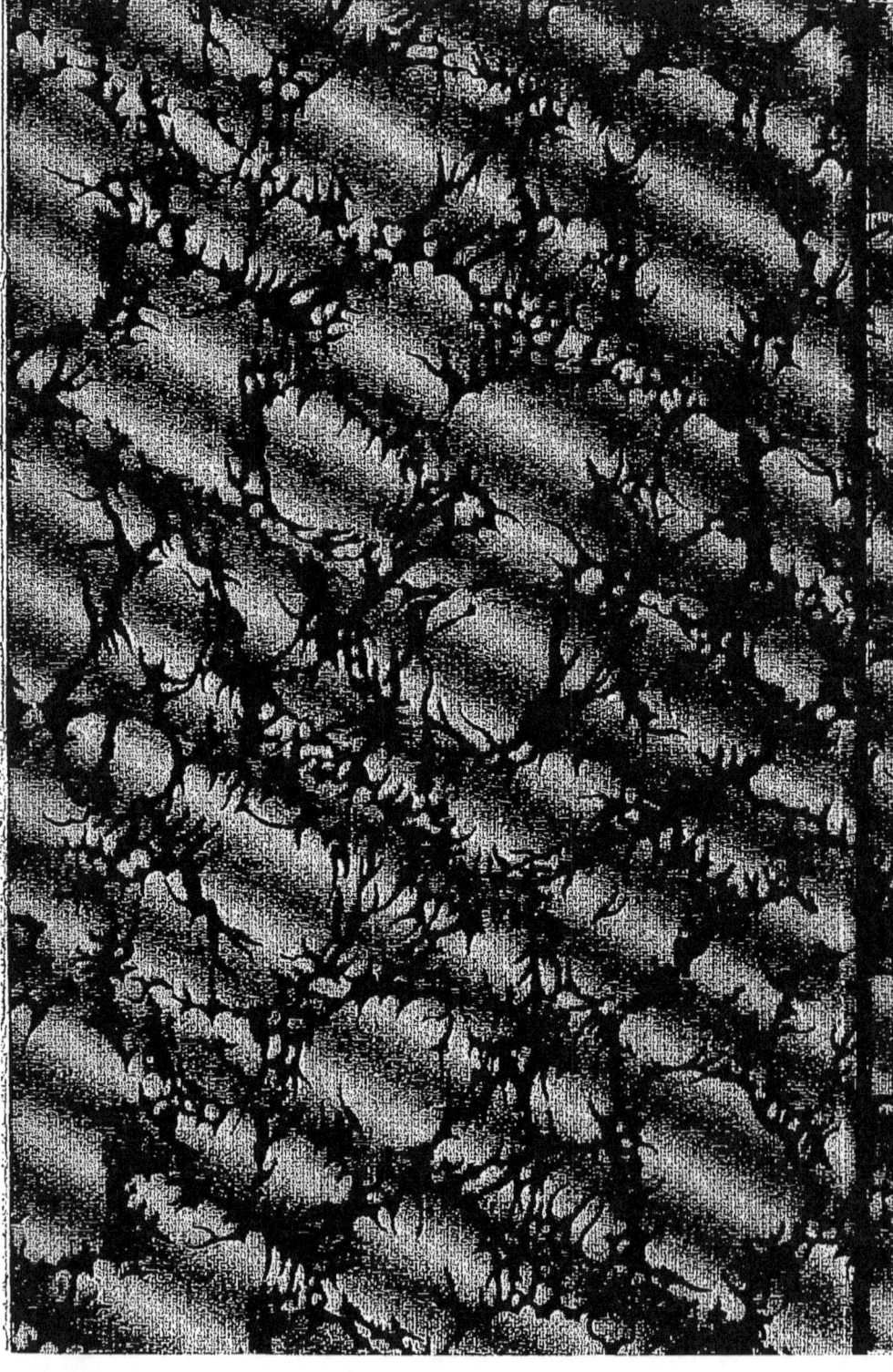

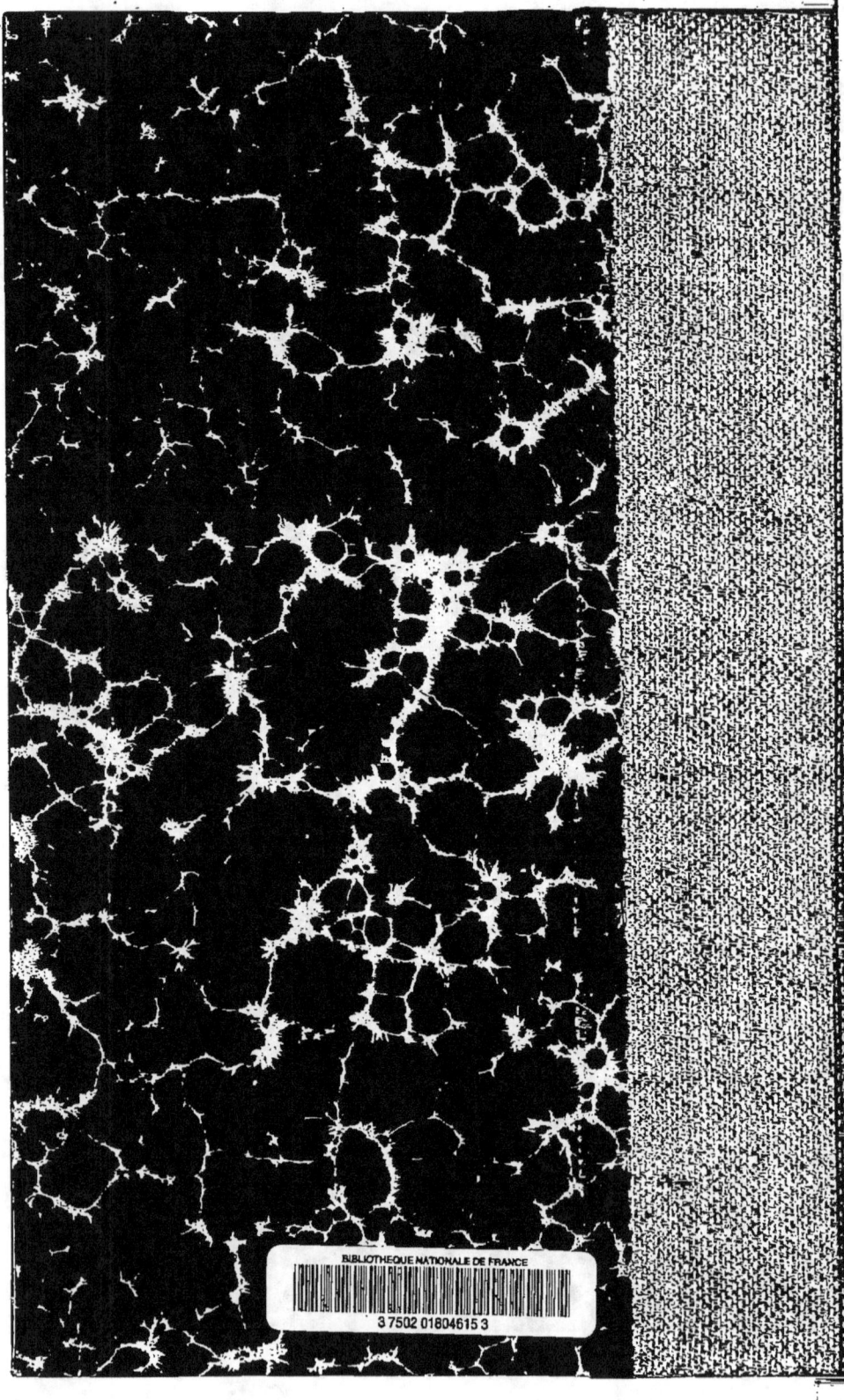

www.ingramcontent.com/pod-product-compliance
Lightning Source LLC
Chambersburg PA
CBHW070539230426
43665CB00014B/1748